CAPITOOL

LOIR

VAN REEMST
UITGEVERIJ

HOUTEN

Oorspronkelijke titel: Eyewitness Travel Guides – Loire Valley

Van Reemst Uitgeverij/Unieboek bv
Postbus 97
3990 DB Houten

3de herziene druk 1999

Auteur: Jack Tresidder
Tekstverzorging: *de Redactie,* Amsterdam
Vertaling en bewerking: Ron de Heer, Ernst Schreuder en Jacqueline Toscani

Cartografie: Jane Hanson, Jennifer Skelley (Lovell Johns Ltd)
Zetwerk en opmaak: De Vonder PrePress Service, Eindhoven

ISBN 90 410 1814 x
CIP
NUGI 471

INHOUD

Beeld in La Lorie

INLEIDING OP HET LOIREDAL

Lodewijk XIV als Jupiter, overwinnaar van La Fronde

Argenton-sur-Creuse

Het Loiredal van streek tot streek

Manoir du Grand-Martigny

Gebrandschilderd portret van Agnès Sorel

Tips voor de reiziger

Kathedraal van St-Étienne, Bourges

Wegwijs in het Loiredal

Jeugdige hengelaars in de jachthaven van Pornichet in Loire-Atlantique

HOE GEBRUIKT U DEZE GIDS

Deze reisgids zal u helpen uw verblijf in het Loiredal zo aangenaam mogelijk te maken. Hij biedt u zowel gedetailleerde praktische informatie als aanbevelingen van kenners. *Inleiding op het Loiredal* schetst de geografische ligging en plaatst de regio in zijn historische context. *Het Loiredal van streek tot streek* beschrijft de belangrijkste bezienswaardigheden met kaarten, foto's en illustraties. Aanbevelingen voor hotels, restaurants en cafés, winkels en uitgaan vindt u in *Tips voor de reiziger*. *Wegwijs in het Loiredal* bevat allerlei andere praktische informatie.

HET LOIREDAL VAN STREEK TOT STREEK
In dit boek is het Loiredal verdeeld in zes streken, die elk in een apart hoofdstuk worden behandeld. Een kaart van deze streken vindt u aan de binnenzijde van de voorflap van het boek. De interessantste bezienswaardigheden zijn genummerd op een *streekkaart.*

Elke streek van het Loiredal is gemakkelijk te vinden door de kleurcode.

1 Inleiding
Hier worden het landschap, de geschiedenis en het karakter van iedere streek beschreven; u ziet hoe het gebied door de eeuwen heen is veranderd en wat het de bezoeker van tegenwoordig heeft te bieden.

Een oriëntatiekaart toont de streek ten opzichte van het hele Loiredal.

2 Streekkaart
De kaart geeft een geïllustreerd overzicht van de hele regio. Alle bezienswaardigheden zijn genummerd en er zijn handige tips opgenomen over rondreizen per auto en openbaar vervoer.

Kaderteksten gaan dieper op verwante onderwerpen in.

3 Informatie over bezienswaardigheden
Alle belangrijke bezienswaardigheden, steden en andere hoogtepunten worden apart beschreven. Ze zijn gerangschikt volgens de nummering op de streekkaart. *Ieder artikel bevat gedetailleerde informatie over belangrijke bouwwerken en andere bezienswaardigheden.*

4 Belangrijke plaatsen

In de inleiding worden geschiedenis, karakter en geografie van de plaats behandeld. De interessantste bezienswaardigheden zijn afzonderlijk beschreven en aangegeven op een stedenkaart.

Tips voor de toerist verschaft informatie over openingstijden, openbaar vervoer, marktdagen en plaatselijke festiviteiten.

De stedenkaart geeft alle belangrijke doorgangswegen en de kleinere straatjes die interessant zijn voor de toerist. Alle bezienswaardigheden, bushaltes, stations, parkeerplaatsen, toeristenbureaus en kerken staan op de kaart aangegeven.

5 Stratenkaart

Op deze kaart zijn plaatsen en wijken die voor de toerist van bijzonder belang zijn, in vogelvlucht te zien.

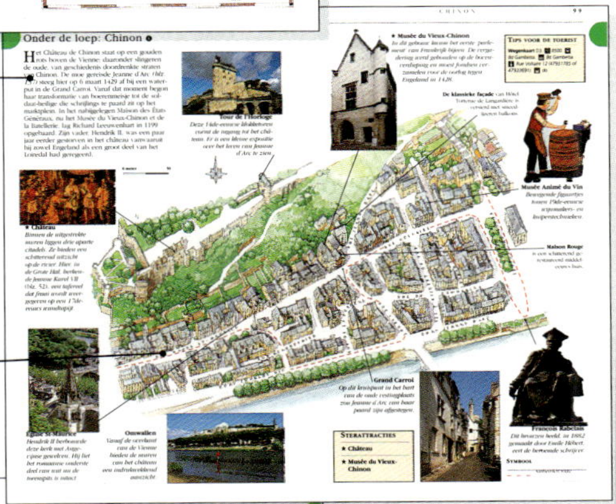

De aanbevolen route voor een wandeling gaat door de interessantste delen van een buurt.

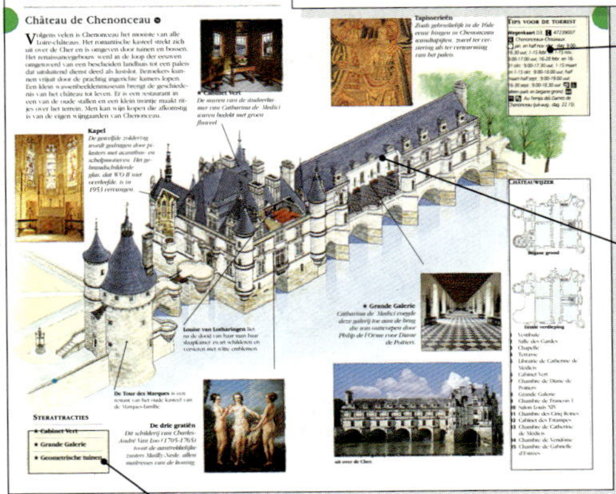

Voor alle belangrijke bezienswaardigheden is er een overzicht met praktische informatie die voor een bezoek van belang is.

6 De belangrijkste bezienswaardigheden

De topattracties worden over twee of meer hele bladzijden beschreven. Belangrijke gebouwen zijn opengewerkt, waardoor het interieur zichtbaar wordt.

Sterretjes markeren de bezienswaardigheden die u niet mag missen.

Inleiding op het Loiredal

Het Loiredal in kaart gebracht

Het Loiredal ligt in Midden-Frankrijk. De streek wordt omgeven door de regio's Bretagne, Normandië en Île de France in het noorden, het Massif Central en Poitou in het zuiden, Bourgogne in het oosten en de Atlantische Oceaan in het westen. De rivier zelf, de langste van Frankrijk (1020 km), ontspringt in de Cevennes en komt bij St-Nazaire, ten zuiden van Nantes, uit in de Atlantische Oceaan. De regio beslaat een oppervlakte van 71.228 km² en heeft een inwonertal van 5,2 miljoen.

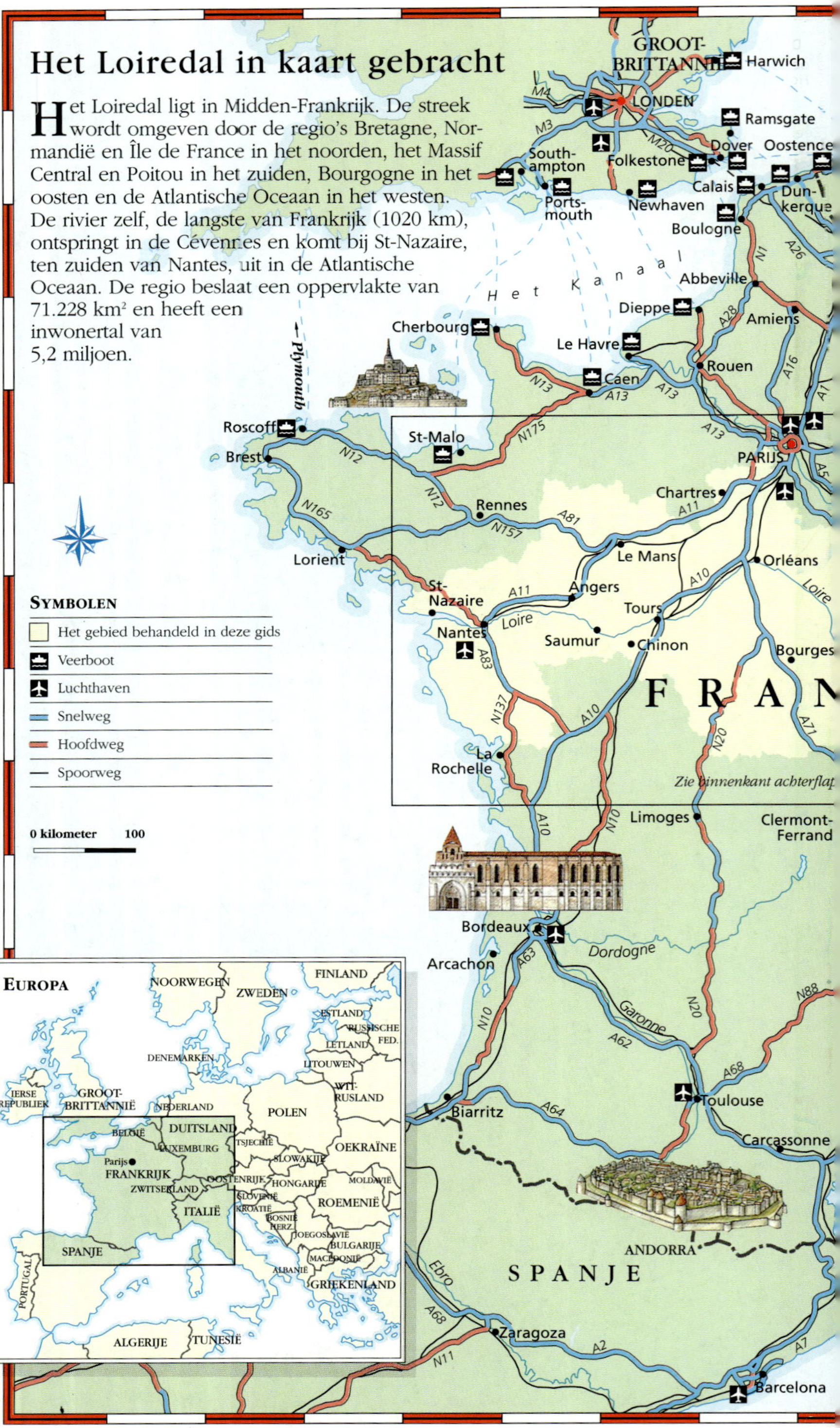

Satellietopname van de Loire en de grote velden van het verdronken land

De Loire bij Tours

EEN SCHETS VAN HET LOIREDAL

Het Loiredal is wereldberoemd om zijn prachtige châteaus. De streek wordt vaak beschouwd als een illustratie van la douceur de vivre*: een combinatie van het rustige levenstempo, een zacht klimaat, milde wijnen en een ontspannen levenshouding. Men houdt van de goede dingen des levens.*

Fietser op de dam naar het Île de Noirmoutier

In deze centrale regio van Frankrijk hebben de mensen noch de kordate, soms korzelige manier van doen van hun noordelijke buren, noch de licht ontvlambare aard van de zuidelijke provincies. Ze leiden een vredig bestaan en profiteren van de welvaart die wordt voortgebracht door de eeuwenlange populariteit van de regio bij zowel Franse als buitenlandse bezoekers. Maar ook de vruchtbare aarde en het milde klimaat leveren hun bijdrage aan het prettige karakter van de streek.

Hoewel de vele goed bewaarde historische monumenten een erfenis zijn van het verleden, is de Loire als regio geenszins een cultureel of historisch anachronisme. Veel bewoners zijn opvallend trots op de kerncentrales bij Avoine-Chinon en St-Laurent-des-Eaux, twee symbolen van de rol die de regio speelt in de technologische revolutie. De succesvolle campagne in het midden van de jaren tachtig voor de omleiding van de route van de supersnelle TGV kwam niet voort uit een ingeboren afkeer van modieuze plannen, maar uit angst voor mogelijke schade aan de flessen wijn die in de ondergrondse kelders vlak bij de geplande route waren opgeslagen.

De brug over de Loire bij Blois, een van de historische bruggen in de regio

◁ **Dorp in Berry bij avond**

Gekostumeerde volksdansers bij het Château van Blois

Niettemin blijft de levensstijl in het Loiredal grotendeels verbonden met de traditionele waarden van *la France profonde*, het conservatieve hart van het land. Men streeft daarbij een manier van leven na die zijn waarde in de loop der eeuwen heeft bewezen. Dit is met name het geval in Berry, de oostelijkste Loire-streek die in dit boek aan bod komt. Het is het geografische centrum van het land (verschillende dorpen claimen de eer in 'het hart van Frankrijk' te liggen), en voor de bezoeker ligt het op een aardige manier buiten de platgetreden paden. Het zal niemand verbazen dat volksgebruiken en, volgens sommigen, hekserij nog altijd deel uitmaken van het dagelijks leven in sommige van deze tijdloze dorpjes.

Plaatselijke attracties

De gelegenheid om op een privé-kasteel te verblijven is een van de vele attracties voor bezoekers van het Loiredal, waar gastvrijheid nog serieus wordt genomen. Zelfs in Orléans, dat door zijn nabijheid tot Parijs de reputatie van een slaapstad heeft gekregen, kunt u verzekerd zijn van een warm onthaal in hotels en restaurants. En in de steden en dorpen van Touraine en Anjou heerst overal een gezellige sfeer. De vele markten en feesten die zijn gewijd aan de lokale wijn en andere produkten – knoflook, appels, meloenen of zelfs worstjes van varkensingewanden – getuigen van de belangrijke rol, zelfs voor Franse begrippen, die eten en drinken spelen in het sociale leven van deze oude provincies.

Ze spelen ook een hoofdrol in de economie van de regio: ongeveer 12 procent van de bevolking is op een of andere manier betrokken bij de landbouw of de voedselindustrie. Menig *primeur* (vroege vrucht of groente) op de markten en in de restaurants van Parijs is afkomstig van de vruchtbare akkers en boomgaarden van de Loire. De meloenen en asperges uit de regio worden in het hele land verkocht, net als de paddestoelen die in verlaten tufsteengroeven in de buurt van Saumur en elders worden gekweekt – de regio produceert 75 procent van de paddestoelen in Frankrijk.

Zomerse kleurenpracht

Hoewel niet alle lokale wijnen het even goed doen, is een groot aantal bijzonder succesvol, zowel in Frankrijk als daarbuiten. Dit komt ook weer ten goede aan de welvaart in de regio. Wat de omvang van de produktie betreft, bezet de regio de vijfde plaats in Frank-

Zandbanken in de Loire, bij Amboise

Een wandeling langs een rivieroever bij Rochefort-sur-Loire, een van de vele geneugten die het landschap biedt

rijk, en hoewel de produktie op een kleinere schaal plaatsvindt dan bij de beroemde wijngiganten van Bordeaux en Bourgogne, neemt zowel de kwaliteit als de populariteit van de Loirewijnen toe. Sancerre en Muscadet zijn waarschijnlijk de bekendste, maar andere, zoals Vouvray en Bourgueil, zijn ook veelgevraagd.

Hier kan men wijn proeven

In de restaurants en hotels in het Loiredal wordt ten volle geprofiteerd van de uitstekende lokale produkten die op de markt komen – geen wonder dat zoveel Parijse families zich thuis voelen in het gebied. Zoals eens de Franse adel zijn kastelen en landhuizen hier liet bouwen, stromen nu rijke Parijzenaren naar het Loiredal om *résidences secondaires* te kopen. Met de komst van de TGV, die in minder dan een uur van Parijs in de regio arriveert, is de toevloed de laatste jaren alleen maar toegenomen.

Recente ontwikkelingen

Nantes, gelegen in het westen van het Loiredal, heeft zich aangepast aan veranderde economische tijden. De sluiting van zijn scheepswerven heeft geleid tot een nieuwe concentratie op moderne technologie en internationale handel. In het midden van de jaren tachtig bouwde men op de oevers van de Erdre een wetenschapspark, de Technopole Atlantique, werd er een elektronisch onderzoeksinstituut geopend en kreeg de stad een World Trade Centre *(Centre Atlantique du Commerce International)*. Niettemin roepen de brede straten en avenues (voormalige waterlopen) een gevoel van ruimte op dat ervoor zorgt dat er naast de economische dynamiek ook nog plaats is voor *douceur de vivre*.

Op dezelfde manier lijkt het nieuwe conferentiecentrum in het centrum van Tours niet af te leiden van de drommen buitenlandse studenten die hier vaak door de straten lopen. Deze zijn gekomen om, naar men zegt, het zuiverste Frans in Frankrijk te leren. Met 'zuiver' bedoelen de experts goed gemoduleerde spraak zonder een sterk accent – een mooi symbool voor een bevolking die wordt gezien als aardig en ontspannen.

Asperges uit de streek

Van afweer tot ornament

De grote châteaus in het Loiredal ontwikkelden zich in de loop der eeuwen van pure verdedigingswerken tot elegante lustsloten. Met de introductie van vuurwapens kwam een eind aan de belegeringen die de middeleeuwse kastelen moesten doorstaan, waarna comfort en smaak voorop kwamen te staan. Uitkijktorens werden siertorentjes, slotgrachten siervijvers en kantelen werden veranderd in decoratieve friezen. Tijdens de Renaissance voegden Italiaanse handwerkslieden elementen als galerijen en geometrische tuinen toe en de handgesneden versieringen werden steeds verfijnder.

Château d'Angers in 1550, voordat de torens werden verlaagd

Angers (blz. 74-75), *gebouwd tussen 1220 en 1240, is een machtige burcht gelegen op een hoogte aan de Maine. De courtine is versterkt met 17 zware ronde torens. Deze waren oorspronkelijk 60 m hoog, maar in de 16de eeuw werden de peperbustorens afgebroken.*

Ainay-le-Vieil (blz. 148), *dat uit de 12de eeuw dateert, heeft twee gezichten. De achthoekige burcht met zijn negen zware peperbustorens en schietgaten is toegankelijk via een ophaalbrug over een gracht en een reusachtige middeleeuwse poorttoren (posterne). Eenmaal binnen bevindt men zich in een stijlvol, vroeg-16de-eeuws renaissancehuis.*

De gerieflijke woonvertrekken van Ainay-le-Vieil liggen verborgen achter zware muren

Chaumont (blz. 128) *staat op de plaats van een 12de-eeuwse burcht, die in 1465 door Lodewijk XI werd afgebroken om de eigenaar te straffen voor zijn ontrouw. Tussen 1498 en 1510 werd het kasteel herbouwd in renaissancestijl. De afschrikwekkende details van het kasteel – verdedigingstorens, weergangen met kraagstenen – zijn verluchtigd met renaissancistische decoratie.*

In de muren *van Chaumont is het monogram aangebracht van Charles d'Amboise, wiens familie het kasteel herbouwde.*

Decoratie op de noordgevel van Azay-le-Rideau

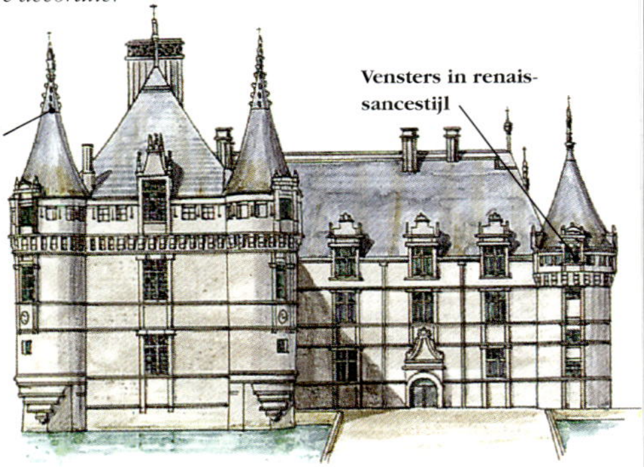

Azay-le-Rideau (blz. 96-97) *is gebouwd tussen 1518 en 1527; de sierlijke torentjes worden weerspiegeld in een rustige vijver. Het château wordt beschouwd als een van de mooiste uit de Renaissance. Met name het trappenhuis in het kasteel, achter een rijk versierd fronton, is opvallend.*

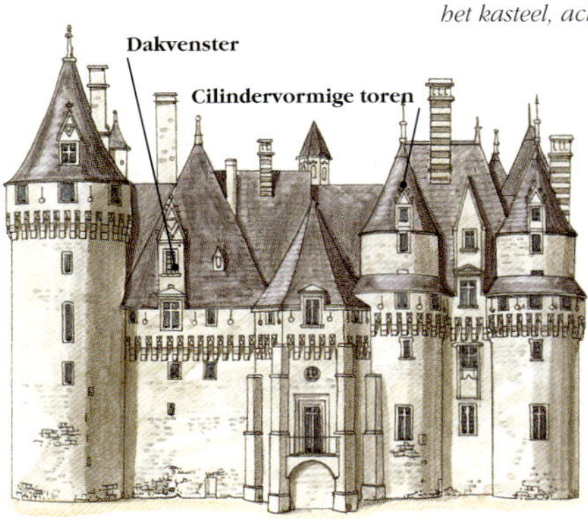

Ussé (blz. 101) *dateert uit 1462 en was oorspronkelijk een verdedigingsburcht. Later, tijdens de Renaissance, werden de muren aan de centrale binnenplaats voorzien van dakvensters en pilasters. In de 17de eeuw werd de noordelijke vleugel vervangen door terrastuinen.*

Château d'Ussé, ooit een burcht, nu een aristocratisch kasteel

In het kasteel

Stenen reliëf van trappenhuis

De meeste Loire-châteaus hadden verschillende grote, overdadig ingerichte ontvangstvertrekken. Deze waren versierd met kostbare wandtapijten en schilderijen en voorzien van lambrizering en bewerkte plafonds. De belangrijkste vertrekken waren de *grand salon*, vaak met een grote open haard, en de elegante eetzaal. De galerij was een ontmoetingsplaats voor gastheer en gasten waar de dagelijkse gebeurtenissen werden besproken en het uitzicht of de portretten aan de muur werden bewonderd. De privé-kamers van de kasteelvrouw en van de eregasten bevonden zich in aparte vleugels. De bedienden woonden op zolder.

***Stoelen** zagen er mooi uit, maar zaten vaak ongemakkelijk. De comfortabelere modellen met armleuningen waren niet zelden overtrokken met dure stoffen. Deze uit Cheverny is in Aubusson gestoffeerd.*

***De Grand Salon** werd meestal gebruikt voor sociale gelegenheden. Hij had een grote open haard versierd met het familiewapen, embleem of monogram van de eigenaar.*

***De Grand Escalier**, of Escalier d'Honneur, had rijk bewerkte balustraden en een minutieus versierd plafond, zoals dit grandioze renaissancistische trappenhuis in Serrant* (blz. 69). *De trap leidde onder meer naar de privévertrekken van de eigenaar en naar de officiële gastenverblijven.*

***Galerijen**, zoals deze in Beauregard* (blz. 130-131), *dienden als plaats waar gastheer en gasten bijeenkwamen voor een gesprek of een gezellig samenzijn. Aan de muren hingen vaak familieportretten.*

***De officiële eetzaal**, waar belangrijke gasten werden ontvangen, was net zo weelderig versierd als de andere ontvangstvertrekken. Deze in Chaumont* (blz. 128) *is ingericht met renaissancemeubilair.*

***De vertrekken** in het kasteel waren volgepropt met kostbare tapijten, schilderijen en meubilair. Aan ieder detail was gedacht. Men maakte veel gebruik van decoratieve elementen, zoals deze emaille plaquette uit Limoges, of kunstig bewerkte houten lambrizering. Zelfs de tegels van kachels waarmee de enorme kamers werden verwarmd, waren beschilderd.*

***De koninklijke slaapkamer** was altijd gereed voor een koninklijke gast. Volgens het* droit de gîte *(recht van onderdak) moesten eigenaars van een kasteel een kamer voor de koning reserveren in ruil voor een bouwvergunning. Deze kamer, in Cheverny* (blz. 130), *is vaak gebruikt.*

***Keukens** bevonden zich meestal in de kelder. Enorme spitten voor het roosteren van hele karkassen werden aangedreven door ingewikkelde mechanismen. In de keukens glom een batterij koperen potten en pannen, zoals deze in Montgeoffroy* (blz. 71).

Cheverny

Cheverny *(blz. 130)* is een classicistisch bouwwerk, opgetrokken uit wit tufsteen. Het is nauwelijks veranderd sinds het in 1634 werd voltooid. Het middengedeelte met het trappenhuis wordt geflankeerd door twee symmetrische vleugels die elk bestaan uit een deel met een zadeldak en een groter paviljoen met een koepeldak. Het interieur is 17de-eeuws.

Kerken en kloosters

Het Loiredal is een schatkamer van middeleeuwse kerkelijke architectuur, van kleine romaanse kerkjes tot enorme gotische kathedralen. Aan het begin van de Middeleeuwen overheerste de romaanse stijl, gekenmerkt door een eenvoudig grondplan, rondbogen en relatief weinig decoratie. De 13de eeuw bracht de gewelfribben en luchtbogen van de gotische architectuur, waardoor architecten hogere, lichtere kerken en kathedralen konden bouwen. De laat-gotische stijl in Frankrijk, ook wel Flamboyante Gotiek genoemd, kenmerkte zich door het maaswerk van de vensters in de vorm van 'lekkende' vlammen.

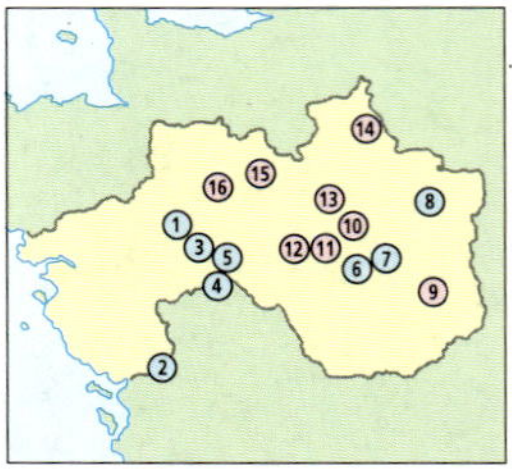

Oriëntatiekaart

① Romaanse architectuur

⑨ Gotische architectuur

Romaanse kenmerken

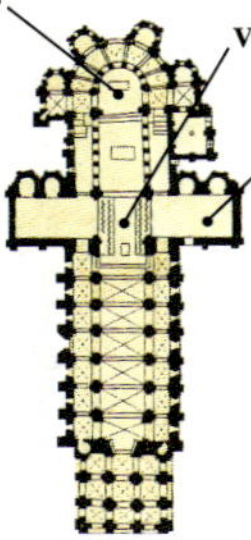

Het grondplan van St-Benoît-sur-Loire*, een kruis met een ronde apsis, is kenmerkend voor de romaanse bouwkunst.*

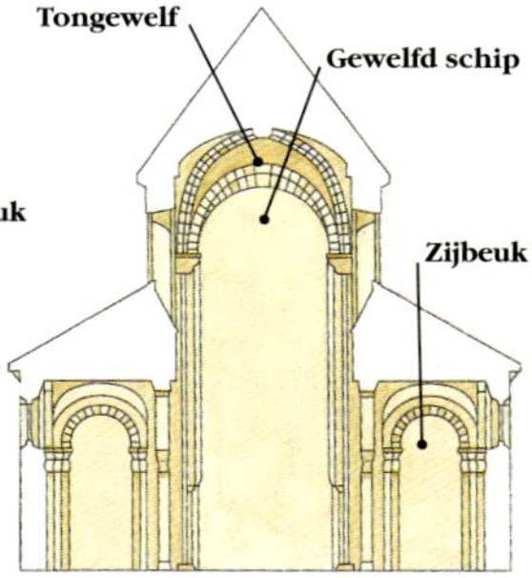

Een dwarsdoorsnede van La Collégiale de St-Aignan-sur-Cher *toont het romaanse tongewelf. De gewelfde zijbeuken ondersteunen het hoge schip.*

De rondbogen van St-Aignan *zijn typisch romaans, terwijl de spitse traveeën vooruitlopen op de gotische stijl.*

Gotische kenmerken

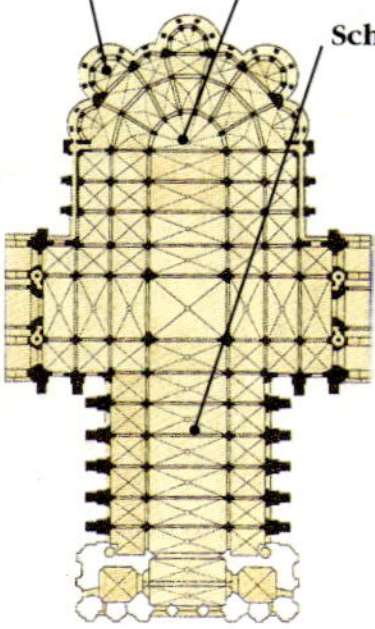

Het grondplan van Chartres *toont het brede schip en de kapellen rond de apsis.*

Een dwarsdoorsnede van de St-Étienne *in Bourges onthult de twee zijbeuken aan elke kant van het schip. Het gebouw heeft ook vijf portalen in plaats van de gangbare drie.*

Spitsbogen *zijn sterker waardoor men grotere ramen kon maken, zoals hier in Bourges.*

Waar vindt u Romaanse gebouwen

① St-Maurice, Angers *blz. 72-73*
② L'Abbaye St-Vincent, Nieul-sur-l'Autise *blz. 182-183*
③ Notre-Dame, Cunault *blz. 79*
④ L'Abbaye de Fontevraud *blz. 86-87*
⑤ St-Maurice, Chinon *blz. 98-99*
⑥ La Collégiale, St-Aignan-sur-Cher *blz. 129*
⑦ St-Eusice, Selles-sur-Cher *blz. 24-25*
⑧ La Basilique de St-Benoît-sur-Loire *blz. 140*

Waar vindt u Gotische gebouwen

⑨ St-Étienne, Bourges *blz. 152-153*
⑩ St-Louis, Blois *blz. 124-125*
⑪ St-Hubert, Amboise, *blz. 110*
⑫ St-Gatien, Tours *blz. 116-117*
⑬ La Trinité, Vendôme *blz. 123*
⑭ Notre-Dame, Chartres *blz. 172-175*
⑮ St-Julien, Le Mans *blz. 166*
⑯ Asnières-sur-Vègre *blz. 163*

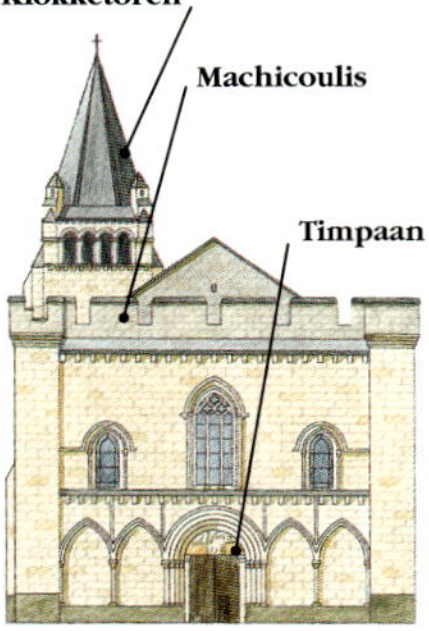

***De westgevel van de Notre-Dame** in Cunault is heel sober. Door de machicoulis en de zijtorens lijkt de kerk op een burcht.*

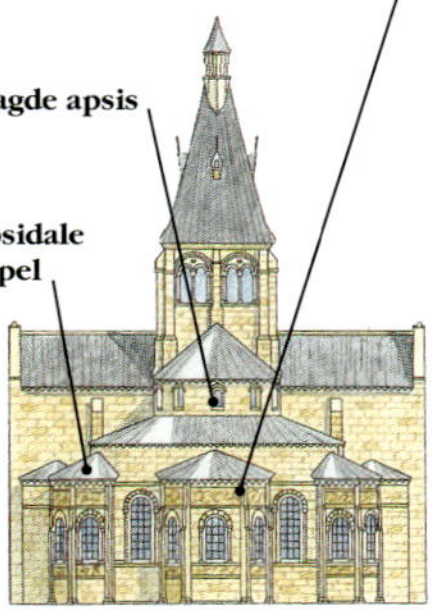

***De oostkant van de St-Eusice** in Selles-sur-Cher, met zijn drie apsidale kapellen, is versierd met bewerkte friezen.*

***De westgevel** van de St-Gatien in Tours heeft decoratieve, flamboyant-gotische portalen.*

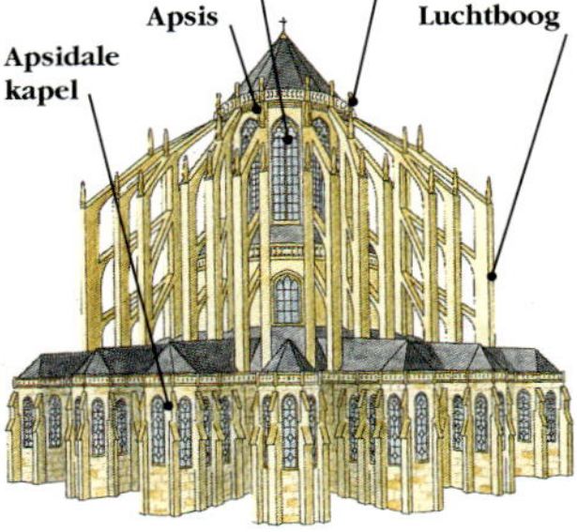

***De oostkant** van de St-Julien in Le Mans is een complex geheel van gepaarde luchtbogen met pinakels.*

Gebruikte termen

Basiliek: vroege kerkbouw met twee beuken en een door ramen in de lichtbeuk verlicht schip.

Lichtbeuk: rij ramen die het schip van boven verlichten.

Roosvenster: rond raam, vaak glas-in-lood.

Steunbeer: metselwerk ter ondersteuning van een muur.

Luchtboog: boogvormige ondersteuning die het gewicht van een muur verdeelt.

Portaal: monumentale, veelal bewerkte toegang tot een gebouw

Timpaan: decoratief bewerkt deel van een muur boven deur of raamkozijn.

Gewelf: boogvormig plafond.

Dwarsbeuk: twee vleugels van een kruisvormige kerk, loodrecht op een schip.

Viering: deel waar schip en dwarsbeuk elkaar kruisen.

Lantaarn: torentje, vaak met koepel, waardoor het interieur wordt verlicht.

Triforium: verdieping tussen zuilengang en lichtbeuk.

Apsis: nisvormige sluiting van een kerk.

Kooromgang: beuk rond oostelijk deel van een kerk, achter altaar om.

Zuilengang: rij bogen en zuilen.

Kruisgewelf: door uitstekende ribben gesteund gewelf.

Gargouille: karikaturaal beeldhouwwerk, vaak waterspuwer.

Maaswerk: gebeeldhouwd stenen patroon in gotisch raamkozijn.

Flamboyante Gotiek: laat-gotische stijl met vlamvormig vulwerk.

Kapiteel: bovenkant van zuil, vaak met beeldhouwwerk.

Schrijvers en kunstenaars in het Loiredal

Schrijver Honoré de Balzac

Het dal van de rivier de Loire is niet alleen een vruchtbaar landbouwgebied, het is ook een goede voedingsbodem gebleken voor de literatuur. In de loop der eeuwen hebben internationaal bekende schrijvers als François Rabelais, de grote lyrische dichter Pierre de Ronsard en de romanciers Honoré de Balzac en George Sand ervoor gekozen om vlak bij de machtige rivier te wonen. Vreemd genoeg zijn er maar weinig schilders geweest die zich hebben laten inspireren door het pure licht dat bezoekers van de regio zo aanspreekt, hoewel Claude Monet een creatieve periode heeft doorgebracht in het vredige Creusedal.

Marcel Proust, een portret uit het eind van de 19de eeuw door Jacques-Émile Blanche

Schrijvers

Een van de eerste schrijvers die zich van de Franse 'volkstaal' bedienden, werd rond 1250 geboren in Meung-sur-Loire. Jean Chopinel, beter bekend als Jean de Meung, was de schrijver van het tweede deel van de invloedrijke *Roman de la rose,* een lang, allegorisch gedicht over een hoofse liefde. Terwijl het eerste deel van het gedicht zich op een fijngevoelige manier richt op de affaire tussen de twee geliefden, ondermijnt de cynische Jean de Meung in het tweede deel de idealistische conventies van de hoofse liefde. Tijdens de Honderdjarige Oorlog, anderhalve eeuw later, werd de aristocratische dichter Charles d'Orléans 25 jaar lang door de Engelsen gevangen gehouden. In de gevangenis kon hij zijn aanzienlijke poëtische talenten ontwikkelen. Na zijn vrijlating in 1440 maakte hij het hof in Blois tot een belangrijk literair centrum. Hij nodigde beroemde schrijvers en dichters uit, onder wie François Villon, een 15de-eeuwse dichter die net zo bekend was om de kwaliteit van zijn werk als om zijn aanstootgevende levensstijl. In Blois won Villon een dichtwedstrijd met zijn werk *Je meurs de soif auprès de la fontaine* ('Ik sterf van de dorst bij de fontein').

Illustratie uit de *Roman de la rose*

François Rabelais, de markante 16de-eeuwse satiricus en humanist, werd geboren in 1483 in de buurt van Chinon *(blz. 98-99).* Hij kreeg grote bekendheid in Europa na het verschijnen van *Pantagruel* (1532) en *Gargantua* (1535), lijvige werken waarin boertige humor wordt afgewisseld met geleerde betogen.

Pierre de Ronsard werd dertig jaar na Rabelais geboren in de buurt van Vendôme. Hij was de belangrijkste Franse dichter uit de Renaissance, vooral bekend door zijn lofdichten en sonnetten voor 'Cassandre', 'Hélène' en 'Marie' (een boerenmeisje uit Anjou). Hij was hofdichter van Karel IX en woonde in het klooster St-Cosme bij Tours. Ronsard was ook de leider van de Pléiade, een groep van zeven dichters die onder invloed van de klassieken vastbesloten waren de Franse poëzie radicaal te vernieuwen. In dezelfde groep zat Joachim du Bellay, een edelman uit Anjou en een vurig pleitbezorger van de Franse literatuur.

George Sand, de 19de-eeuwse schrijfster

Een andere beroemde zoon van het Loiredal stond aan het begin van een 17de-eeuwse intellectuele revolutie. De wiskundige en filosoof René Descartes, geboren in Touraine en opgevoed aan het jezuïetencollege van La Flèche *(blz. 167),* ontwikkelde een methode van filosofisch onderzoek waarin alle wetenschappelijke disciplines waren geïntegreerd. Met de beroemde uitspraak 'Ik denk,

dus ik ben' als uitgangspunt, ontwikkelde hij in zijn boek *Discours de la méthode* (1637) een rationalistische leer, het cartesianisme.
De produktiefste Franse schrijver van de 19de eeuw, Honoré de Balzac, was verknocht aan zijn geboortestreek Touraine. Tours, Saumur en het Château de Saché fungeren als decor in enkele van zijn bekendste romans, waarin hij zich een scherp observator toont van de 19de-eeuwse Franse zeden. Het werk van Balzacs tijdgenoot George Sand (het mannelijk pseudoniem van barones Aurore Dudevant) is geworteld in haar geboortestreek Berry, net als het magische *Le grand Meaulnes* (1913) van Alain-Fournier, een romantische visie op zijn kinderjaren in de regio.
De haagdoornen en vredige dorpjes in de buurt van Chartres leverden het onvergetelijke decor voor het begin van de grootse romancyclus van Marcel Proust, *À la recherche du temps perdu*.
In de stad Nantes, aan de monding van de Loire, werd in 1826 Jules Verne *(blz. 192-193)* geboren, wiens pionierswerk op het gebied van de science fiction van groot belang is geweest.

KUNSTENAARS

In 1411 werden de drie in Nijmegen geboren broers Limbourg hofschilders van de hertog van Berry in Bourges. Hij gaf ze opdracht tot het maken van 39 miniaturen voor het getijdenboek *Les très riches heures du duc de Berry*.
Dit boek, een van de hoogtepunten van de internationale gotische stijl, zou het pronkstuk worden in zijn buitengewone collectie manuscripten. Sommige van de verfijnde illustraties geven een beeld van het leven in het Loiredal.
Jean Fouquet, geboren in Tours rond 1420, werd in 1475 officieel benoemd tot

Een miniatuur uit *Les très riches heurs du duc de Berry*

hofschilder. Een van zijn beroemdste portretten is dat van de koninklijke maîtresse Agnès Sorel *(blz. 104)*, poserend als de Maagd Maria.
Een eeuw na de geboorte van Fouquet wist Frans I de oudere Leonardo da Vinci over te halen zich te vestigen in het landhuis Cloux (het huidige Le Clos-Lucé, *blz. 110-111*) in de buurt van het Château Amboise. Leonardo, die toen 65 was, schilderde niet meer, maar bekend is dat hij enkele schetsen maakte van het hofleven, die echter niet bewaard zijn gebleven. Hij hield zich wel bezig met wetenschappelijk onderzoek en het doen van uitvindingen. De resultaten daarvan zijn te zien in het museum in de kelder van het kasteel.

Zelfportret van Henri Rousseau, een goed voorbeeld van zijn naïeve stijl

Rond de tijd van Leonardo's dood in 1519 werd François Clouet geboren in Tours. Hij volgde zijn vader op als hofschilder van Frans I en maakte een reeks uitmuntende portretten, onder andere van Frans I zelf en van Maria Stuart. De stijl van Clouet is exemplarisch voor de Franse Renaissance.
De beroemdste beeldhouwer van Anjou is David d'Angers, die geboren werd in 1789. Zijn werk omvat busten en medaillons van vele historische figuren uit zijn tijd. Hij maakte ook een monument voor de markies van Bonchamps, dat te zien is in de kerk van St-Florent-le-Vieil *(blz. 57)*.
Precies een eeuw later

Portret van Maria Stuart, door François Clouet

bracht de impressionistische schilder Claude Monet enkele weken door in het dorp Fresselines in het Creusedal *(blz. 147)*. Een van de doeken die hij daar maakte, *Le Pont de Vervit*, hangt nu in het Musée Marmottan in Parijs.
Henri Rousseau, een van de grootste naïeve schilders, werd geboren in de plaats Laval in 1844. Hoewel hij nooit buiten Frankrijk is geweest, bestaan zijn bekendste werken uit gestileerde afbeeldingen van exotische jungles, bevolkt door wilde dieren.
Een deel van het kasteel in Laval dient thans als museum voor naïeve kunst *(blz. 160)*.

Thematische rondritten door het Loiredal

Voor wie onafhankelijk van reisorganisaties de omgeving wil verkennen of een bijzondere interesse heeft in de regio, vormen thematische rondritten een goed alternatief. Plaatselijke toeristenbureaus hebben informatie over routes die bezoekers kunnen volgen – met thema's als wijn, kerken, châteaus, historische gebouwen en botanische tuinen. Brochures en kaarten waarop de route staat beschreven, vaak in andere talen dan het Frans, zijn verkrijgbaar. Sommige routes staan aangegeven langs de weg. De staf van het toeristenbureau kan ook een route uitstippelen die is afgestemd op uw persoonlijke wensen.

À la Recherche des Plantagenêts *volgt het leven van Henry Plantagenet, zijn vrouw Eleonora van Aquitanië en hun zonen* (blz. 50). *De sporen van hun opmerkelijke levens, waaronder deze burcht in Loches, zijn te zien in de hele regio.*

De Route Touristique du Vignoble *(wijnroute) voert door enkele van de mooiste wijngebieden van de regio, waaronder de Coteaux de la Loire. Voor informatie kunt u terecht bij de toeristenbureaus van Angers, Nantes en Saumur.*

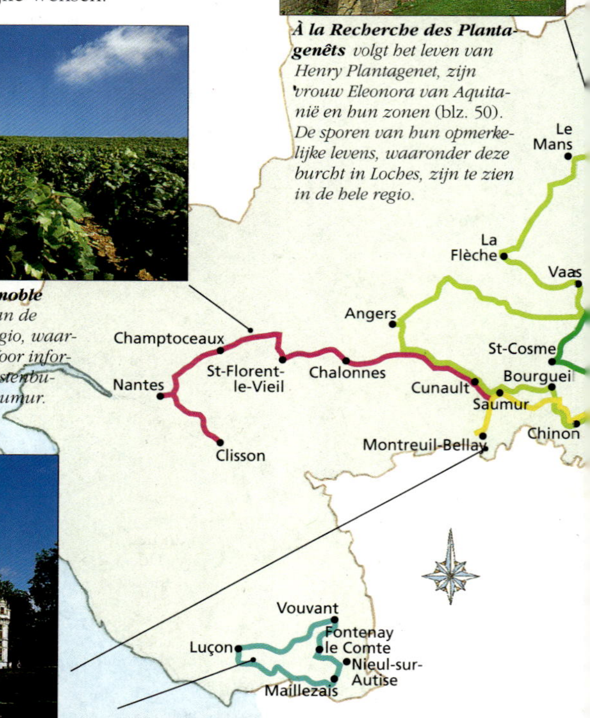

De Route de la Vallée des Rois *neemt de automobilist naar voormalige residenties, zoals Azay-le-Rideau, en kathedralen en kerken langs dat deel van de Loire dat bekend staat als het Koningsdal. Voor informatie kunt u terecht bij de toeristenbureaus van Saumur, Blois, Gien en Orléans.*

Het Circuit Sud-Vendéen au Pays de la Fée Mélusine *omvat de attracties van de zuidelijke Vendée, waaronder de Marais Poitevin. Het toeristenbureau in La-Roche-sur-Yon heeft alle details.*

De Route Historique des Parcs et Jardins *neemt bezoekers naar Villandry en tal van andere tuinen van kastelen en landhuizen, hedendaagse tuinen, parken en arboreta in de streek. Informatie bij het toeristenbureau van Tours.*

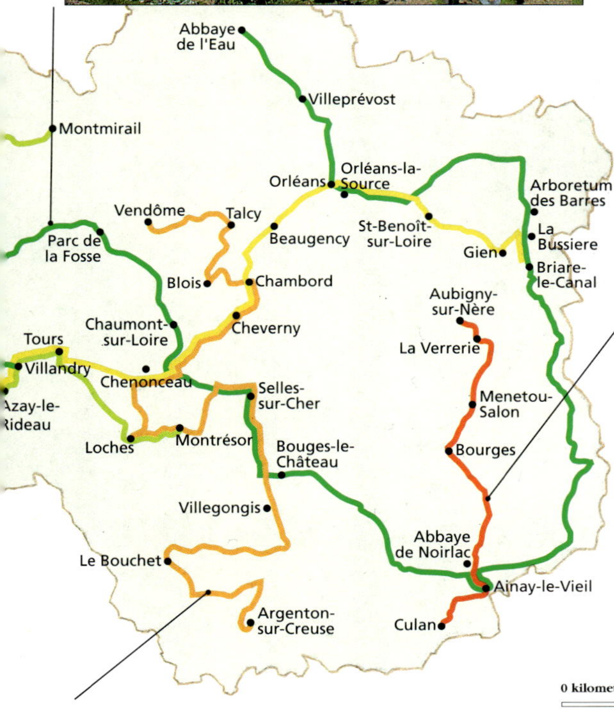

De Route Jacques Cœur *voert automobilisten naar schilderachtige plaatsjes en indrukwekkende kastelen, waaronder het Château de Maupas en het Palais Jacques-Cœur in Bourges* (blz. 151), *het voormalige huis van de rijke koopman naar wie de tocht is genoemd. In sommige van de privé-châteaus langs de route kunt u overnachten* (blz. 200-201). *Het toeristenbureau in Bourges heeft alle details.*

De Route Historique François I *verkent de kastelen, zoals Valençay, die tijdens het bewind van Frans I* (blz. 54) *in de 16de eeuw zijn gebouwd. Voor informatie kunt u terecht bij het toeristenbureau van Romorantin-Lanthenay.*

SYMBOLEN

- Circuit Sud-Vendéen
- Route Historique des Parcs et Jardins
- À la Recherche des Plantagenêts
- Route Historique François I
- Route Jacques Cœur
- Route de la Vallée des Rois
- Route Touristique du Vignoble

Een wandeling in het Loiredal

De beste manier om de 'meest sensuele rivier van Frankrijk' (Flaubert) te volgen, en de rivier te zien veranderen als hij door het bos van Sologne en het Koningsdal stroomt en ten slotte in de oceaan uitmondt, is te voet. De *Grande Randonnée 3* (GR 3) is een van de langste wandelroutes in Frankrijk en vergezelt de Loire van zijn oorsprong in Gerbier de Jonc naar zijn monding. De route verlaat soms de rivieroever om de schilderachtigste paden te volgen. Wie maar een paar uur of enkele dagen wil lopen, kan een deel van de *Grande Randonnée* volgen of de vele kortere, vaak circulaire routes in de regio proberen. In een Topo-Guide *(blz. 224)* vindt u gedetailleerde informatie over de wandeling.

Symbolen

(rood)	Aanbevolen wandeling
(groen)	Grande Randonnée de Pays
(paars)	Grande Randonnée

In de lieflijke Alpes Mancelles, in het Parc Régional Normandie-Maine, zijn er wandelingen van vier tot zeven dagen in het Sarthe-, Mayenne- en Ornedal. *(Topo-Guide 039)*

***De Folies-Siffait**, vlak bij Le Cellier, 15 km ten noordoosten van Nantes, biedt een ongewone, twee uur durende wandeling in een labyrintisch park.* (IGN 1323)

0 kilometer 50

La Grande Brière (blz. 180) *omvat drie prachtige regionale routes door rietlanden waar duizenden vogels broeden.* (Topo-Guide 003)

Routemarkeringen

Alle wandelroutes zijn gemarkeerd *(balisé)* met symbolen, geschilderd op bomen en stenen langs het pad. De kleuren van de symbolen geven aan welke route u volgt. Een rood-witte markering betekent een *Grande Randonnée*-route, geel-rood wordt gebruikt voor een regionale route *(Grande Randonnée de Pays)*. Lokale routes *(Petites Randonnées)* hebben één kleur (meestal geel).

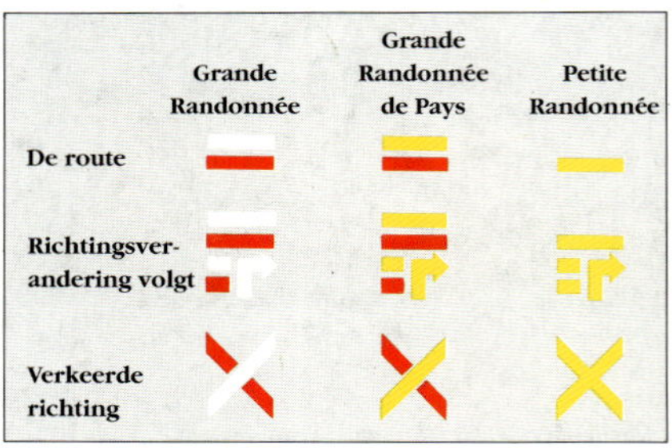

***De Grande Randonnée 3**, een van de langste wandelroutes van het land, volgt de Loire langs zijn gehele loop.*

GRACQ, WANDELAUTEUR

Voor Franse wandelaars is het moeilijk om langs de Loire te lopen zonder aan Julien Gracq te denken. Gracq, een van de beroemdste schrijvers van Frankrijk, woont in St-Florent-le-Vieil *(blz. 68)*, een dorpje gelegen tussen Angers en Nantes op de zuidoever van de rivier. Veel van zijn boeken nodigen uit om het Loiredal te voet te verkennen. *La presqu' île* speelt zich af in de streek Guérande en *Les eaux étroites* roept een beeld op van de Evre, die bij St-Florent in de Loire stroomt. *La forme d'une ville* is een portret van Nantes, waar Gracq op school ging en leraar was.

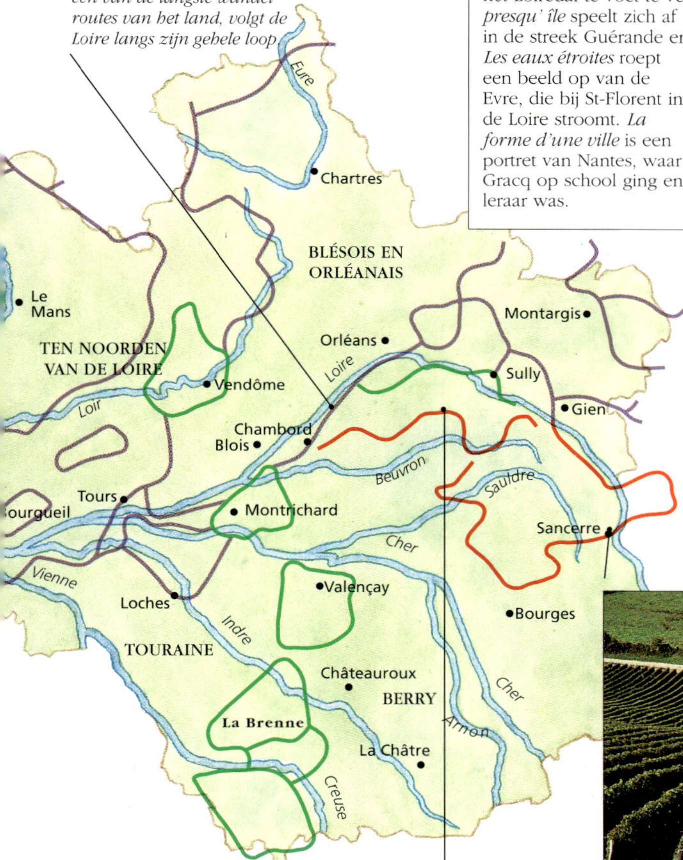

***In de Sancerrois** (blz. 155) worden enkele van de beste witte wijnen van Frankrijk geproduceerd. Zo'n 30 korte wandelingen* (Petites Randonnées) *van 9 tot 32 km voeren door de wijngaarden van de streek.* (Topo-Guide 064)

***De Sologne** ligt op de route van de GR 3C, een variant op de GR 3. Tussen Gien en Chambord verlaat het pad de Loire en neemt u mee op een vijfdaagse tocht door een mysterieus bos* (blz. 141). (Topo-Guide 362)

De natuurlijke historie van het Loiredal

Europese wolf

De langste rivier van Frankrijk wordt gevoed door een aantal zijrivieren, waaronder de Loir, de Mayenne, de Sarthe, de Cher, de Indre, de Vienne, de Creuse en de Beuvron. Niet ver van het centrale Loiredal liggen vier natuurparken *(Parcs Naturels Régionaux)*: Brière, Normandie-Maine, Marais Poitevin en La Brenne. De regio telt vele meren waar vogels en andere dieren leven, en de bossen, heuvels en vlakten worden doorsneden met paden die bekend staan als *Grandes Randonnées*. Deze zijn ideaal voor wandelaar en fietser.

SYMBOLEN

- Regionaal natuurpark
- Bos of bebost gebied
- Meer
- Grote rivier

0 kilometer 50

De Sarthe stroomt *via Le Mans naar Angers, waar hij zich bij de Loire voegt. Dit stuk van de rivier, dat bevaarbaar is, voert langs vredige velden, akkers en bossen.*

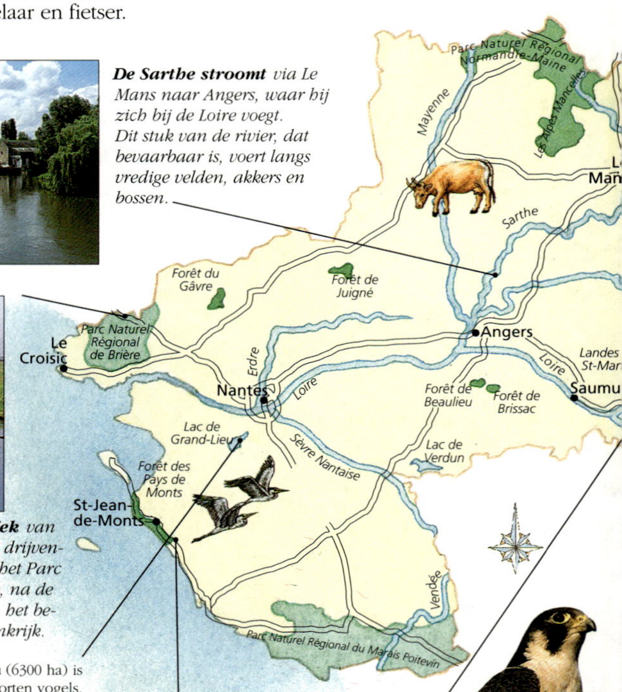

Een middeleeuws mozaïek *van kanalen, rietbedden en los drijvende graslanden maakt van het Parc Naturel Régional de Brière, na de Camargue in de Provence, het belangrijkste* wetland *in Frankrijk.*

Het Lac de Grand-Lieu (6300 ha) is het domein van 230 soorten vogels, 500 plantesoorten en 50 diersoorten. Het heeft de grootste kolonie blauwe reigers ter wereld.

Landes St-Martin *is een uitgestrekt bosgebied ten noorden van de Loire. Het omvat het 250 ha grote Lac de Pincemaille, deels recreatiegebied, deels* wetland *en het domein van vogels als goudplevieren, aalscholvers en slechtvalken.*

Het Forêt des Pays de Monts *is een gemengd bosgebied dat grenst aan de gouden Atlantische stranden.*

***Statige eiken**, sommige meer dan 300 jaar oud, staan naast paardekastanjes, dennen en beuken in het Futaie des Clos* (blz. 168), *deel van het Forêt de Bercé. Het bos wordt begrensd door de Veuve, Dinan en Loir.*

***10 km ten noorden van Blois** ligt de Vallée de la Grande Pierre de Marolles et de Vitain, een bewaarplaats van botanische schatten, waaronder orchideeën en alpiene planten.*

Het Forêt d'Orléans (50.000 ha) is het op een na grootste bos in Frankrijk. Het wordt doorsneden door het Canal d'Orléans en is rijk aan everzwijnen, herten en ander wild. Bossen en akkers wisselen elkaar af.

***Het Parc de Chambord** (5500 ha) is een wildreservaat dat omgeven wordt door een 33 km lange muur. Het is daarmee de grootste 'ommuurde tuin' in Europa. Vanaf speciale platforms kan men het wild (waaronder herten, zwijnen en dassen) observeren.*

***Het natuurpark tussen** de rivieren de Indre en Creuse staat bekend als het Pays des Mille Étangs, vanwege de 1270 meertjes. Twee onalledaagse gasten zijn de waterschildpadden en de wolven die voorkomen in het Forêt de Preuilly, 4 km ten noordwesten van Azay-le-Ferron.*

***De Sologne** (490.000 ha) ligt iets buiten de gebaande paden. Het boslandschap van zilverberken, eiken, lariksen, dennen en sparren gaat over in moerasland en heide. De meren trekken veel vogelsoorten en andere dieren aan, waaronder boommarters, reeën en salamanders.*

Wijn maken en wijngaarden

Karikatuur van een wijnmaker in kostuum

Het belang van wijn in het Loiredal is in één oogopslag duidelijk. Eindeloos strekken de wijngaarden zich uit langs beide oevers van de rivier en aan de kant van de weg ziet men overal borden met de tekst *dégustations*: wijnproeverij *(blz. 212)*. Het Loiredal, van Nantes tot Pouilly-sur-Loire, is qua produktie-omvang het op vier na grootste wijngebied van Frankrijk. De witte Sancerre heeft een uitstekende reputatie *(blz. 155)*, net als sommige van de rosé-wijnen uit Anjou, de sprankelende Vouvrays, de stevige rode wijnen uit Chinon en Bourgueil, en de magnifieke, droge *méthode champenoise* uit Saumur. Er zijn ook tal van eenvoudiger wijnen, waaronder de Muscadet en zijn jongere neefje Gros Plant, die het beste koel gedronken kunnen worden.

Traditionele wijnbouw

***De zoete wijn** van de Côteaux du Layon, Quarts de Chaume, is buiten Frankrijk nauwelijks bekend.*

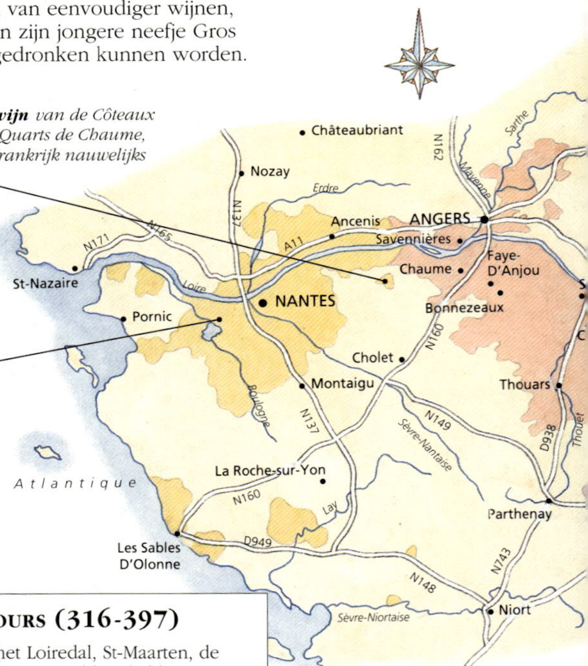

***Muscadet** met de woorden sur lie op het etiket is gerijpt op zijn droesem, hetgeen de wijn meer smaak geeft.*

Symbolen

- Pays Nantais
- Anjou-Saumur
- Haut-Poitou
- Touraine
- Centrale wijngaarden

0 kilometer 15

St-Maarten van Tours (316-397)

De bekendste heilige van het Loiredal, St-Maarten, de bisschop van Tours, zou drie wijnstokken hebben meegebracht uit Hongarije en deze in Touraine hebben geplant. Maar misschien had zijn ezel een groter aandeel, door van sommige wijnstokken de bladeren op te eten. Deze stokken bleken later de grootste opbrengsten voort te brengen – en sindsdien snoeit men de wijnstokken.

St-Maarten op zijn ezel

De belangrijkste feiten over Loire-wijnen

Druivesoorten
De muscadet-druif levert een simpele, droge wijn op. De sauvignon blanc geeft een aromatische, 'strenge' wijn. Chenin blanc wordt gebruikt voor droge en medium Anjou, Vouvray, Savennière en Saumur, en de beroemde zoete wijnen van Vouvray, Quarts de Chaume en Bonnezeaux. Zomerse rode wijnen worden gemaakt van de gamay en de cabernet franc.

Goede producenten (west naar oost)
Muscadet: Château de la Bretesche, Marquis de Goulaine, Château de Chasseloir. *Anjou* (rood): Domaine de Ste-Anne. *Anjou* (rosé): Robert Lecomte-Girault. *Anjou* (droge witte): Domaine Richou. *Saumur* (mousserend): Bouvet-Ladunay, Ackerman-Laurance, Gratien & Meyer. *Saumur* (rood): Château de Villeneuve. *Saumur* (wit): Domaine des Nerleux, Château de St-Florent. *Bourgueil* (rood): Clos du Vigneau. *Chinon* (rood): Domaine Réné Couly, Clos de la Dioterie. *Touraine* (wit): Domaine Joel Delaunay. *Vouvray*: Clos du Bourg, Le Haut-Lieu, Chevreau-Vigneau, Alain Ferraud, Sylvain Gaudron. *Sancerre*: Domaine de St-Pierre, Domaine des Villots, Domaine Paul Prieur. *Crémant de Loire* (mousserend): Château de Midouin, Perry de Maleyrand.

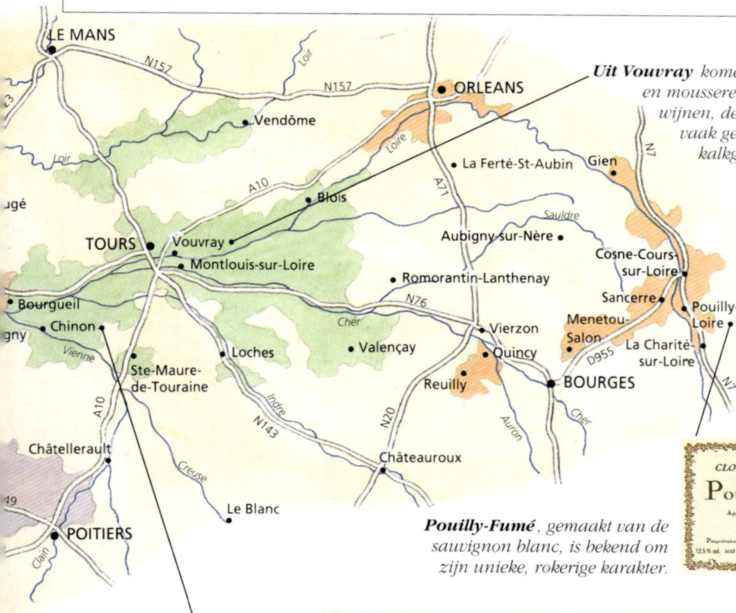

***Uit Vouvray** komen 'stille' en mousserende witte wijnen, de laatste vaak gerijpt in kalkgrotten.*

***Pouilly-Fumé**, gemaakt van de sauvignon blanc, is bekend om zijn unieke, rokerige karakter.*

***Clos de l'Echo** van Couly-Dutheil is een prachtige, robijnrode wijn van de cabernet franc. De AOC-wijnen van Chinon hebben een aangenaam, kruidig aroma en kunnen goed worden bewaard.*

De wijngaard van Clos de l'Echo

Een blik op de Loire

De Loire is een natuurlijke snelweg naar het centrum van Frankrijk en wordt al sinds de vroegste tijden bevaren. In de rivier zijn resten gevonden van prehistorische kano's; sporen van recenter datum tonen aan dat de Kelten en de Romeinen de rivier intensief gebruikten als handelsroute. Tot de ontwikkeling van de spoorwegen in de 19de eeuw was de rivier in feite onmisbaar voor het vervoer van goederen. Door de groei tussen de 17de en de 19de eeuw van het Franse kanalennetwerk, waardoor de haven van Nantes werd verbonden met Parijs en het noorden, nam het belang van de Loire toe. De Loire kan onvoorspelbaar en gevaarlijk zijn en het is een van de eerste rivieren die de mens onder controle heeft proberen te brengen. Waarschijnlijk werden er al in de 12de eeuw dammen gebouwd, en dit gebeurt nog altijd, maar de rivier blijft gevaarlijk door overstromingen, dichtvriezen, drijfzand en verraderlijke stromingen. Tegenwoordig wordt de rivier niet meer gebruikt voor commerciële doeleinden, behalve door plezierboten. Zij geven de bezoeker een uniek zicht op het omringende landschap.

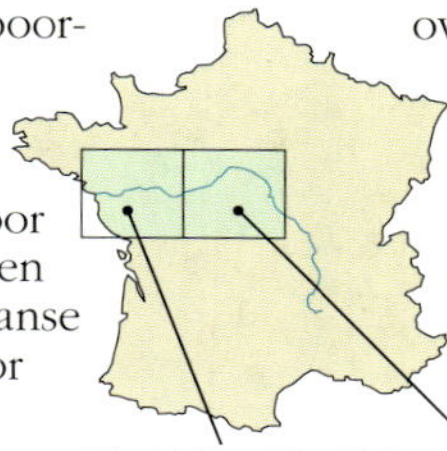

Blz. 34-35 Blz. 36-37

Zeilboten, met hun kenmerkende vierkante zeilen, voeren vaak in groepjes van drie of meer.

Stoomboten gebruikten krachtige lieren om hun schoorstenen neer te laten, zodat ze onder lage bruggen konden doorvaren.

De brug van Amboise overspant de rivier en het Île St-Jean.

Château d'Amboise is gelegen op een rots boven de rivier, buiten het bereik van een mogelijke overstroming.

Aken, in het Frans *chalands* genoemd, hadden niet altijd zeilen – soms werden ze geroeid.

Zicht op Amboise

Dit schilderij door Justine Ouvrié, dat nu in het Musée de la Poste in Amboise hangt (blz. 110)*, dateert uit 1847. Het levendige riviertafereel waarop diverse soorten boten staan, geeft een indruk van het belang van de Loire voor leven en handel in de regio voordat de spoorwegen een overheersende rol gingen spelen in het vervoer.*

***Eenvoudige gebruiksvoorwerpen** werden vaak versierd met rivierscènes, zoals dit 19de-eeuwse bord uit het Musée de la Marine de Loire in Châteauneuf-sur-Loire.*

De rivier: van St-Nazaire tot Montsoreau

Een plezierboot op de Loire

Na Touraine, als de Loire in de richting van Anjou en de Loire Atlantique stroomt, wordt de rivier steeds breder en wilder, alsof hij zich naar de Atlantische Oceaan haast. Ook neemt het watervolume toe door de vele zijrivieren. Sommige stromen evenwijdig, waardoor een groot aantal grotere en kleinere eilanden ontstaat; andere zijrivieren stromen noord- en zuidwaarts door het landschap. Het land is rijk aan oude monumenten, waaronder de dolmen van Bagneux en middeleeuwse burchten.

Champtoceaux
Het dorp Champtoceaux, gelegen op een rots 80 m boven de rivier, biedt een panoramisch uitzicht. Een lager gedeelte van de klif wordt ingenomen door een particulier renaissancekasteel.

St-Nazaire
Aan de monding van de Loire, bij de Atlantische Oceaan, ligt St-Nazaire (blz. 190)*, een belangrijke industriestad. De sierlijke brug is de westelijkste oeververbinding.*

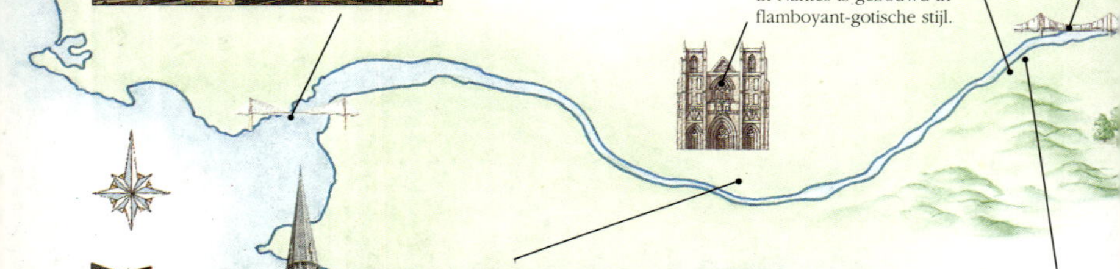

De kathedraal St-Pierre en St-Paul in Nantes is gebouwd in flamboyant-gotische stijl.

Nantes
Nantes was tijdens de 18de en 19de eeuw een bloeiende haven (blz. 190-193)*, het trait-d'union tussen de oceaan en de transportkanalen naar het binnenland.*

Péage Fortifié du Cul-du-Moulin
Dit tolstation is een de vele die in de 13de eeuw werden gebouwd voor het innen van tolgelden. Het is een van de weinige riviertolstations in Frankrijk die nog bestaan.

Bruggen over de Loire

Bruggen over de Loire zijn er sinds mensenheugenis. Er was er al een in Orléans in 52 v.C., die later werd verwoest door de legers van Julius Caesar. Tegenwoordig, met zoveel mogelijkheden om de rivier over te steken, is het moeilijk voor te stellen hoe het was in de Middeleeuwen toen er niet meer dan vijf bruggen waren, of in de 15de eeuw, toen er slechts dertien waren. De bruggen over de rivier vertellen het verhaal van de geschiedenis van het bruggen bouwen, maar ook die van de streek zelf.

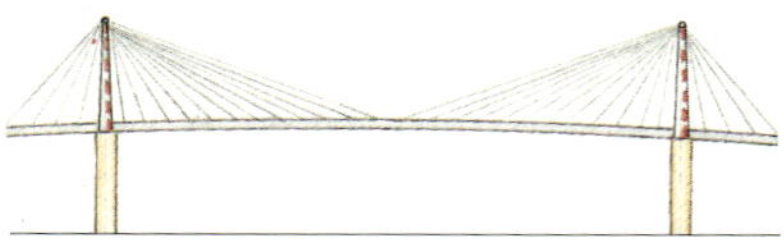

St-Nazaire
Met zijn lengte van 3356 m is de brug van St-Nazaire de langste van Frankrijk. Het centrale, hangende deel is 404 m lang. Vóór de opening van de brug in 1975 stak men de riviermond over per veerboot.

St-Florent
Eens de kerk van een benedictijnenklooster. Tijdens de Vendée-opstand (blz. 68) *was de abdij het toneel van dramatische gebeurtenissen. Meer dan 40.000 royalistische soldaten en hun aanhangers staken hier de rivier over.*

Montsoreau
Montsoreau, op de kruising van de Loire en Vienne, heeft een 15de-eeuws château met siertorentjes (blz. 85).

Angers
De Apocalyps (blz. 76-77)*, een serie wandtapijten uit de 14de eeuw, is te zien in het Château d'Angers.*

Het Château d'Angers, met zijn zware torens en courtine, ligt aan de Maine, ten noorden van de Loire.

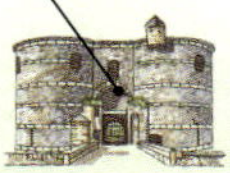

Cunault
In de imposante romaanse kerk in Cunault (blz. 79) *staat dit 15de-eeuwse beeldje van de H. Catharina.*

Les Rosiers

Saumur
In Saumur is een monument voor gesneuvelde cadetten van de bekende rijschool.

Het Château de Saumur *(blz. 82)* torent uit boven de stad als een sprookjeskasteel.

Île Béhuard
Dit eiland (blz. 69) *was ooit een pelgrimsoord voor zeelieden. Zij baden tot een zeegodin die hen moest helpen de soms verraderlijke stromen van de Loire te bedwingen. De huidige kerk is gebouwd door Lodewijk XI, die hier bijna was verdronken.*

Chinon
Dit stadje aan de Vienne (blz. 98-100) *was in de 12de eeuw de woonplaats van Hendrik Plantagenet.*

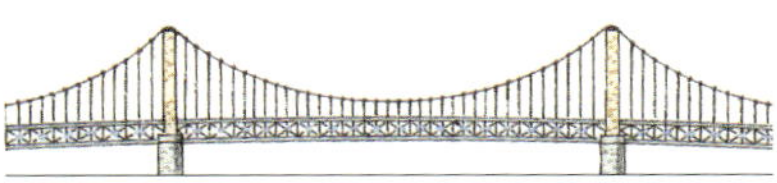

Ancenis
De hangbrug van Ancenis (1953) verving een eerdere, die in 1940 was verwoest. Aangezien de brug op de grens van Bretagne en Anjou ligt, ziet men aan de ene kant de drie lelies van Anjou en aan de andere de hermelijn van Bretagne.

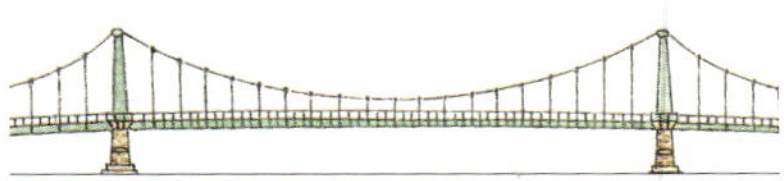

Les Rosiers
De brug bij Les Rosiers is een van de twee die de Loire op dit punt overspannen. De rivier is hier bijzonder breed en er is een eiland in het midden. Het eiland is met twee bruggen verbonden met de plaatsen Les Rosiers en Gennes.

De rivier: van Tours tot Nevers

Gebrandschilderd glas in Gien

Dit is het echte koninklijke Loiredal. Als de rivier door de streken Touraine, Blésois en Orléanais stroomt, passeert deze vele renaissancekastelen. Sommige, zoals Chaumont, Amboise en Gien, verbergen achter hun burchtachtige uiterlijk binnentuinen en rijk bewerkte gevels. Andere, zoals Sully, baden in luxe. In heel Touraine liggen glooiende wijngaarden aan de rivier, in het westen zijn de oevers bebost. Dit zijn de voormalige jachtgronden van koningen en prinsen.

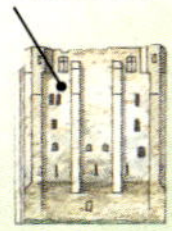

De zware donjon van Beaugency *(blz. 136)* dateert uit de 10de eeuw

Langeais
Hoog boven de rivier in de plaats Langeais (blz. 92) *ligt een indrukwekkend 15de-eeuws kasteel. De inrichting is nog authentiek.*

Blois
Blois (blz. 124-127), *gelegen op de noordoever van de Loire, was de zetel van de graven van Blois en later de residentie van Frans I. Zijn salamanderembleem siert de haard.*

Château d'Amboise *(blz. 110)* werd in de 15de eeuw gebouwd door Karel VIII.

Pagode van Chanteloup
Deze 44 m hoge pagode (blz. 111) *is het restant van een ooit fraai kasteel.*

Tours
Tours (blz. 112-117) *is het hart van het Loiredal en vroeger een belangrijk kruispunt aan de rivier. De oude stad ligt rond het gezellige Place Plumereau met zijn 15de-eeuwse gebouwen.*

Château de Chaumont
Renaissance-accenten verlenen de burcht van Chaumont (blz. 128) *een minder streng uiterlijk. Wonderschoon uitzicht.*

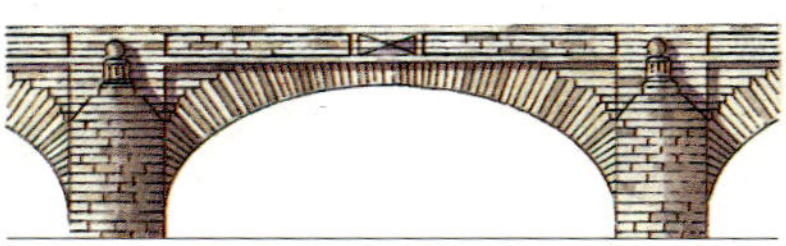

Tours
Toen de 18de-eeuwse brug van Tours werd gebouwd, werd de Rue Nationale, die naar het centrum voert, de voornaamste doorgaande route, in plaats van de weg tussen de kathedraal en de oude stad.

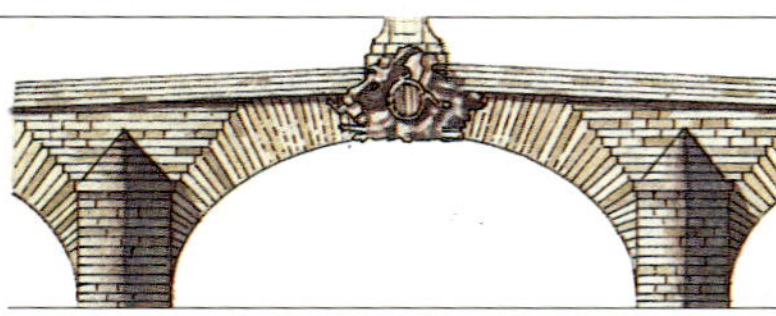

Blois
De brug bij Blois, gebouwd tussen 1716 en 1724, kwam in de plaats van een middeleeuwse brug die tijdens een aanvaring met een schip was verwoest. De nieuwe brug was bestand tegen hoge waterstand en vorst.

Jargeau

0 kilometer 15

Nevers

Het St-Benoîtklooster
(blz. 140) heeft een van de mooiste romaanse kloosterkerken van Frankrijk.

De oevers van de Loire trekken veel hengelaars

Château de Sully-sur-Loire
De gracht rond dit grandioze 14de-eeuwse kasteel is een aftakking van de rivier de Sange.

Orléans
Orléans (blz. 138-139), *strategisch gelegen aan de Loire, is sinds de vroegste tijden bewoond. Tijdens de Honderdjarige Oorlog werd de stad ontzet door Jeanne d'Arc, iets wat nog jaarlijks wordt gevierd.*

Brug-kanaal van Briare
Via het elegante Pont-Canal de Briare (blz. 141) *stroomt het Canal Latéral à la Loire over de Loire.*

Gien
Het 15de-eeuwse kasteel van Gien (blz. 140) *staat op de plaats van een voormalige burcht. Het terras biedt een goed uitzicht op de rivier en de 16de-eeuwse brug van de stad.*

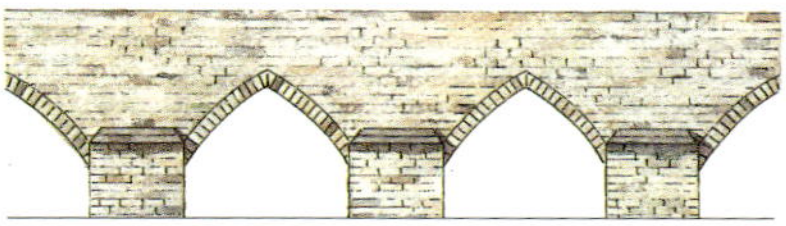

Beaugency
De brug van Beaugency is gebouwd in verschillende stijlen, omdat de oorspronkelijke 12de-eeuwse houten structuur geleidelijk aan werd vervangen door steen. Het oudste deel dateert uit de 14de eeuw.

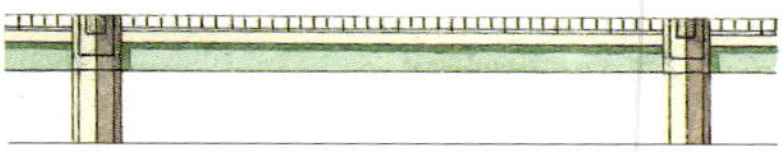

Jargeau
De oorspronkelijke brug werd in de 19de eeuw vervangen door een hangbrug. Een stalen brug, gebouwd in het begin van deze eeuw, werd beschadigd in WO II. De huidige brug dateert uit 1988.

AGENDA VAN HET LOIREDAL

De lente en de vroege zomer zijn bijzonder mooi in de streken die grenzen aan de Loire. Maar men moet niet vergeten dat dit de 'Tuin van Frankrijk' is en dat bloeiende tuinen voldoende water nodig hebben. Wees dus voorbereid op regenachtige dagen. In de benauwde hitte van juli en augustus is de Loire meestal gereduceerd tot een bescheiden stroompje tussen glinsterende zandbanken. De kastelen kunnen in deze periode erg druk zijn. Misschien wel het aangenaamste seizoen is de herfst, als een mild zonnetje de bossen in een gouden gloed zet, de restaurants sappig lokaal wild en paddestoelen op het menu hebben staan en er ter ere van de druivenoogst overal vrolijke feesten zijn. Ook kent de regio veel muziekfestivals. In de Abbaye de Fontevraud *(blz. 86-89)* worden het hele jaar door concerten gegeven en Amboise *(blz. 110)* heeft tussen juni en augustus zijn orgelfestival. Meer informatie over deze festivals kunt u krijgen bij de plaatselijke toeristenbureaus *(blz. 227)*.

Lente-asperges

LENTE

In maart openen veel kastelen weer hun poorten, vaak op de zondag voor Pasen, als de stroom toeristen uit Frankrijk zelf en het buitenland weer op gang begint te komen. De bloeiende weidebloemen, het snelstromende water van de Loire en andere rivieren, gestegen door de winterregens, en de lentetrek van de vogels worden bijzonder gewaardeerd door natuurliefhebbers.

MAART

Foire à l'Andouillette *(zo voor Pasen)*, Athée-sur-Cher (bij Chenonceau). Een van de vele jaarmarkten ter ere van een lokaal produkt, in dit geval varkensworstjes.

Foire aux Vins *(eerste weekeinde)*, Bourgueil (bij Chinon). Op het wijnfeest komen veel lokale producenten, die een royaal glas schenken van hun laatste oogst.

APRIL

Concours Complet International *(laatste week)*, Saumur *(blz. 80-82)*. Dit internationale ruiterconcours geeft ook het startsignaal voor de vermaarde Cadre Noir-taptoe en rijdemonstraties, die doorgaan tot september.

Foire à la Brocante *(tweede week)*, St-Cyr-sur-Loire (bij Tours). Rommelmarkten zijn populair in Frankrijk. Ze bieden een goede kans op een koopje.

Le Printemps de Bourges *(derde week)*, Bourges *(blz. 150-151)*. Dit festival van hedendaagse muziek opent het lange concertseizoen.

Ruiter en paard van het Cadre Noir-demonstratieteam

MEI

Fête de Jeanne d'Arc *(week van 8 mei)*, Orléans *(blz. 138-139)*. Een van de oudste feesten van Frankrijk, ging in 1435 van start om de overwinning op de Engelsen in 1429 te vieren.

Carnaval de Cholet *(eerste week)*, Cholet *(blz. 69)*. Het carnaval van Cholet mondt uit in een nachtelijke parade van kleurige bootjes op de eerste zaterdag van de maand.

Le Printemps des Arts *(mei en juni)*, Nantes *(blz. 190-193)* en omgeving. Een barokfestival van dans en muziek. De voorstellingen vinden plaats in kerken en historische gebouwen in Nantes, Angers en andere plaatsen in het westelijke Loire-gebied.

Boeren aan het werk op de velden rond Bourgueil

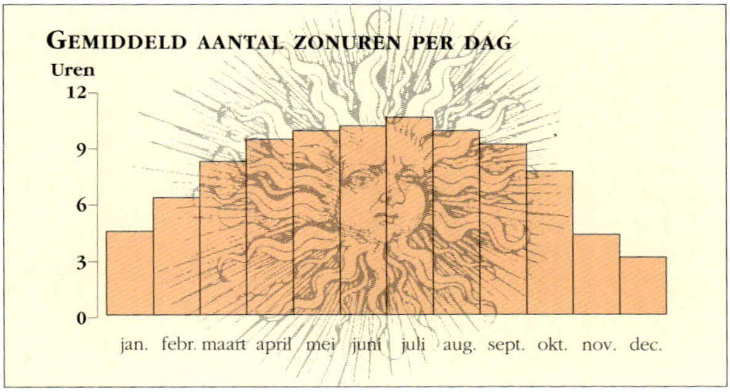

Uren zon
De zomermaanden zijn over het algemeen zeer warm, de warmste maand is juli. Aan de Atlantische kust brengt de zeewind vaak enige verlichting, maar dat betekent niet dat zonnebaders minder kans lopen om te verbranden. In de lente en herfst kan het 's morgens bij de rivieren mistig zijn.

Zomer

De traditionele midzomervieringen met vuurwerk en muziek vinden plaats rond het feest van Johannes de Doper op 24 juni. Tegen het einde van de maand beginnen de beroemde *son et lumière*-voorstellingen *(blz. 42-43)* weer. De meeste van deze spektakels worden echter gehouden tijdens de lange zomeravonden in juli en augustus. Veel kleine plaatsen en dorpjes houden bijzondere feesten in juli en de eerste helft van augustus, als het Franse toeristenseizoen op zijn hoogtepunt is.

Juni

Les 24 Heures du Mans *(derde weekeinde)*, Le Mans *(blz. 164-167)*. Deze internationale autorace trekt altijd drommen bezoekers.
Foire aux Escargots *(laatste weekeinde)*, Loché-sur-Indrois (bij Azay-le-Rideau). Slakken, een delicatesse in het Loiredal, en lokale wijnen worden geserveerd in een openluchtrestaurant met live-muziek en dans.
Les Dimanches Animés *(iedere zo)*, Cunault *(blz. 79)*. De hele zomer door vindt deze gezellige lokale markt plaats op het plein voor de abdijkerk.
Fêtes Musicales de Touraine *(twee of drie weekeinden)*, Tours *(blz. 112-117)*. Dit internationale kamermuziekfestival, opgericht door Svjatoslav Richter in 1964, wordt gehouden in een fraaie middeleeuwse tiendschuur, de Grange de Meslay.

Het strand van Les Sables d'Olonne, een drukbezochte badplaats

Juli

Le Quatorze Juillet *(14 juli)* De nationale feestdag herdenkt de bestorming van de Bastille in 1789, een jaarlijks hoogtepunt in veel kleine gemeenschappen. Er is vuurwerk en bezoekers kunnen deelnemen aan het vrolijke dans- en wijnspektakel.
Foire aux Champignons *(eerste zo)*, Ports-sur-Vienne (bij Richelieu). Een feest ter ere van de paddestoel, een lokale specialiteit.
Foire au Vin, au Fromage et au Boudin *(laatste zo)*, Richelieu *(blz. 102-103)*. Dit feest koppelt de lokale kaas en wijn aan *boudin*, een van de heerlijke vleesprodukten van de regio.
Foire à l'Ail et au Basilic *(26 juli)*, Tours. Knoflook- en basilicumfestijn rond het feest van Ste-Anna *(blz. 117)*.
Festival d'Anjou *(gehele maand)*, Angers *(blz. 72-73)*. Binnen de muren van het Château d'Angers worden toneelvoorstellingen op de planken gebracht.
Festival International d'Orgue *(zo in juli en aug.)*, kathedraal van Chartres *(blz. 171-175)*. Beroemde organisten uit de hele wereld nemen deel aan dit orgelfestival.

Augustus

Marché Médiéval *(eerste weekeinde)*, Chinon *(blz. 98-100)*. Deze gezellige markt neemt het hele plaatsje over. De kooplui zijn gekleed in historische kostuums en er worden middeleeuwse gerechten geserveerd.
Foire aux Vins *(op of rond 15 aug.)* Montlouis-sur-Cher, Vouvray en andere belangrijke wijngebieden. Maria Hemelvaart gaat gepaard met tal van lokale festiviteiten; in de wijngebieden zijn dat vooral wijnfeesten.
Foire aux Sorcières *(eerste zo)* Bué (bij Sancerre). Van de Berry wordt vaak gezegd dat het een centrum is van hekserij en tovenarij. Kinderen gekleed als heksen of geesten trekken in optocht door de straten naar een nabijgelegen veld waar allerlei activiteiten plaatsvinden en volksdansgroepen optreden.
Festival de Musique Baroque *(laatste weekeinde)*, Sablé-sur-Sarthe *(blz. 162)*. Vier dagen lang treden musici op in kerken en landhuizen rond Sablé.

Volksdansers op een festival

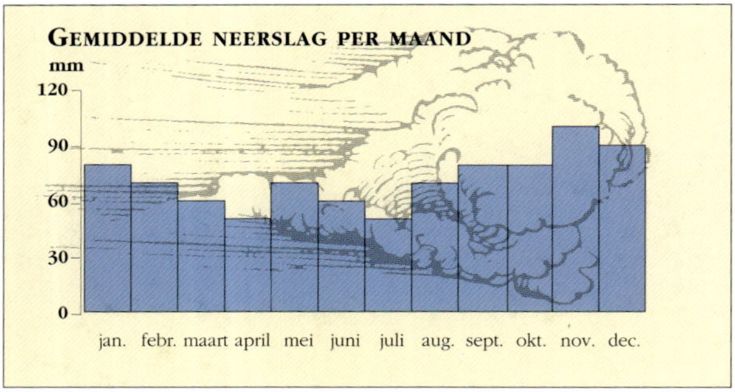

Neerslag
Lente en herfst zijn de natste maanden. De hoeveelheid regen zorgt er dan soms voor dat de Loire en zijn vele zijrivieren buiten hun oevers treden. Naarmate men verder het binnenland in komt, neemt de neerslag toe. In de zomer wil het 's nachts nog wel eens flink regenen en stormen.

HERFST

De schitterende herfstdagen lokken veel Parijzenaars naar de regio om te jagen, met name naar de bosrijke oostelijke gebieden. Dit is ook het seizoen van de *vendanges*, de druivenoogst, de festiviteiten tijdens de oogst en de jaarmarkten die worden gehouden als de nieuwe wijn klaar is.

SEPTEMBER

Fête du Pain *(tweede za)*, Montreuil-en-Touraine (bij Amboise). Het dagelijkse brood, vaak versierd met noten en blaadjes om de komst van de herfst te vieren, wordt een kunstwerk in de vaardige handen van lokale bakkers.
Foire aux Rillons *(29 sept.)*, St-Michel-sur-Loire (bij Langeais). Het feest van St-Michiel wordt gevierd met een festival gewijd aan een delicatesse van Touraine *(blz. 210)*.
Journées du Patrimoine *(tweede of derde weekeinde)*. Een of twee weekeinden per jaar kunnen kastelen en andere historische gebouwen worden bezocht die normaal gesloten zijn voor het publiek. Er vinden dan concerten, tentoonstellingen en andere culturele evenementen plaats.
Festival International de Musique et Folklore *(tweede weekeinde)*, Angers *(blz. 72-73)*. Volksdansgroepen uit vele landen treden op in de straten en op de pleinen van Angers tijdens dit vier dagen durende festival. Hoogtepunt is een concert dat wordt gehouden in het moderne Centre des Congrès.

OKTOBER

Foire aux Pommes *(tweede za)*, Le Petit-Pressigny (bij Le Grand-Pressigny). Deze maand worden de appels geoogst en kan men overal op de markten de onregelmatig gevormde maar heerlijke appels kopen. Azay-le-Rideau

Lokale produkten op de zaterdagmarkt van Saumur

heeft zijn eigen appelfeest, tijdens het laatste weekeinde van oktober.
Foire à la Bernache *(laatste zo)*, Reugny (bij Tours). Men moet hem leren waarderen, maar de *bernache* (ongefermenteerde witte wijn) is een geliefde drank bij de lokale bevolking.
Festival International de Cinéma Européen (begin okt.), La Baule *(blz. 180)*. In deze chique badplaats wordt ieder jaar een Europees filmfestival gehouden, dat een week duurt.
Foire aux Marrons *(laatste di)*, Bourgueil (bij Chinon). Kastanjes begeleiden van oudsher de nieuwe wijn, daarom is er een apart feest aan gewijd.
Concerts d'Automne *(elke zo)*, St-Cyr-sur-Loire (bij Tours). Herfstconcerten worden gehouden in de Salon Ronsard in het Hôtel de Ville. Er staan drie kamermuziekrecitals en een hedendaagse muziekstijl (bijvoorbeeld jazz) op het programma.

Wijn proeven in Kerhinet, La Grande Brière

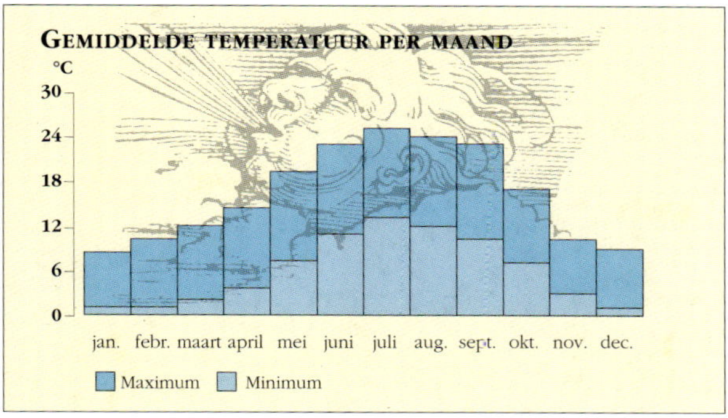

Temperatuur
In de winter vriest het zelden in het Loiredal. In het westen heeft de zee een matigende invloed, zodat het klimaat hier mild is. In de rest van de regio kunnen de zomertemperaturen overdag oplopen tot meer dan 30°C. De avonden zijn meestal koeler. U kunt dan heerlijk buiten eten op de terrassen aan de rivier.

WINTER

De winter is het stille seizoen in het Loiredal. Er heerst een vochtig soort kou en veel van de kastelen zijn gesloten. Er worden een paar kerstmarkten gehouden, maar over het algemeen geven de lokale bewoners er de voorkeur aan om thuis te blijven.

DECEMBER

Foire de St-Nicolas *(za het dichtst bij 6 dec.)*, St-Nicolas-de-Bourgueil (bij Chinon). Het Sinterklaasfeest betekent het begin van de 'dure decembermaand'. Op de bazaars en markten worden speelgoed en kerstversiering verkocht.
Foire de Noël *(derde weekeinde)*, Richelieu *(blz. 102-103)*. Op deze markt kan men al zijn kerstinkopen doen. 's Avonds is er een *son et lumière*-voorstelling.
Festival des Chants de Noël *(eerste weekeinde)*. Het publiek kuiert door het château terwijl de liederen worden gezongen.

Een oude windmolen op het platteland van Anjou

JANUARI

Foire des Rois *(tweede ma)*. Richelieu *(blz. 102-103)*. Driekoningen wordt gevierd met een grote braderie. De komst van de Drie Koningen wordt in heel Frankrijk ingeluid met de *galette des rois*, een platte, ronde koek gevuld met spijs waarin een *fève*, een boon, is verborgen.

FEBRUARI

Foire aux Vins *(eerste weekeinde)*, Vouvray (bij Tours). In de winter wordt het leven in de regio opgevrolijkt met wijnfeesten. Zo ook een in Azay-le-Rideau, in het laatste weekeinde van de maand.

OFFICIËLE FEESTDAGEN

Nieuwjaarsdag (1 jan.)
Pasen
Hemelvaartsdag (zesde donderdag na Pasen)
Tweede Pinksterdag (tweede maandag na Hemelvaartsdag)
Dag van de Arbeid (1 mei)
Bevrijdingsdag (8 mei)
Le Quatorze Juillet (14 juli)
Maria Hemelvaart (15 aug.)
Allerheiligen (1 nov.)
Armistice (11 nov.)
Kerstmis (25 dec.)

Een concert in de abdij van Fontevraud

Son et Lumière in de Loire

Acteur in Amboise

Het Loiredal was de geboorteplaats van de son et lumière-shows (klank- en lichtspelen). De eerste voorstellingen werden gehouden in Chambord in 1952; licht en geluid dienden om de schoonheid van de gebouwen te benadrukken en belangrijke historische figuren tot leven te wekken. Tegenwoordig wordt met behulp van lasers, vuurwerk en een bezetting van honderden, vaak plaatselijke amateur-toneelspelers een kleurrijk spektakelstuk neergezet. Hieronder volgen de meeste reguliere shows, maar het kan geen kwaad om op de affiches te letten waarop eenmalige voorstellingen staan aangekondigd. De aanvang varieert.

Lichteffecten zetten het Château d'Azay-le-Rideau in een theatrale gloed

Touraine

Amboise Aan het hof van Frans I (1½ uur). ☎ *47571447.* ◯ *eind juni-juli: wo en za 22.30 uur; aug.: wo en za 22.00 uur.* *reserveren noodzakelijk.* ***Vertaling:*** *Engels.*

Deze feestelijke voorstelling over het leven van Frans I vindt plaats op zijn favoriete château *(blz. 110)*. De show, opgevoerd door inwoners uit de streek, geeft een indruk van het hofleven met zijn mooie kostuums, jachtpartijen en feesten.

Azay-le-Rideau De fantasie van Azay-le-Rideau (1 uur). ☎ *47454204.* ◯ *mei-juli: dag. 22.30 uur; aug.: dag. 22.00 uur; sept.: dag. 21.30 uur.* *kinderen onder de 12 jaar gratis.*

Tijdens deze fascinerende 'wandelvoorstelling' (een combinatie van spel, licht en geluid) lopen alle toeschouwers over het terrein van het fraaie château *(blz. 96-97)*.

Chenonceau In de dagen van de vrouwen van Chenonceau (45 minuten). ☎ *47239007.* ◯ *eind juni-begin sept.: dag. 10.15 uur.*

De geschiedenis van Chenonceau is het verhaal van een reeks opmerkelijke vrouwen, die elk hun stempel hebben gedrukt op deze koninklijke residentie *(blz. 106-109)*. De son et lumière-voorstelling vindt plaats in de tuin die is ontworpen door Diane de Poitiers. Er wordt verhaald van haar leven en dat van haar rivale, Catharina de' Medici.

Loches Le chevallier au loup (1½ uur). ☎ *47590798.* ◯ *juli-aug.: vr en za 22.00 uur.* ***Vertaling:*** *Engels, Duits, Italiaans.*

Meer dan 130 acteurs zijn betrokken bij de voorstelling *Le chevallier au loup* (De ridder in de wolf) op het terrein van het kasteel *(blz. 104)*. Het spektakel wordt opgeluisterd met een lichtshow waarbij beelden van een sprookjeslandschap direct in het publiek worden geprojecteerd.

Blésois en Orléanais

Blois Het verhaal van Blois (45 minuten). ☎ *54787276.* ◯ *21-31 mei: dag. 22.15 uur; juni-juli: dag. 22.30 uur; 1-15 aug.: dag. 22.15 uur; 16-31 aug.: dag. 22.00 uur; 1-19 sept.: dag. 21.30 uur.* *kinderen onder de 6 jaar gratis.* ***Vertaling:*** *Engels, Duits, Italiaans, Spaans.*

Beelden van gedenkwaardige momenten in de geschiedenis van het kasteel *(blz. 126-127)* passeren de revue: Het bezoek van Jeanne d'Arc in 1429, de dichtwedstrijd tussen Charles d'Orléans en François Villon en de moord op de hertog van Guise.

Cléry-Saint André Son histoire et lumière (1½ uur). ☎ *38459406.* ◯ *juli: za en zo 22.00 uur.*

Meer dan 100 toneelspelers in authentieke kostuums voeren episoden uit het leven van Lodewijk XI op. U ziet reconstructies van zijn militaire triomfen en taferelen uit het dagelijks leven aan het hof. Het gehele drama vindt plaats aan de voet van de Basilique Cléry, waar zich ook het graf van de koning bevindt.

Gezichten uit het verleden op de muren van het Château de Blois

Vuurwerk weerkaatst in het water tijdens de spectaculaire show van Le Lude

Meung-sur-Loire **L'Amour des trois oranges** (2 uur). ☎ *38443228.* ◯ *juli: vr en za 22.30 uur.* ✎ *reserveren noodzakelijk.*

Extravagant uitgedoste spelers voeren samen met poppen *L'Amour des trois oranges* (De liefde van de drie sinaasappels) op tegen de achtergrond van het kasteel in Meung-sur-Loire *(blz. 136)*. Vrijwilligers maakten de kostuums en helpen bij de speciale effecten.

Berry

Valençay (2 uur). ☎ *54000442.* ◯ *18, 24, 25, 31 juli 22.00 uu; 1, 7, 8, 14, 15, 16, 21, 22 aug. 22.00 uur.* ✎ *reserveren.* ***Vertaling:*** *Engels, Duits, Italiaans, Spaans.*

Ruim 200 acteurs brengen de geschiedenis van het kasteel tot leven; hoogtepunt daarvan vormen de avonturen van Talleyrand, de geslepen minister van Napoleon. Tot slot een schitterend vuurwerk.

Ten noorden van de Loire

Le Lude **Kleuren van de wereld** (1½ uur). ☎ *43946220.* ◯ *juli: vr en za 22.30 uur; aug.: vr en za.22.00 uur* ✎ *reserveren.* ***Vertaling:*** *Engels.*

Een dialoog tussen de zon en het kasteel *(blz. 167)* en de vele culturen van de Aarde in een mengeling van vuurwerk, licht en muziek.

Loire Atlantique en de Vendée

Le Puy-du-Fou **Jacques Maupillier: een boer uit de Vendée** (1 uur en 50 minuten). ☎ *51641111.* ◯ *juni-juli: vr en za 22.30 uur; aug.-begin sept.: vr en za 22.00 uur.* ✎ *reserveren noodzakelijk.* ***Vertaling:*** *Engels*

Het Château du Puy-du-Fou *(blz. 188)* biedt onderdak aan de Cinéscénie, de grootste permanente water- en lichtshow in Europa.
Meer dan 700 acteurs, 2000 vrijwilligers, 50 ruiters en diverse spectaculaire technische effecten worden ingezet om de turbulente geschiedenis van de Vendée tot leven te brengen.
De muziek is gecomponeerd door Georges Delerue.

De magiër van de nacht

De meester van de hedendaagse son et lumière is Jean-Claude Baudoin, *le magicien de la nuit*. Sinds 1966 heeft hij het decor ontworpen voor meer dan 150 producties, gehouden bij de kastelen van Blois, Loches, Chambord en Valençay, en in St-Aignan-sur-Cher, Les Sables d'Olonnes en Chartres.

Producent Jean-Claude Baudoin

De geschiedenis van de Vendée in de Cinéscénie in Le Puy-du-Fou

Geschiedenis van het Loiredal

De centrale rol die het Loiredal heeft gespeeld in de geschiedenis van Frankrijk, wordt schitterend gedemonstreerd door de vele bouwstijlen, van megalithische bouwwerken tot koninklijke en hertogelijke kastelen.

Indrukwekkende prehistorische monumenten herinneren aan het bestaan van bloeiende neolithische culturen, die teruggaan tot 3000 jaar v.C. De Romeinen troffen rond de 1ste eeuw v.C. beschaafde Keltische gemeenschappen aan. Later, toen het christendom zich verspreidde, ontwikkelden de oude Keltische plaatsen Angers, Bourges, Chartres, Orléans en Tours zich tot centra van wetenschap en cultuur.

Fleur-de-lys, het koninklijk embleem

In de 9de eeuw brak een lange periode van territoriale conflicten uit, eerst onder de plaatselijke krijgsheren en later tussen Frankrijk en Engeland, toen Hendrik Plantagenet, graaf van Anjou en hertog van Normandië, in 1154 de Engelse kroon erfde. Tijdens de zogenaamde Honderdjarige Oorlog vonden er in de streek zware veldslagen plaats tussen de beide landen. Ook in de 16de eeuw, gedurende de Godsdienstoorlogen tussen de katholieken en de hugenoten, vloeide er veel bloed in het Loiredal. De Vendée-opstand van 1793 was de grootste bedreiging voor de Franse republiek na de revolutie van 1789.

De Loire was echter ook het toneel van buitengewone culturele prestaties. Bij het aanbreken van de 17de eeuw was de politieke aandacht naar Parijs verschoven. De rivier de Loire bleef echter tot de opkomst van de spoorwegen aan het eind van de 19de eeuw een belangrijke transportroute.

In de 20ste eeuw vond een opmerkelijke groei van de toeristenindustrie in het Loiredal plaats. In combinatie met de succesvolle industrieën en de bloeiende landbouw maakt dit van het Loiredal een van de economisch meest stabiele regio's van Frankrijk.

16de-eeuwse prent van Tours, met de kathedraal, en van Angers, met op de voorgrond een leigroeve

◁ **Portret van Frans I, de renaissancekoning (1515-1547), toegeschreven aan Jean Clouet**

Heersers van het Loiredal

In de loop van de geschiedenis was de macht van de plaatselijke edelen vaak groter dan die van de Franse troon. De hertogdommen Anjou en Blois ontstonden na de dood van Karel de Grote in 814, toen zijn gebied onder zijn zoons werd verdeeld. Hendrik Plantagenet, graaf van Anjou, hertog van Normandië en koning van Engeland, stamde af van Karel de Grote. De Franse monarchie wist zijn autoriteit pas definitief te vestigen toen Karel VII in 1437 van de Loire naar Parijs verhuisde. Een andere Loire-geslacht, het Huis van Orléans, zag twee zonen koning worden.

SYMBOLEN

Franse koningen

Bekende leden van lokale dynastieën

1151-1189 *Hendrik Plantagenet*

1180-122 Filips II Augustus

879-881 Lodewijk III

1040-1060 *Geoffroy Martel*

447-458 Merovich

716-721 Childerik II

884-488 Karel II, de Dikke

1189-11 *Richard Leeuwen hart*

743-751 Childerik III

893-922 Karel III, de Eenvoudige

860-866 *Robert de Sterke*

1067-1108 Filips I

954-986 Lotharius

458-482 Childerik I

840-877 Karel I, de Kale

1031-1060 Hendrik I

768-814 Karel de Grote

987-996 Hugo Capet

400	700	800	900	1000	1100	12
MEROVINGEN	KAROLINGEN		CAPETINGEN			
400	700	800	900	1000	1100	12

721-787 Thierry IV

996-1031 Robert II, de Vrome

1199-1216 *Jan zonder Land*

751-768 Pepijn de Korte

987-1040 *Foulques Nerra*

986-987 Lodewijk V, de Luie

724-741 *Karel Martel*

936-954 Lodewijk IV, van Overzee

711-716 Dagobert III

888-898 Odo, graaf van Parijs

1108-1137 Lodewijk VI, de Dikke

1223-1226 Lodewijk VIII

879-884 Karloman

877-879 Lodewijk II, de Stotteraar

814-840 Lodewijk I, de Vrome

482-511 Clovis I

1137-1180 Lodewijk VII

1422-1461 Karel VII

1498-1515 Lodewijk XII

1643-1715 Lodewijk XIV, de Zonnekoning

1270-1285 Filips III, de Stoute

1285-1314 Filips IV, de Schone

1314-1316 Lodewijk X

1316-1322 Filips V, de Lange

1322-1328 Karel IV, de Schone

1328-1350 Filips VI

1422-1461 Karel VII

1483-1498 Karel VIII

1498-1515 Lodewijk XII

1515-1547 Frans I

1547-1559 Hendrik II

1559-1560 Frans II

1643-1715 Lodewijk XIV, de Zonnekoning

1774-1792 Lodewijk XVI

1804-1814 Napoleon

1300	1400	1500	1600	1700	1800
VALOIS		BOURBON			
1300	1400	1500	1600	1700	1800

1226-1270 Lodewijk IX, de Heilige

1350-1364 Jan II, de Goede

1364-1380 Karel V, de Wijze

1380-1422 Karel VI, de Zotte

1430-1480 *René I van Anjou*

1461-1483 Lodewijk XI

1560-1574 Karel IX

1544-1589 Hendrik III

1589-1610 Hendrik IV

1610-1643 Lodewijk XIII

1715-1774 Lodewijk XV

1814-1824 Lodewijk XVIII

1824-1830 Karel X

1830-1848 *Louis-Philippe, hertog van Orléans, koning van Frankrijk*

1852-1870 Napoleon III

1589-1610 Hendrik IV

1610-1643 Lodewijk XIII

Neolithisch en Romeins Loiredal

De neolithische cultuur bracht enkele van de grootste prehistorische graven en heilige plaatsen in Frankrijk voort. De makers waren afkomstig uit Midden-Europa, net als de Kelten, die sedert de Bronstijd steden langs de Loire vestigden. Nadat Julius Caesar het Loiredal in 51 v.C. had onderworpen, brak er een periode van vrede en voorspoed aan die 300 jaar duurde. De verspreiding van het christendom viel samen met de aftakeling van het Romeinse Rijk en de opkomst van de Visigoten in het zuiden en de Franken in het noorden. De Frankische koning Clovis I bekeerde zich tot het christendom en kwam in 507 aan de macht door de Visigoten te verslaan.

Doop van Clovis
De Frankische koning Clovis bekeerde zich in de 6de eeuw tot het christendom om zijn bewind te legitimeren.

Paleolithische resten
In het stroomgebied van de Loire werden ten minste al 50.000 jaar geleden vuurstenen werktuigen gemaakt.

Keltische kunst
Keltische kunst werd niet overheerst door de naturalistische idealen van de Romeinen. Dit bronzen beeldje van een jonge vrouw dateert uit de 1ste-2de eeuw.

Dolmens van Bagneux
Deze 5000 jaar oude grafkamer in Saumur meet 21 bij 7 m. De negen reusachtige staande stenen werden op kleinere stenen getild, naar de plek gesleept en in 3 m diepe greppels gekanteld.

Tijdbalk

ca. 2500 Dolmens met portalen vormen een nieuw soort van grafkamers in het Loiredal

ca. 800 Kelten stichten nederzettingen in Blois, Chartres en Orléans

57-67 Romeinen bedwingen westelijke Loire-stammen

51 Julius Caesar maakt een eind aan de opstand der Galliërs

Julius Caesar brengt vrede in Gallië

2500 v.C. — 100 v.C. — 1 n.C. — 100 n.C.

ca. 1200 Uit de Loirestreek komen bronzen wapens die gemaakt zijn met de lokale tinvoorraden

Keltische helm

31 Keizer Augustus legt de basis voor 300 jaar Pax Romana (vrede en voorspoed) in het Loiredal

50 Het Loiredal, grensstreek tussen de twee Gallo-Romeinse provincies Lugdenunsis en Aquitanië, floreert

Keltisch harnas
De krijgshaftige Kelten waren bekwame wapensmeden, zoals dit bronzen borstschild uit 750-475 v.C. laat zien. De Romeinen beschouwden hen als geduchte tegenstanders.

HET NEOLITHISCHE EN ROMEINSE LOIREDAL

Anjou kent veel neolithische vindplaatsen. De grootste zijn bij Saumur *(blz. 82-83)* en Gennes *(blz. 78)*. Het amfitheater van Gennes en de muren bij Thésée *(blz. 129)* behoren tot de weinige overgebleven Gallo-Romeinse monumenten. Musea in Orléans *(blz. 138-139)* en Tours *(blz. 114-115)* hebben grote verzamelingen.

Amfitheater van Gennes
In het amfitheater van Gennes werden gladiatorengevechten gehouden.

Een binnenpilaar, misschien deel van een muur, ondersteunt een 40 ton zware deksteen.

Muren werden in 3 m diepe greppels gezonken, die waren gevuld met zand.

Gallo-Romeinse kunst
Deze bronzen hengst, te zien in het archeologisch museum van Orléans, was gewijd aan Mars, brenger van oorlog en god van de landbouw.

Zoet water via aquaduct
Romeinse pilaren bij Luynes dragen een aquaduct uit de 2de eeuw dat bronwater naar de baden in Caesarodunum (Tours) bracht.

ca. 150 De Romeinen bouwen een amfitheater bij Gennes

200

250 Gatien, bisschop van Tours, behoort tot de eerste evangelisten in het Loiredal

275 Keizer Aurelius verleent Orléans een onafhankelijke status

300

313 Keizer Constantijn verheft het christendom tot officiële staatsgodsdienst

372 Maarten, bisschop van Tours, brengt het kloosterleven tot bloei

St-Maarten, bisschop van Tours

400

451 De Visigoten van het koninkrijk Toulouse verdrijven Attila de Hun uit Orléans

473 Visigoten nemen Tours in

498 Clovis I neemt Orléans in

500

507 Na zijn bekering tot het christendom verslaat Clovis de Visigoten bij Poitiers

511 Clovis I sterft, zonen verdelen land

Wijn, een oud exportprodukt

ca. 550 Eerste vermelding van wijnproduktie in het Loiredal

De vroege Middeleeuwen

Zegel van Hendrik II

Foulques Nerra liet een zware donjon bouwen bij Loches, net als veel krijgsheren in het Loiredal vanaf de 9de eeuw. De keten van bolwerken die zij aanlegden, vormde de basis voor de latere châteaus. Nerra werd opgevolgd door de Plantagenets als heersers van Anjou; zij maakten aanspraak op grondgebied van Normandië tot Aquitanië en erfden de Engelse kroon. Pas in de 13de eeuw bracht de Franse koning Lodewijk IX Anjou weer terug onder het centrale gezag. In deze periode was de Kerk een grotere macht dan de Franse Kroon. De kathedralen en kloosterorden stichtten scholen en *scriptoria* (waar manuscripten werden gekopieerd en verlucht) en de feodale krijgsheren richtten zich eerder tot de Kerk dan tot de koning om bij hun gewelddadige conflicten te bemiddelen.

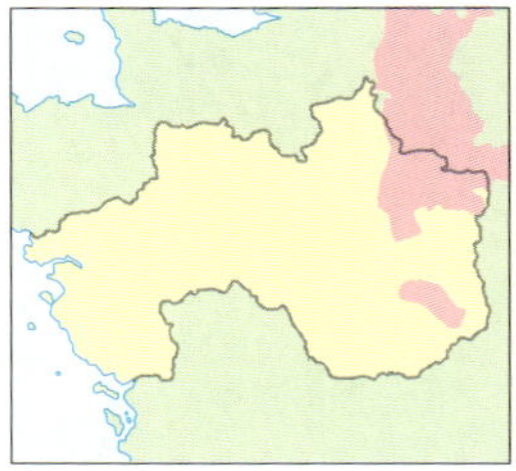

Het Loiredal rond 1180

- *Frans koninklijk gebied*
- *Leengoederen*

De Heilige Lodewijk *Lodewijk IX (1214-1270), die vanwege zijn vroomheid vaak 'de Heilige' werd genoemd, was de eerste Capetinger koning die een redelijk stabiel koninkrijk erfde. Hij was een dapper kruisridder en een rechtvaardig heerser en dwong Engeland om zijn aanspraken op de Loire op te geven.*

Gregorius I codificeerde de liturgische muziek toen hij paus was (590-604).

Tijdbalk

687 Pepijn II vestigt de macht van de Karolingische dynastie, voorvaders van Karel de Grote, over de Merovinger koningen

732 Karel Martel drijft de Moren terug tijdens de beslissende slag ten zuiden van Tours

850 Noormannen plunderen het Loiredal

866 Robert de Sterke, stamvader der Capetingen, gedood door de Noormannen

911 Chartres verdrijft Noormannen

600 — 700 — 800 — 900

Karel de Grote, de Frankische koning

768-784 Karel de Grote verovert Bretagne en het Loiredal

796 Alcuin, raadsheer van Karel de Grote, maakt Tours tot Karolingisch centrum

Munt van Karel de Kale

Karolingisch ivoor
Ivoren plaquettes, relieken en boekomslagen behoren tot de mooiste Frankische sierobjecten die de verwoestingen van de Noormannen in de 10de eeuw hebben overleefd. Karolingische kunst had meestal een religieus of utilistisch doel.

HET VROEG-MIDDELEEUWSE LOIREDAL

Oude kerken zoals die in Cunault *(blz. 79)* ademen nog een middeleeuwse sfeer, net als de abdijen van Noirlac *(blz. 149)*, Solesmes *(blz. 162)* en Fontgombault *(blz. 146)*, waar u gregoriaanse gezangen kunt beluisteren. Burchten zoals die in Loches *(blz. 104)* en verwoeste torens in Lavardin *(blz. 122)* en Montrichard *(blz. 128)* vertellen grimmiger verhalen.

Romaanse kapitelen
Romaanse sculptuur op een kapiteel in de kerk van Cunault.

Middeleeuwse muzieknotaties gaven variaties in toonhoogte aan. De lengte van iedere noot hing af van het natuurlijke ritme van de tekst.

Monastieke kunst
De ontwikkeling van het Karolingische minuskelschrift werd geleid door de 9de-eeuwse monniken van de St-Martinbasiliek in Tours.

Verfijnd vakmanschap
Veel van de mooiste voorbeelden van middeleeuws vakmanschap zijn gemaakt van metaal. Dit 13de-eeuwse begravenismasker is gegoten in koper naar de beeltenis van een vrouw, en daarna verguld.

VERLUCHT HANDSCHRIFT

Dit is de eerste bladzijde van een 13de-eeuws graduale, een boek met misgezangen. Het is een goed voorbeeld van de verluchte manuscripten die in de abdijen van het Loiredal werden gemaakt. De gregoriaanse gezangen waren verzameld door monniken van de cisterciënzer orde *(blz. 149)*.

Hugo Capet van Orléans
Hugo, die hier de sleutels van Laon krijgt overhandigd, werd in 987 koning. Hij was de eerste Franse koning die in tijden van onrust zijn toevlucht zocht in het Loiredal.

987 Hugo Capet van Orléans eerste Capetinger koning van Frankrijk

1096 Begin van de Eerste Kruistocht

1101 Stichting van de Abbay de Fontevraud

1128 Huwelijk in Le Mans van Geoffroy Plantagenet en Mathilde, dochter van Hendrik I van Engeland

1189 Na de dood van Hendrik II is zijn zoon, Richard Leeuwenhart, de Angevijnse rivaal van de Franse koning

1000 | **1100** | **1200**

Foulques Nerra

992 Bretons uit Anjou verdreven door Foulques Nerra

1125 Thibaut IV van Blois en Champagne steekt de Capetingers naar de kroon

1154 Hendrik Plantagenet bestijgt de Engelse troon als Hendrik II

1214 Het Angevijnse rijk eindigt met de nederlaag van koning Jan bij Angers

De Honderdjarige Oorlog

14de-eeuwse ridder

Een gewelddadig hoogtepunt in de Middeleeuwen was de oorlog tussen Frankrijk en Engeland, die van 1337 tot 1453 met tussenpozen oplaaide. Toen de Engelsen in 1428 Orléans belegerden, werd het Loiredal het middelpunt van een strijd die Frankrijk leek te verdelen tussen Engeland en diens machtige bondgenoot Bourgondië. In plaats daarvan bevrijdde de tiener-heldin Jeanne d'Arc de stad Orléans van de Engelsen en wist ze Karel VII over te halen om uit zijn schuilplaats in Chinon te komen. Haar martelaarschap in 1431 was het begin van het Franse herstel. Ondanks plunderende soldaten en de wijdverspreide plaag die bekend staat als de Zwarte Dood, kende het Loiredal perioden van vrede en voorspoed waarin het middeleeuwse hofleven bloeide.

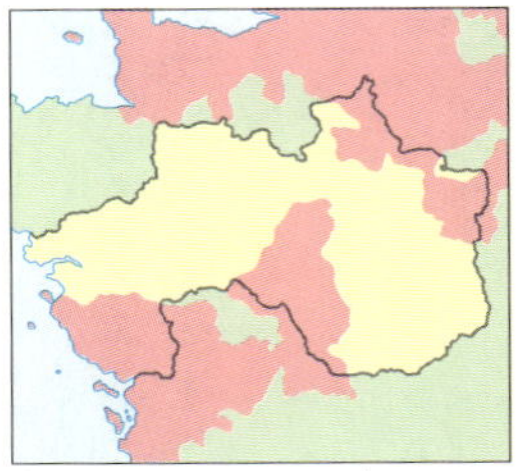

Het Loiredal in 1429

Frans grondgebied

Engelse bezittingen

De Engelse handboog was een krachtig wapen en stelde hoge eisen aan de schutter.

Kanonnen konden stenen kogels afvuren die meer dan 200 kg wogen.

Karel VII

De dauphin, die vaak wordt afgeschilderd als een zwakkeling, was feitelijk een geslepen man in een moeilijke situatie. Hij was in 1420 onterfd door de Franse koning en gebruikte het charisma van Jeanne d'Arc om steun te verwerven. Hij wantrouwde echter haar politiek inzicht.

Steektoernooi

De rijkdom van de heersende klasse in de 15de eeuw blijkt uit de weelderige aankleding van haar toernooien. Deze toernooien waren niet zonder gevaar – Hendrik II stierf na een klap met een lans.

Tijdbalk

1337 Filips VI, eerste Valois-koning, confisqueert Engels grondgebied in Guyenne; het begin van de Honderdjarige Oorlog

1341 Engelsen steunen Jan van Montfort tegen Karel van Blois in de Bretonse Successieoorlog

1325

Portret van Filips VI

1346 Engelse boogschutters verslaan Franse ridders bij Crécy

1350

1352 Loire herstelt na de vier jaar durende pest

1360 Anjou wordt een hertogdom

Afbeelding van de Zwarte Dood in een 15de-eeuws verlucht manuscript

1375

Apocalyps
De ondergang van de wereld hield veel kunstenaars bezig in de 15de eeuw. Dit tapijt uit Angers (blz. 76-77) *stelt Johannes en de aankondiging van het oordeel voor.*

Het 14de- en 15de-eeuwse Loiredal

Guérande *(blz. 180)* is een goed bewaard gebleven 15de-eeuwse vestingstad. Veel stadjes, zoals Chinon *(blz. 98-100)*, hebben vakwerkhuizen. In Orléans *(blz. 138-139)* staat een replica van het huis van Jeanne d'Arc. Le Plessis-Bourré *(blz. 70)* toont de elegantere levensstijl van na de Honderdjarige Oorlog.

Château de Chinon
Dit kasteel is strategisch gelegen op een rots boven de Vienne.

De hellebaard was een specifiek infanteriewapen.

Belegeringstoren

Jeanne d'Arc
Hoewel ze hier is afgebeeld in vrouwenkleren, was Jeanne (blz. 137) *tijdens de strijd altijd gekleed als man.*

René, hertog van Anjou
René I (1409-1480) *hield van toernooien, maar was ook schilder, geleerde en dichter. Voor het volk belichaamde hij de ideale 15de-eeuwse heerser.*

Het beleg van Orléans

De Engelsen begonnen de belegering van Orléans in november 1428; ze namen snel hun posities in en bouwden zware belegeringswerken. Pas op 30 april 1429 slaagden de troepen van Jeanne d'Arc erin om de stad binnen te komen. Na een week waren de Engelsen gedwongen de belegering op te geven.

1392 Lodewijk, hertog van Orléans, verwerft Blois

1400

1409 Geboorte van René I, hertog van Anjou

1415 Verpletterende Engelse overwinning bij Agincourt leidt tot alliantie tussen Engeland en Bourgondië

1417-1432 Engelsen bezetten Chartres

1418 Karel VI verwoest Azay-le-Rideau

1425

1428 Engelsen belegeren Orléans

1429 Jeanne d'Arc bezoekt dauphin Karel in Chinon, doorbreekt de Engelse belegering van Orléans en kroont Karel VII tot koning in Reims

1435 Karel VII sluit vrede met Bourgondië. Legerhervormingen leiden tot Franse overwinningen

1438 Jacques Cœur van Bourges wordt schatmeester en reorganiseert het Franse belastingstelsel

1450

1453 De oorlog eindigt zonder een verdrag, de Engelsen houden alleen Calais.

15de-eeuwse kruisboog

1461 Aanvang regeerperiode Lodewijk XI

1470 Begin van het zijdeweven in Tours

Het Loiredal in de Renaissance

Catharina de' Médici

Door de oorlogen die zij tussen 1494 en 1525 in Italië voerden, kregen Karel VIII, Lodewijk XII en Frans I de smaak te pakken van de Italiaanse kunst en architectuur. Zij maakten het Loiredal tot middelpunt van het hofleven en legden daarmee de basis voor de Franse renaissancecultuur. Frans I steunde tal van kunstenaars die werkten in de Italiaanse stijl en werd daarin gevolgd door aristocraten in heel Frankrijk.

De Loire had bijna 40 jaar te lijden onder oorlogen toen Catharina de' Medici de katholieken niet wist te overtuigen om in vrede te leven met de hugenoten, tijdens het bewind van haar zonen, Karel IX en Hendrik III.

Burcht van het geloof
De paus wordt belegerd door hugenoten in deze voorstelling van de Godsdienstoorlogen.

Frans I
De krachtigste renaissancekoning van Frankrijk maakte het Loiredal tot zijn jachtgebied. François Clouet beeldt hem hier af in een zelfverzekerde pose (blz. 23).

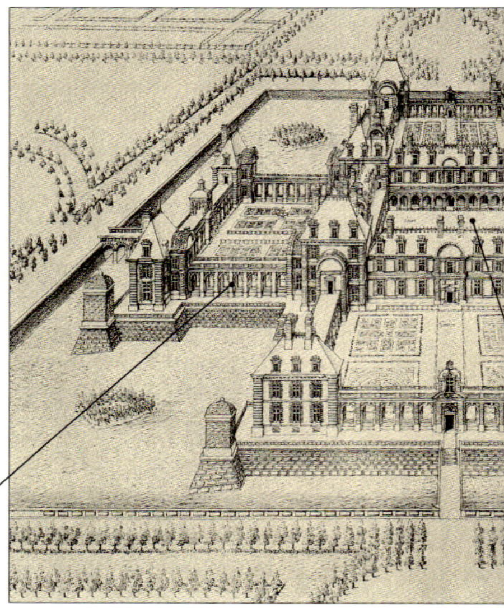

Zuilenrijen waren een kenmerk van de klassieke renaissancestijl.

De eerste tank
Leonardo bracht zijn laatste jaren door in Le Clos Lucé (blz. 111). *Deze tank is een model van een van de uitvindingen waaraan hij hier werkte.*

Het ideale Château

Vanaf Karel VIII (1483-1498) droomden de Franse renaissancekoningen over de bouw van het ideale château. De symmetrische lanen van Androuet du Cerceau's ontwerp is een uiting van de laat-renaissancistische voorliefde voor classicistische grandeur.

Tijdbalk

1475 — 1500 — 1525

1484 De États Généraux, de Staten-Generaal, komen bijeen in Tours

1491 Huwelijk van Karel VIII met Anna van Bretagne koppelt het autonome Bretagne aan de Franse Kroon

1493 Karel VIII herbouwt zijn geboortehuis, het Château d'Amboise, in Italiaanse stijl

1498 De hertog van Orléans wordt Lodewijk XII en trouwt met Anna van Bretagne

1508 Lodewijk XII herschept Blois tot een vorstelijke renaissance-hoofdstad

1515 Frans I verovert Milaan en haalt Italiaanse kunstenaars naar het Loiredal

1519 Frans I begint met de bouw van Chambord. Leonardo da Vinci sterft in Le Clos-Lucé *(blz. 111)*

1532 Verdrag verbindt Bretagne en Nantes met Frankrijk

Karel VIII, Frankrijks eerste renaissancekoning

Het zoutvaatje van Cellini voor Frans I (1515-1547)

Hendrik IV
Hij was dapper, intelligent en innemend, Hendrik IV van Vendôme en Navarre, en wist binnen tien jaar na het bestijgen van de troon in 1589 het uiteenvallende koninkrijk te herenigen. Rubens (1577-1640) toont hem hier terwijl hij een verlovingsportret van Maria de' Medici krijgt overhandigd.

Het Loiredal van de Renaissance

In de hele streek kan men mooie renaissancegebouwen zien. Oudere châteaus waarin de Italiaanse invloed is te herkennen, zijn Amboise *(blz. 110)* en Blois *(blz. 126-127)*. De mooiste kastelen van de Franse Renaissance zijn Chenonceau *(blz. 106-109)* en Azay-le-Rideau *(blz. 96-97)*. Ook zijn er vele kleinere voorbeelden, zoals Beauregard *(blz. 130-131)*. Het meest spectaculaire is Chambord *(blz. 132-135)*.

Château de Chambord
Dit indrukwekkende château ligt aan de oever van de Cosson.

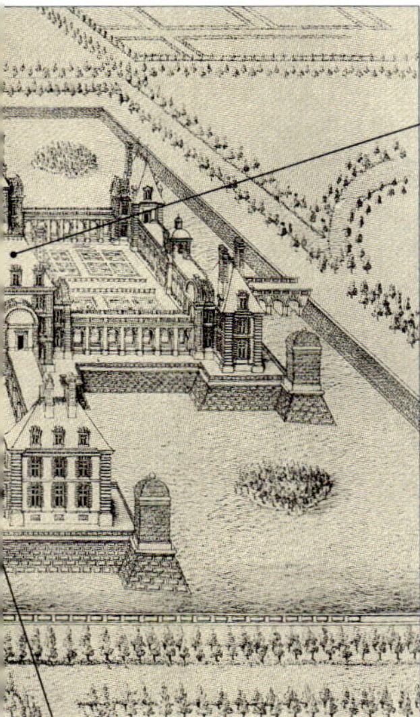

Hoge daken en dakkapellen tonen de overheersende Franse invloed.

Een centrale binnenplaats met zuilengang vormde het hart van de 15de-eeuwse paleizen in Italiaanse stijl.

De schrijn van Anna van Bretagne
Door achtereenvolgens met Karel VIII en Lodewijk XII te trouwen, verbond Anna van Bretagne haar hertogdom met Frankrijk. Haar relikwieënschrijn bevindt zich in Nantes (blz. 191).

Diane de Poitiers
De maîtresse van Hendrik II flatteus geportretteerd als Diana, de Romeinse godin van de jacht.

1559 Na de dood van Hendrik II begint de machtsstrijd tussen zijn weduwe, Catharina de' Medici, en de anti-protestantse volgers van de hertog van Guise

1572 Het hof verhuist na de moord op de hugenoten, tijdens Bartholomeusnacht, naar Fontainebleau

1576 Hendrik, hertog van Guise, sticht de pro-katholieke Heilige Liga. Bijeenkomst van de Staten-Generaal in Blois leidt niet tot vredesoplossing

1598 Edict van Nantes verleent protestanten beperkte godsdienstvrijheid

1550

1575

1547 Begin regeerperiode van Hendrik II, hij geeft Chenonceau aan zijn maîtresse, Diane de Potiers

1562 Godsdienstoorlogen beginnen met veldslagen en moordpartijen langs de Loire

1588 Heilige Liga neemt feitelijk de regering over. Hendrik II laat de hertog van Guise en zijn broer vermoorden in Blois

Munt van Hendrik IV 'de Grote'

1594 Om een eind te maken aan de Godsdienstoorlogen, bekeert Hendrik IV zich tot het katholicisme en wordt gekroond in Chartres

Groei en vooruitgang

Nadat het brandpunt van het hofleven aan het eind van de 16de eeuw was verschoven naar de omgeving van Parijs, verloor het Loiredal zijn centrale rol in de Franse politiek. Niettemin brak tijdens de Franse Revolutie in de Vendée een opstand uit tegen republikeinse excessen, zoals de hoge belastingen en de vervolging van priesters. De handel over de rivier bleef van belang, met name voor de haven van Nantes, en in de 17de eeuw begon men met de aanleg van kanalen om de Loire direct met Parijs te verbinden. Esthetisch hoogtepunt was het brug-kanaal van Briare. Hoewel de industrie langzaam toenam, bleef het Loiredal overheersend een landbouwstreek.

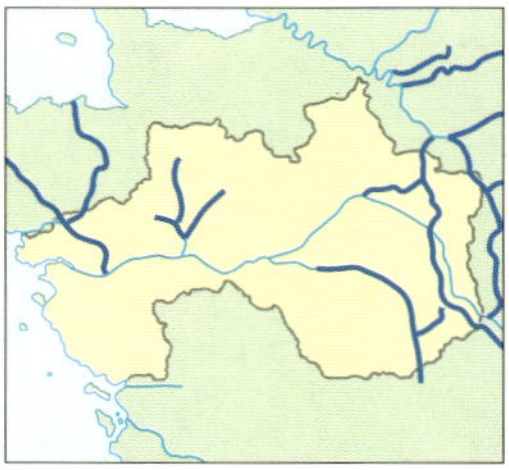

19DE-EEUWSE WATERWEGEN

— *Rivieren*

— *Kanalen gebouwd voor 1900*

Kardinaal Richelieu
De eerste minister van Lodewijk XIII, tussen 1624 en 1642, deed veel aan de vestiging van een stabiel bestuur in Frankrijk.

De 15 granieten pijlers die de brug ondersteunen, werden geplaatst met behulp van vroege persluchttechnieken.

Wijn maken in het Loiredal
Wijn maken in de 18de eeuw was een tijdverdrijf voor de rijken. Zij gebruikten slecht betaalde boeren om de druiven te oogsten en te persen.

TIJDBALK

1610-1616 Maria de' Medici, weduwe van Hendrik IV, regentes voor Lodewijk XIII

1617 Lodewijk XIII verbant zijn moeder naar Blois. Ze worden door Richelieu in 1620 herenigd

1631 Richelieu begint met de bouw van het geplande dorp en château in Touraine

Rond 1720 Het Loiredal wordt weer populair als buitenplaats voor de adel

1600 — 1650 — 1700

Lodewijk XIII

1648-1653 La Fronde: een reeks Franse burgeroorlogen

17de-eeuws horloge gemaakt in Blois

1685 Saumur en andere steden verliezen hun hugenotenbevolking als deze vlucht na de herroeping van het Edict van Nantes

Held van de Vendée
De bede van Bonchamp om republikeinse gevangenen te sparen (blz. 187) *is vastgelegd in steen door David d'Angers.*

Loire 'Onontplofbaren'
Tegenover de concurrentie van de spoorwegen waren de stoomboten een laatste poging om de Loire als belangrijke handelsroute te redden.

Sierlijke lantarens geven de brede voetpaden de allure van Parijse boulevards.

Passage Pommeraye
Deze 19de-eeuwse winkelgalerij geeft een goede indruk van de rijkdom van Nantes.

BRIARE BRUG-KANAAL

Deze 662 m lange brug werd ontworpen door Gustave Eiffel en was bedoeld om de kanaalschepen over de Loire te krijgen. Hij werd geopend in 1896 en voltooide een groot stelsel van waterwegen die de Seine met de Rhône verbond.

Stoombus
De Obéissante *van Amédée Bollée uit 1873 was de eerste 'auto' die in Le Mans werd gebouwd.*

1756 Koninklijk genootschap van chirurgijnen gesticht in Tours

1789 Franse Revolutie

1846 Spoorweg uit Parijs bereikt Tours

1793-1794 Vendée-opstand

1897 Opening van Eiffels brugkanaal over de Loire bij Briare

1852 Napoleon III wordt keizer

1856 Loire stroomt over

1750 | 1800 | 1850

1770-1790 Nantes bereikt het zenit van zijn handelsrijkdom

1804 Napoleon maakt La Roche-sur-Yon hoofdstad van de Vendée en financiert drooglegging van de Marais Poitevin

1829 Eerste Loire-stoomboot, *Le Loire*, vaart van Nantes naar Angers in zestien uur

Embleem van de Vendée

1863 Laatste Loire-stoomboot-maatschappij sluit

1870 Frans-Duitse Oorlog drijft Napoleon III in ballingschap

1873 Amédée Bollée begint met de produktie van stoomwagens in Le Mans

De moderne tijd

Vruchten van het Loiredal

Hoewel de scheepsbouw in Nantes en St-Nazaire al omstreeks 1920 zijn hoogtepunt bereikte en de lichte industrie zich gestaag uitbreidde in de omgeving van Orléans, Le Mans en Angers, werd de regio pas na de Tweede Wereldoorlog welvarend. Veel van de grote steden waren in 1944 gebombardeerd. Vanaf de jaren zestig vormde de snelgroeiende toeristenindustrie een belangrijke aanvulling op de rol van het Loiredal als 'Tuin van Frankrijk'. Particuliere châteaus openden hun poorten en de overheid financierde verschillende belangrijke restauratieprojecten, zoals dat van de abdij van Fontevraud.

Wilbur Wright
De Amerikaanse luchtvaartpionier prikkelde de Europese vliegtuigbouw toen hij in 1908 bij Le Mans zijn commerciële prototype demonstreerde.

TGV
De TGV stopt in Vendôme, Tours, Angers en Nantes, zodat het Loiredal een goede aansluiting heeft met de rest van het hogesnelheidsnetwerk.

Spectaculair vuurwerk verlicht de avondhemel.

Son et Lumière
Het laserspektakel in Puy-du-Fou moderniseert een traditie die is begonnen in Chambord in 1952 door Robert Houdin, zoon van een beroemde goochelaar uit Blois. Duizenden komen af op de avondvoorstellingen in Blois, Chenonceau, Cheverny en andere grote châteaus *(blz. 42-43)*.

Orléans, 1944
De bruggen over de Loire waren een belangrijk doelwit, zowel aan het begin als aan het eind van oorlog.

Tijdbalk

1905 Loire-landbouw in moeilijkheden als graanprijzen dalen na schade aan wijnstokken door druifluis

1908 Wilbur Wright voert testvluchten uit in Auvours bij Le Mans

1920 Cheverny opent zijn deuren

Château Cheverny (blz. 130) *is in particuliere handen*

1900 | 1910 | 1920 | 1930 | 1940

Alain-Fournier (1886-1914)

1914 WO I begint. Een van de eerste slachtoffers is Alain-Fournier *(blz. 23)*

1923 Eerste 24-uursrace van Le Mans

1929 La Baule krijgt een promenade en wordt een van de mooiste badplaatsen van Frankrijk

1936 Renault opent fabriek in Le Mans

1940 Duitse opmars dwingt voorlopige regering om van Parijs naar Tours te verhuizen

Ecologieprotest aan de Loire
Milieubewuste bewoners zetten zich in om de rijke natuurlijke erfenis van de rivier te redden.

Atoomkracht
De Loire werd al vroeg ingezet om kernreactoren te koelen. Avoine, bij Chinon, opende in 1963.

Computergestuurde lichteffecten, laser- en waterstralen geven er een modern tintje aan.

Meer dan 2000 plaatselijke vrijwilligers treden op als acteur, bewaker en gids bij iedere Cinéscénie-avond.

Le Vinci
De smaakvolle modernisering van het centrum van Tours laat zien hoe oude en nieuwe bouwkundige stijlen gecombineerd kunnen worden.

Le Mans
De vermaarde 24-uursrace van Le Mans trekt autosportliefhebbers van over de hele wereld.

1944 Bevrijding van Loire-steden maakt eind aan vier jaar Duitse bezetting

1950

1952 Eerste son et lumière-voorstelling bij Chambord

1959 André Malraux minister van Cultuur. Hij zet vaart achter de restauratie van Loire-monumenten

1960

1963 Eerste Franse kerncentrale in Avoine bij Chinon

1970

1970 Export van Loire-wijnen, met name muscadet, stijgt explosief

Muscadet, ten oosten van Nantes gemaakt

1980

1989-1990 Door de TGV Atlantique is men nu in 90 minuten van Parijs in Angers

1990

1994 De overheid breekt een dam in de Vienne bij Maison Rouges af om de zalm in staat te stellen zijn paaigronden te bereiken

Het Loiredal van streek tot streek

Het Loiredal in het kort

Het Loiredal heeft een rijke geschiedenis en een veelzijdige architectuur. Bekend zijn vooral de renaissance-châteaus, zoals Chambord en Chenonceau, maar de regio heeft ook zijn schatten uit nog vroeger tijden bewaard, van de dolmens uit de Bronstijd tot middeleeuwse burchten. Ook vindt men er een indrukwekkende erfenis van religieuze architectuur, waaronder de gotische kathedralen van Chartres en Bourges. Bezoekers die eens aan het verleden willen ontsnappen, kunnen genieten van het natuurschoon, dat verrassingen biedt als de Marais Poitevin. Dit zijn de hoogtepunten van de regio.

De gotische kathedraal van Chartres verheft zich boven een aantrekkelijk plaatsje ***(blz. 172-175)***

Het Château d'Angers, beschermd door zijn formidabele courtine-muren ***(blz. 74-77)***

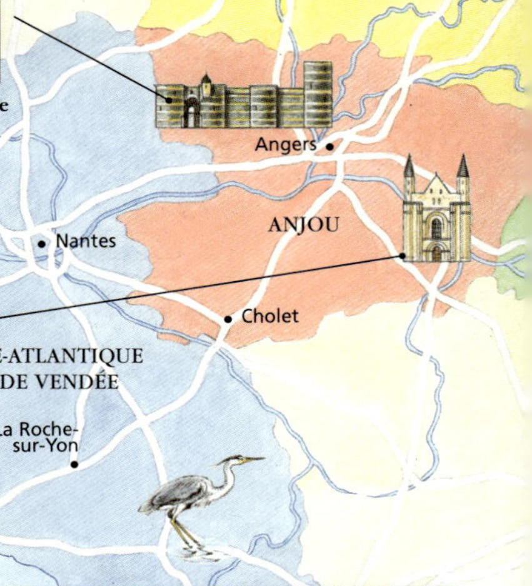

Abbay de Fontevraud, het grootste middeleeuwse abdijcomplex in Frankrijk ***(blz. 86-87)***

0 kilometer 50

De Marais Poitevin, een labyrint van kanalen die afsteken tegen het groene, moeizaam verworven land ***(blz. 182-185)***

Het renaissancistische trappenhuis van het Château de Blois ***(blz. 126-127)***

Chambord, de grootste koninklijke residentie van het Loiredal ***(blz. 132-135)***

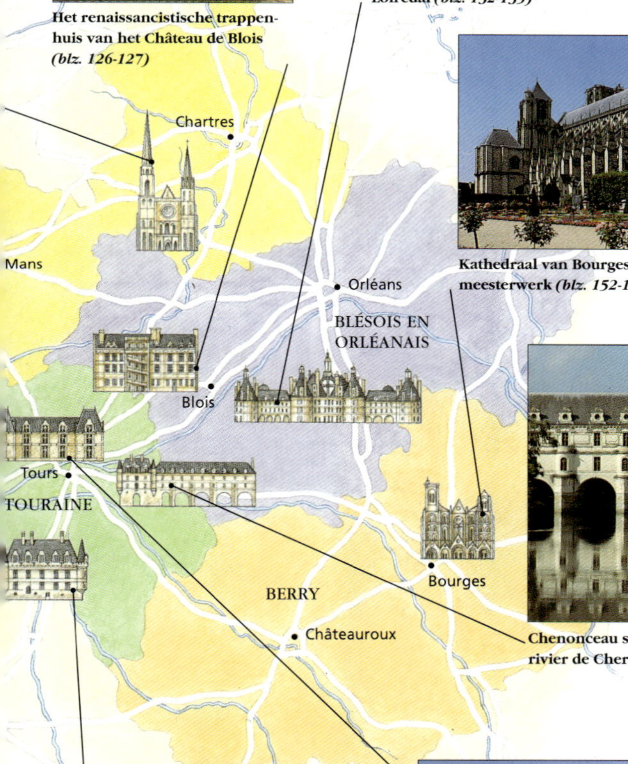

Kathedraal van Bourges, een gotisch meesterwerk ***(blz. 152-153)***

Chenonceau strekt zich loom uit over de rivier de Cher ***(blz. 106-109)***

De stijlvolle symmetrie van Azay-le-Rideau ***(blz. 96-97)***

De fraai gereconstrueerde renaissancetuinen van Villandry ***(blz. 94-95)***

ANJOU

Het landschap van Anjou is al net zo vriendelijk als zijn klimaat en zijn bevolking. De golvende heuvels van de regio worden doorsneden door rivieren die het vruchtbare land helpen irrigeren. Ten noorden van Angers, waar de Sarthe, Mayenne en de Loire samenvloeien, vormt zich in de wintermaanden een groot overstromingsgebied, een vaste pleisterplaats voor duizenden trekvogels.

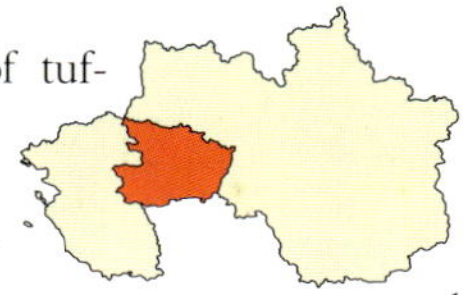

Het crèmekleurig kalk- of tufsteen dat is gebruikt bij de bouw van de grote châteaus van Anjou, samen met de grijze dakpannen, geeft de Angevijnse architectuur haar bijzondere karakter. Door het afgraven van tufsteen zijn er honderden grotten ontstaan. Veel ervan worden nu gebruikt voor het kweken van paddestoelen, andere zijn bewoond geweest. Sommige daarvan kunnen nu worden bezocht.

De beste kwaliteit fruit en groenten wordt hier verbouwd. Ook bomen en bloemen doen het goed: in de parken staan witte magnolia's, acacia's en palmen, en de rozentuinen van Doué zijn legendarisch. De regio brengt ook de mousserende wijnen van Saumur en St-Cyr-en-Bourg voort. Wie een van de grote wijnhuizen rond Saumur bezoekt, kan met eigen ogen het proces van de *méthode champenoise* aanschouwen.

Anjou is doordrenkt met de geschiedenis van de rivaliserende dynastieën in het middeleeuwse Frankrijk. Net als nu was Angers het centrum van de regio. De stad was de feodale hoofdstad van de Plantagenets. Vijftien leden van de familie zijn begraven in de abdij van Fontevraud, onder wie Hendrik II, zijn vrouw Eleonora van Aquitanië, en hun zonen, Richard Leeuwenhart en Jan zonder Land. Het nabijgelegen kasteel van Saumur vormde het sprookjesachtige decor voor de 'September'-miniatuur in het 15de-eeuwse meesterwerk *Les très riches heures du duc de Berry*. Andere indrukwekkende châteaus in deze regio zijn Brissac, het grootste kasteel van de Loire, en Le Plessis-Bourré, een charmant pre-renaissance-château.

Château de Saumur, uittorenend boven de stad en de Loire

◁ **Ontspannen herkauwen in een weide van Anjou**

Anjou verkennen

Het noorden van Anjou wordt doorsneden door de Mayenne, de Sarthe en de Loire. De rivieren stromen zuidwaarts naar de Maine. Voordat de Maine in de Loire uitmondt, komt ze door Angers, het geografische en administratieve centrum van de streek. De beroemdste châteaus, oudheden en grotwoningen van de Loire zijn gelegen rond Angers en Saumur, 50 km stroomopwaarts van de Loire. Maar er zijn ook talrijke minder bekende châteaus, gelegen rond Segré in het noordwesten en Baugé in het noordoosten.

Eglise St-Maurille, Chalonnes-sur-Loire

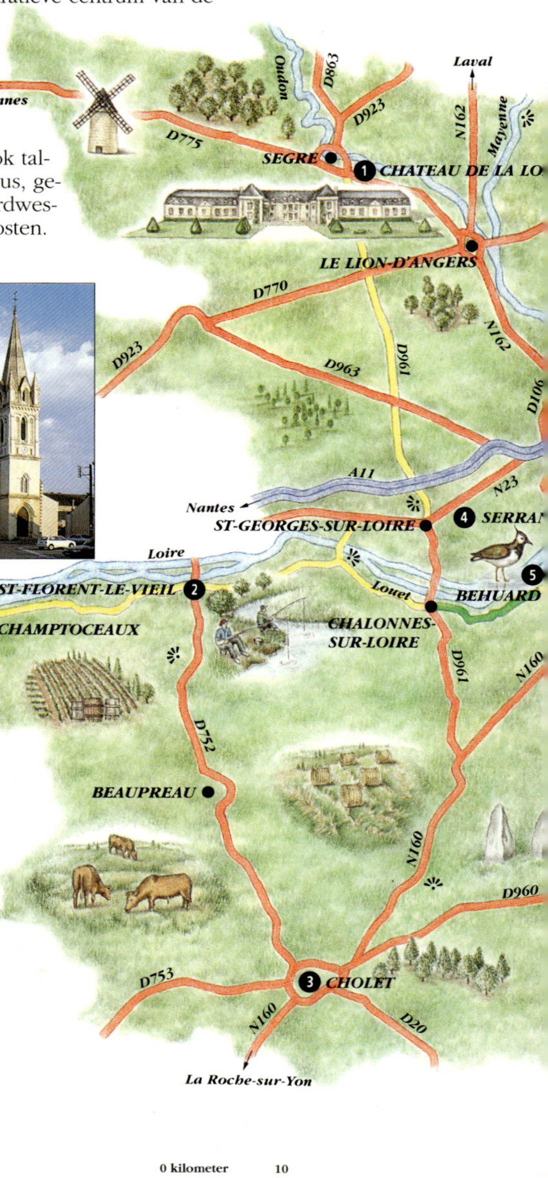

Bezienswaardigheden

Angers blz. 72-77 8
Béhuard 5
Brissac 9
Château de la Lorie 1
Cholet 3
Cunault 11
Fontevraud l'Abbaye blz. 86-87 16
Gennes 10
Montgeoffroy 7
Montreuil-Bellay 13
Montsoreau 14
Plessis-Bourré 6
St-Florent-le-Vieil 2
Saumur blz. 80-83 12
Serrant 4

Rondrit

Grotwoningentour 15

Anjou, de Loire in volle glorie

Bereikbaarheid

Met de TGV bent u in 90 minuten van Parijs in Angers. De snelweg *L'Océane* (A11), via Le Mans, is de snelste weg vanaf Parijs. De D766, tussen Tours en Angers, is redelijk snel. De D751 van Saumur volgt de zuidelijke oever van de Loire en is de mooiste route naar Angers. Hij gaat door als de Corniche Angevine; op het stuk naar Champtoceaux is het uitzicht op de Loire heel fraai. Ontspannen cruises kan men maken op de zijrivieren de Oudon en de Mayenne.

Symbolen

- Snelweg
- Hoofdweg
- Secundaire weg
- Toeristische route
- Rivier
- Uitkijkpunt

Een van de gezellige terrasjes van Angers

De 18de-eeuwse kerk van St-Florent-le-Vieil, gelegen op een heuvel

Château de la Lorie ❶

Wegenkaart B3. Segré, dan taxi. 41921004. juli-half sept.: wo-ma; Pasen-okt.: groepen op afspraak.

Het eerste dat opvalt aan dit particuliere kasteel 2 km ten zuidoosten van het oude stadje Segré aan de Oudon, zijn de stijlvolle tuinen in 18de-eeuwse Franse stijl. Het oorspronkelijke gebouw, dat getooid is met een beeld van de Romeinse godin Minerva boven de centrale ingang, werd in de 17de eeuw gebouwd door René le Pelletier, legercommandant in Anjou.

Een eeuw later werden twee vleugels toegevoegd, zodat er een binnenplaats ontstond, en een marmeren balzaal. Dit *pièce de résistance* wordt bekroond door een muziekgalerij, gelegen in een hoge koepel. Deze werd voltooid door Italiaanse handwerkslieden in 1779, een paar jaar voordat de Franse Revolutie een einde maakte aan dit soort vertoon van rijkdom en individuele macht.

St-Florent-le-Vieil ❷

Wegenkaart B3. 2650. Varades, dan taxi. Pavillon de la Mairie (41726232). vr 's middags. Festival de Musique (juni-juli).

De grote 18de-eeuwse kerk boven op een heuvel was het toneel van dramatische gebeurtenissen tijdens de Vendée-opstand. De opstand begon op het plein buiten de kerk, in maart 1793, met een massaal verzet tegen de verplichte dienst in het republikeinse leger.

Zeven maanden later stak het royalistische leger, dat verslagen was bij Cholet, hier met 40.000 man en evenzoveel aanhangers de Loire over. Ze waren van plan om meer dan 4000 republikeinen te vermoorden die hier in de kerk gevangen zaten. Ze werden echter tegengehouden door een van hun leiders, de markies de Bonchamps, die op zijn sterfbed zei: 'Spaar de gevangenen.'

Onder de gevangenen be-

De Corniche Angevine

Een van de mooiste wegen in de regio, de Corniche Angevine (D751), slingert zich langs de rotsen boven de zuidkant van de Loire. Hij biedt een prachtig uitzicht op de eilanden die in dit deel van de Loire liggen, en op de andere oever met zijn vruchtbare wijngaarden en fraaie landhuizen. De weg glooit zo nu en dan licht en ademt een heerlijke landelijke sfeer. Hij voert langs de Louet (een zijrivier van de Loire) en door dorpjes, wijngaarden en velden. Chalonness-sur-Loire, in het westen, is een eeuwenoud dorpje met een sierlijke kerk, de Eglise St-Maurille. Delen van de kerk dateren uit de 12de eeuw. De kade naast de kerk is een goede plek om te stoppen voor een picknick. Iets verder, in La Haie Longue, kunt u genieten van een bijzonder mooi uitzicht over de rivier. In het oostelijk deel van de Corniche Angevine ligt Rochefort-sur-Loire. Het heeft een 15de-eeuwse klokketoren en een plein met oude huizen, voorzien van torentjes. Op de rotsen beneden het plaatsje stonden ooit machtige burchten. Van sommige kunt u nog de ruïne bewonderen.

Uitzicht over de rivier bij La Haie Longue

vond zich de vader van David d'Angers, wiens marmeren beeld van Bonchamps in 1825 in de kerk werd geplaatst *(blz. 57)*. Gebrandschilderde ramen in het koor vertellen het verhaal, net als het **Musée d'Histoire Locale et des Guerres de Vendée**.

Musée d'Histoire Locale et des Guerres de Vendée
Place J et M Sourice. *41726152.*
Pasen-juli en half sept.-okt.: alleen za en zo 's middags; juli-half sept.: dag., 's middags.

Émile Boutigny's weergave uit 1899 van de Vendée-opstand in Cholet

Cholet ❸

Wegenkaart B4. *58.000.*
Pl de Rougé (41498000).
za. *Festival de l'Arlequin (april); L'Eté Cigale (juni-half sept.).*

Cholet is de hoofdstad van de regio Mauges en de op een na grootste stad van Anjou. Het was een bloeiende stad tot de Vendée-opstand, tegen de Republikeinse excessen, waarbij de helft van haar bevolking omkwam. De stad kwam er weer bovenop dank zij de sterke textielindustrie in de omgeving. De opvallende rode zakdoekjes met witte randen van Cholet herinneren aan een belangrijke slag die hier in 1793 werd uitgevochten. De Vendée-opstand wordt herdacht in het **Musée d'Art et d'Histoire**.

Het graf van de markies de Vaubrun in de kapel van Serrant

Musée d'Art et d'Histoire
27 Av de l'Abreuvoir. *41492900.*
wo-ma. *feestdagen.*

Château de Serrant ❹

Wegenkaart B3. *Angers, dan taxi.* *St-Georges-sur-Loire.*
41391301. *april-dec.: wo-ma.*

Het Château de Serrant is het meest westelijk gelegen van de grote Loire-châteaus. Het dateert uit 1546 en is nog steeds in particuliere handen. De gevels van licht tufsteen en donkere schist, geflankeerd door zware, van koepels voorziene torens, creëren een sfeer van formele waardigheid. Het hoofdgebouw bevat een van de mooiste renaissancetrappenhuizen in de regio. In het kasteel kunt u ook een fraaie collectie 18de-eeuwse meubels bewonderen.

De zuidgevel van Château de Serrant met zijn zware hoektorens

Een van de beroemdste eigenaars van het kasteel was de markies de Vaubrun. Aan zijn dood tijdens een gevecht (1675) herinnert een schitterende graftombe in de kapel, gemaakt door Antoine Coysevox. Het kasteel was in de 18de eeuw in handen van de Ierse familie Walsh, reders te Nantes. In het kasteel is een schilderij te zien met daarop Bonnie Prince Charlie die afscheid neemt van Anthony Walsh, wiens schip de prins terugbracht naar Schotland. In 1830 werd Serrant gekocht door de hertog van La Trémoille. Zijn afstammelingen wonen nog altijd op het kasteel.

Mariabeeld in de muur van de kerk van Béhuard

Béhuard ❺

Wegenkaart C3. *Baiche Maine, dan taxi.* *Angers (41235111).*

De smalle weggetjes van het middeleeuwse dorp op dit prachtige eiland in de Loire werden niet aangelegd voor auto's maar voor pelgrims die een kleine, op een rots gelegen kerk bezochten. Sinds voorchristelijke tijden is op deze plek gebeden voor de schippers op de Loire. De kerk is ontroerend door haar eenvoud. Ze werd gebouwd in de 15de eeuw onder de bescherming van Lodewijk XI, die zelf een 'scheepsramp' op de Loire had overleefd. De zijbeuk die het schip in tweeën splitst, is in de rots uitgehouwen.

Château du Plessis-Bourré ❻

Wegenkaart C3. *Angers, dan taxi.* *41320672.* *maart-nov.: do 's middags-di; dec.-febr.: groepen op afspraak.* *dec., jan., febr.* *alleen begane grond.*

De gracht rond het Château du Plessis-Bourré is zo breed dat hij bijna een meer lijkt waarop het kasteel met zijn zilverwitte muren en donkere leien daken drijft. De bouw duurde van 1468 tot 1473, en het kasteel is daarna nauwelijks meer veranderd. Het is misschien wel de mooiste schepping van Jean Bourré, die er ook woonde. Bourré was adviseur en schatmeester van de koning en hield ook toezicht op de bouw van Langeais *(blz. 92)* en Jarzé. Het Château du Plessis-Bourré is goed verdedigd, maar de versterkingen verstoren het ontwerp niet, dat in dienst staat van een elegante levensstijl. De goede staat waarin het kasteel verkeert, is een bewijs van de kwaliteit van de materialen die zijn gebruikt en het vakmanschap van de werklieden. Na een lange brug te zijn overgestoken, betreedt de bezoeker het kasteel via een van de twee ophaalbruggen, die nog iedere avond worden gesloten. De staatsievertrekken zijn opvallend licht en ruim, en zijn voorzien van sierlijke stenen decoraties. Op het bijzonder mooie plafond in de Salle des Gardes zijn tal van allegorische en alchemistische taferelen geschilderd, waaronder een afbeelding van de demon-wolf Chicheface – sterk vermagerd want haar menu bestond uitsluitend uit vrouwen die altijd hun echtgenoot gehoorzaamden. Er staat wat meubilair, grotendeels uit de 18de eeuw. Tijdens de Franse Revolutie werd het wapenschild op de open haard in de bibliotheek beschadigd. Ook is er nog graffiti uit die tijd te zien.

Plafond van de Salle des Gardes

Het Château du Plessis-Bourré, omgeven door zijn brede gracht

Vogels kijken in de Basses Vallées Angevines

Waar de rivieren de Sarthe, de Loir en de Mayenne samenkomen, ontstaat ieder jaar tussen oktober en mei een ondergelopen stuk land van 4500 ha: de Basses Vallées Angevines. Het gebied trekt duizenden trekvogels, waardoor het bijzonder interessant is voor vogelliefhebbers.

Misschien wel de zeldzaamste bezoeker is de lastig te observeren kwartelkoning, die in maart arriveert. Er zijn ruim 300 broedende paren in het gebied, meer dan waar ook in Europa.

De insecten in de velden, sloten en rivieren trekken gierzwaluwen, boomvalken, paapjes en gele kwikstaarten. In de vroege zomer klinkt in de Basses Vallées overal het vogelgezang en 's avonds kan men de vreemde roep van de kwartelkoning horen.

Het verdronken land van Anjou in de schemering

Château de Montgeoffroy ❼

Wegenkaart C3. *Angers of Saumur, dan taxi.* 41806002. *half maart-half nov.: dag.* *beperkt.*

Montgeoffroy is een bescheiden meesterwerk uit de late 18de eeuw. Het is gebouwd tussen 1773 en 1775 door de architect Nicolas Barré voor maarschalk de Contades en door diens nazaten met zorg onderhouden. Opvallend is het evenwicht en de lichtheid van het kasteel met de subtiele blauwe en grijze tonen van het steen en het schilderwerk, de hoge Franse ramen en het heerlijke park.

Het hoofdgebouw wordt geflankeerd door paviljoens met platte daken, die de verbinding vormen met twee zijvleugels. Beide vleugels hebben aan het eind een 16de-eeuwse toren. In een van de torens is een wapenkamer gevestigd. Hij voert naar de schitterende stallen, waar een mooie verzameling rijtuigen is te bewonderen. De kapel in de andere vleugel dateert ook uit de 16de eeuw.

Naast het hoofdgebouw ligt de keuken, met een verzameling van 260 koperen en tinnen pannen. Een innovatie in de eetzaal is de porseleinen kachel in de vorm van een palmboom. Hij is afkomstig uit Straatsburg, waar de maarschalk gouverneur was. Zijn gekruiste schuinbalken worden gebruikt als decoratief motief in de *grand salon.* De 'vriendin' van de maarschalk, Madame Hérault, had haar eigen kamers. Hier ziet u ook een portret van Marie-Jean Hérault de Séchelles.

De symmetrische gevel van het Château de Montgeoffroy

Hérault de Séchelles door Hubert Drouais

De stallen van Montgeoffroy met de verzameling rijtuigen

Watersnip

Kieviet

Goudplevier

Vogelsoorten

Het hele jaar komen er eenden, aalscholvers en meerkoeten voor. In de winter krijgen ze gezelschap van ganzen, zwanen en goudplevieren. In februari arriveren 30.000 grutto's. Pijlstaart-eenden, grauwe ganzen, kievieten en kokmeeuwen verschijnen ook enige tijd op het toneel, net als waadvogels zoals de kemphaan, watersnip, tureluur en bonte strandloper.

Tips voor de vogelaar

Wegenkaart C3. *Angers, dan taxi of huurauto.* *Ligue pour la Protection des Oiseaux, Rue Blaise Pascal 84, Angers (41444422).* *Dag., avond- en weekeinduitstapjes; speciale tochtjes voor kinderen.* *Reserveren verplicht voor LPO-programma's.*

Beste observatiegebied (febr.-eind juli): samenvloeiing van de Loir en de Sarthe, ten zuidwesten van Briollay. Neem de D107 van Angers naar Cantenay-Epinard. Sla vlak voor het dorp rechtsaf en ga naar Le Vieux Cantenay. Keer terug naar de D107 via Vaux. Ga door naar Noyant. Alle kleine wegen hier over de velden leiden naar de Sarthe. Keer terug naar Noyant en ga in de richting van Les Chapelles en Soulaire-et-Bourg. Neem dan de D109 naar Briollay, als de weg begaanbaar is.

Angers ❽

Reliëf op kathedraal van Angers

Angers ligt aan de Maine, 8 km voordat deze rivier in de Loire stroomt. De stad was ooit het bolwerk van Foulques Nerra *(blz. 50-51)* en de andere beruchte middeleeuwse graven van Anjou. Rond de 12de eeuw, tijdens het bewind van de Plantagenets, werd Angers de regionale hoofdstad van een rijk dat zich uitstrekte tot aan Schotland. Tegenwoordig is het een bloeiende universiteitsstad met brede boulevards, fraaie parken en smalle oude straatjes.

Angers verkennen

Angers wordt door de Maine in tweeën gesplitst. Het oudste deel van de stad ligt aan de linkerkant van de rivier, bewaakt door het 13de-eeuwse **Château d'Angers** *(blz. 74-75)*. Veilig achter de zware muren van het kasteel hangt de 14de-eeuwse wandtapijtenserie de Apocalyps, de grootste en oudste wandtapijten in Frankrijk *(blz. 76-77)*. Niet ver van het kasteel ligt de **Cathédrale St-Maurice**.

Angers is 46 vakwerkhuizen rijk. De meeste zijn te vinden in de oude straatjes bij de kathedraal. Het mooiste is het **Maison d'Adam**, aan het Place Ste-Croix 1. Dit 15de-eeuwse koopmanshuis is aan alle kanten versierd met gesneden houten figuren van sirenen, muzikanten en vrijende paartjes. De uitbundige decoratie was een uiting van de rijkdom van de eigenaar. Maison d'Adam is nu een centrum voor de textielindustrie, maar de buitenkant is zijn voornaamste charme.

Op de rechteroever van de Maine ligt de oude wijk **La Doutre** (*d'outre Maine*, aan de andere kant van de Maine). Het was voorheen een gebied van kleine winkeltjes, uitsluitend door armen bewoond, maar is nu gerestaureerd en bevat een aantal fraai bewaard gebleven vakwerkhuizen.

Een wandeling van de Rue Gay-Lussac naar het Place de la Laiterie voert langs vele van de historische huizen van La Doutre. Hieronder bevindt zich het elegante **Hôtel des Pénitentes** (ooit een toevluchtsoord voor bekeerde prostituées), een 12de-eeuws **apothekershuis** en de gerestaureerde kerk van **La Trinité**. Deze ligt naast de ruïnes van Foulques Nerra's romaanse **Abbaye du Ronceray**, een benedictijnenabdij gereserveerd voor adellijke meisjes.

Cathédrale St-Maurice

Rue St-Christophe 4.
☎ 41875845. ◯ dag.

Deze opvallende kathedraal is gebouwd aan het eind van de 12de eeuw; de centrale lantaarntoren werd echter pas tijdens de Renaissance toegevoegd. Hoewel het gotische beeldhouwwerk op de gevel zwaar is aangetast in de loop der jaren, is het nog altijd indrukwekkend.

Het sierlijke Angevijnse gewelf in het schip is een van de beste en vroegste voorbeelden in zijn soort, en geeft een ronde, koepelachtige vorm aan het hoge plafond. Het interieur van de kathedraal wordt verlicht via schitterend gebrandschilderde ramen. Heel mooi is het 15de-eeuwse roosvenster in de noordelijke dwarsbeuk.

Maison d'Adam, het mooiste vakwerkhuis van Angers

Musée des Beaux Arts

Rue du Musée 10. ☎ *41886465.*
◯ *half juni-half sept.: dag.; half sept.-half juni: di-zo.*
● *1 jan., 1 mei, 8 mei, 14 juli, 1 nov., 11 nov., 25 dec.*

De stedelijke kunstcollectie van Angers is ondergebracht in een mooi 15de-eeuws huis, de Logis Barrault. Op de eerste verdieping ziet u religieuze antiquiteiten, waaronder een in steen gehouwen Kruis van Anjou, een 13de-eeuws verguld masker, genomen van de beeltenis van een vrouw, en scepters uit de abdijen van Toussaint en Fontevraud *(blz. 86-87)*.

De schilderijenverzameling omvat een aantal portretten, waaronder een van Agnès Sorel, maîtresse van Karel VII *(blz. 104)*, stillevens door Jean-Baptiste Chardin, *Les génies des arts*, een groot en amusant werk door François Boucher, en *Paolo Malatesta en Francesca da Rimini* door Jean-Auguste-Dominique Ingres, dat een scène uit Dante's *Inferno* voorstelt.

Een van de prachtige parken in Angers

Cointreau

Angers produceert ieder jaar zo'n 30 miljoen flessen van de beroemde likeur Cointreau. De distilleerderij werd opgericht in 1849 door de broers Cointreau, die in heel Angers bekend stonden om hun geneeskrachtige drankjes. Het was echter Edouard, de zoon van een van hen, die het oorspronkelijke recept creëerde. Als basis voor deze kleurloze likeur worden sinaasappelschillen gebruikt.

Galerie David d'Angers

Rue Toussaint 33 bis. ☎ *41872103.*
half juni-half sept.: dag.; half sept.-half juni: di-zo.
feestdagen.

De met glas overkapte ruïne van de 13de-eeuwse abdijkerk van Toussaint staat vol met gipsafgietsels van het werk van de lokale kunstenaar Pierre-Jean David (1788-1856), bekend als David d'Angers. Zijn geïdealiseerde beelden waren zeer in trek als gedenktekens voor mensen als de markies de Bonchamps *(blz. 57).* Met hun vloeiende lijnen zijn het fraaie voorbeelden van academische kunst.

Beeld door David d'Angers

Hôpital St-Jean (Musée Jean Lurçat)

Bd Arago 4. ☎ *41241845.*
half juni-half sept.: dag.; half sept.-half juni: di-zo. *feestdagen.*

Dit prachtige gotische gebouw in La Doutre was tot 1875 een ziekenhuis, het oudste in Frankrijk. Het werd gesticht in 1175 door Hendrik II van Engeland; het familiewapen van de Plantagenets met de heraldische tekens van Anjou is even voorbij de ingang te zien. In een hoek van de Salle des Malades is een reconstructie van de apotheek gemaakt. Via een deur aan het eind van de galerij bereikt men een kapel en 12de-eeuwse kloostergangen. In het ziekenhuis is nu het Musée Jean Lurçat gevestigd. Er is een verzameling 20ste-eeuwse wandtapijten bijeengebracht van de vermaarde kunstenaar die de aanzet gaf tot een vernieuwing van deze kunstvorm *(blz. 77).*

Tips voor de toerist

Wegenkaart C3. *200.000.*
Pl de la Gare. *Pl de la Molières.* *Pl Kennedy (41235111).* *wo, za.*
Festival d'Anjou (juli).

Espace Cointreau

Bd des Brétonnières.
☎ *41315050.* *half juni-half sept.: ma-za 10.00, 11.00, 14.00, 15.00, 16.00, 17.00 uur; zo en feestdagen 15.00, 16.30 uur; half sept.-half juni: ma-za 15.00 uur, zo 15.00 en 16.30 uur.*

In de unieke Cointreau-distilleerderij in de wijk St-Barthélémy kunt u het hele productieproces volgen: van de ruwe ingrediënten tot de gebottelde likeur. Bij de operatie zijn negentien koperen vaten en een enorme bottelarij betrokken.
Na de rondleiding kunnen bezoekers de beroemde sinaasappellikeur proeven en rondkijken in het naastgelegen museum.

Centrum van Angers

Cathédrale St-Maurice ③
Château d'Angers ②
Galerie David d'Angers ⑤
Hôpital St-Jean (Musée Jean Lurçat) ①
Maison d'Adam ④
Musée des Beaux-Arts (Logis Barrault) ⑥

0 meter 500

Symbolen

- Busstation
- Parkeerplaats
- Toeristenbureau
- Kerk

Château d'Angers

Een van de herten in de droge slotgracht

De grote ronde torens en courtine-muren van deze machtige feodale burcht werden tussen 1230 en 1240 gebouwd op de plek waar een vesting van graaf Foulques Nerra had gestaan. Het werk begon in opdracht van Blanca van Castilië, regentes en de moeder van Lodewijk IX. Binnen de 650 m lange muren ontwikkelden latere edelen een 'chateau'-levensstijl die in bijna speels contrast stond met de imponerende torens. De laatste hertog van Anjou, koning René I, voegde fraaie gebouwen, tuinen, volières en een verzameling dieren toe. In het citadel-château is nu een van de beroemdste wandtapijten van Frankrijk te zien.

De Logis du Gouverneur werd gebouwd in de 15de eeuw en veranderd in de 18de eeuw.

Gracht-tuinen

In de grote binnenplaats zijn geometrische tuinen aangelegd.

De ingang van het château ligt voorbij de ophaalbrug, die naar de Porte de la Ville leidt.

★ Gracht-tuinen
De droge gracht, 11 m diep en 30 m breed, is nu beplant met geometrische bloembedden.

Verdedigingstorens
De 17 torens zijn 40 tot 50 m hoog. Ze verloren hun peperbustorens nadat in de 16de eeuw de koning had bevolen dat ze helemaal moesten worden afgebroken, wat gelukkig dus niet gebeurde.

TIJDBALK

1230-1240 Burcht gebouwd op een rots waar de graven van Anjou eerdere kastelen hadden staan

1410 Lodewijk II en Jolanda van Aragon brengen de kapel en de Logis Royal terug in oude staat

Hendrik III

1945 Geallieerden bombarderen de burcht, die in gebruik is als Duitse munitieopslagplaats

1648-1652 Lodewijk XIV verandert de burcht in een gevangenis

1200 | 1300 | 1400 | 1500 | 1600 | 1700 | 1800 | 1900

1360 Lodewijk I van Anjou brengt deuren en ramen aan om de muren een minder streng aanzien te geven

1450-1465 René knapt het interieur op en voegt tuinen en nieuwe gebouwen toe

1585 Burcht ingenomen door hugenoten. Hendrik III wil de torens afbreken, maar de gouverneur maakt ze alleen iets lager

1875 Tot historisch monument verklaard

1952-1954 Bernard Vitrie bouwt het nieuwe onderkomen van de Apocalyps-tapijten

★ Apocalyps-tapijten
In de moderne Galerie de l'Apocalypse van Bernard Vitry zijn de Apocalyps-tapijten te zien (blz. 76-77).

> **TIPS VOOR DE TOERIST**
>
> Promenade du Bout du Monde. *41874347. Palmzondag-mei: dag. 10.00-18.00 uur; juni-half sept.: dag. 9.30-19.00 uur; half sept.-okt.: dag. 10.00-18.00 uur; nov.-Palmzondag: dag. 10.00-17.00 uur 1 jan., 1 mei, 1 nov., 11 nov., 25 dec.*

Het koningsraam bevat een afbeelding van René I, koning van Napels, en zijn vrouw Jeanne de Laval, knielend voor Maria.

Wandelpaden strekken zich over meer dan 1 km uit over de brede muren en bieden een goed uitzicht op de stad en de mooie tuinen.

De torens worden beklommen via wenteltrappen.

De Logis Royal is het onderkomen van de prachtige Mille Fleurs-tapijten *(blz. 77)*.

★ Châtelet
Dit poorthuis, gebouwd in 1450 door René I, heeft nog charmante peperbusdaken.

★ Het oratorium
Het oratorium kijkt uit op de Chapelle St-Geneviève. Het is voorzien van een haard en er staan beelden van vroegere eigenaars van het kasteel. De kapel werd gebruikt door de hertog en leden van zijn familie.

STERATTRACTIES

- ★ **Apocalyps-tapijten**
- ★ **Oratorium**
- ★ **Gracht-tuinen**
- ★ **Châtelet**

De tapisserieën van Angers

De Apocalyps-tapijten stellen de Openbaring van Johannes voor en zijn in de 14de eeuw gemaakt voor Lodewijk I van Anjou. In de woelige dagen van de Franse Revolutie werden de tapijten in stukken gesneden en voor van alles gebruikt, van beddespreien tot paardedekens. In de 19de eeuw begon men met de restauratie. De overgebleven delen van het werk hebben een lengte van 103 m en hangen in een speciaal gebouwde galerie in het Château d'Angers. Bijna 600 jaar nadat de tapijten waren ontstaan, inspireerden ze Jean Lurçat tot zijn eigen wandtapijtenserie, *Le chant du monde*.

Precisiewerk
Elk van de duivels die Babylon verslinden, heeft een eigen karakter. De tapijten zijn zo knap geweven dat de voor- en de achterkant bijna spiegelbeelden zijn.

Johannes is in ieder visioen de verteller.

Een engel spreekt tot Johannes. Diens kleding is verbleekt, maar elders zijn de originele kleuren vaak nog zichtbaar.

Verfoeid gevogelte komt vrij als hun kooien openbreken en onreine geesten stijgen op.

DE VAL VAN BABYLON

De Apocalyps-tapijten werden tussen 1375 en 1383 geweven in Parijse ateliers. Ze waren ontworpen door Hennequin de Bruges, die zich liet inspireren door Karolingische verluchte manuscripten; ze beelden het einde van de wereld en de komst van het nieuwe Jeruzalem uit. De oorspronkelijke 90 panelen waren ingedeeld in zes episoden, elk met een inleidend paneel en veertien taferelen. Tafereel 66 beeldt de val van Babylon uit: 'Gevallen, gevallen is de grote stad Babylon en zij is geworden een woonplaats van duivelen' (Openb. 18:2).

Mille Fleurs-tapijten
Deze laat-15de-eeuwse Vlaamse tapijten met hun prachtige kleuren hangen in de Logis Royal.

Onder de vallende torens van Babylon komen demonen te voorschijn.

De blauwe achtergrond, afgewisseld met rood, zorgt voor continuïteit in de serie.

Le Chant du Monde

Jean Lurçat (1892-1966)

Het grote, gewelfde interieur van het Musée Jean Lurçat *(blz. 73)* biedt een verbluffende achtergrond voor *Het lied van de wereld.* Dit werk, dat 79 m lang is en drie zijden van de hal beslaat, was het antwoord van Lurçat op de Apocalyps-tapijten, die hij voor het eerst zag in 1937. De tien 4 m hoge panelen zijn geweven in Aubusson tussen 1957 en 1966. Thematisch reiken de beelden van de gruwelen van de nazi-genocide en het bombarderen van Hiroshima tot de verovering van de ruimte, voorgesteld als het aanbreken van een nieuw tijdperk.

'Ornamentos sagrados' van Lurçats *Le chant du monde*-tapijt

De tapisserie-kunst

Middeleeuwse tapijtwever

In de Middeleeuwen werden tapijten gemaakt in opdracht van rijke families om kastelen en kerken mee aan te kleden. Door ze aan de dikke stenen muren te hangen, hielpen de tapijten de vertrekken warm te houden. Parijs en Vlaanderen waren de tapisserie-centra in de 14de eeuw. De wevers werkten naar het voorbeeld van een tekening op waar formaat, het zogenaamde 'karton'. De lengtedraden (schering) werden op een weefgetouw gespannen, waarna gekleurde draden (inslag) er dwars door werden geknoopt. Vanaf de 16de eeuw nam de tapijtweefkunst in belang af, maar in de 20ste eeuw zorgden kunstenaars als Pablo Picasso en Henri Matisse voor een opleving.

Gekleurde tapijtdraden in de Manufacture St-Jean in Aubusson

De wijnkelders van Brissac

Château de Brissac ❾

Brissac-Quincé. **Wegenkaart** C3.
Angers, dan taxi.
41912221. *april-juni en sept.-okt.: wo-ma; juli-aug.: dag.; nov.-maart: groepen op afspraak.*

Het kasteel van de hertogen van Brissac torent uit boven de rivier de Aubance, 18 km ten zuidoosten van Angers. Het is een van de indrukwekkendste châteaus aan de Loire en nog altijd in particuliere handen. De eerste eigenaar was Charles de Cossé, gouverneur van Parijs en maarschalk van Frankrijk. Na zijn dood in 1621 bleef het enorme paleis, dat op de ruïnes van een oude burcht is gelegen, onvoltooid.

De ingang wordt gevormd door een rijk versierd, 17de-eeuws paviljoen geflankeerd door twee 15de-eeuwse torens. Tien van de 150 kamers in het château zijn open voor het publiek. Er zijn meubels, schilderijen, tapijten en andere kostbaarheden te zien. Een van de mooiste kamers is de 32 m lange Salle des Gardes. De opvallende ramen zijn typerend voor de architect Jacques Corbineau.

Andere interessante kamers zijn de slaapkamer van Lodewijk XIII en een operatheater uit 1883, dat nog altijd wordt gebruikt voor concerten. In de schilderijengalerij van het kasteel hangt een 19de-eeuws portret van Madame Clicquot (van het beroemde champagnehuis), een voorouder van de huidige hertog. Aan het eind van het bezoek kunnen wijnen worden geproefd in de 11de-eeuwse kelders.

Gennes ❿

Wegenkaart C3. *1900.*
Saumur of Les Rosiers-sur-Loire.
Square de l'Europe (41518414). *di.*

Tijdens de Gallo-Romeinse periode *(blz. 48-49)* was het vriendelijke dorpje Gennes (toen bekend als Genina Loca), op de zuidoever van de Loire, een belangrijk religieus en commercieel centrum. Meer dan 1800 jaar geleden verrees hier het grootste **amfitheater** in West-Frankrijk, dat tot de 3de eeuw werd gebruikt voor gladiatorengevechten. Tijdens een restauratieproject (begonnen in 1985) werden zandstenen muren en stenen treden blootgelegd van een stadion waarin ten minste 5000 toeschouwers konden. Er waren ook kleedkamers en een drainagesysteem. Het drassige land van de rivier de Avort tegenover de arena werd waarschijnlijk onder water gezet voor watergevechten.

Het gebied rond Gennes kent ook tal van neolithische opgravingen. De **Dolmen de la Madeleine** is een van de twintig oude grafkamers en menhirs in de buurt. Het is een van de grootste dolmens van Frankrijk en werd tot voor kort gebruikt als bakkerij.

De middeleeuwse Eglise St-Vétérin in Gennes

Hij ligt 1 km naar het oosten, voorbij de middeleeuwse **Église St-Vétérin** aan de D69.

Een fraai uitzicht hebt u vanaf de toren van de **St-Eusèbe**, de ruïne van een kerk die tussen de 11de en de 15de eeuw werd gebouwd. Naast het oude schip staat een ontroerend monument voor cadetten van de rijschool van Saumur *(blz. 83)*, die stierven tijdens een poging om het Duitse leger tegen te houden toen dat in juni 1940 de Loire wilde oversteken.

Op de heuvel is een bronzen beeld van Mercurius ontdekt, wat erop zou kunnen wijzen dat hier in de Gallo-Romeinse periode een tempel voor de Romeinse god heeft gestaan.

Amphithéâtre
41515504. *juli-aug.: dag.; april-juni: zo en feestdagen alleen 's middags.*

Dolmen de la Madeleine
41518414. *dag.* *beperkt.*

De neolithische Dolmen de la Madeleine, in de buurt van Gennes

OMGEVING: In L'Orbière, 4 km van Gennes, heeft de beeldhouwer Jacques Warminsky een monumentaal werk gecreëerd: ***L'Hélice terrestre*** *(De aardse helix)*. Dit spiraalvormige labyrint beslaat een oppervlakte van 875 m² en is gehouwen in een zachte kalkstenen heuvel. Warminsky en zijn assistenten hebben een reeks galerijen uitgehouwen, waarvan sommige tot 14 m onder de grond reiken. Het zijn breder of smaller wordende organische en minerale vormen. De spiraal zet zijn weg voort naar buiten, waar het een spiraalvormige assemblage van omgekeerde vormen wordt. De twee ruimten zijn complementair en vertegenwoordigen de universele filosofie van de kunstenaar.

L'Hélice Terrestre
L'Orbière, St-Georges-des-Sept-Voies. **Wegenkaart** C3. *Saumur,* *Gennes, dan taxi.* *41579592.* *april-sept.: dag.; okt.-maart: ma-vr alleen 's middags, za en zo.*

Kunstenaar Jacques Warminsky aan het werk aan zijn *L'Hélice terrestre*

Cunault ⓫

Wegenkaart C3. *1000.*
Pl Victor Dialand (41679255).
Les Heures Musicales (juli-aug.: zo 17.00 uur), Mois de l'Orgue (mei).

De kalkstenen abdijkerk van Cunault, de **Église Notre-Dame**, is met recht wel eens de meest majestueuze van alle romaanse kerken in Anjou genoemd, zo niet van het hele Loiredal. In de 12de eeuw bouwden monniken afkomstig uit Tournus in Bourgogne de kerk in dit kleine dorpje op de zuidoever van de Loire. Ze voegden een robuuste 11de-eeuwse klokketoren toe en in de 15de eeuw kreeg de kerk een korte torenspits.
Cunault is de langste romaanse kerk van Frankrijk zonder dwarsbeuk. Het interieur maakt een eenvoudige en elegante indruk. De hoge pilaren worden bekroond door 223 bewerkte kapitelen, die zijn versierd met fantastische beesten, demonen en religieuze motieven. Ze zijn zo hoog geplaátst dat ze de heldere architectuur van de kerk niet verstoren. Een verrekijker is nodig voor de details.
Er werden drie zijbeuken toegevoegd om de pelgrims te kunnen onderbrengen die naar de kerk kwamen om de relieken te zien. Een daarvan wordt vereerd als de trouwring van Maria, en de vloer naast een 12de-eeuwse marmeren wijwaterbak aan de voet van de ingang is diep uitgesleten. Op de vloer van de kooromgang liggen schelpvormige terracotta tegels. Er zijn resten van 15de-eeuwse fresco's, waaronder een afbeelding van de H. Christoffel.
Tot de overige kostbaarheden in de kerk behoren fraai bewerkt meubilair van eike- en essehout, een 13de-eeuwse bewerkte houten reliekenschrijn en een beschilderd 15de-eeuws beeld dat de H. Catharina voorstelt.

De middelste zijbeuk van Cunaults majestueuze 12de-eeuwse kerk

GEKWEEKTE PADDESTOELEN

Ongeveer 75 procent van de gekweekte paddestoelen in Frankrijk is afkomstig uit Anjou. De vochtige, donkere grotten in de tufsteenrotsen langs de Loire vormen een perfecte omgeving voor de *champignons de Paris*, zo genoemd omdat ze voor het eerst werden gekweekt in verlaten mijnen in de buurt van Parijs. De productie in het Loiredal begon pas aan het eind van de 19de eeuw. Tegenwoordig is de paddestoelenteelt een bloeiende bedrijfstak in de regio. De producenten zijn de laatste jaren op veler verzoek exotischer soorten gaan kweken, zoals de oesterzwam en de shii-take.

Oesterzwammen (*pleurotes* in het Frans)

Onder de loep: Saumur ⓬

Als een sprookjeskasteel is het slot gelegen op een heuvel hoog boven de stad zodat het voor bezoekers niet moeilijk is om de oude wijk te lokaliseren, die voornamelijk tussen het kasteel, de rivier en de hoofdstraat van Saumur ligt. De kronkelige straatjes die tegen de heuvel op lopen, nodigen uit tot een wandeling. Door zijn bescheiden omvang is het vriendelijke stadje Saumur ideaal om te voet te verkennen.

Theater
Het theater van Saumur, uit het eind van de 19de eeuw, is gebouwd naar het voorbeeld van het Odéon in Parijs.

Rue St-Jean is het hart van Saumurs voornaamste winkelgebied.

Het Hôtel des Abbesses de Fontevraud, Rue de l'Ancienne-Messagerie 6, dateert uit de 17de eeuw en heeft een schitterende wenteltrap.

Maison du Roi
Achter dit 19de-eeuwse kantoorgebouw aan de Rue Dacier bevindt zich een renaissancehuis waar ooit de koning verbleef. Het is nu het hoofdkwartier van het Rode Kruis in Saumur. De binnenplaats bevat een plaquette van de geliefde koning René I van Anjou.

0 meter 50

STERATTRACTIES

- ★ **Château de Saumur**
- ★ **Église St-Pierre**

Hôtel de Ville
Het stadhuis is een voormalig herenhuis dat deel uitmaakte van de versterkte ring rond de stad. Het is gebouwd in 1508. Latere restauraties hielden de gotische stijl intact.

TIPS VOOR DE TOERIST

Wegenkaart C3. 30.000. Av David d'Angers. Pl St-Nicolas. Pl de la Bilange (41402060). za. Carrousel-cavalerie (juli).

Place St-Pierre
De oudste vakwerkhuizen van Saumur dateren uit de 15de eeuw. Ze staan op het Place St-Pierre (nr. 3, 5 en 6).

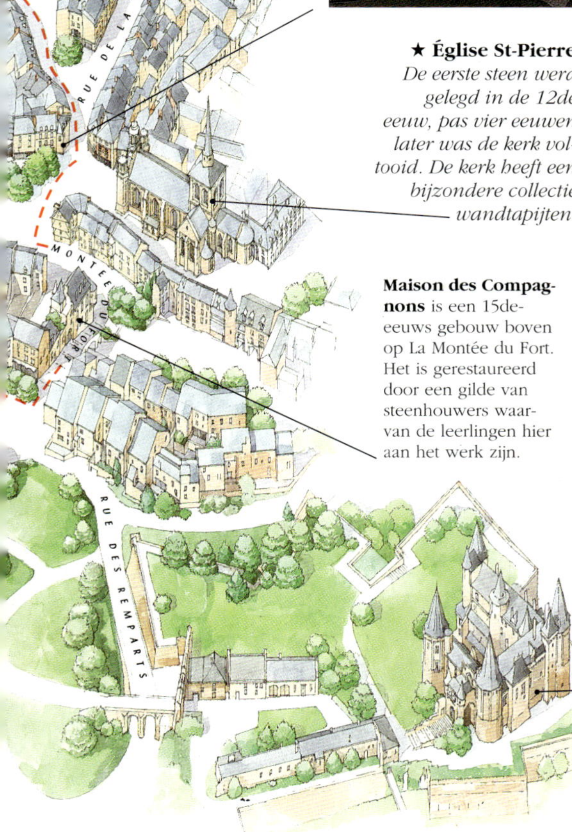

★ Église St-Pierre
De eerste steen werd gelegd in de 12de eeuw, pas vier eeuwen later was de kerk voltooid. De kerk heeft een bijzondere collectie wandtapijten.

Maison des Compagnons is een 15de-eeuws gebouw boven op La Montée du Fort. Het is gerestaureerd door een gilde van steenhouwers waarvan de leerlingen hier aan het werk zijn.

★ Château de Saumur
Het kasteel van Saumur is gelegen naast de Butte des Moulins, een heuveltje dat ooit vol stond met windmolens. Vanaf de wachttoren kijkt u uit over de stad en over de rivieren de Loire en de Thouet.

SYMBOOL

Aanbevolen route

Saumur verkennen

Tegenwoordig is Saumur het bekendst om zijn mousserende wijn, paddestoelen en goede ruiters. In de 16de en 17de eeuw was de stad een centrum van protestantse geleerdheid totdat de herroeping van het Edict van Nantes in 1685 veel protestanten dwong om hun heil elders te zoeken. Sporen van deze veelzijdige erfenis ziet u tijdens een wandeling door de oude wijk.

Paneel van de 15de-eeuwse koorstallen in de Église St-Pierre

De oude wijk

In het hart van de oude wijk staat de **Église St-Pierre**, gebouwd in de 12de eeuw. Helaas werd de ingang in 1674 vernietigd door een blikseminslag, maar aan de zuidkant is nog een romaanse deur van het oorspronkelijke gebouw intact. De kerk heeft prachtig bewerkte houten koorstallen uit de 15de eeuw en enkele schitterende 16de-eeuwse wandtapijten, die het leven van Petrus en Florentius voorstellen. De laatste, een lokale heilige, wordt afgebeeld terwijl hij een draak verslaat, een klooster sticht en van Romeinse vervolging wordt gered.

De gevel van de Église Notre-Dame de Nantilly

De huizen van kalk- en leisteen in de **Grand Rue** geven een goede indruk van de welvaart van Saumur aan het eind van de 16de eeuw. De 'hugenoten-paus', Philippe Duplessis-Mornay, die de stad tussen 1589 en 1621 bestuurde, woonde op nummer 45.

De oudste kerk in Saumur is de **Notre-Dame de Nantilly**, eeuwenlang het belangrijkste gebedshuis in Saumur. Het sobere gebouw dateert uit het begin van de 12de eeuw. In de 14de eeuw gaf Lodewijk XI opdracht tot de bouw van een gotische zijbeuk en een koninklijk oratorium. De kerk heeft een verzameling 16de- en 17de-eeuwse wandtapijten, maar interessanter zijn misschien de bewerkte kapitelen en het grafschrift dat de dichter-koning René I *(blz. 53)* maakte voor het kindermeisje dat hem in zijn jeugd verzorgde, op de derde pilaar aan zuidkant van het schip.

Beelden uit het Musée des Arts Décoratifs

Château de Saumur

41513046. *april-sept.: dag.; okt.-maart: wo-ma.* *1 jan., 25 dec.*

De beroemde miniatuur van dit kasteel in *Les très riches heures du duc de Berry* *(blz. 23)* laat een wit sprookjeskasteel zien. Het château is gebouwd door Lodewijk I, hertog van Anjou, in de tweede helft van de 14de eeuw. Later werd het woud van schoorstenen en siertorentjes

Skyline van het Château de Saumur

vereenvoudigd tot een robustere skyline van korte punttorens, maar de omtrekken van het kasteel blijven sierlijk. In de hertogelijke kamers heeft men een romantisch uitzicht op de Loire.

De indrukwekkende gebouwen rond het kasteel roepen zijn latere, minder plezierige functie in herinnering als protestants bolwerk, gevangenis en ten slotte legerkamp.

Het kasteel huisvest twee heel verschillende musea.

Het **Musée des Arts Décoratifs** is te danken aan graaf Charles Lair, een inwoner van Saumur, die zijn verzameling schilderijen, wandtapijten, meubilair, beeldhouwkunst en keramiek in 1919 naliet aan het château. De voorwerpen dateren uit de 13de tot de 19de eeuw.

Paardenliefhebbers kunnen hun hart ophalen in het tweede museum, het **Musée du Cheval**, gevestigd op de vliering van het kasteel. De verzameling toont de ontwikkeling van het paard en zijn relatie tot de mens van de prehistorie tot de huidige dag. Ze omvat onder andere een Russische arreslee en het skelet van de ongeslagen Flying Fox, de winnaar van de Epsom Derby in 1899 en vader van 20ste-eeuwse kampioenen. Er is ook een verzameling zadels uit de hele wereld.

Musée des Blindés

Rte de Fontevraud 1043.
41530699. dag. 1 jan., 25 dec.

In dit gebouw, dat doet denken aan een enorme schuur, bevinden zich honderden tanks. Het museum bezit meer 'rijklare' historische tanks en pantserwagens dan welke internationale militaire verzameling ook.
Het vroegste model is een Renault FT 17 uit 1917.
Er zijn voorts Duitse pantserwagens uit WOII, maar ook de gevaarten die bij de hedendaagse oorlogvoering worden ingezet kunt u van dichtbij bewonderen.

Een Renault-tank uit 1917 in de collectie van het Musée des Blindés

Dolmen van Bagneux

Rue du Dolmen 56, Bagneux.
41502302. Saumur. 10 jan.-20 dec.: dag.

De hoofdweg van Saumur (N147) voert rechtstreeks naar de voorstad Bagneux. Hier, in de vreemde omgeving van de tuin van een café, staat een van de grootste neolithische grafkamers van Europa. Bezoekers kunnen een drankje gebruiken in de tuin en zich intussen afvragen hoe de enorme zandstenen platen, waarvan sommige meer dan 40 ton wegen, zo'n 5000 jaar geleden op deze plaats terecht kwamen.

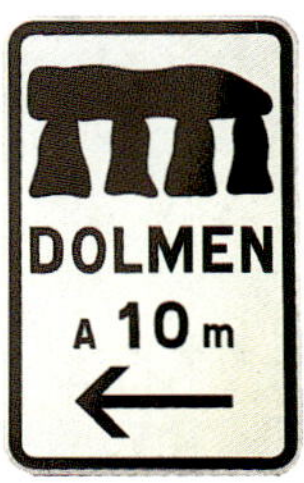

Wegwijzer naar de Bagneux-dolmen

Omgeving: Het dorpje St-Hilaire-St-Florent, 2 km ten noordwesten van Saumur aan de D751, is een bezoek waard vanwege zijn musea en de beroemde rijschool van de Cadre Noir. Er zijn ook wijnkelders waar bezoekers een glas kunnen drinken van de beroemde Saumur Brut, een mousserende wijn die is gemaakt volgens de *méthode champenoise*. Het krijtachtige tufsteen dat hier in de aarde zit zou het natuurlijke vermogen van de wijn om te bruisen stimuleren.

De 5000 jaar oude dolmen van Bagneux bij Saumur

Musée du Champignon

D751, St-Hilaire-St-Florent.
41503155. half febr.-half nov.: dag.

Dit unieke museum voert de bezoeker door een labyrint van kalksteengrotten.
U kunt met eigen ogen zien hoe de paddestoelen die hier worden gekweekt, groeien als kool bij de hoge vochtigheidsgraad en constante temperaturen van deze omgeving *(blz. 79)*. Het museum heeft naast een uitstekende verzameling levende paddestoelensoorten, ook fossiele exemplaren die zijn gevonden in de grotten. Er wordt een plaatselijke lekkernij geserveerd, de *gallipettes farcies*, grote, gevulde paddestoelen.

Musée du Masque

Rue de l'Abbaye, St-Hilaire-St-Florent.
41507526. Pasen-okt.: dag.; nov.-Pasen: alleen groepen, bel 41502654 voor afspraak.

Saumur is een belangrijke producent van maskers, en dit kleine museum, dat is verbonden aan de maskerfabriek Jules César, is een plezier om te bezoeken. Het bedrijf is gespecialiseerd in maskers van filmsterren, prinsen en prinsessen en politici. In het museum is een opstelling te zien van gekostumeerde modellen met circus-, carnavals-, theater- en filmmaskers. De oudste dateren uit 1870.

Kuifje in het Musée du Masque

École Nationale d'Équitation

Terrefort, St-Hilaire-St-Florent.
41535060. april-sept.: ma 's middags-za 's ochtends; okt.-maart: alleen groepen, op afspraak. 's Ochtends: voorstelling en rondleiding, 's middags alleen rondleiding.

De nationale rijschool is opgericht in 1814 en heeft een wereldberoemd demonstratieteam, het Cadre Noir, zo genoemd vanwege zijn stijlvolle zwart-met-gouden uniformen. De paarden van het Cadre Noir worden getraind in een speciale stijl van dressuur, die voor het eerst werd toegepast in de 19de eeuw. Ze leren perfecte balans en controle en voeren bewegingen uit die hun natuurlijke gratie benadrukt. Tijdens de zomermaanden kan men de onderkomens van het demonstratieteam bezoeken en een training bijwonen. Er vinden ook regelmatige voorstellingen plaats van de spectaculaire show.

Montreuil-Bellay ⓭

Wegenkaart C4. *4300.* *Saumur* *Pl du Concorde (41523239)* *di, zo.(mei-sept.)*

Montreuil-Bellay ligt 18 km ten zuiden van Saumur. Deze combinatie van een eeuwenoud dorp en een fascinerend château uit de feodale tijd levert een van de aantrekkelijkste plaatsen in Anjou op. Het kasteel ligt op een plek die voor het eerst werd versterkt in de 11de eeuw door Foulques Nerra en in de daaropvolgende eeuw werd belegerd door Geoffroy Plantagenet. In de 13de eeuw werden zware muren toegevoegd, een grote ingang met toren (bekend als het Château-Vieux) en elf andere torens. Binnen de muren staan enkele voornamelijk laat-15de-eeuwse gebouwen. Deze kijken uit op terrastuinen die aflopen naar de rivier de Thouet.

Fresco's in het oratorium van het Château de Montreuil-Bellay

Het Château-Neuf is een sierlijk gebouw met een renaissancegevel; de bouw begon in de 15de eeuw. Het torentje is beroemd geworden door de Franse edelvrouw Anne de Longueville (1619-1679), die ooit met haar arme paard via de wenteltrap naar boven klom.
Het kasteel is prachtig ingericht. Naast enkele open haarden in laat-gotische stijl zijn er schitterend bewerkte en beschilderde plafonds. Het kleine, bijzonder mooie oratorium is versierd met 15de-eeuwse fresco's, die de Kruisiging en musicerende engelen voorstellen. De middeleeuwse keukens zijn gebouwd naar het voorbeeld van die van de vroegere abdij van Fontevraud *(blz. 86-87)*.

Château de Montreuil-Bellay
41523306. *april-nov.: wo-ma.*

Grotwoningentour ⓯

Grotten die gehouwen zijn uit de kalkstenen rotsen naast de Loire en andere gebieden in Anjou worden gebruikt als duiventil, kapel, wijnkelder en zelfs als woning. Sommige van deze grotwoningen dateren uit de 12de eeuw en zijn sindsdien nauwelijks veranderd. Ze zijn nu weer in trek als tweede huis voor welgestelde Parijzenaars. Het leven in en rond deze grotten is het onderwerp van een boeiende rondrit.

Dénézé-sous-Doué ⑥
In deze ondergrondse grotten hebben hugenoten tijdens de Godsdienstoorlogen in de 16de eeuw meer dan 400 figuren uitgehouwen.

Stenen figuren in Dénézé-sous-Doué

La Fosse ⑦
Deze bewoonde grotboerderij is te bezichtigen.

Grotwoningen in Rochemenier

Rochemenier ⑤
Deze voormalige boeren-grotgemeenschap is veranderd in een museum waar ondergrondse erven, schuren, huizen en een eenvoudige rotskapel zijn te zien.

Doué-la-Fontaine ④
De Rue des Perrières is uitgegraven in een laag schelpmergel; de 'kathedraal'-gewelven werden verticaal vanaf de top uitgegraven. Er is ook een amfitheater in de rotsen gehouwen en in de oude groeve is een mooie dierentuin.

Château de Montsoreau ⓮

Wegenkaart C3. 🚉 *Saumur, dan taxi.* 🚌 ☎ *41517025.* ⏲ *maart-april, okt.-nov.: wo-ma, alleen 's middags; mei-sept.: dag.*

Van het versterkte château dat in 1455 door Jean de Chambes werd voltooid, is alleen nog een dreigende, van tinnen voorziene muur over. Het uitzicht vanaf de voormalige binnenplaats van het kasteel is echter allesbehalve dreigend. Rond 1520 werd aan de noordoostkant van de binnenplaats een prachtig achthoekig trappenhuis toegevoegd. Het is voorzien van een fries waarop een geestige voorstelling van apen te zien is die bezig zijn met de bouw van het trappenhuis.

In de roman van Alexandre Dumas, *La dame de Montsoreau,* dwingt de jaloerse graaf Charles de Chambes zijn vrouw om haar minnaar, de gouverneur van Anjou, Bussy d'Amboise, naar het kasteel te lokken waar hij wordt vermoord. Het verhaal is waar, de hoofdfiguren leefden in het Château de Montsoreau. De moord vond echter plaats in een sinds lang verdwenen kasteel aan de andere kant van de rivier.

Het Château de Montsoreau aan de Loire

Symbolen

- Rondrit
- Andere wegen

Souzay ①
Het kleine 'château' van Souzay, ten zuiden van Saumur, springt net als veel huizen hier uit de rotsen. De achterkamers zijn direct uit de rotsen gehouwen.

Het 'château' van Souzay

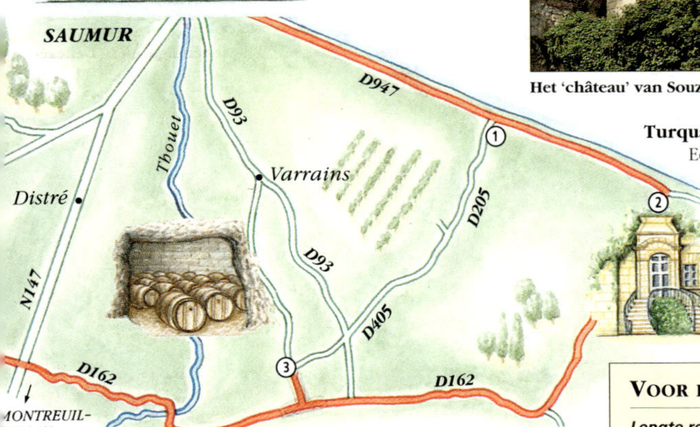

Turquant ②
Een kapel, een restaurant en uitgestrekte wijnkelders liggen achter de fraaie gevels van La Grande Vignolle.

St-Cyr-en-Bourg ③
Dit is een van de weinige tufsteengroeven die nog in bedrijf zijn. Het uitgebreide netwerk van ondergrondse galerijen is in het bezit van de wijncoöperatie van St-Cyr, die hier een complete reeks Saumur-appellations maakt.

Voor de automobilist

Lengte rondrit: *52 km, beginpunt in Saumur.*
Stoppen onderweg: *Doué la Fontaine is een aangename plaats om te stoppen voor de lunch: Restaurant La France en Auberge le Bienvenue zijn uitstekende restaurants.*

Abbaye de Fontevraud ⑯

Glas-in-loodraam

De abdij van Fontevraud werd in 1101 gesticht door de kluizenaar Robert d'Arbrissel en is de grootste in zijn soort in Frankrijk. De leiding was ruim 700 jaar in handen van een abdis; deze was meestal van adel en bijna de helft was van koninklijken bloede. De abdij bestond uit een monnikenklooster, vier aparte gemeenschappen van nonnen en lekenzusters, een leprakolonie en een ziekenhuis. De nog altijd voortdurende restauratie moet de schade herstellen die ontstond tijdens de Franse Revolutie en de daaropvolgende 150 jaar toen de 'koningin van de abdijen' werd gebruikt als gevangenis.

De grote eetzaal (refter) met zijn renaissancistische ribbengewelf is 60 m lang.

Verpleegsters van de orde van de H. Benoît zorgden in dit deel van de abdij voor de zieken.

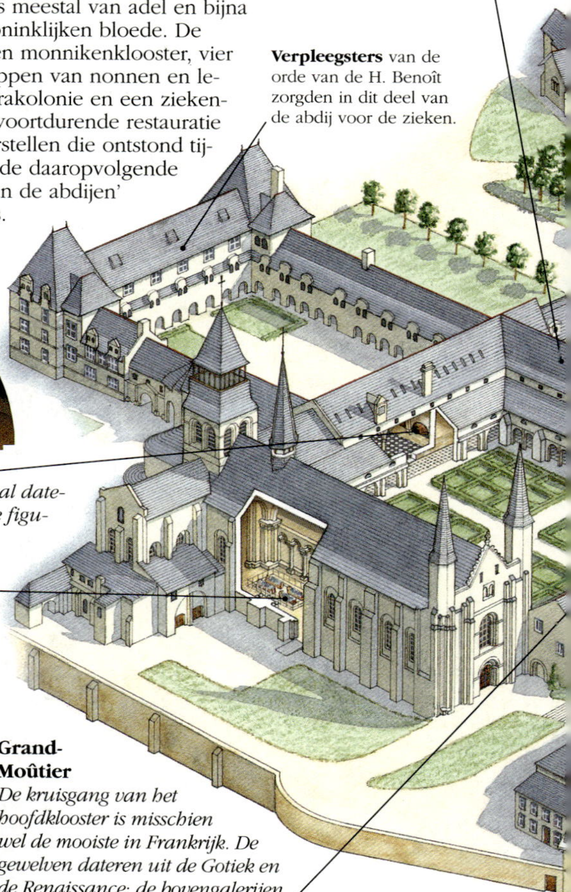

★ Fresco's in kapittelzaal
De schilderijen in de kapittelzaal dateren uit de 16de eeuw. Sommige figuren zijn later toegevoegd.

★ Grafbeelden van de Plantagenets
Deze vier realistische grafbeelden (gisants) *zijn te zien in het schip van de abdijkerk.*

Grand-Moûtier
De kruisgang van het hoofdklooster is misschien wel de mooiste in Frankrijk. De gewelven dateren uit de Gotiek en de Renaissance; de bovengalerijen zijn in de 19de eeuw gebouwd.

Sterattracties

- ★ **Grafbeelden van de Plantagenets**
- ★ **Fresco's in kapittelzaal**
- ★ **Romaanse keukens**

Het graf van de Plantagenets

Het beschilderde grafbeeld van Hendrik Plantagenet, graaf van Anjou en koning van Engeland (1133-1189), ligt naast dat van zijn vrouw, Eleonora van Aquitanië, die hier in 1204 overleed. Ook de grafbeelden van hun zoon, Richard Leeuwenhart (1157-1199), en Isabelle, vrouw van zijn broer, koning Jan, liggen hier.

Eleonora van Aquitanië en Hendrik II

St-Lazarepriorij
Dit vroegere ziekenhuis voor lepralijders is nu een hotel. Het heeft een romaanse kapel en een sierlijk 18de-eeuws trappenhuis.

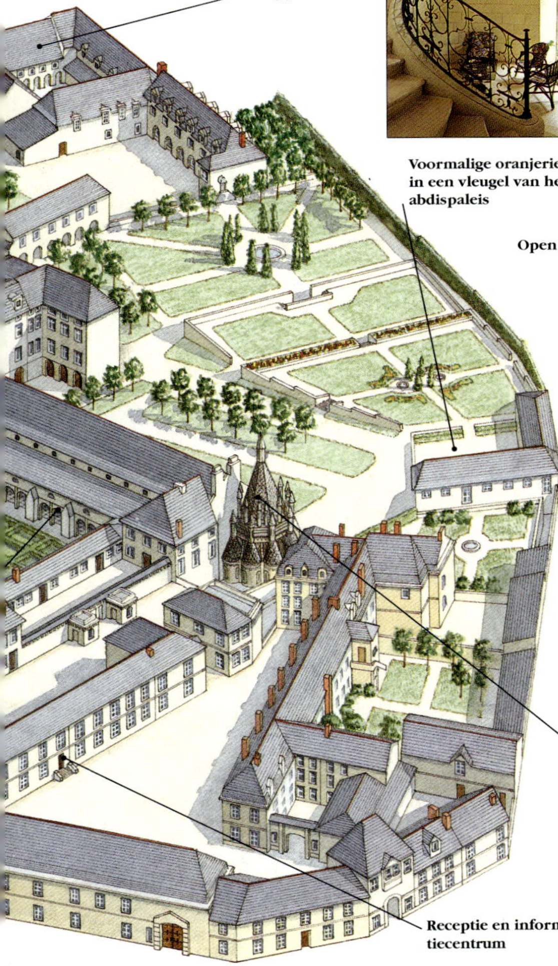

Tips voor de toerist

Wegenkaart C3.
☎ *41517141.* 🚌
◯ *april-mei: dag. 9.30-12.00, 14.00-18.00 uur; juni-half sept.: dag. 9.00-18.30 uur; half sept.-okt.: dag. 9.30-12.00, 14.00-17.30 uur; nov.-maart: dag. 9.30-12.00, 12.00-17.00 (toegang tot 30 minuten voor sluitingstijd).*
● *1 jan., 1 nov., 11 nov., 25 dec.*

Voormalige oranjerie in een vleugel van het abdispaleis

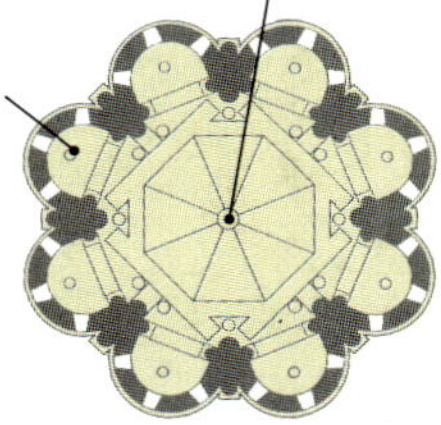

Oorspronkelijke grondplan van de keukens

★ Romaanse keukens
De middeleeuwse keukentoren had acht alkoven. De zes die nog zichtbaar zijn, dienden als schouw; de schoorstenen werden gebruikt om vlees en vis te roken.

Receptie en informatiecentrum

Tijdbalk

1119 De paus zegent de abdijkerk en het kerkhof

1177 Hendrik II sticht een ondergeschikte orde in Engeland

1204 Eleonora van Aquitanië sterft in de abdij en wordt er begraven

1457 Marie de Bretagne hervormt de abdij

1793 Revolutionairen vernielen de monnikenpriorij

1561 Hugenoten ontheiligen de abdij

1973 Opening van het Centre Culturel de l'Ouest

1100 | 1300 | 1500 | 1700 | 1900

1115 Eerste abdis benoemt aan het hoofd van de vijf orden

1099-1101 Orde van Fontevraud gesticht door Robert d'Abrissel (1047-1117)

Gabrielle de Rochechouart, abdis in de 17de eeuw

1792 Orde opgeheven door de Revolutionairen

1804 Napoleon verandert de hoofdgebouwen in een gevangenis

1963 Gevangenis sluit, restauratie begint

TOURAINE

Touraine is vooral bekend om de vele schitterende châteaus die langs de Loire en zijn zijrivieren staan. In combinatie met zijn rijke geschiedenis en het vruchtbare landschap maken ze van Touraine de Loire-streek bij uitstek. Het golvende landschap en de weelderige bossen die eens het domein waren van de vorsten van Frankrijk, oefenen grote aantrekkingskracht uit op bezoekers uit de hele wereld.

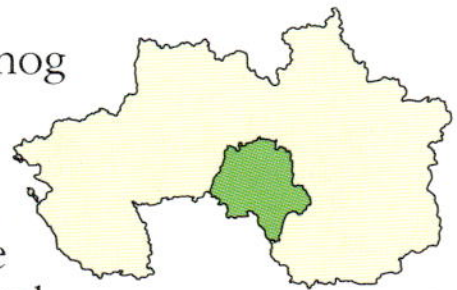

De feodale kastelen die nog overeind staan, bijvoorbeeld bij Loches en Chinon, herinneren de bezoeker eraan dat deze rustige streek eens het strijdtoneel was van de rivaliserende graven van Blois en Anjou. Het was ook hier, in Chinon, dat Jeanne d'Arc de toekomstige Karel VII wist over te halen het leger op de been te brengen waarmee zij later de Engelsen zou verslaan.

Frans I introduceerde in Frankrijk de Italiaanse Renaissance en daarmee een trend in de architectuur die de onvergetelijke châteaus in deze regio voortbracht. De meest betoverende kastelen – het verfijnde Azay-le-Rideau, het majestueuze Chenonceau en Villandry met zijn bijzondere geometrische tuinen – werden tijdens deze periode gebouwd. Aan het eind van de 16de eeuw was Touraine echter niet langer de speelplaats van de aristocratie en ging de bevolking over tot de vredige, ontspannen levenswijze die ze nog altijd in ere houdt.

In het hart van de streek ligt Tours. De stad vormt een goed uitgangspunt voor de bezoeker, die van het met zorg gerestaureerde middeleeuwse Tours en de Cathédrale St-Gatien, een gotisch meesterwerk, kan genieten.

Het glooiende landschap en het zachte klimaat van Touraine nodigen uit tot recreatie in de vrije natuur, zoals wandelen, varen en vissen. De vele wijnen, waaronder de bekende *appellations* van Bourgueil, Chinon en Vouvray, vormen een perfecte begeleiding van de uitstekende keuken van de streek.

Het Château de Chinon, gelegen op een hoogte boven de rivier de Vienne

◁ De daken van Le Grand-Pressigny, gezien vanaf de heuvel waarop het stadje is gebouwd

Touraine verkennen

Het door grote en kleine rivieren doorsneden Touraine vormt het hart van het Loiredal. De châteaus liggen allemaal aan deze rivieren: Langeais en Amboise aan de Loire zelf, Ussé, Azay-le-Rideau en Loches bij de rustig stromende Indre, en Chenonceau, dat over de Cher is gebouwd. Tours, de grootste stad van de streek, ligt ook aan de Loire. De Gâtine Tourangelle aan de noordkant van de rivier was ooit een magnifiek bos, maar werd vanaf de 11de eeuw geleidelijk gekapt door de bevolking, die behoefte had aan hout en landbouwgrond. Er zijn echter nog steeds kleine stukjes bos, waar het heerlijk wandelen en picknicken is.

Candes-St-Martin en zijn 12de-13de-eeuwse kerk

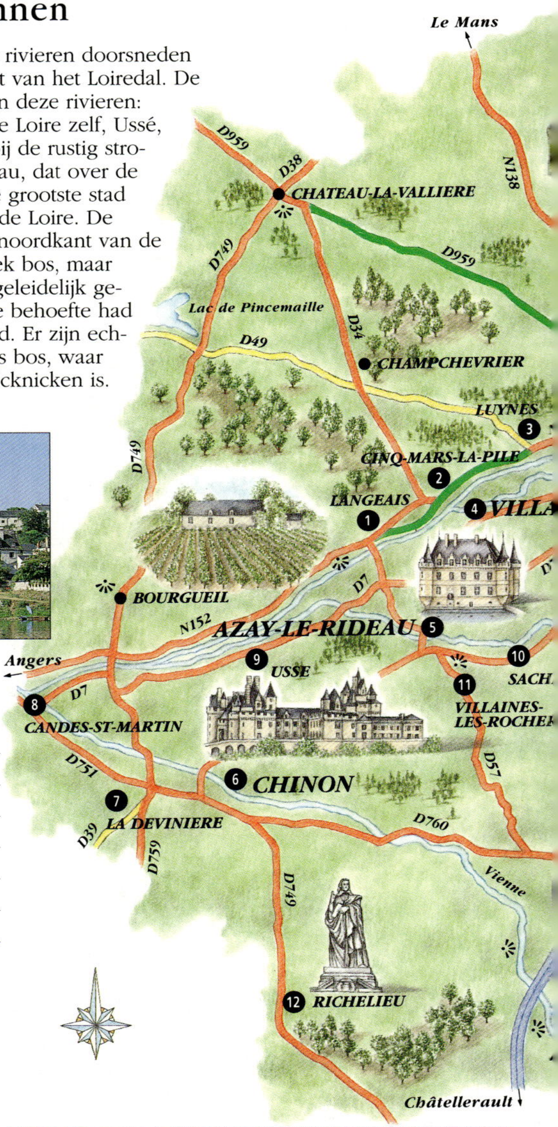

Symbolen

	Snelweg
	Hoofdweg
	Secundaire weg
	Toeristische route
	Rivier
	Uitkijkpunt

Bereikbaarheid

Tours is het centrum van de regio. De TGV van Parijs is binnen een uur in St-Pierre-des-Corps; een bus brengt u daarna in vijf minuten in het centrum van Tours. U kunt zowel in Tours als in St-Pierre-des-Corps een auto huren. De snelste autoroute vanaf Parijs is de A10. De N152, die in westelijke richting loopt aan de noordkant van de Loire, is de eenvoudigste manier om door de streek te reizen. De kleinere D751, die ten zuiden van de Loire loopt, voert door een aantrekkelijk landschap. De mooiste routes echter volgen de loop van de Indre.

Een van de befaamde wijngaarden van Touraine

BEZIENSWAARDIGHEDEN

Amboise 17
Azay-le-Rideau blz. 96-97 5
Candes-St-Martin 8
Chenonceau blz. 106-109 16
Chinon blz. 98-100 6
Cinq-Mars-la-Pile 2
La Devinière 7
Le Grand-Pressigny 13
Langeais 1
Loches 14
Luynes 3
Montrésor 15
Pagode de Chanteloup 18
Richelieu 12
Saché 10
Tours blz. 112-117 19
Ussé 9
Villaines-les-Rochers 11
Villandry blz. 94-95 4

0 kilometer 10

Een veld klaprozen bij Vouvray

Kapel van het Château de Langeais, met zijn halfronde, houten plafond

Château de Langeais ❶

Wegenkaart D3. 🚉 ☎ *47967260.* ○ *dag.* ● *25 dec.* ♿

Het Château de Langeais doemt plotseling op in het centrum van deze kleine plaats. Het is tussen 1465 en 1490 gebouwd voor Lodewijk XI op de plaats van een eerdere burcht, die van de geduchte Foulques Nerra *(blz. 50).* Daarvan is alleen nog de rechthoekige donjon te zien. De grimmige muren en zware torens van Langeais staan in schril contrast met de elegante binnenplaats. Er is in de loop der eeuwen nauwelijks iets aan het kasteel veranderd.
Ook de inrichting van Langeais is nog voor een groot deel authentiek, in tegenstelling tot veel van de châteaus in de omgeving. Hierdoor krijgt men een boeiend inzicht in het leven van de adel in de late Middeleeuwen en de Renaissance. De verzameling 15de- en 16de-eeuwse meubels, schilderijen en wandtapijten is aan het eind van de 19de eeuw bijeengebracht door de laatste particuliere eigenaar, de Elzassische filantroop Jacques Siegfried.
Tot de kostbaarheden van het kasteel behoort het trouwkistje dat de 14-jarige Anna van Bretagne bij zich had toen ze in de vroege ochtend van 6 december 1491 met de kleine, gebochelde Karel VIII trouwde. De clandestiene gebeurtenis – ze waren beiden al verloofd met iemand anders – wordt tot leven gebracht door wassenbeelden. Vanaf de borstwering van het kasteel ziet u beneden het plaatsje. Op zondag is hier een markt waar in het seizoen heerlijke meloenen uit de streek worden verkocht.

Gallo-Romeinse toren bij Cinq-Mars-la-Pile

Torens van het Château de Cinq-Mars-la-Pile

Château de Cinq-Mars-la-Pile ❷

Wegenkaart D3. 🚉 ☎ *47964049.* ○ *wo-ma.* ● *half febr.-begin maart; eind okt.-begin nov.* ♿

De beroemdste bewoner van het feodale kasteel Cinq-Mars was Henri Ruzé d'Effiat, markies de Cinq-Mars en held van de gelijknamige roman van Alfred de Vigny. De knappe markies, een gunsteling van Lodewijk XIII, raakte al snel betrokken bij een complot tegen kardinaal Richelieu, de eerste minister van Lodewijk XIII. Hij werd in 1642, op 22-jarige leeftijd, onthoofd en Richelieu liet het kasteel afbreken – naar men zegt werden zelfs de toppen van de bomen gekapt. Alleen twee torens staan nog overeind. Ze hebben overwelfde kamers en zijn omgeven door een brede gracht. In de romantische tuinen van het château staan in figuren gesnoeide bomen en struiken.
Het woordje *Pile* in de naam van de plaats verwijst naar een vreemde Gallo-Romeinse

Het imposante kasteel van Luynes torent uit boven het dorpje

bakstenen toren, meer dan 30 m hoog, die op een richel ten oosten van het dorp staat. Het doel en de bouwdatum van de toren zijn onbekend, maar aan de zuidkant is hij versierd met twaalf gekleurde, bakstenen panelen. Vier ervan zijn nog helemaal intact.

Luynes ❸

Wegenkaart D3. *4800.* *Tours, dan bus* *9 rue Alfred Bauge (47557714).* *za.*

Het kasteel van dit leuke dorpje heette oorspronkelijk Maillé, naar de heren die het in het begin van de 13de eeuw herbouwden. Het wordt nog steeds bewoond door de afstammelingen van de eerste hertog van Luynes, die het kasteel in 1619 kocht, en is niet toegankelijk voor het publiek. Het ziet er met zijn robuuste torens nog net uit als in de Middeleeuwen. Ook het oude plaatsje ten zuiden van het château met zijn 15de-eeuwse houten markthal is vrijwel onveranderd.

Ongeveer 1,5 km ten noordoosten van Luynes ziet u de overgebleven 44 bogen van een **Gallo-Romeins aquaduct**.

De rijke Maillé-familie bewoonde ook een feodaal kasteel op de plek van het **Château de Champchevrier**, 10 km ten noordwesten van Luynes. Het huidige renaissancistische landhuis is fraai gelegen te midden van bossen, en de kamers zijn ingericht met bijzonder mooie familieportretten en wandtapijten uit Beauvais. Op het château worden honden gehouden, waarmee regelmatig demonstraties plaatsvinden.

Château de Champchevrier

Cléré-les-Pins. *47249393.* *mei-half juni: half sept.-okt.: za, zo en feestdagen; half juni-half sept.: dag.; okt.-april: groepen op afspraak.*

De Chambre Royale in het Château de Champchevrier

Augustus-illustratie in *Les très riches heures du duc de Berry*

Leven in een middeleeuws château

In tijden van vrede kon het leven in een middeleeuws kasteel aangenaam zijn. Om de lange winterdagen te vullen, speelden de edelen bordspelletjes, zoals schaak en dammen, of kaart. De vrouwen maakten muziek, borduurden of werden vermaakt door dwergen, en de hofnar amuseerde de banketgasten door iedereen voor schut te zetten, zelfs de koning. Mysteriespelen – drama's gebaseerd op het leven van Christus – waren erg populair en soms konden deze spelen enkele weken duren. 's Zomers deed men aan buitensporten, zoals kegelen, boogschieten en balspelen, maar de meeste opwinding veroorzaakten de toernooien, met steekspelen en zwaardgevechten. Jagen was ook een favoriet tijdverdrijf van de koningen en edelen in het Loiredal.

Château de Villandry ❹

***Jeune infante* door Pantoja de Cruz**

Het laat-renaissancistische Château de Villandry heeft een onderkoelde, haast klassieke elegantie. Het beroemdst is het kasteel echter door zijn schitterende tuinen, gerestaureerd door de Spaanse Carvallo-familie, die het kasteel in 1906 kocht. Met 16de-eeuwse ontwerpen als uitgangspunt werden de planten en groenten in strikt geometrische patronen geordend. De bezoeker krijgt een fascinerend inzicht in hoe deze tuinen er in de Renaissance uitzagen. Er zijn drie niveaus: bovenin een watertuin, omringd door oude lindebomen, op het niveau van het kasteel een bloementuin en daaronder de grootste siermoestuin ter wereld.

★ Tuin der liefde
De bloemontwerpen symboliseren vier soorten liefde: tragisch, overspelig, teder en gepassioneerd.

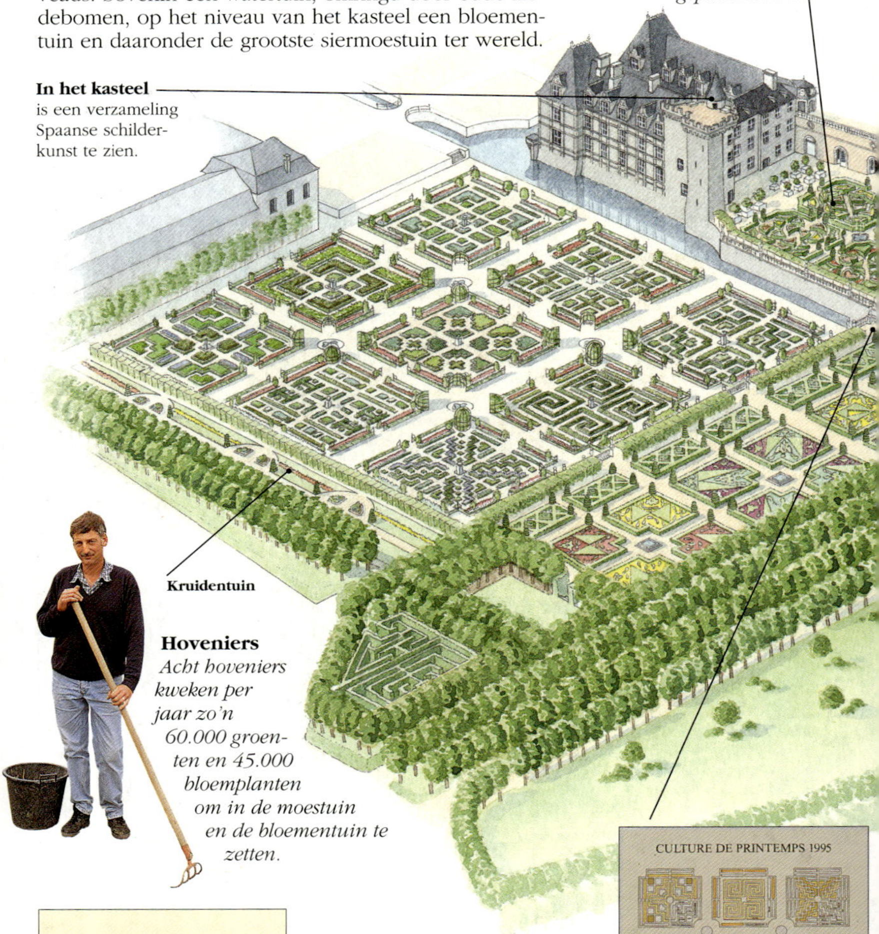

In het kasteel is een verzameling Spaanse schilderkunst te zien.

Kruidentuin

Hoveniers
Acht hoveniers kweken per jaar zo'n 60.000 groenten en 45.000 bloemplanten om in de moestuin en de bloementuin te zetten.

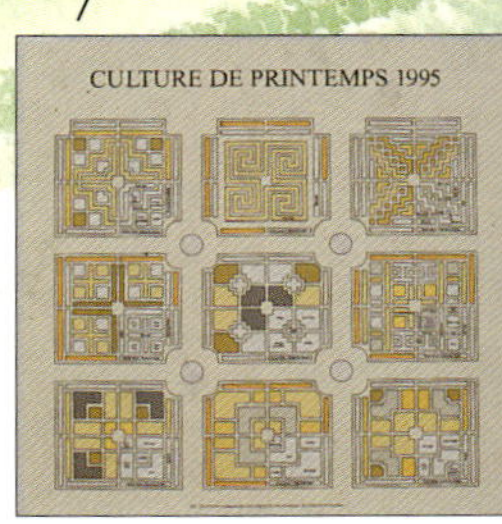

★ Siermoestuin
De tuin kan worden bestudeerd op de plattegrond naast de gracht. De naam van elke plant of groente is terug te vinden aan de hand van de kleuren.

STERATTRACTIES

- ★ Tuin der liefde
- ★ Siermoestuin

RENAISSANCEKEUKEN EN KRUIDENTUIN

In een 16de-eeuwse Franse verhandeling over voeding valt te lezen dat de meloenen, artisjokken, asperges en bloemkolen die tegenwoordig in de tuinen van Villandry staan, ook in de Renaissance regelmatig op het menu verschenen. Kruiden werden veel gebruikt, zowel vanwege hun medicinale als hun culinaire toepassingen. Zij vormden de borders in de moestuinen van kloosters, zoals die in Solesmes *(blz. 162)*. De *jardin des simples* (kruidentuin) van Villandry ligt op het middelste niveau.

***Knautia dipsacifolia*, uit een 16de-eeuws boek over planten**

TIPS VOOR DE TOERIST

Wegenkaart D3. *47500209.* *Savonnières, dan taxi.* **Château** *half febr.-maart: dag. 9.30-17.00 uur; april-juni en sept.-okt.: 9.00-18.00 uur; juli-aug.: 9.00-18.30 uur; eind okt-half nov.: 9.00-17.30 uur.* **Tuinen** *bel voor informatie.*

Gesnoeide perebomen

In de tuinen van Villandry is de natuur helemaal onder controle. De perebomen zijn netjes in ovale vormen gesnoeid.

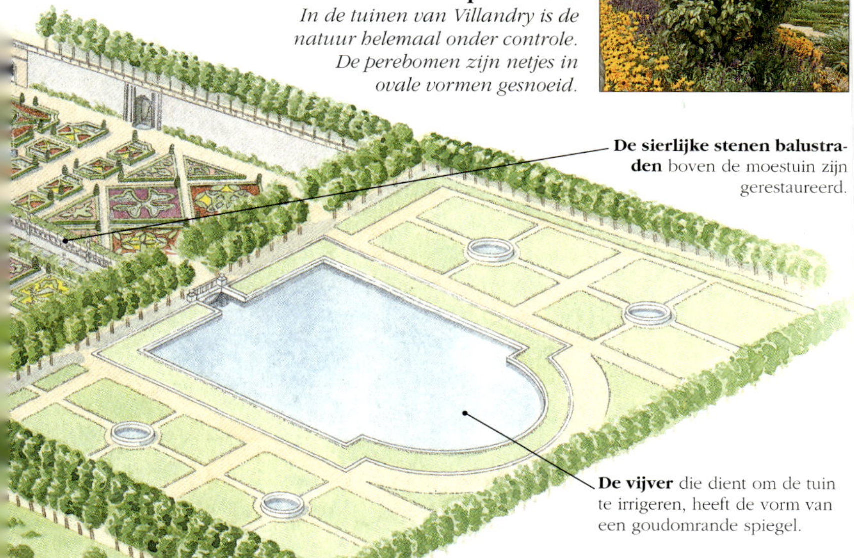

De sierlijke stenen balustraden boven de moestuin zijn gerestaureerd.

De vijver die dient om de tuin te irrigeren, heeft de vorm van een goudomrande spiegel.

Sierkool

De vrouw van de huidige eigenaar voerde Japanse sierkool in om te zorgen dat er het hele jaar door kleur in de moestuin was.

De bloementuinen, inclusief de Tuin der liefde, liggen op het niveau van de zuidgevel van het kasteel

Château d'Azay-le-Rideau ❺

Balzac noemde Azay-le-Rideau 'een veel gefacetteerde diamant in de Indre'. Het is een van de populairste Loire-châteaus. De gracieuze omtrekken en rijk versierde gevels van het kasteel worden weerspiegeld in het rustige water van de voormalige middeleeuwse slotgracht. De bouw begon in 1518 onder Gilles Berthelot; in 1527 confisqueerde Frans I het kasteel. De onbekende architect stond onder invloed van Italiaanse vormgevers en maakte gedurfd gebruik van een recht trappenhuis. Hij nam de defensieve elementen van een vroeger, oorlogszuchtiger tijdperk en veranderde ze in sierlijke ornamenten. Hoewel het château maar gedeeltelijk is ingericht, bezit het enkele fraaie renaissancestukken en een beroemd portret van de maîtresse van Hendrik IV, Gabrielle d'Estrées.

Keuken
De keuken in de westelijke vleugel heeft een ribbengewelf en een grote open haard.

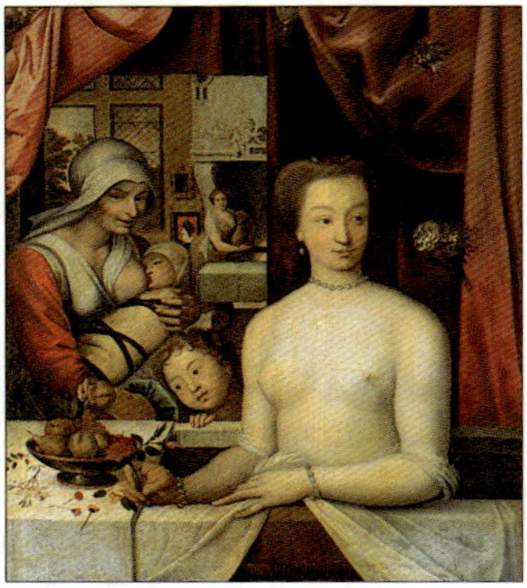

Gabrielle d'Estrées
De hautaine maîtresse van Hendrik IV is te zien op een van de mooiste schilderijen van het kasteel.

STERATTRACTIES

- ★ **Centraal trappenhuis**
- ★ **Zuidgevel**

De sierlijke torens dienen als decoratie en niet om het château te beschermen, zoals de robuuste torens van de middeleeuwse burchten.

DE SCHEPPERS VAN AZAY

Gilles Berthelot was schatmeester van Frans I en burgemeester van Tours. Hij kwam in bezit van Azay-le-Rideau toen zijn vrouw, Philippe Lesbahy, de ruïnes van een middeleeuws kasteel erfde. Hij begon onmiddellijk met de bouw van een nieuw lustslot. De emblemen van Frans I en Claude de France werden in steen boven enkele deuren gegraveerd in een poging de vorsten te behagen. Maar dit kon Berthelot niet redden. Hij werd beschuldigd van verduistering en zag zich gedwongen om Azay te ontvluchten nog voordat het kasteel was voltooid.

Salamanderembleem van Frans I

Voorgevel
De voorgevel wordt beheerst door een trappenhuis met galerijen en een hoge gevelspits. De decoratie, vol schelpen, medaillons en kandelabers, is beïnvloed door Italiaanse kunstenaars.

TIPS VOOR DE TOERIST

Wegenkaart D3. *47454204.* *april-juni en sept.-okt.: dag. 9.30-18.00 uur; juli-aug.: dag. 9.00-19.00 uur; nov.-maart: dag. 9.30-12.30, 14.00-17.30 uur (toegang tot 30 min. voor sluitingstijd).* *1 jan., 1 mei, 1 en 11 nov., 25 dec.* *Les Imaginaires d'Azay-le-Rideau (half mei-juli: 22.30-12.30 uur; aug.: 22.00-12.30 uur; sept.: 9.30-24.00 uur.*

Ingang

Rode kamer
Het 17de-eeuwse bed in de kamer is overdekt met een origineel rood zijden, met gouddraad geborduurde beddesprei. Aan de muren hangen portretten van onder anderen Frans I, Hendrik II en Hendrik III.

★ Centraal trappenhuis
Het meest karakteristieke detail van Azay is zijn centrale trappenhuis. In plaats van de in die periode gebruikelijke wenteltrap, bestaat het uit drie rechte trappen met overlopen.

Feestzaal met Vlaamse wandtapijten

★ Zuidgevel
Symmetrie is het verbindende motief voor de buitenkant, met de bij elkaar passende torentjes en sierrand die doet denken aan machicoulis.

Onder de loep: Chinon ❻

Het Château de Chinon staat op een gouden rots boven de Vienne; daaronder slingeren de oude, van geschiedenis doordrenkte straten van Chinon. De moe gereisde Jeanne d'Arc *(blz. 137)* steeg hier op 6 maart 1429 af bij een waterput in de Grand Carroi. Vanaf dat moment begon haar transformatie van boerenmeisje tot de soldaat-heilige die schrijlings te paard zit op het marktplein. In het nabijgelegen Maison des États Généraux, nu het Musée du Vieux-Chinon et de la Batellerie, lag Richard Leeuwenhart in 1199 opgebaard. Zijn vader, Hendrik II, was een paar jaar eerder gestorven in het château vanwaaruit hij zowel Engeland als een groot deel van het Loiredal had geregeerd.

Tour de l'Horloge
Deze 14de-eeuwse klokketoren vormt de ingang tot het château. Er is een kleine expositie over het leven van Jeanne d'Arc te zien.

★ Château
Binnen de uitgestrekte muren liggen drie aparte citadels. Ze bieden een schitterend uitzicht op de rivier. Hier, in de Grote Hal, herkende Jeanne Karel VII (blz. 52), *een tafereel dat fraai wordt weergegeven op een 17de-eeuws wandtapijt.*

Église St-Maurice
Hendrik II herbouwde deze kerk met Angevijnse gewelven. Hij liet het romaanse onderste deel van wat nu de torenspits is intact.

Omwallen
Vanaf de overkant van de Vienne bieden de muren van het château een indrukwekkend aanzicht.

★ Musée du Vieux-Chinon
In dit gebouw kwam het eerste 'parlement' van Frankrijk bijeen. De vergadering werd gehouden op de bovenverdieping en moest fondsen verzamelen voor de oorlog tegen Engeland in 1428.

TIPS VOOR DE TOERIST

Wegenkaart D3. *8500.* *Bd Gambetta.* *Bd Gambetta.* *Rue Voltaire 12 (47931785 of 47933691).* *do.*

De klassieke façade van Hôtel Torterue de Langardière is versierd met smeedijzeren balkons.

Musée Animé du Vin
Bewegende figuurtjes tonen 19de-eeuwse wijnmakers- en kuiperstechnieken.

Maison Rouge is een schitterend gerestaureerd middeleeuws huis.

Grand Carroi
Op dit kruispunt in het hart van de oude vestingplaats zou Jeanne d'Arc van haar paard zijn afgestegen.

François Rabelais
Dit bronzen beeld, in 1882 gemaakt door Emile Hébert, eert de beroemde schrijver.

STERATTRACTIES

- ★ **Château**
- ★ **Musée du Vieux-Chinon**

SYMBOOL

– – – Aanbevolen route

Chinon verkennen

Wie een wandeling maakt door de smalle straatjes ten oosten van het château, ziet hoeveel Chinon te bieden heeft. Hoog boven het Place Jeanne d'Arc ligt de in een rots uitgehouwen Chapelle de Ste-Radegonde. Achter deze 12de-eeuwse met fresco's beschilderde kapel ziet u traditionele ambachten in oude kluizenaarsgrotten, en een onderaardse bron. Lager op de heuvel ligt het romaanse klooster van St-Mexme, het oudste gebouw van Chinon. In de Rue Jean-Jacques Rousseau, die naar de 15de-eeuwse kerk St-Etienne leidt, staan middeleeuwse huizen.

Château de Chinon

47931345. dag.
1 jan., 25 dec. binnenplaats en begane grond.

Het château is voor een groot deel gebouwd door Hendrik II, de graaf van Anjou die in 1154 koning van Engeland werd. Het complex bestaat uit drie kastelen: de burchten St-Georges en Coudray en het Château du Milieu. Nadat u de ruïnes van de burcht St-Georges bent gepasseerd, betreedt u via de Tour de l'Horloge, waar een tentoonstelling is over het leven van Jeanne d'Arc, het middenkasteel. Iets verder komt u bij de Logis Royaux en de overblijfselen van de Grote Hal. Hier trof Jeanne de dauphin Karel aan te midden van zijn hovelingen. Wassenbeelden roepen het tafereel in herinnering. Vanuit de ramen en vanaf de ruïnes van de burcht Coudray hebt u een prachtig uitzicht.

Beeld van Jeanne d'Arc door Jules Roulleau

Musée du Vieux-Chinon et de la Batellerie

Rue Haute St-Maurice 44.
47931812.
Pasen-okt.: dag.

Het museum van de lokale geschiedenis is gehuisvest in het 15de-eeuwse Maison des États Généraux. Hier gebood Karel VII de vertegenwoordigers van zijn slinkende koninkrijk naartoe om hem te helpen de Engelsen te verdrijven. Het museum bezit het vroegste grote Arabische wandtapijt dat naar Frankrijk werd gebracht, de 'Mantel van St-Mexme', en een portret van Rabelais door de schilder Eugène Delacroix (1798-1863). Verder is er een verzameling modellen van oude rivierstoomboten *(blz. 57)* te zien die *Inexplosibles* werden genoemd. In tegenstelling tot hun voorgangers hadden ze namelijk niet de gewoonte midden op de rivier te exploderen.

Musée Animé du Vin et de la Tonnellerie

Rue Voltaire 12. *47932563.*
april-sept.: dag.

Hier kunt u de kruidige rode Chinon-wijn proeven terwijl u naar bewegende modellen kijkt die de verschillende stadia demonstreren van het wijn- en vatenmaken (beide belangrijk in Chinon). Om de hoek, in de Caves Painctes, houdt de Confrérie des Bons Entonneurs Rabelaisiens, een broederschap van wijnproducenten, nog regelmatig smulpartijen in een voormalige grotherberg (niet open voor het publiek). Deze zou als voorbeeld hebben gediend voor Rabelais' beschrijving van de Tempel van de Heilige Fles.

François Rabelais (1483-1553)

Priester, dokter, humanist en superieure grappenmaker van de Franse literatuur: François Rabelais is overal aanwezig in 'Rabelaise', zoals de omgeving van La Devinière wordt genoemd. Liefhebbers van Rabelais zullen in de oude boerderij het kasteel van Grandgousier herkennen, omsingeld door de horden van koning Picrochole, maar gered door de komst van Gargantua op zijn merrie, die de belegeraars laat verdrinken in haar overvloedige urineproductie. Rabelais stopte zijn *Gargantua* en *Pantagruel* (blz. 22) vol met allerlei soorten kennis, zonder dat dit de *joie de vivre* verstoort.

Het kind Gargantua

De Tour de l'Horloge, die naar het middenkasteel voert

Het Château d'Ussé, gezien vanaf de brug over de Indre

Musée de la Devinière ❼

Wegenkaart D3. *Chinon, dan taxi.* *47959118.* *dag.* *1 jan. 25 dec.*

De eigenzinnige 16de-eeuwse schrijver François Rabelais werd waarschijnlijk in deze eenvoudige boerderij geboren, 2 km ten zuidwesten van Chinon. Er is nu een museum in ondergebracht, gewijd aan de man, zijn werk en dat van zijn tijdgenoten. Interessant zijn ook een duiventil met de poortjes in de muur gehouwen, en enkele grotkamers.

De boerderij La Devinière

Candes-St-Martin ❽

Wegenkaart C3. *250.* *Chinon of Port Boulet, dan taxi.* *Chinon (47931785, 47933691).*

Candes is schilderachtig gelegen op de plek waar de Loire en de Vienne bij elkaar komen. De 12de-eeuwse kerk staat op de plaats waar in 397 St-Maarten stierf. Gebrandschilderde ramen tonen hoe het lichaam van de heilige in het geheim naar Tours wordt gevaren om daar te worden begraven. Het portaal van de kerk werd in de 15de eeuw versterkt en is versierd met stenen hoofden. De zoldering van de kerk is een goed voorbeeld van Angevijnse gewelfbouw.

Château d'Ussé ❾

Wegenkaart D3. *Chinon, dan taxi.* *47955405.* *half febr.-half nov.: dag.; half nov.-half febr.: groepen op afspraak* *alleen park en begane grond.*

De talloze spitse torentjes van het Château d'Ussé steken wit af tegen het donkere Forêt de Chinon. Het kasteel zou de 17de-eeuwse Franse auteur Charles Perrault hebben geïnspireerd tot het schrijven van *De schone slaapster*. Met de bouw werd in 1462 begonnen door Jean de Bueil op de funderingen van een middeleeuws kasteel. In 1485 werd het verkocht aan de Espinay-familie. Zij brachten renaissance-elementen aan op de gevel van de binnenplaats die goed pasten bij het gotische gebouw. In de 17de eeuw werd de noordvleugel afgebroken. Daarvoor in de plaats werden geometrische tuinen aangelegd die terrasvormig afliepen naar de rivier, en er werd een oranjerie toegevoegd. Daarmee was de transformatie voltooid van burcht naar aristocratisch buitenverblijf *(blz. 17)*.

Het interieur kenmerkt zich door een variëteit aan stijlen. In een van de kamers staat een wassenbeelden-tableau van *De schone slaapster*.

Aan de rand van het bos staat een laat-gotische kapel met binnen een terracotta afbeelding van Maria die gemaakt is door Luca della Robbia (1400-1482).

De laat-gotische kapel van Ussé

Mobiel van Alexander Calder (1898-1976) in Saché

Saché ⑩

Wegenkaart D3. *880.* *Azay-le-Rideau, dan taxi.* *Azay-le-Rideau (47454440).*

Het mooie plaatsje Saché is vooral bekend omdat er twee wereldberoemde kunstenaars hebben gewoond: de 19de-eeuwse romanschrijver Honoré de Balzac en de 20ste-eeuwse beeldhouwer Alexander Calder, van wie op het dorpsplein een mobiel is te zien.
Bewonderaars van het werk van Balzac bezoeken het **Château de Saché**. Het eenvoudige maar comfortabele 16de-eeuwse landhuis was voor de schrijver een rustige plaats om te werken en een inspiratiebron voor veel van zijn bekendste romans. Het huis is fraai gerestaureerd: in een van de receptiekamers hangt zelfs weer hetzelfde frisgroene behang als in de dagen van Balzac.
Het huis bevat bustes, tekeningen en memorabilia van de grote schrijver, inclusief de koffiepot die hem op de been hield tijdens de perioden dat hij koortsachtig schreef. Op de bovenste verdieping zijn manuscripten en brieven te zien, en portretten van de vrouwen uit Balzacs leven: zijn moeder, zijn eerste geliefde Madame de Berny en zijn bewonderaarster Madame Hanska, met wie hij uiteindelijk kort voor zijn dood in 1850 trouwde.

Château de Saché
47268650. *febr.-nov.: dag.* *alleen het park.*

Het Château de Saché, waar Balzac vaak verbleef

Villaines-les-Rochers ⑪

Wegenkaart D3. *930.* *Azay-le-Rideau, dan taxi.* *Azay-le-Rideau (47454440).*

Al sinds de Middeleeuwen worden in dit vredige plaatsje wilgetenen uit de rivierdalen verwerkt tot manden. De produktie breidde zich in de 19de eeuw uit toen lokale priesters de handwerkslieden organiseerden in een van de eerste coöperaties van Frankrijk. Alles wordt nog met de hand gemaakt door de mandewerkers *(vanniers)* van de plaats. Dit verklaart de betrekkelijk hoge prijs van het aantrekkelijke meubilair en de manden. De mannen en vrouwen die de manden vlechten, kunt u aan het werk zien in de studio naast de coöperatie-winkel. In de zomer is er een kleine tentoonstelling over het onderwerp in het **Musée de l'Osier et de la Vannerie.**

Coopérative de Vannerie de Villaines
Rue de la Cheneillère 1. *47454303.* *dag. (za en zo wordt er niet gewerkt).* *1 jan., 25 dec.*

Musée de l'Osier et de la Vannerie
Rue des Caves-Fortes 22.
47452319. *mei-sept.: di-zo, alleen 's middags.*

Een mandenmaker in Villaines

Richelieu ⑫

Wegenkaart D4. *2300.* *Chinon.* *Grande Rue 6 (47581362).* *ma, vr.*

Richelieu is gelegen op de grens van Touraine en Poitou. Het is een van de beste voorbeelden van 17de-eeuwse stadsplanning.
Het rigoureuze ontwerp was het geesteskind van Armand Jean du Plessis, kardinaal Richelieu, eerste minister van Lodewijk XIII en de machtigste man van Frankrijk, machtiger nog dan de koning zelf. De kardinaal was vastbesloten om naast het bescheiden familie-landgoed een kolossaal paleis en een nieuwe ommuurde stad te bouwen. In 1625 gaf hij opdracht aan de architect Jacques Lemercier om het ontwerp te maken en in 1631 kreeg hij toestemming van de koning om zijn plannen te verwezenlijken. Lemercier had reeds het Palais

Royal en de kerk van de Sorbonne in Parijs ontworpen en zou later tot hofarchitect worden benoemd. Zijn broers, Pierre en Nicolas, kregen de leiding over de bouwwerkzaamheden. Gedurende meer dan tien jaar waren bijna 2000 arbeiders hiermee bezig.
Het resultaat is een grote rechthoek omgeven door muren en grachten (tegenwoordig voor het grootste deel bedekt met tuinen) en met drie monumentale toegangspoorten. De Grande Rue met zijn classicistische, identieke huizen loopt van noord naar zuid en verbindt twee grote pleinen. Op het zuidelijke plein, het Place du Marché, staan de classicistische **Église Notre-Dame**, het marktgebouw met zijn schitterende houten skelet en de voormalige rechtszaal, waarin nu het **Hôtel de Ville** (stadhuis) en een klein **historisch museum** zijn gevestigd. Op het noordelijke plein, het Place des Religieuses, staan een klooster en de Académie Royale, die in 1640 door Richelieu werd opgericht.
Er rijdt nu in de zomer een ouderwetse stoomtrein tussen het stadje en Chinon.
Richelieu wilde duidelijk een heel luxueus paleis. Het was extravagant ingericht en bevatte de mooiste kunst, waaronder schilderijen van Caravaggio en Andrea Mantegna. Michelangelo's *Stervende slaven*, beelden die oorspronkelijk ontworpen waren voor het graf van paus Julius II (nu in het Louvre in Parijs), sierden een van de gevels van de binnenplaats. Omdat hij geen concurrentie duldde, liet Richelieu veel kastelen in de omgeving met de grond gelijk maken. Terwijl het plaatsje de verwoestingen van de Franse Revolutie overleefde, werd het paleis ironisch genoeg geconfisqueerd, geplunderd en afgebroken.
Op het 475 ha grote **Domaine du Parc de Richelieu** staan nu alleen nog een paar bijgebouwen. In de Dôme, het enige deel van het eigenlijke château dat nog overeind staat, is een tentoonstelling te zien over de geschiedenis van het vroegere paleis.

Het houten skelet van de markthal in Richelieu

Kardinaal Richelieu (1585-1642)

Musée de l'Hôtel de Ville
Pl du Marché. *47581013.*
juli-aug.: wo-ma; sept.-juni: ma, wo-vr

Domaine du Parc de Richelieu
Pl du Cardinal 5. *47581009.*
mei-sept.: dag.; okt. en april: za, zo en feestdagen. *beperkt.*

Omgeving: Champigny-sur-Veude ligt 6 km ten noorden van Richelieu. Het was een van de châteaus die in opdracht van kardinaal Richelieu werden verwoest. Het enige dat nog resteert van het vroeg-16de-eeuwse kasteel is de indrukwekkende renaissancekerk **Ste-Chapelle**, die opvalt door zijn mooie gebrandschilderde ramen.

Ste-Chapelle
Champigny-sur-Veude. *La Mairie 47957348, 47957146.* *Pasen-okt.: wo-ma.*

Balzac op Saché

Honoré de Balzac (1799-1850) verbleef tussen 1829 en 1837 regelmatig op het Château de Saché. Deze periode viel samen met zijn meest produktieve periode als schrijver. Hier, goed verborgen voor zijn schuldeisers, werkte hij ten minste twaalf uur per dag. Hij begon vroeg in de ochtend met werken, maar was niettemin altijd in staat om 's avonds zijn gastheer en -vrouw, Monsieur en Madame de Margonne, en hun gasten te vermaken door iets uit zijn laatste roman voor te lezen.
Twee van Balzacs belangrijkste romans, *Le père Goriot* en *Le lys dans la vallée*, werden op Saché geschreven. De laatste speelt zich af in het Indre-dal, dat te zien is vanuit het huis en inderdaad de 'ongrijpbare mysterieuze kwaliteit' heeft waar Balzac met zijn karakteristieke welsprekendheid naar verwijst.

Slaapkamer van Balzac op Saché

Le Grand-Pressigny ⓭

Wegenkaart D4. *1100*
Châtellerault, dan taxi.
La Mairie, Pl des Halles (47949037) *do.*

Château du Grand Pressigny is hoog boven het plaatsje gelegen en kijkt fraai uit over de vredige dalen van de Claise en de Aigronne. Het château is deels een middeleeuwse ruïne, deels 15de-eeuws kasteel en deels renaissancewoonhuis.
De rechthoekige 12de-eeuwse donjon vormt een sterk contrast met de elegante 16de-eeuwse vleugel. Sommige kamers zijn aangepast voor blinden en slechtzienden. De grote tuinen kunnen ook worden bezocht.
In de omgeving zijn belangrijke prehistorische vondsten gedaan. Opgravingen hebben aangetoond dat hier op grote schaal vuurstenen werktuigen werden gemaakt, zoals messen, die dan helemaal naar Zwitserland en Groot-Brittannië werden geëxporteerd.
In het château is het **Musée de la Préhistoire** gevestigd. De collectie presenteert op een overzichtelijke manier gereedschap en andere objecten uit de prehistorie naast allerlei soorten gesteente, zoals vuursteen, grote obsidiaanknollen en kleurige jaspis. Kleine maquettes geven inzicht in de levenswijze van de prehistorische mens. In een aparte vleugel is een verzameling fossielen ondergebracht, waarvan sommige 60 miljoen jaar oud zijn.
's Zomers kunt u – alleen 's middags – een bezoek brengen aan het **Archéolab**, 6 km ten noordwesten van Abilly-sur-Claise. Een doorzichtige koepel bedekt daar een plek die tussen 2800 en 2400 v.C door steenhouwers werd bewoond.

Château du Grand-Pressigny
47949020
febr.-nov.: dag.
alleen park en begane grond.

Archéolab
Abilly-sur-Claise.
47598082, 47910748
half juni-half sept.: dag., alleen 's middags.

Neolithisch gereedschap uit het Musée de la Préhistoire

Loches ⓮

Wegenkaart D3. *7100.*
Pl de la Marne (47590798).
wo, za.

Het middeleeuwse stadje Loches met zijn schilderachtige straatjes en huizen ligt aan de rand van het Forêt de Loches, aan de Indre.
Vanwege zijn strategische ligging werd Loches in de Middeleeuwen een belangrijk bolwerk. Foulques Nerra *(blz. 50)* bouwde er in de 11de eeuw een burcht. Het **château** bleef tot 1194 in handen van de graven van Anjou. Daarna gaf Jan zonder Land het aan koning Filips Augustus. Zijn broer, Richard Leeuwenhart, heroverde Loches in 1195, en het kostte Filips Augustus bijna tien jaar om het kasteel weer in te nemen. Uiteindelijk werd het een koninklijk verblijf. In de 15de-eeuwse **Logis Royal** (koninklijke appartementen) wist Jeanne d'Arc de weifelende dauphin over te halen om naar Reims te komen en daar als koning Karel VII van Frankrijk te worden gekroond. Deze gebeurtenis wordt herdacht in de Salle Jeanne d'Arc.
Een andere invloedrijke vrouw in het leven van Karel VII was zijn maîtresse, Agnès Sorel, wier gotische marmeren graf in het château is te zien. In een kamer ernaast bevindt zich de kleine, laat-gotische kapel van Anna van Bretagne, tweemaal koningin van Frankrijk. Haar hermelijnembleem komt terug in de decoratie. Fraai is ook het Kruisigings-drieluik van de schilder Jehan Fouquet (ca. 1420-1480), of van een van zijn leerlingen, en een kopie van zijn kleurige *Maria met Kind*, waarop Agnès Sorel poseert als de Maagd.
De zware burcht met zijn omringende torens is beroemd vanwege zijn martelkamers. Gevangenen zouden hier jarenlang in kleine kooien zijn opgesloten.

Agnès Sorel als Maria, schilderij van Jehan Fouquet

Renaissancegevel van de Galerij, Château de Grand-Pressigny

Lodovico Sforza, de hertog van Milaan, stierf in gevangenschap in de **Tour Martelet**. De muurschildering die hij maakte, is nog steeds te zien.
Naast het château staat de collegiale kerk St-Ours, een opvallende kerk met vier piramide-achtige torentjes en een mooi romaans portaal. Naast de Porte Royale ligt het **Maison Lansyer**, de geboorteplaats van de 19de-eeuwse schilder Emmanuel Lansyer. Behalve doeken van de schilder is er een verzameling Japanse wapens en prenten te zien. Er is ook een streekmuseum met enkele 19de-eeuwse interieurs.

Château de Loches
Logis Royal *47590132;* **Donjon** *47590786. dag. 1 jan., 25 dec. Spectacle d'été (juli-aug.: vr en za).*
Maison Lansyer
Rue Lansyer 1. *47590545. juni-sept: dag.; okt.: wo-ma, alleen 's middags.*

Montrésor 15

Wegenkaart E3. *360.*
Loches, dan taxi. *Grande Rue (47927104), La Mairie (47914300).* *za.*

Het **Château de Montrésor** is in de 15de en 16de eeuw gebouwd op middeleeuwse versterkingen die door Foulques Nerra *(blz. 50)* waren aangelegd. Het werd in de 19de eeuw gekocht door graaf Branicki, een Poolse bankier die nauwe banden onderhield met de toekomstige Napoleon III. De nazaten van de graaf hebben het Second Empire-interieur nagenoeg intact gelaten.
Behalve een verzameling vroege Italiaanse schilderkunst en elegante portretten zijn er gouden en zilveren voorwerpen te zien. Met hun jachttrofeeën aan de muur en de donkere lambrizering ademen de kamers haast een Middeneuropese sfeer. Vanaf het terras en de tuinen van het château hebt u een fraai uitzicht op de rivier.
Een gebouw op het terrein waar vroeger de wijnpers stond, is veranderd in het Maison du Pays, een informatiecentrum over het Indre-dal. Het gotisch-renaissancistische kerkje van het dorp is gebouwd door Imbert de Bastarnay, heer van Montrésor, adviseur van Frans I en grootvader van Diane de Poitiers *(blz. 108)*. Op het prachtige marmeren graf van Bastarnay liggen de grafbeelden van de heer, zijn vrouw en hun zoon. Ze worden bewaakt door engelen en hun voeten rusten op windhonden. De tombe, waarschijnlijk gemaakt door de beeldhouwer Jean Goujon (ca. 1510-1568), is versierd met beelden van de apostelen. De kerk bevat ook enkele prachtige Vlaamse en Italiaanse schilderijen en een 17de-eeuwse *Annunciatie* door Philippe de Champaigne (1602-1674), de barokschilder die samen met Nicolas Poussin aan het Palais de Luxembourg heeft gewerkt.
Ongeveer 4 km ten westen van het dorpje Montrésor liggen de ruïnes van de **Chartreuse du Liget**, een kartuizerklooster gesticht door koning Hendrik II van Engeland als boetedoening voor de moord op aartsbisschop Thomas à Becket. De nabijgelegen kapel van **St-Jean-du-Liget** is versierd met 12de-eeuwse fresco's.

Boerderij en klaprozen bij het dorpje Montrésor

Château de Montrésor
47926004. april-okt.: dag. park en begane grond.
Chartreuse du Liget & Chapelle St-Jean-du-Liget
47926002. bel eerst.

Château de Montrésor, gebouwd op middeleeuwse versterkingen

Château de Chenonceau ⓰

Volgens velen is Chenonceau het mooiste van alle Loire-châteaus. Het romantische kasteel strekt zich uit over de Cher en is omgeven door tuinen en bossen. Het renaissancegebouw werd in de loop der eeuwen omgetoverd van een bescheiden landhuis tot een paleis dat uitsluitend dienst deed als lustslot. Bezoekers kunnen vrijuit door de prachtig ingerichte kamers lopen. Een klein wassenbeeldenmuseum brengt de geschiedenis van het château tot leven. Er is een restaurant in een van de oude stallen en een klein treintje maakt ritjes over het terrein. Men kan wijn kopen die afkomstig is van de eigen wijngaarden van Chenonceau.

★ Cabinet Vert
De muren van de studeerkamer van Catharina de' Medici waren bedekt met groen fluweel.

Kapel
De gewelfde zoldering wordt gedragen door pilasters met acanthus- en schelpmotieven. Het gebrandschilderde glas, dat WO II niet overleefde, is in 1953 vervangen.

Louise van Lotharingen liet na de dood van haar man haar slaapkamer zwart schilderen en versieren met witte emblemen.

De Tour des Marques is een restant van het oude kasteel van de Marques-familie.

De drie gratiën
Dit schilderij van Charles-André Van Loo (1705-1765) toont de aantrekkelijke zusters Mailly-Nesle, allen maîtresses van de koning.

STERATTRACTIES

- ★ Cabinet Vert
- ★ Grande Galerie
- ★ Geometrische tuinen

Tapisserieën
Zoals gebruikelijk in de 16de eeuw hingen in Chenonceau wandtapijten, zowel ter versiering als ter verwarming van het paleis.

★ Grande Galerie
Catharina de' Medici voegde deze galerij toe aan de brug die was ontworpen door Philip de l'Orme voor Diane de Poitiers.

De Florentijnse galerij van Chenonceau strekt over een lengte van 60 m uit over de Cher.

Tips voor de toerist

Wegenkaart D3. ☎ *47239007.*
Chenonceaux-Chisseaux.
1 febr.-15 febr. en 1 nov.-15 nov.: 9.00-17.00 uur; 16 febr.-28 febr. en 16 okt.-31 okt.: 9.00.17.30 uur; 1 maart-15 maart en 1 okt.-15 okt.: 9.00-18.00; 16 maart-15 sept.: 9.00-19.00; 16 sept.-30 sept.: 9.00-17.30; 16 nov.-31 jan.: 9.00-16.30.
alleen park en b.g.
Au temps des dames de Chenonceau (juli-aug.: dag. 22.15 uur).

Châteauwijzer

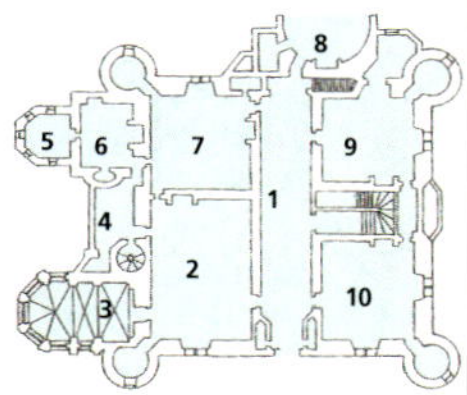

Begane grond

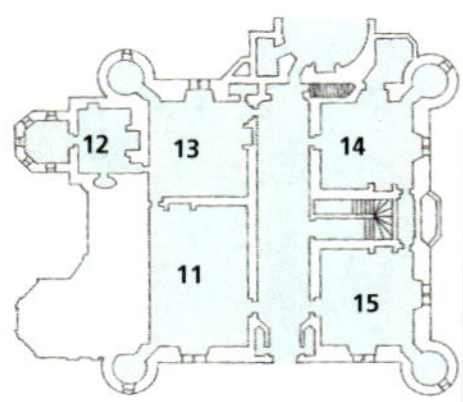

Eerste verdieping

1 Vestibule
2 Salle des Gardes
3 Chapelle
4 Terrasse
5 Librairie de Catherine de' Médicis
6 Cabinet Vert
7 Chambre de Diane de Poitiers
8 Grande Galerie
9 Chambre de François I
10 Salon Louis XIV
11 Chambre des Cinq Reines
12 Cabinet des Estampes
13 Chambre de Catherine de Médicis
14 Chambre de Vendôme
15 Chambre de Gabrielle d'Estrées

Het ontstaan van Chenonceau

Chenonceau is het resultaat van de inspanningen van vijf vrouwen. Zij gaven het gebouw een vrouwelijke toets. De eerste was Catherine Briçonnet, vrouw van de koninklijke kamerheer. Zij hield toezicht op de bouw van het kasteel. Later liet Diane de Poitiers, de maîtresse van Hendrik II, een geometrische tuin en de brug over de Cher aanleggen. Na de dood van Hendrik eiste zijn weduwe, Catharina de' Medici, het kasteel op en zij bouwde een galerij op de brug. Chenonceau overleefde de revolutie van 1789, dank zij Louise Dupin, en werd in de 19de eeuw gerestaureerd door Madame Pelouze.

Sfinxen
De stenen sfinxen die de ingang van de tuin bewaken, komen van het Château de Chanteloup, dat in de 19de eeuw werd afgebroken (blz. 111).

Diane de Poitiers
De maîtresse van Hendrik II, hier geschilderd door François Clouet, liet een tuin en de brug over de Cher aanleggen.

★ Geometrische tuinen
Het huidige ontwerp van de tuinen van Diane de Poitiers en Catharina de' Medici dateert uit de 19de eeuw.

Tijdbalk

1512 Thomas Bohier koopt het middeleeuwse Chenonceau. Zijn vrouw, Catherine Briçonnet, herbouwt het

1559 Na de dood van Hendrik II moet Diane het paleis verlaten

Hendrik II

1913 Het château wordt gekocht door de familie Menier, de *chocolatiers* die er nog steeds wonen

1789 Dank zij Louise Dupin wordt Chenonceau gespaard in de Franse Revolutie

1500 | 1600 | 1700 | 1800 | 1900

1575 Louise van Lotharingen (1554-1601) trouwt met Hendrik III

1547 Hendrik II geeft Chenonceau aan Diane de Poitiers, zijn maîtresse

1533 Huwelijk van Catharina de' Medici (1519-1589) en Hendrik II (1519-1559). Chenonceau wordt een koninklijk paleis

1730-1799 Louise Dupin houdt een salon voor intellectuelen op Chenonceau

1863 Madame Pelouze brengt het château in zijn oude staat terug

1944 De kapel van Chenonceau raakt beschadigd bij een bombardement

Catharina de' Medici
Nadat ze Diane de Poitiers had verdreven, drukte Catharina de' Medici haar eigen stempel op Chenonceau. Ze bouwde de Grande Galerie over de Cher en liet ook een geometrische tuin aanleggen.

Louise Dupin
De roodharige schoonheid Louise Dupin ontving alle literaire grootheden van haar tijd, inclusief Montesquieu en Voltaire. Een van de gasten, Jean-Jacques Rousseau, gaf les aan haar kinderen en prees de keuken van Chenonceau met de beroemde woorden dat hij 'zo dik als een monnik' was geworden.

Het embleem van Catharina de' Medici

Madame Pelouze kocht Chenonceau in 1863 en bracht het in de oude staat terug. Gelukkig ging ze niet zo ver dat ze de Grande Galerie afbrak.

Paleisfeesten
Catharina de' Medici gaf uitbundige feesten op Chenonceau. Soms was er een decor van triomfbogen en beelden, ontworpen door Francesco Primaticcio, dan weer sprongen er levende 'nymfen' uit de bosjes die door 'saters' achterna werden gezeten.

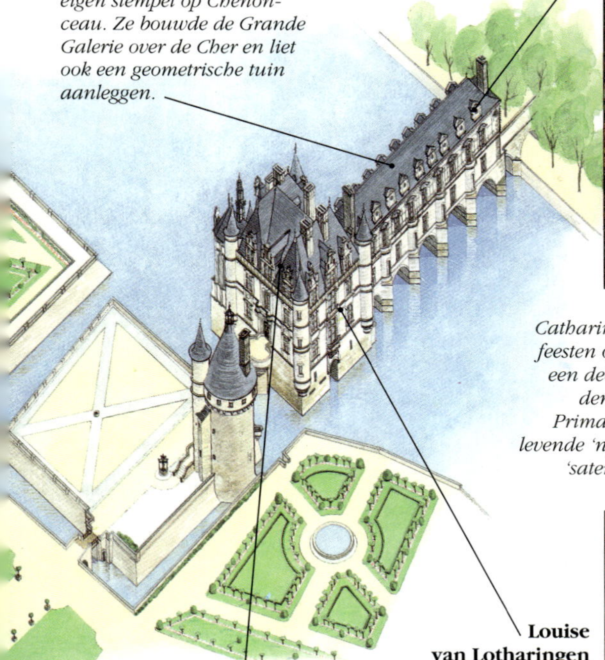

Louise van Lotharingen
Catharina de' Medici liet Chenonceau na aan haar schoondochter, Louise van Lotharingen. Na de dood van haar man, Hendrik III, liet Louise haar slaapkamer zwart schilderen.

Catherine Briçonnet zag toe op de uitvoering van het vernieuwende ontwerp; de kamers op iedere verdieping komen uit op een centrale hal.

Het Château d'Amboise verheft zich boven de daken van de stad en de rivier

Amboise 17

Wegenkaart D3. *11.000.*
Quai du Général de Gaulle (47570928). *vr, zo.*

Amboise wordt vooral bezocht vanwege zijn kasteel, maar dat is niet de enige attractie van het gezellige stadje.

Château d'Amboise

47570098. *dag.* *1 jan., 25 dec.* *A la Cour du Roy François (juli-aug.: wo en za).*

Het kasteel behoort toe aan de graaf van Parijs, een directe nazaat van de laatste Franse koning. Veel is verloren gegaan, maar er is nog iets van de oude luister te zien uit de tijd dat Karel VIII en Frans I de Italiaanse liefde voor luxe en elegantie naar het Franse hof brachten. Amboise heeft ook een tragische rol in de geschiedenis gespeeld. In 1560 werd een protestants complot ontdekt tegen de jonge koning Frans II; 1200 samenzweerders werden afgeslacht waarna hun lichamen aan haken werden opgehangen aan de muren van het kasteel.

Detail van de Logis du Roi

Deze afschuwelijke episode luidde het eind in van Amboise en in de loop der jaren werd het kasteel langzaam ontmanteld. De wonderschone laatgotische **Chapelle St-Hubert**, waar Leonardo de Vinci begraven zou zijn, is gelukkig gespaard gebleven. De afbeeldingen op de lateibalk aan de buitenkant van de kapel zijn van de heiligen Hubertus en Christoffel. Sommige vertrekken in de gotisch-renaissancistische **Logis du Roi** zijn open voor het publiek, net als de 19de-eeuwse appartementen die eens werden bewoond door koning Louis-Philippe. Naast de Logis du Roi staat de **Tour des Minimes**, de vroegere ingang van het château. Daar is nog de spiraalvormige helling te zien die voor de paarden werd gebruikt.

De laat-gotische Chapelle St-Hubert heeft een opvallend versierde dak en toren

Musée de la Poste

Rue Joyeuse 6. *47570011.* *half jan.-dec.: di-zo.*

In dit 16de-eeuwse huis is een interessant postmuseum gevestigd. Het museum besteedt vooral aandacht aan de tijd van de postkoets, en laat zien welke gevaren de koetsiers tijdens een reis moesten trotseren.

Château du Clos-Lucé

Rue du Clos-Lucé 2. *47576288.* *dag.* *25 dec., 1 jan.* *beperkt.*

Dit renaissancistische landhuis aan de rand van Amboise was het laatste onderkomen van Leonardo da Vinci. In 1516 haalde Frans I Leonardo over om naar Amboise te komen en het jaar daarop betrok de geniale kunstenaar Le Clos-Lucé (toen Cloux genoemd). Hij woonde er tot zijn dood in 1519.

In Le Clos-Lucé zou Leonardo schetsen hebben gemaakt voor het Château de Chambord *(blz. 132-135)*; het is bekend dat hij tekeningen voor dubbele trappenhuizen heeft gemaakt, zoals in Chambord werd toegepast. Enkele kamers en een kleine kapel die gebouwd is voor Anna van Bretagne door Karel VIII, zijn open voor het publiek.
In de kelder zijn modellen van Leonardo's uitvindingen te zien, gemaakt aan de hand van zijn schetsen, waaronder een helikopter en een tank.

Aquarium de Touraine
Lussault-sur-Loire. 47234444.
half febr.-half nov.: dag.
In het Aquarium de Touraine in Lussault-sur-Loire, 6 km ten westen van Amboise, zwemmen niet minder dan 10.000 zoetwatervissen rond. Het is de grootste verzameling in Europa.

Slaapkamer van Leonardo da Vinci in Le Clos-Lucé

Pagode de Chanteloup 18

Forêt d'Amboise. 47572097.
half febr.-half nov.: dag.
alleen park.

In het Forêt van Amboise, ten zuidwesten van Amboise, staat een vreemde, oosters aandoende pagode. Hij is meer dan 44 m hoog en beslaat zeven verdiepingen, bereikbaar via een wenteltrap. Iedere verdieping is weer smaller dan de voorgaande en bevat een achthoekige kamer met gewelfd plafond.

LEONARDO DA VINCI (1452-1519)

Gravure van Leonardo da Vinci

Frans I ontwikkelde tijdens zijn veldtochten in Italië een grote passie voor de Italiaanse Renaissance. Hij haalde Leonardo over om naar zijn hof in Amboise te komen, bood hem een jaarlijkse toelage en het landhuis van Clos-Lucé. De grote Italiaanse schilder arriveerde in Amboise in 1516 met enkele belangrijke schilderijen in zijn bagage. Een van deze schilderijen was de *Mona Lisa*, die Frans I zou kopen en zou toevoegen aan de koninklijke collectie (het hangt nu in het Louvre).
Leonardo bracht de laatste drie jaar van zijn leven door op Le Clos-Lucé als de *premier peintre, architecte et méchanicien du Roi*, voornamelijk schrijvend en tekenend. Aangezien hij linkshandig was, vormde de verlamming aan zijn rechterhand geen belemmering. Hij was gefascineerd door waterbouwkunde en ontwikkelde plannen om de koninklijke residenties van het Loiredal via waterwegen met elkaar te verbinden. Hij wilde zelfs de rivier omleggen. Hij organiseerde ook een aantal paleisfeesten. Dat deed hij met dezelfde nauwgezetheid als waarmee hij zich aan zijn wetenschappelijke werk wijdde.

Een model van Leonardo's prototype voor een 'auto'

Dit is alles wat er is overgebleven van het schitterende kasteel dat werd gebouwd door de eerste minister van Lodewijk XV, de hertog van Choiseul (1719-1785). De hertog viel in ongenade bij de maîtresse van de koning – hij was een beschermeling geweest van haar voorgangster, Madame de Pompadour – en trok zich terug op het kasteel dat hij gekocht had in Chanteloup in 1761. Daar hield hij grote feesten en liefhebberde wat op zijn boerderij. Na zijn dood bleef het kasteel leegstaan en in 1823 werd het afgebroken.
In het paviljoen is een tentoonstelling over de geschiedenis van het kasteel ondergebracht en bezoekers die zich fit genoeg voelen om de klim te maken naar de top van de toren, worden beloond met een mooi uitzicht over het Loiredal.

De Pagode de Chanteloup, in het hart van het Forêt d'Amboise

Onder de loep: Tours ⓳

De middeleeuwse oude stad bestaat uit smalle straatjes waaraan prachtige vakwerkhuizen staan. Het met veel zorg gerestaureerde gebied telt vele cafés, bars en restaurants, die zowel de plaatselijke bevolking als toeristen trekken. Er zijn ook tal van chique modezaakjes en kleine winkeltjes die handgemaakte voorwerpen en apart keukengereedschap verkopen. In het centrum ligt het aantrekkelijke Place Plumereau, dat bij mooi weer vol staat met terrastafeltjes en parasols.

★ Maison de Tristan
Het 15de-eeuwse Maison de Tristan is bekend om zijn overwelfde wenteltrap.

Musée du Gemmail
Binnen het door klimplanten overdekte Hôtel Raimbault is een museum met kunstvoorwerpen van gebrandschilderd glas.

Place Pierre-le-Puellier
Op dit plein is een middeleeuwse begraafplaats ontdekt. Deze maakte eens deel uit van een renaissanceklooster.

STERATTRATIES

★ Place Plumereau

★ Maison de Tristan

De Église St-Saturnin
is een 15de-eeuws karmelietenklooster.

★ Place Plumereau
Dit gezellige plein is omgeven door hoge vakwerkhuizen die uit de 15de eeuw dateren.

Hôtel de la Monnaie
Dit 18de-eeuwse herenhuis, aan de Rue de la Monnaie 5, staat in een straat met voornamelijk 17de-eeuwse huizen.

Sierstijlen
De houten stijlen van het huis op de hoek van de Rue du Change zijn versierd met uitgesneden figuren en taferelen.

Tour Charlemagne
Een terracotta reliëf van St-Maarten siert de Tour Charlemagne. Dit is een van de twee torens die de middeleeuwse oude basiliek van St-Maarten hebben overleefd.

Symbool

- - - Aanbevolen route

Tours verkennen

De aangename domstad Tours is populair bij buitenlandse studenten die het puurste Frans van het land willen leren, en een perfect uitgangspunt voor een bezoek aan de châteaus van Touraine. Maar Tours zelf is ook het bezichtigen waard. De oude Gallo-Romeinse stad die later werd overspoeld door pelgrims die het graf van St-Maarten kwamen bezoeken, is door de eeuwen heen welvarend gebleven. Ondanks zijn snelle groei de laatste jaren heeft Tours zijn rustige, provinciale charme behouden.

De onlangs herbouwde Pont Wilson in Tours overspant de Loire

Centrum van Tours

Het gebied rond de grandioze **Cathédrale St-Gatien** *(blz. 116-117)* maakte deel uit van de oorspronkelijke Romeinse nederzetting. In de 3de eeuw n.C. was deze omgeven door een muur, waarvan de vorm nog te herkennen is in de Rue des Ursulines, die rond de kathedraal en het Musée des Beaux Arts loopt.

De Rue du Général-Meunier, een klinkerstraat met stijlvolle huizen, volgt de omtrekken van het Romeinse amfitheater. Aan de westkant van Tours ontstond rond het graf van St-Maarten *(blz. 49)* een religieuze gemeenschap.

De tombe van de heilige bevindt zich nu in de crypte van de laat-19de-eeuwse Nieuwe Basiliek, die gebouwd is op de plek van de veel grotere, middeleeuwse Oude Basiliek.

Twee stenen torens, de **Tour Charlemagne** en de **Tour de l'Horloge**, gelegen aan weerszijde van de Rue des Halles, zijn nog over van het vroegere gebouw. Vlak bij de torens ligt het **Place Plumereau**. Met zijn charmante middeleeuwse huizen en uitnodigende cafés trekt het grote aantallen bezoekers.

Het vakwerkhuis op de Rue Colbert 39 draagt een smeedijzeren opdracht aan de *pucelle armée* (de gewapende maagd). Het herdenkt het feit dat Jeanne d'Arc *(blz. 137)* hier in een atelier haar harnas kocht voordat ze in 1429 naar Orléans ging om de stad te bevrijden. In de buurt ligt het **Place Foire-le-Roi**, een plein waar dank zij officiële toestemming van de koning vanaf 1545 jaarmarkten werden gehouden. De belangrijkste handelswaar was de lokale zijde.

Van de huisjes met puntgevels die rond het plein staan, is het Hôtel Babou de la Bourdaisière de mooiste. De 13de-eeuwse **Église St-Julien**, iets naar het westen, is gebouwd op de plek van een 6de-eeuwse abdij.

De centrale brug over de Loire, de **Pont Wilson**, heet in de volksmond de *pont de pierre* (stenen brug). Het is een exacte replica van de oude 18de-eeuwse brug die in 1978 plotseling instortte. De brug werd volgens oorspronkelijk ontwerp herbouwd, nadat hierover de plaatselijke bevolking was geraadpleegd.

Musée des Beaux-Arts

Pl François-Sicard 18. *47056873.* *wo-ma.* *1 jan., 1 mei, 14 juli, 1 en 11 nov., 25 dec.*

Het kunstmuseum is gelegen naast de Cathédrale St-Gatien en kijkt uit op een bijna 200 jaar oude Libanonceder. Voor de ingang zijn mooie klassieke tuinen aangelegd. Het gebouw – voorheen het bisschoppelijk paleis – dateert uit de 17de en 18de eeuw.

De verzameling schilderijen beslaat de periode van de Middeleeuwen tot de huidige tijd en omvat twee beroemde panelen van Andrea Mantegna, *De opstanding* en *Christus in de olijfgaard*. Ze werden tussen 1456 en 1460 geschilderd voor de San-Zenokerk in Verona.

Op de binnenplaats rechts van de ingang is een uitbouw waarin een grote opgezette circusolifant staat opgesteld die in Tours is gestorven.

***Christus in de olijfgaard* (1456-1460) van Andrea Mantegna**

De rijkelijk bewerkte renaissance-gevel van Hôtel Goüin

Hôtel Goüin & Musée Archéologique

Rue du Commerce 25. 47662232.
febr.-half maart, okt.-nov.: za-do; half maart-half sept.: dag.

In dit prachtige voorbeeld van vroege renaissance-architectuur is nu het archeologisch museum gehuisvest. De rijk versierde gevel werd in WOII zwaar beschadigd; de huidige is een replica. De verzameling van het museum omvat onder andere interessante Keltische munten uit de omgeving van Chartres waarvan de waarde niet door cijfers maar door afbeeldingen van dieren wordt aangeduid. Het beroemdst zijn echter de wetenschappelijke instrumenten die in 1743 door de eigenaar van Chenonceau werden verzameld.

Musée des Vins de Touraine

Rue Nationale 16. 47610793
wo-ma 1 jan., 14 juli, 1 en 11 nov., 25 dec.

De kelders en delen van de kruisgangen van de 13de-eeuwse **Église St-Julien** vormen nu een wijnmuseum. De verzameling omvat een enorme wijnpers uit de Renaissance en wijnmakersgereedschap uit de Middeleeuwen tot de 19de eeuw. In een aangrenzende binnenplaats staat een originele Gallo-Romeinse wijnpers, die in 1946 in de buurt van Azay-le-Rideau is gevonden.

> **TIPS VOOR DE TOERIST**
>
> **Wegenkaart** D3. *130.000*
> *Pl du Maréchal Leclerc.*
> *Pl du Maréchal Leclerc.*
> *Rue Bernard Palissy 78 (47703737).* *dag.*
> *Foire au basilic et à l'ail (26 juli,* zie blz. 117*); Semaines musicales de Tours (juli).*

Het wijnmuseum in Touraine

CENTRUM VAN TOURS

Cathédrale St-Gatien ⑤
Château Royal ④
Église St-Julien ③
Hôtel Goüin ②
Musée des Beaux-Arts ⑥
Tour Charlemagne ①

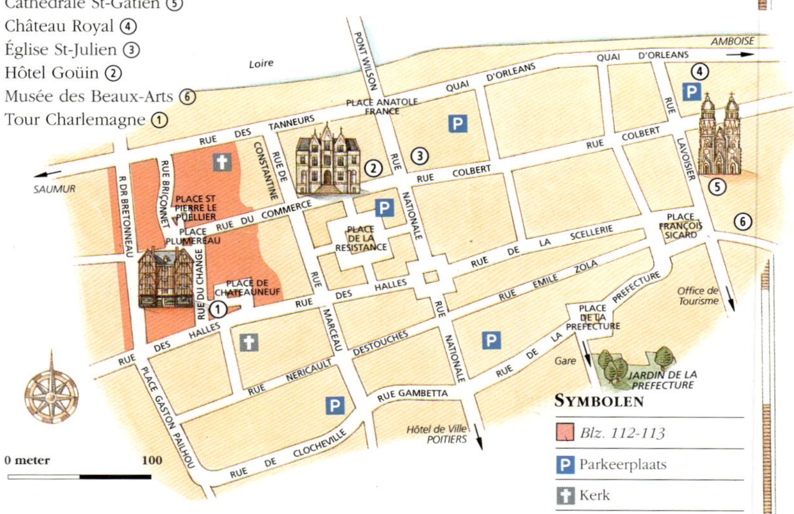

SYMBOLEN

- Blz. 112-113
- P Parkeerplaats
- Kerk

Tours: Cathédrale St-Gatien

Met de bouw van de kathedraal van Tours werd begonnen aan het begin van de 13de eeuw. Omdat de werkzaamheden duurden tot het midden van de 16de eeuw, is de kathedraal (die genoemd is naar een bisschop uit de 3de eeuw) een goed voorbeeld van de ontwikkeling van de gotische stijl. De vroeg-gotische kansel was als eerste voltooid, het schip en de dwarsbeuk vertegenwoordigen de middenperiode van de Gotiek. De rijkversierde westgevel is flamboyant (laat)gotisch.

★ Westgevel
De rijk versierde flamboyante westgevel heeft drie portalen en een mooi roosvenster.

Cloître de la Psalette
De kruisgang, die op de noordelijke zijbeuk uitkomt, dateert uit de 15de en de 16de eeuw.

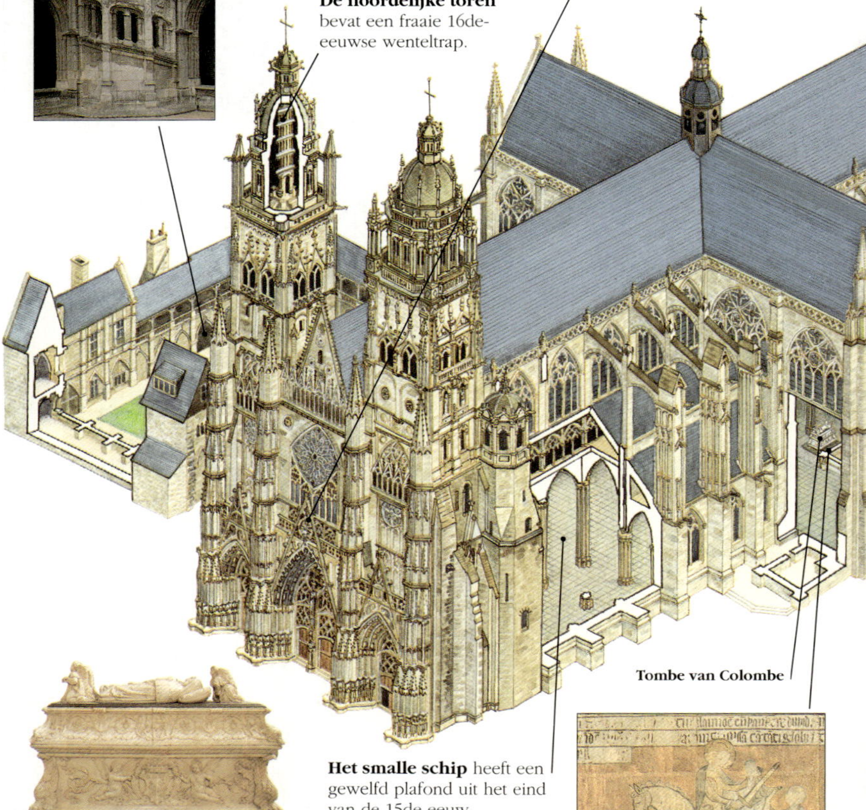

De noordelijke toren bevat een fraaie 16de-eeuwse wenteltrap.

Tombe van Colombe

Het smalle schip heeft een gewelfd plafond uit het eind van de 15de eeuw.

★ Tombe van Colombe (1499)
Op de marmeren tombe van de kinderen van Karel VII en Anna van Bretagne liggen levensechte grafbeelden, gemaakt door Michel Colombe.

Fresco
De 14de-eeuwse fresco's (ontdekt in 1993) stellen St-Maarten voor die de helft van zijn mantel aan een bedelaar geeft.

TIPS VOOR DE TOERIST

Pl de la Cathédrale. 47703736. *ma-vr 19.00 uur; za (mei-okt.) 19.15 uur; zo 10.00, 11.30 en 18.30 uur.*

Michel Colombe
Dit beeld van de beroemde beeldhouwer uit Tours staat op een plein vlak bij de kathedraal.

De gebrandschilderde ramen (1265) in het koor beelden het Lijden van Christus en de legenden van St-Maarten en andere heiligen uit.

★ Gebrandschilderde ramen
De ramen vallen op door hun rijke, sterke kleuren. Sommige panelen zijn lichter waardoor er meer licht naar binnen valt.

STERATTRACTIES

- **★ Tombe van Colombe**
- **★ Gebrandschilderde ramen**
- **★ Westgevel**

Château Royal de Tours

Quai d'Orléans 25. **Historial de Touraine** 47610295. *half maart-okt.: dag.; half nov.-half maart: dag., 's middags.* **Atelier Histoire de Tours** *(ingang op kerkplein)* 47649052. *half maart-half okt.: wo, za, zo (alleen 's middags); half okt.-half maart: alleen op afspraak.* *feestdagen.*

Dit château was tussen de 13de en de 15de eeuw een koninklijke residentie. De Tour de Guise is genoemd naar de jonge hertog van Guise, die hier op spectaculaire wijze ontsnapte na de moord op zijn vader in het Château van Blois in 1588 *(blz. 126-127)*.
In de toren is de **Historial de Touraine** gevestigd: de geschiedenis van de regio in wassenbeelden; nog meer wassenbeelden vindt u in de Logis de Mars. Eén tafereel herinnert aan het huwelijk in 1491 tussen Karel VIII en Anna van Bretagne. Er is ook een beeld van Jeanne d'Arc *(blz. 137)* die haar harnas past in een atelier in Tours. Er is ook een tropisch aquarium. De tentoonstelling in de Logis des Gouverneurs van het **Atelier Histoire de Tours** biedt door middel van modellen en plattegronden inzicht in de lange stedelijke geschiedenis van Tours.

Musée du Compagnonnage

Rue Nationale 8. 47610793. *jan.-half juni en half sept.-dec.: wo-ma; half juni-half sept.: dag.* *feestdagen.*

Dit aparte museum is gevestigd in het deel van de abdij dat ooit was verbonden aan de middeleeuwse **Église St-Julien**. Het heeft een fascinerende verzameling 'meesterwerken', gemaakt door een gilde van reizende *compagnons* (gezellen) die streefden naar de titel van meester vakman. Er staan voorbeelden opgesteld van verschillende ambachten, waaronder dat van metselaars en klokkenmakers. Er zijn zelfs enkele bijzondere suikerspincreaties te zien.

Een handgemaakt vat in het Musée du Compagnonnage

KNOFLOOK- EN BASILICUMFEEST

Op 26 juli (het feest van Ste-Anne) is het Place du Grand-Marché, bij de gezellige overdekte markt *(Les Halles)*, de locatie van een traditioneel knoflook- en basilicumfeest. Potten met basilicum vormen een groen tapijt en de stalletjes zijn behangen met strengen knoflook, rode ui en grijze of goudgele sjalotten.

Stalletjes met knoflook en basilicum op het Place du Grand-Marché

BLÉSOIS EN ORLÉANAIS

Deze twee nauw verbonden streken vormen een prima vertrekpunt voor de verkenning van het centrale Loiredal. Het bos- en waterrijke gebied heeft door de eeuwen heen natuurliefhebbers getrokken. Tijdens de Renaissance bouwden koningen en edelen schitterende jachtsloten, waaronder het grootse Chambord, het prachtig ingerichte Cheverny en het charmante Beauregard.

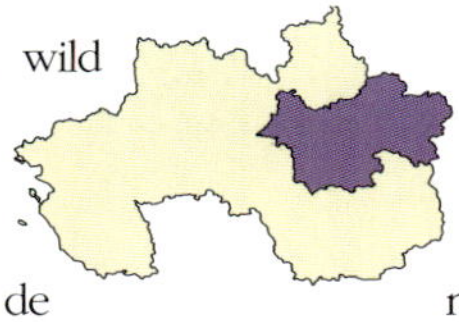

Er is nog volop bos en wild (waaronder herten en wilde zwijnen) in Blésois en Orléanais, en het uitgestrekte Forêt d'Orléans vormt een fraai contrast met de heidevelden en meren van Sologne, een geheimzinnige streek van kleine, rustige dorpjes en lage vakwerkboerderijen. Dit paradijs voor jagers en vissers is nog weinig ontdekt door toeristen.

Het noordelijk deel van de Loire gestroomt door plaatsen die eeuwenlang een rol hebben gespeeld in de geschiedenis van Frankrijk. De bruggen en kastelen bij Gien, Orléans, Beaugency en Blois waren van de Middeleeuwen tot de 20ste eeuw van strategisch belang.

Het was in Orléans dat Jeanne d'Arc in 1429 de Engelse belegering doorbrak en het moreel van het Franse leger herstelde tijdens de Honderdjarige Oorlog tegen Engeland. Door zijn nabijheid tot Parijs is het moderne Orléans een belangrijk zakencentrum geworden, maar zorgvuldige restauratie van het oude *quartier* na de verwoestingen van de Tweede Wereldoorlog heeft ervoor gezorgd dat er nog iets van het verleden bewaard is gebleven.

Tijdens de Godsdienstoorlogen was het château bij Blois een nest van politieke intriges. Hoogtepunt vormden de gebeurtenissen van 1588, toen de hertog van Guise in opdracht van koning Hendrik III werd vermoord.

In het westen van de regio stroomt de Loir (niet te verwarren met de Loire, die veel groter is) door de Vendômois en ook door Vendôme zelf, een van de aantrekkelijkste plaatsen in de regio. De kathedraal van Vendôme, La Trinité, is slechts een van de vele onvergetelijke kerken in Blésois en Orléanais, die vaak versierd zijn met oude fresco's en mozaïeken.

Sportvissers nemen deel aan een wedstrijd aan een plaatselijk kanaal

◁ **Het schip van de Cathédrale Ste-Croix in Orléans**

Blésois en Orléanais verkennen

De grootste stad in Blésois en Orléanais is Orléans, gelegen bij de noordelijkste bocht van de Loire. Naar het westen toe ligt de Petite Beauce, een vruchtbaar boerenland; naar het oosten het Forêt d'Orléans, een dicht bos waar nog veel dieren in het wild leven. Blois, stroomafwaarts, is ook omgeven door bossen. De Sologne, in het zuiden, is een land van lage begroeiing en moerassen, met tal van kleine meren of *étangs*. De zuidgrens wordt gevormd door de rivier de Cher.

Een van de natuurstenen boerderijen in de regio

BEZIENSWAARDIGHEDEN

Beaugency 14
Beauregard 11
Blois blz. 124-127 5
Briare-le-Canal 20
Chambord blz. 132-135 13
Chamerolles 16
Chaumont-sur-Loire 6
Cheverny 10
Gien 19
Lavardin 2
Meung-sur-Loire 15
Montrichard 7
Orléans blz. 138-139 17
St-Aignan-sur-Cher 8
St-Benoît-sur-Loire 18
Sologne 21
Talcy 4
Thésée 9
Trôo 1
Vendôme 3
Villesavin 12

Bereikbaarheid

De snelste route per auto vanaf Parijs is de *Aquitaine* (A10), die door Orléans en Blois komt. De TGV Parijs-Tours stopt soms in Vendôme (45 minuten). De Corail-exprestrein van Parijs doet er 1 uur over naar Les Aubrais (een voorstad van Orléans met een treinverbinding naar het centrum) en 40 minuten naar Blois, via Beaugency en Meung-sur-Loire. Een andere Corail-expres (Tours-Nevers) volgt de Cher en stopt bij Montrichard, Thésée en St-Aignan. De busdiensten tussen de plaatsen zijn beperkt, vooral tijdens de schoolvakanties. Fraai is de route via de N76, die parallel met de Cher loopt. De wegen door de koele, beboste gebieden van de regio zijn rustig en aangenaam.

Symbolen

- Snelweg
- Hoofdweg
- Secundaire weg
- Toeristische route
- Rivier
- Uitkijkpunt

Blois met zijn opvallende brug over de Loire

De echoput van Trôo

Trôo ❶

Wegenkaart D3. *320.* *Vendôme, dan taxi.* *Montoire-sur-le-Loir (54852330).*

Dit dorpje, gelegen op een rots boven de Loir, kunt u het beste van bovenaf betreden via de oude middeleeuwse poort. Links van de poort treft u een overdekte, 45 m diepe echoput aan. De echo is heel duidelijk. In de Middeleeuwen stond hier een enorme burcht, die in de 12de eeuw zwaar werd bevochten door Richard Leeuwenhart. Hij verloor de burcht aan de Franse koning, Filips Augustus. In 1590 liet de ongekroonde Hendrik IV de burcht ontmantelen. Alles wat er nog van rest is een heuvel of *motte*, die een goed uitzicht biedt op het dal beneden. Delen van de nabijgelegen **Église St-Martin** dateren uit de 11de eeuw, waaronder de muren van het schip. De vensters van de vierkante Angevijnse toren zijn versierd met zuiltjes.

Steile weggetjes voeren van de heuvel omlaag naar het aantrekkelijke **Château de la Voûte**. Onderweg komt u langs de fraaie bloementuinen van een paar grotwoningen (sommige zijn te bezoeken). Onder aan de heuvel ligt de **Grotte Pétrifiante**, een grot met meer dan 4000 jaar oude stalactieten.

Aan de overkant van de rivier vindt u de 12de-eeuwse kerk **St-Jacques-des-Guérets**. Deze is beroemd om zijn dertien Byzantijnse muurschilderingen, die in 1890 werden ontdekt tijdens restauratiewerkzaamheden. Met name de *Tronende Christus* in de apsis is bijzonder mooi. Ook een bezoek waard is de **St-Gilleskapel** in het nabijgelegen Montoire-sur-le-Loir. De 12de-eeuwse muurschilderingen daar zijn zelfs nog verfijnder. Vooral het rijke spectrum aan gebruikte kleuren is opmerkelijk.

Lavardin ❷

Wegenkaart D3. *250.* *Vendôme, dan taxi.* *Montoire-sur-le-Loir (54852330).*

De resten van het **château** van Lavardin torenen uit boven de gereconstrueerde middeleeuwse brug die naar het dorp voert. Gelegen op de grens van de Capetinger en Angevijnse koninkrijken speelde de burcht eeuwenlang een centrale rol in de strijd tussen de Franse koningen en de Plantagenets.

In 1590 ging de burcht het lot van het kasteel van Trôo achterna toen Hendrik IV hem deels liet ontmantelen. Bezienswaardig in het plaatsje zijn het 11de-eeuwse stadhuis en de oude huizen aan de Route de Villavard.

Het mooiste bezit van Lavardin is de romaanse **Église St-Genest** met zijn verfijnde muurschilderingen, die uit de 12de tot de 16de eeuw dateren. Naast taferelen uit het leven van Christus zijn er astrologische symbolen afgebeeld. Een van de oudste fresco's is de *Doop van Christus*, te vinden aan de ingang van de linker kapel.

Château de Lavardin
54850774 (Mairie). *Pasen-half sept.: dag.; half sept.-Pasen: bel voor informatie over openingstijden.*

Vendôme ❸

Wegenkaart D3. *18.000.* *Hôtel du Bellay 'Le Saillant' (54770507).* *vr.*

Vendôme is een van de schilderachtigste stadjes van Frankrijk. Het is gebouwd op een aantal eilandjes in de Loir en omdat het slechts 45 minuten per trein van Parijs ligt, is het een populaire bestemming geworden voor Parijzenaars.

Het plaatsje, dat op de grens van de Franse en Engelse feodale territoria lag, is in de loop der tijd regelmatig van eigenaar gewisseld. In 1371, tijdens de Honderdjarige Oorlog, kwam het in handen van de Bourbons; in 1515 werd het een hertogdom.

Nadat het tijdens de Godsdienstoorlogen bezet was gehouden door de Heilige Alliantie, werd Vendôme in 1589 heroverd door Hendrik IV. De schedels van sommige van zijn katholieke tegenstanders zijn te zien in het **Musée de Vendôme**, dat is gevestigd in een oud klooster. Het museum stelt ook

Verfijnde muurschilderingen in de Église St-Genest

De rijk versierde gevel van de Abbaye de la Trinité in Vendôme

een harp tentoon die bespeeld zou zijn door Marie-Antoinette. In de aangrenzende kapittelzaal zijn enkele fresco's te zien.
Het pronkjuweel van Vendôme is de abdijkerk **La Trinité**, in 1034 gesticht door Geoffroy Martel, zoon van Foulques Nerra. De kerk staat naast een 12de-eeuwse romaanse klokketoren met een meer dan 80 m hoge spits. De uitbundig versierde gevel is een creatie van Jean de Beauce, die ook de Oude-klokketoren van de Notre-Dame in Chartres ontwierp. Het vlamvormige maaswerk is een briljante uiting van de Flamboyante Gotiek.
De koorstallen in de kerk zijn versierd met grappige figuren.

Houtsnijwerk in La Trinité

Op een voetstuk van fraai rasterwerk met druppelmotief links van het altaar stond ooit een kast waarin zich een beroemd reliek bevond: een traan die Christus boven het graf van Lazarus zou hebben gelaten.
Het winkelgebied is gelegen rond het Place St-Martin met zijn 15de-eeuwse klokketoren en carillon. Er staat ook een beeld van de graaf van Rochambeau, die aan het hoofd stond van de Franse troepen tijdens de Amerikaanse Revolutie. Vlak bij de Rue Saulnerie bevindt zich een overdekte markt, die uit het *fin-de-siècle* dateert.
Het beste uitzicht op de oude versterkingen van de stad hebt u vanaf het Square Belot. Hiervandaan ziet u ook de Porte d'Eau, een 13de-eeuwse waterpoort die het water voor de molens en de looierijen beheerste.
In het centrum van de stad ligt het Parc Ronsard. Hier is nog een 15de-eeuwse wasplaats, het Lavoir des Cordeliers, te zien. Het vervallen château van Vendôme staat op een hoogte boven de Loire.
Vanuit de tuin hebt u een mooi uitzicht op de stad.

Musée de Vendôme
Cloître de la Trinité. *54772613.* *wo-ma.* *1 jan., 1 mei, 25 dec.*

Het Lavoir des Cordeliers in het Parc Ronsard van Vendôme

De 300 jaar oude wijnpers van Talcy

Château de Talcy 4

Wegenkaart E3. *Mer, dan taxi.* *54810301.* *april-sept.: dag.; okt.-maart: wo-ma.* *1 jan., 1 mei, 1 nov., 11 nov., 25 dec.* *literatuurfestival (mei).*

Na alle statige châteaus van het Loiredal komt Talcy als een verrassing: een huis op menselijk formaat verborgen achter een strenge gevel. Het oorspronkelijke gebouw, een donjon, dateert uit de 15de eeuw. Het werd ingrijpend verbouwd door Bernardo Salviati, een Florentijnse bankier en neef van Catharina de'Medici, die het in 1517 had gekocht.
In 1545 werd de dichter Pierre de Ronsard *(blz. 22)* verliefd op Cassandre, de 15-jarige dochter van Salviati. Zijn liefde voor haar inspireerde hem tot zijn beroemde sonettenreeks *Amours de Cassandre.*
Aan Bernardo Salviati dankt Talcy zijn feodale voorkomen. Hij voegde de weergangen met tinnen en nep-machicoulis toe aan het poortgebouw.
Op de eerste binnenplaats met zijn galerij staat een overdekte waterput.
De 16de-eeuwse duiventil op de tweede binnenplaats, die 3000 duiven kan bevatten, is de best bewaarde in de Loirestreek. Interessant is ook de reusachtige, 300 jaar oude wijnpers, die het nog gewoon doet. Maar de wijngaarden van het château zijn niet meer in productie, zodat ook de wijnpers nutteloos is geworden.
De kamers van het château zijn nog in originele 17de- en 18de-eeuwse stijl ingericht.

Onder de loep: Blois ❺

Blois is al vanaf de 12de eeuw een belangrijke vestingstad, maar bereikte zijn hoogtepunt onder Lodewijk XII, die hier in 1498 zijn hof vestigde. De daaropvolgende eeuw stond de plaats in het centrum van het politieke leven. Het is nu een belangrijk handelscentrum voor de landbouwdistricten Beauce en Sologne. Met zijn witte muren, leien daken en rode, bakstenen schoorstenen is Blois het Loire-stadje bij uitstek. Het oude deel, ingesloten door de rivier, het château en de kathedraal, is zeer bezienswaardig.

Hôtel d'Alluye
Dit prachtige renaissancehuis werd in 1508 gebouwd door Florimond Robertet, schatmeester onder drie koningen.

0 meter 100

De Façade des Loges is met zijn rennaisancevensters en galerij het meest opvallende deel van het château.

★ Château de Blois
De rijke geschiedenis van het Château van Blois wordt weerspiegeld in de verschillende bouwstijlen.

Blois vanaf de Loire met de drie spitsen van de Église St-Nicolas in het midden

★ Église St-Nicolas
Deze opvallende kerk maakte ooit deel uit van een 12de-eeuwse benedictijnenabdij. Het hoge, gotische schip wordt ondersteund door Corinthische zuilen en leidt naar een apsis van magische schoonheid. Het licht valt binnen door schitterend blauw glas.

SYMBOOL

– – – Aanbevolen route

Escalier Denis-Papin
Deze trappen, genoemd naar de uitvinder van de snelkookpan (1647-1714), bieden een fantastisch uitzicht over de stad en de rivier.

TIPS VOOR DE TOERIST

Wegenkaart E3. *50.000.*
Pl de la Gare. *Av Jean-Laigret 3 (54740649).*
di, do, za en zo.
Le soleil a rendez-vous avec la lune (mei-sept.).
Musée d'Histoire Naturelle
Couvent des Jacobins.
54741389. *di-zo: alleen 's middags.* *1 jan., 1 mei, 1 nov. en 25 dec.*
Musée Diocésain des Arts Religieux Couvent des Jacobins.
54781714. *ma-za, alleen 's middags.* *feestdagen.*

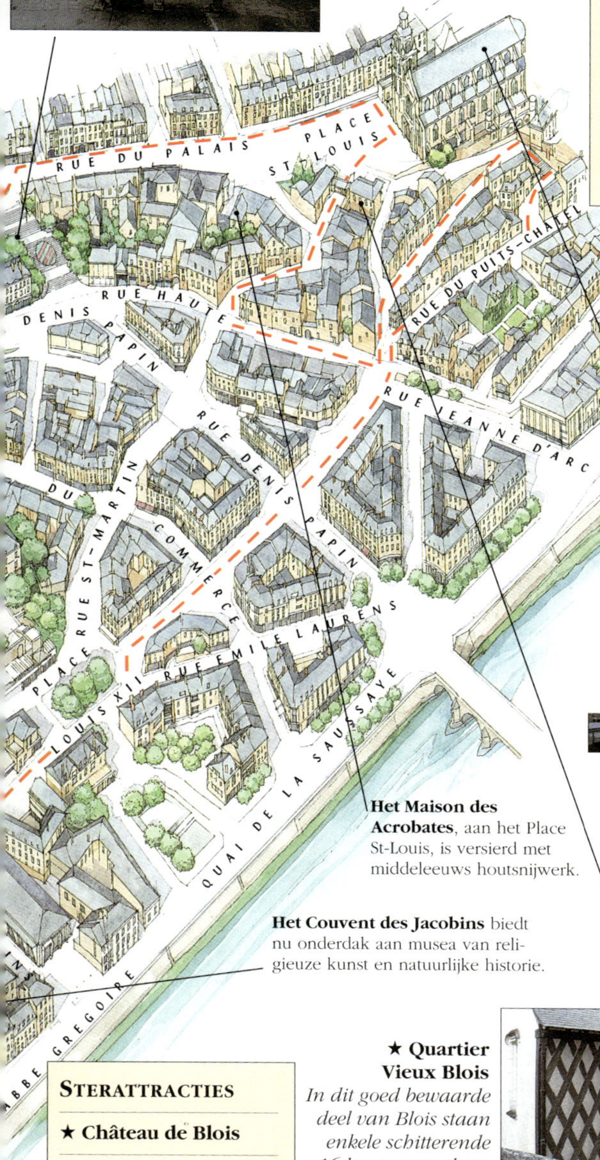

Cathédrale St-Louis
Het grootste deel van het oorspronkelijke gebouw werd in 1678 tijdens een orkaan verwoest. De huidige kerk stamt uit de tijd van de Zonnekoning.

Het Maison des Acrobates, aan het Place St-Louis, is versierd met middeleeuws houtsnijwerk.

Het Couvent des Jacobins biedt nu onderdak aan musea van religieuze kunst en natuurlijke historie.

★ Quartier Vieux Blois
In dit goed bewaarde deel van Blois staan enkele schitterende 16de-eeuwse gebouwen. Dit huis ligt aan het einde van de Rue Pierre de Blois.

STERATTRACTIES

- ★ Château de Blois
- ★ Église St-Nicolas
- ★ Quartier Vieux Blois

Château de Blois ❺

Stekelvarken van het Huis van Orléans

Geen Loire-château is getuigen geweest van zoveel intriges als het Château van Blois, de residentie van Lodewijk XII, Frans I en Hendrik III. Hoogtepunt was de moord, in opdracht van Hendrik III, op de ambitieuze hertog van Guise, leider van de katholieke Heilige Liga *(blz. 54-55)*. De gebeurtenis vond plaats in de slaapkamer van de koning en luidde de neergang in van het kasteel. Het gebouw zelf is een mengelmoes van vier verschillende bouwstijlen: te beginnen in de Middeleeuwen, via de Gotiek en de Renaissance tot de classicistische periode. In 1989 is men met een uitgebreide restauratie begonnen.

Gaston d'Orléans-vleugel
De classicistische eenvoud waarmee deze vleugel is ontworpen, zoals het plafond in de hal laat zien, markeerde het eind van het rijke decor van de Renaissance.

Lodewijk XII
Een ruiterstandbeeld van Lodewijk XII (1462-1515) bevindt zich boven de toegangspoort. De koning werd 'Vader van het volk' genoemd vanwege zijn rechtschapen binnenlandse politiek.

De Tour du Foix is het enige restant van de wallen die rond de 13de-eeuwse burcht lagen.

STERATTRACTIES

- ★ **Frans I-trap**
- ★ **Cabinet de Catherine de Médicis**
- ★ **Salle des États Généraux**

TIJDBALK

Architect Félix Duban

- **1200** Graven van Blois herbouwen de 9de-eeuwse burcht
- **1391** Burcht gaat over in handen van Louis d'Orléans, de broer van Karel VI
- **1498** Lodewijk XII voegt drie nieuwe vleugels toe en herbouwt de St-Calaiskapel
- **1515** Frans I herbouwt de noordvleugel
- **1576** Staten-Generaal komen bijeen in het slot
- **1588** Samenkomst Staten-Generaal. Hendrik III laat de hertog van Guise vermoorden
- **1635** Gaston d'Orléans vervangt westvleugel door klassiek gebouw
- **1788** In het vervallen château komen legerbarakken
- **1810** Napoleon draagt het château over aan de stad Blois
- **1843** Félix Duban begint met de restauratie van het château
- **1989** Begin van uitgebreide restauratie

1200 | 1300 | 1400 | 1500 | 1600 | 1700 | 1800 | 1900

★ Cabinet de Catherine de Médicis
De kamer van de koningin heeft 237 bewerkte panelen met vier verborgen kasten voor haar documenten, juwelen en, volgens sommigen, gif.

TIPS VOOR DE TOERIST

Pl du Château. *54780662.*
half maart-juni en sept.: 9.00-18.00 uur; juli-aug.: 9.00-19.30 uur; okt.-half maart: 9.00-12.00 uur en 14.00-17.00 uur (toegang tot 45 min. voor sluitingstijd).
25 dec., 1 jan.
Ainsi Blois vous est conté (blz. 42).

Het schip van de St-Calaiskapel werd in de 17de eeuw afgebroken om plaats te maken voor de Gaston d'Orléans-vleugel. Alleen het koor staat er nog.

De Salle d'Honneur heeft een prachtige open haard met de salamander- en hermelijn-emblemen van Frans I en zijn moeder Louise.

Standbeeld van Lodewijk XII

De gotische Lodewijk XII-vleugel heeft een decoratief baksteen-patroon.

★ Frans I-trap
Het achthoekige trappenhuis met zijn rijk versierde gewelf is een renaissancistisch meesterwerk. De balkons boden uitzicht op de evenementen op de binnenplaats.

★ Salle des États Généraux
Deze 13de-eeuwse ruimte, gebruikt voor koninklijke ontvangsten en bijeenkomsten van de Staten-Generaal (blz. 54-55), *maakt deel uit van de originele burcht.*

Het Château de Chaumont torent uit boven de huizen

Château de Chaumont ❻

Chaumont-sur-Loire. **Wegenkaart** D3. *Onzain, dan taxi.* *54512626* *dag.* *1 jan., 1 mei, 1 en 11 nov., 25 dec.*

Wie Chaumont vanaf de Loire nadert, heeft de indruk naar een ridderkasteel uit een jongensboek te kijken. Het robuuste slot, gebouwd tussen 1466 en 1510, heeft echter nooit een belegering hoeven doorstaan en verkeert nog in perfecte staat.
Vooral de hoofdingang is mooi, met zijn dubbele ophaalbrug en borstwering die voorzien is van machicoulis. Op de torens zijn de emblemen te zien van Karel II (twee gekruiste C's), wiens familie op deze plek een kasteel had in de 12de eeuw. Toen Karel in 1481 Chaumont had geërfd, liet hij een aantal belangrijke veranderingen aanbrengen, onder meer aan de oost- en de zuidvleugel. Dit waren vroege voorbeelden van de renaissancistische bouwstijl in Frankrijk.
De achthoekige toren aan een kant van de zuidvleugel, waarbinnen de centrale wenteltrap loopt, kondigt die van Blois en Chambord aan *(blz. 126-127 en blz. 132-135).* Catharina de'Medici, de vrouw van Hendrik II, verwierf het kasteel in 1560. Het verhaal wil dat haar astroloog, Ruggieri, de toren naast haar kamer gebruikte als observatorium. Hij zou de koningin hier in een magische spiegel het lot van haar drie zoons hebben laten zien. De kamer van Catharina heeft een balkon die grenst aan een fraaie kapel; deze is aan het eind van de 19de eeuw gerestaureerd. In 1562 gaf Catharina Chaumont aan Diane de Poitiers, de maîtresse van haar overleden echtgenoot Hendrik II, nadat ze haar rivale gedwongen had Chenonceau te verlaten *(blz. 108-109).* De ineengevlochten D's van Diane en haar jachtmotieven zijn gegraveerd op de machicoulis van de voorgevel en de oostvleugel. Latere eigenaars verwaarloosden het kasteel of brachten, soms grote, veranderingen aan. Een eigenaar in de 18de eeuw verliet het burchtontwerp en liet de noordvleugel afbreken zodat de binnenplaats vrij uitzicht bood op de rivier.
Vergaande veranderingen begonnen in 1875 toen prins Amédée de Broglie en zijn vrouw Marie in het kasteel kwamen wonen. Een indruk van hun uitbundige levensstijl krijgt men in de mooie stallen, die ooit onderdak boden aan een olifant, een geschenk van de maharadja van Kapurtala uit India.
De raadkamer is behangen met Vlaamse tapijten van Martin Reymbouts en heeft majolica vloertegels die afkomstig zijn uit een 17de-eeuws Siciliaans paleis. De bibliotheek bevat medaillons die in de 18de eeuw in het château zijn gemaakt door J.B. Nini. Het grote park van het château is in 1884 aangelegd door Achille Duchêne naar het voorbeeld van een Engelse *country garden.*

Gebrandschilderde ramen in de eetzaal van Chaumont

Montrichard ❼

Wegenkaart D3. *3800.* *Rue du Pont 1 (54320510).* *ma 's middags, vr 's ochtends.*

Dit kleine dorpje met huizen van tufsteen wordt gedomineerd door de ruïnes van zijn château: een 11de-eeuwse ophaalbrug, een schutterstoren

Montrichard, gezien vanaf de overkant van de Cher

en de resten van renaissancistische appartementen. In de slottoren is het **Musée Tivoli**, een klein archeologisch streekmuseum, gevestigd.
In de aangrenzende **Église Ste-Croix** trad in 1476 de toekomstige Lodewijk XII in het huwelijk met Jeanne, de misvormde dochter van Lodewijk XI. Het huwelijk werd later ontbonden zodat Lodewijk kon trouwen met Anna van Bretagne. In het seizoen zijn er 's middags valkerij-demonstraties in Montrichard.

Château de Montrichard & Musée Tivoli
54320116. april-sept.: dag. Valkerij-demonstraties: half maart-half juni en half sept.-half okt.: iedere middag; half juni-half sept.: dag. half okt.-half maart.

Witte tijger in dierentuin Beauval

St-Aignan-sur-Cher 8

Wegenkaart E3. *3700. St-Aignan-Noyers-sur-Cher. 54752285. za.*

De vroegere rivierhaven St-Aignan is nu een aantrekkelijk vakantieoord met mogelijkheden om te vissen, te zwemmen en te varen. De plaats wordt gedomineerd door het renaissance-château van de hertogen van Beauvillier en de collegiale kerk St-Aignan, een onderschat romaans meesterwerk.
Het château is niet te bezichtigen, maar bezoekers kunnen de 19de-eeuwse trappen beklimmen en een blik werpen op de twee sierlijke vleugels of genieten van het uitzicht vanaf het terras op de binnenplaats als beloning voor de inspanning. Van een feodale burcht die werd gebouwd door de hertogen van Blois, resten nog de vervallen torens en muren. Op de Rue Constant-Ragot 27 staat een aardig renaissancistisch vakwerkhuis.
De bouw van de **Église de St-Aignan**, met zijn twee indrukwekkende klokketorens, begon rond 1080. Het majestueuze koor en sanctuarium zijn gebouwd boven een voormalige romaanse kerk, nu de crypte. Deze crypte – ooit gebruikt als koeiestal – bevat enkele fraaie fresco's: onder andere een afbeelding van de wonderen van de H. Aegidius en een zeldzame 11de-eeuwse *Tronende Christus.*
Sommige van de 250 kapitelen in de hoofdkerk stellen taferelen voor uit het Oude en Nieuwe Testament, en allegorieën van zonde en straf. Andere zijn versierd met decoratieve motieven. Ook de plafondschilderingen in de Onze Lieve Vrouw der Wonderen-kapel zijn boeiend.
Dierentuin Beauval, 2 km ten zuiden van het dorp, behoort tot de beste van Frankrijk. Er leven 300 vogelsoorten, er is een tropische kas, een ottervijver en een omheind gedeelte voor roofdieren, waaronder enkele imposante witte tijgers.

De O.L.V. der Wonderen-kapel van St-Aignan

De *Tronende Christus* in de Église de St-Aignan

Dierentuin Beauval
54750556. dag.

Thésée 9

Wegenkaart E3. *1100. Rue Nationale 51 (54714222). do.*

Net buiten het vriendelijke, kleine wijndorpje Thésée ligt een belangrijke Gallo-Romeinse opgraving, Les Maselles. Indrukwekkende overblijfselen van muren getuigen van het vakmanschap van de steenhouwers die in de 2de eeuw n.C. Tasciaca bouwden. Dit was een belangrijk centrum van keramiekvervaardiging op de weg tussen Bourges en Tours. In het gemeentehuis van Thésée is het **Musée Archéologique** gevestigd. Hier worden sieraden, munten, kleine beeldjes, aardewerk en andere voorwerpen tentoongesteld die in Les Maselles zijn gevonden. Het gemeentehuis ligt in een mooi park.

Musée Archéologique
Hôtel de Ville. *54714020. Pasen-juni en sept.-half okt.: za, zo en feestdagen alleen 's middags; juli-aug.: wo-ma alleen middags; half okt.-Pasen: groepen op afspraak.*

Classicistische gevel van het Château de Cheverny

Château de Cheverny ⑩

Wegenkaart E3. 🚌 ☎ *54799629.* ◯ *dag.* 🚫 ♿ *alleen begane grond en park.*

De bouw van Cheverny kwam tot stand in één ononderbroken periode, tussen 1620 en 1634. In 1648 werd de laatste hand aan het château gelegd *(blz. 16-17)*, waarmee een nieuwe bouwtijl was geïntroduceerd voor de kastelen en landhuizen van het Loiredal. Het château heeft geen defensieve elementen, zoals hoge torens of versterkte toegangen; de classicistische gevel valt op door zijn eenvoud. Cheverny staat op de plaats van een eerder kasteel, dat werd bewoond door de familie Hurault. Henri Hurault en zijn vrouw Marguerite (die het château zijn vrouwelijke toets gaf) zagen persoonlijk toe op de bouw van Cheverny. De familie heeft er sindsdien gewoond. De schilder Jean Mosnier werkte tien jaar aan het interieur. Hij versierde de belangrijkste vertrekken met vergulde balken, panelen en plafonds. Zijn mooiste werk is de eetzaal, waar hij taferelen uit het verhaal van Don Quijote schilderde, en de slaapkamer van de koning. De wandtapijten, het beschilderde plafond en de beddesprei van Perzisch zijde maken te zamen een overrompelende indruk. In de grootste kamer van het château, de enorme Salle des Armes, is een verzameling wapens en wapenrusting bijeengebracht. De muren zijn bedekt met schilderingen van Mosnier en een groot gobelin, dat de *Ontvoering van Helena* voorstelt.

Wapens en wapenrusting in de Salle des Armes van Cheverny

De schilderijen in het château omvatten een portret van Cosimo de'Medici door Titiaan en een opmerkelijk portret van de gravin van Cheverny door Pierre Mignard, in de *grande salon.* In de aangrenzende galerie zijn mooie portretten door Jean Clouet en Hyancinthe Rigaud te zien. In de Tapijtenzaal hangt werk van David Teniers; er staat verder een opmerkelijke gelakte commode en een slingerklok met daarop de maanfasen aangegeven, beide in Lodewijk XV-stijl.

Het jachtgezelschap van Cheverny, dat 's winters tweemaal per week uitrijdt, is beroemd in de hele Sologne. Hoogtepunt is een bezoek aan de kennels van het château, vooral om vijf uur 's middags als 70 honden geduldig wachten tot ze aan de beurt zijn om te eten. De Trofeeënzaal, waar aan de muur en aan het plafond 2000 geweien zijn bevestigd, biedt voor sommigen misschien een griezelige aanblik.

De Trofeeënzaal van Cheverny

Château de Beauregard ⑪

Cellettes. **Wegenkaart** E3. 🚉 *Blois, dan taxi.* ☎ *54704005.* ◯ *half febr.-maart en okt.-dec.: do-di; april-sept.: dag.* ● *jan.-half febr.* 🚫 ♿

Beauregard staat in een goed onderhouden park aan de rand van het Forêt de Russy. Het werd gebouwd aan het begin van de 16de eeuw als jachtslot voor Frans I. Meer dan een eeuw later maakte Jean du Thier, de geleerde minister van Hendrik II, er een stijlvol landhuis van. Hij was het ook die de Italiaanse meubelmaker van de koning, Scibec de Carpi, opdracht gaf om de prachtige, met vergulde lambrizering afgewerkte studeerkamer, het

Deel van de portrettengalerij van Beauregard

Cabinet des Grelots, te maken. Dit kleine vertrek is versierd met de bellen, of *grelots*, die op het wapen van Thier prijken. Er hangen ook enkele aardige schilderijen uit de studio van Niccolo dell'Abate.

De portrettengalerij, het meest spectaculaire gedeelte van het château, werd in de 17de eeuw toegevoegd door de voormalige schatmeester van Hendrik IV, Paul Ardier. De drie rijen portretten vormen een complete catalogus van beroemde Europese gezichten tussen 1328 en 1643: koningen, koninginnen, heiligen en ontdekkingsreizigers.

Behalve deze 327 portretten zijn er de door Jean Mosnier beschilderde balken en panelen en de grootste met delfts betegelde vloer van Europa. Ze stellen een leger voor gekleed in Lodewijk XIII-kostuum.

Mooi zijn ook de zuidgalerij met zijn rijke Brusselse tapisserieën en bewerkt meubilair en de keuken met zijn plavuizen vloer.

Een van de antieke koetsen van Villesavin

Gevel aan de tuinkant van het Château de Villesavin

Château de Villesavin ⓬

Villesavin. **Wegenkaart** E3.
Blois, dan taxi. *54464288.*
half febr.-dec.: dag. *alleen begane grond.*

Villesavin werd tussen 1527 en 1537 gebouwd door Jean Breton. Hij woonde op het kasteel toen hij aan het nabijgelegen Chambord *(blz. 132-135)* werkte. Steenhouwers van het koninklijke château vervaardigden ornamenten voor Villesavin en gaven Breton de prachtige Florentijnse vijver van Carrarisch marmer cadeau die nu bij de ingang staat.

Villesavin is een van de Loirechâteaus uit de late Renaissance die het minst zijn veranderd (en nu wel toe aan restauratie). Het château, gebouwd rond drie ruime binnenplaatsen, heeft opvallend lage muren en hoge daken. Aan het eind van de sierlijke zuidgevel staat een grote duiventil met 1500 poortjes en een roterende ladder.

De huiselijke sfeer van het château wordt onderstreept door de binnenplaats waar een grote keuken op uitkomt. Onder de interessante verzameling koetsen die hier te zien is, bevindt zich een 18 m lange *voiture de chasse.* Vanaf de vier rijen banken konden de vrouwen de jacht bekijken.

OMGEVING: Bracieux, gelegen op de zuidoever van de Beuvron, heeft een bezienswaardige overdekte markt die dateert uit de regeerperiode van Frans I (1515-1547), de renaissancekoning. In die tijd was Bracieux een belangrijke halteplaats op de weg tussen Tours, Chartres en Bourges. De markt is opgetrokken uit baksteen, natuursteen en hout, en heeft een tiendschuur. De originele eiken balken werden in de 19de eeuw versterkt. Het dorpje heeft ook mooie 17de- en 18de-eeuwse huizen.

Château de Chambord ⓭

Beeld van Diana in de Salle de Diane

Henry James zei ooit: 'Chambord is met recht koninklijk: koninklijk in omvang, grandeur en onverschilligheid jegens algemene opvattingen.' Het geesteskind van Frans I was aanvankelijk slechts een jachtslot in het Forêt de Boulogne. In 1519 werd het oorspronkelijke gebouw afgebroken en werd Chambord gebouwd, waarschijnlijk gebaseerd op een ontwerp van Leonardo da Vinci. In 1519 voltooiden 1800 werklieden en twee bouwmeesters de donjon met zijn torens en terrassen. Het jaar daarop begon Frans I aan de bouw van een koninklijk paviljoen op de noordoostvleugel. Zijn zoon Hendrik II voegde de westvleugel toe en Lodewijk XIV voltooide het uit 440 kamers bestaande bouwwerk in 1685.

Château de Chambord met op de voorgrond de Closson, een zijrivier van de Loire

★ Silhouet
Het opvallendste aspect van Chambord is zijn silhouet: een bizar oerwoud van vormen dat wel iets weg heeft van een overvol schaakbord.

De dakterrassen staan vol met hoge schoorstenen, siertorentjes en bewerkte koepels.

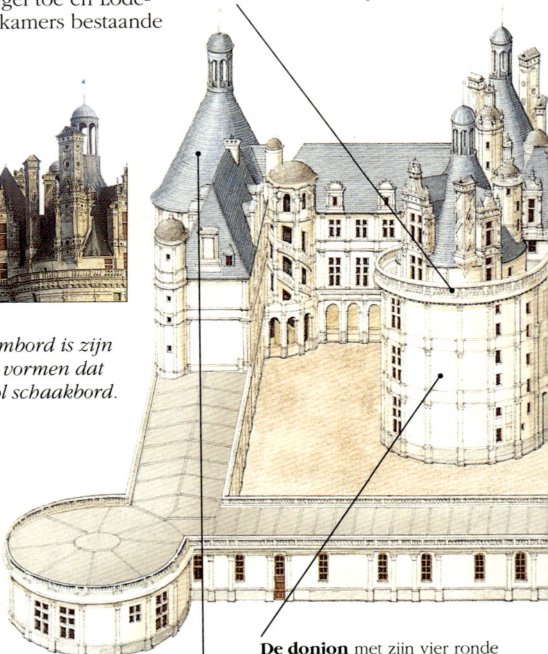

De donjon met zijn vier ronde torens vormt de kern van het kasteel.

Salamander
Het embleem van Frans I – 700 keer te zien in het kasteel – symboliseert de bescherming van het goede en de vernietiging van het kwade.

Kapel
Frans I begon aan de kapel vlak voor zijn dood in 1547. Hendrik II bouwde een tweede verdieping. Lodewijk XIV versierde het dak.

STERATTRACTIES

- **★ Silhouet**
- **★ Grote trap**

Frans I-trap
De wenteltrap in de noordoosthoek van de binnenplaats werd, net als de galerijen, in 1538 toegevoegd.

TIPS VOOR DE TOERIST

Wegenkaart E3. *Blois, dan taxi.* *54504000.* *april-juni en sept.: dag. 9.30-18.30 uur; okt.-maart: 9.30-17.15 uur; juli-aug.: 9.30-19.15 uur (toegang tot 30 min. voor sluitingstijd). Groepen op afspraak.* *1 jan., 1 mei en 25 dec.* *Spectacle d'art equestre.* *54203101 voor reserveringen (dag.: mei-sept.).*

De lantaarntoren is 32 m hoog en wordt gesteund door luchtbogen.

De gardezalen met hun gewelfde plafonds waren het decor van feesten en voorstellingen.

De slaapkamer van Frans I in de oostvleugel werd in 1547 voorzien van decoratie.

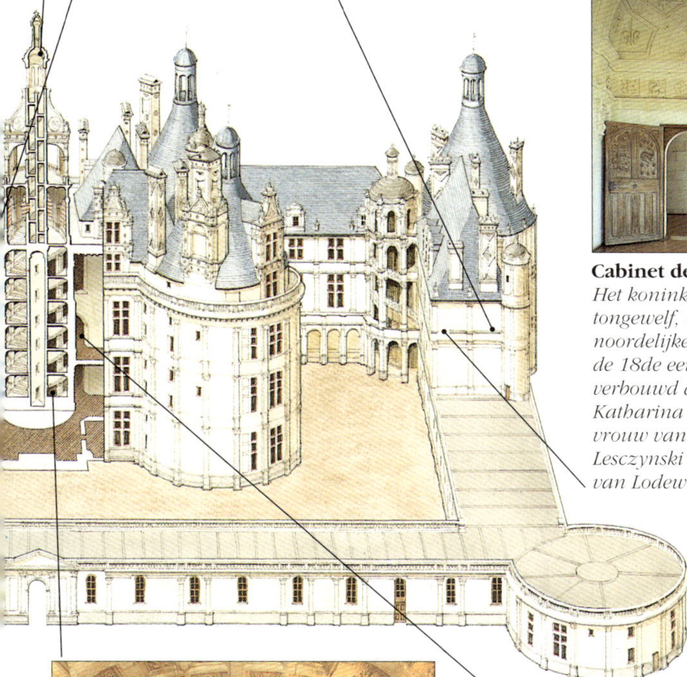

Cabinet de François I
Het koninklijk kabinet met tongewelf, in de buitenste noordelijke toren, werd in de 18de eeuw tot oratorium verbouwd door koningin Katharina Opalinska, vrouw van Stanislaw Lesczynski (schoonvader van Lodewijk XV).

★ **Grote trap**
Deze bijzondere trap met dubbele omloop zou door Leonardo da Vinci zijn ontworpen. Twee trappen lopen spiraalsgewijs om elkaar heen.

Slaapkamer van Lodewijk XIV
De slaapkamer van de Zonnekoning is een van de mooiste van het château.

De geschiedenis van Chambord

Chambord, het grootste château van de Loire, was een *folie de grandeur* van de jonge Frans I, wiens enige passies jagen en vrouwen waren. 'Hij is altijd op jacht, is het niet op herten, dan wel op vrouwen,' zei de Venetiaanse ambassadeur over hem. De koning zag persoonlijk toe op de omheining van het wildpark van Chambord met een van de langste muren van Frankrijk: bijna 32 km lang en 2,5 m hoog. Hij wilde zelfs de Loire omleiden zodat deze voor het château langs zou stromen. In plaats daarvan nam hij genoegen met de omleiding van de Closson.

Lodewijk XIV als Jupiter, de overwinnaar van La Fronde

Een jeugdige Frans I met verschillende symbolen van zijn koningschap

Na Frans I

Na de dood van zijn vader kreeg Hendrik II de leiding over het ambitieuze project. De volgende eigenaars – Lodewijk XIII, die niet van jagen hield, en zijn broer Gaston d'Orléans – bleven het kasteel veranderen. In de 17de eeuw had Chambord 440 kamers, 365 schoorstenen en 14 grote en 70 kleinere trappenhuizen. Lodewijk XIV, die in zijn jeugd een groot liefhebber was van de jacht, nam Chambord heel serieus. Hij bezocht het kasteel diverse malen met zijn gevolg en liet door feesten en uitvoeringen van Molières toneelstukken de glamoureuze levensstijl van Frans I herleven. Lodewijk XV hield van de valkejacht, maar deed rond 1725 afstand van Chambord ten gunste van zijn schoonvader Stanislaw Lesczynski. De verbannen koning van Polen zou een hekel hebben gehad aan de tocht die 's winters het verblijf in het kasteel veronaangenaamde. Hij liet ook de slotgracht dichtgooien, als middel tegen de malariamug.

De laatste eigenaar die plezier beleefde aan de theatraliteit van Chambord, was maarschalk De Saxe, de overwinnaar van de Engelse troepen tijdens de Slag bij Fontenoy in 1745. Behalve zijn maîtresse had hij ook twee cavalerieregimenten in het slot ondergebracht, die hij schijngevechten liet houden.

In de tweede helft van de 18de eeuw raakte Chambord in verval. Na de Franse Revolutie werd het nauwelijks meer gebruikt door de Bourbonse kroonpretendent, de hertog van Bordeaux, die het kasteel in 1825 had gekregen. In 1930 kocht de Franse staat het château en in de jaren zeventig begon men met de restauratie.

Gezicht op Chambord (detail) door P.D. Martin (1663-1742)

TIJDBALK

1547-1559 Hendrik II bouwt westvleugel en vergroot de kapel

1560-1574 Karel IX zet jachttraditie op Chambord voort en schrijft *Traité de la chasse royale*

Maarschalk De Saxe

1840 Chambord tot *Monument historique* verklaard

1500 — 1600 — 1700 — 1800 — 1900

1670 Opvoering van Molières *Le bourgeois gentilhomme* op Chambord

1519-1547 Jachtslot van de graven van Blois wordt afgebroken; bouw van château door Frans I

1748 De Saxe wordt eigenaar. Na zijn dood raakt het château in verval

1725-1733 Bewoond door de koning-in-ballingschap van Polen

1685 Lodewijk XIV voltooit het gebouw

1970 Chambord wordt gerestaureerd en heringericht. De slotgracht wordt weer uitgegraven

Het koninklijk jachtslot Chambord

Onder invloed van Frans I en zijn erfgenamen was de jacht een geliefde vrijetijdsbesteding geworden aan het 16de-eeuwse hof. Een Toscaanse edelman klaagde dat de koning alleen op een plaats bleef 'zolang er reigers waren'. Ze waren een gemakkelijk prooi voor de 500 valken die met het koninklijk gevolg meereisden. Vroeg in de ochtend vertrok de koning naar een van tevoren ingerichte picknickplaats in de eikenbossen rond het kasteel. Daar gingen de drijvers op zoek naar een edelhert. Als de prooi eenmaal was ontdekt, reed de koning er op volle snelheid achteraan, soms wel uren achtereen. De vrouwen van het hof konden het spektakel gadeslaan vanaf de terrassen van Chambord. Hendrik II, de zoon van Frans I, en zijn kleinzoon Karel IX waren ook enthousiaste jagers. Zij joegen het wild soms te voet op. Lodewijk XIV hield van de Engelse sport om roedels honden te volgen, maar Lodewijk XV gaf de voorkeur aan de valkejacht. Het hof beschouwde de jacht als een kunst. De wapens, hoorns en kostuums die bij de jacht werden gebruikt, werden met grote zorg gemaakt. De jacht was ook een geliefd onderwerp van schilders en tapijtontwerpers.

Sint-Hubertus, de schutspatroon van de jagers

Lontslot

Versierde loop

Haakbus, een voorloper van de musket, uit de 16de eeuw

Het wild zwijn was een geliefd dier om op te jagen vanwege zijn kracht en agressiviteit. De kop werd als een delicatesse beschouwd.

De kruisboog werd veel gebruikt bij de jacht vanwege zijn grote doeltreffendheid.

Hazewindhonden, befaamd om hun snelheid en goede ogen, werden gebruikt als jachthonden.

De zwijnejacht *komt uit de* Traités de fauconnerie et de vénerie (1459), *een van de vele verhandelingen over het jagen met jachtvogels en honden. Op de voorgrond jagen drijvers en honden hun prooi op. Op de achtergrond zien we het eind van de jacht.*

Beaugency ⓮

Wegenkaart E3. *7000.* *Pl de Docteur Hyvernaud (38445442).* *za.* *Festival de Beaugency (eind juni-eind juli).*

Beaugency is een heerlijke uitvalsbasis om de streek Orléanais te verkennen. De middeleeuwse stad is verrassend goed bewaard gebleven, hoewel er in de loop der eeuwen heel wat legers over haar beroemde bogenbrug zijn getrokken. De brug met zijn drieëntwintig bogen werd in de 16de eeuw gerestaureerd, maar raakte in 1940 weer beschadigd toen Geallieerden het zuidelijk deel opbliezen om de Duitsers tegen te houden.

Op het Place Dunois aan het eind van de Rue de l'Abbaye staat een enorme 11de-eeuwse donjon. Ertegenover ligt de romaanse abdijkerk **Notre-Dame**. Hier werd het huwelijk van Eleonora van Aquitanië met Lodewijk VII ontbonden waardoor zij vrij was om met de toekomstige Hendrik II van Engeland te trouwen.

Verderop staat de 16de-eeuwse Tour St-Firmin, in de buurt van een ruiterstandbeeld van Jeanne d'Arc. Naast de donjon bouwde haar wapenbroeder Jean Dunois, de Bastaard van Orléans en heer van Beaugency, het **Château Dunois**, tegenwoordig een streekmuseum. Vlakbij, in de Rue des Trois Marchands, staat een

De 11de-eeuwse klokkentoren van Beaugency, vroeger de stadspoort

middeleeuwse klokkentoren (en vroegere stadspoort) en het Hôtel de Ville met renaissancegevel. Door het oude molendistrict loopt een met bloemen omgeven stroompje.

Château Dunois (Musée Régional de l'Orléanais)
Pl Dunois. *38445523.* *wo-ma.* *1 jan., 1 mei, 25 dec.*

Meung-sur-Loire ⓯

Wegenkaart E3. *6000.* *Rue Jehan-de-Meung 42 (38443228).* *zo 's ochtends, do 's middags.*

Dit fraaie kleine plaatsje aan de Loire was de geboorteplaats van Jean de Meung *(blz. 22)*, een van de schrijvers van het 13de-eeuwse meesterwerk *Le roman de la rose*. Al sinds Gallo-Romeinse tijden – toen het Magdunum heette – is hier een nederzetting.

Naast de indrukwekkende **St-Liphardkerk**, gebouwd van de 11de tot de 13de eeuw, rijzen de feodale torens van het **Château de Meung** de lucht in. Het kasteel werd tussen de 12de en de 18de eeuw verschillende malen verbouwd, en vertoont daarom een variëteit aan stijlen. In de 18de-eeuwse vleugel is door de huidige eigenaar een interessante verzameling meubels, schilderijen en tapijten bijeengebracht.

Spannender zijn de spookachtige kamers, onderaardse gangen en kelders van het oudere kasteel, dat uit de 12de en 13de eeuw dateert. Ze werden 500 jaar lang door de bisschop van Orléans als kerker gebruikt.

In 1461 bracht de dichter François Villon hier vijf maanden door op een richel boven een beerput in de claustrofobische oubliëtte van het kasteel. Dank zij een koninklijk pardon van Lodewijk XI was hij de enige gevangene die hier ooit levend uitkwam.

Château de Meung
38443647.
dag. Groepen op afspraak.
alleen begane grond.

De middeleeuwse brug van Beaugency, de Tour St-Firmin en de donjon die boven de bomen uitsteekt

De ingang tot het Château de Chamerolles

Château de Chamerolles ⓰

Chilleurs-aux-Bois. **Wegenkaart** E2. *Orléans, dan taxi.* *38398466.* *febr.-juni en sept.-dec.: za-do; juli-aug.: dag.* *25 dec.*

Dit renaissance-château aan de rand van het enorme Forêt d'Orléans werd tussen 1500 en 1530 gebouwd door Lancelot du Lac, de gouverneur van Orléans (die genoemd was naar de legendarische ridder van koning Arthur).

Kristallen parfumflesje in het museum van Chamerolles

Hoewel het kasteel het uiterlijk had van een burcht – met een ophaalbrug over een slotgracht en een binnenplaats omgeven door torens – was Chamerol ontworpen als een comfortabel woonhuis.
De nauwkeurig gereconstrueerde renaissancetuinen komen uit op een belvédère, die uitzicht biedt op het château. Er is een gedeelte met zeldzame aromatische planten, waarvan er in de 16de eeuw veel werden gebruikt voor het maken van medicijnen en parfums.
In het château is een museum waar de geschiedenis en het gebruik van parfum door de eeuwen heen worden belicht. Te zien zijn een parfumlaboratorium met een schitterende uitstalling van flesjes. Er is ook een aantrekkelijke cadeauwinkel.

JEANNE D'ARC

Jeanne d'Arc, afgebeeld op een middeleeuws tapijt

Jeanne d'Arc is Frankrijks grootste nationale heldin, de maagd-soldaat die door haar onwankelbare geloof in zichzelf de Honderdjarige Oorlog tegen Engeland een beslissende wending gaf. Nergens wordt ze meer geëerd dan in het Loiredal, waar ze haar grootste triomfen beleefde. Gehoor gevend aan 'stemmen' die haar vertelden dat ze de Engelsen uit Frankrijk moest verdrijven, verliet Jeanne in 1429, kort na haar 17de verjaardag, haar huis en reisde via Gien naar Chinon waar ze de nog ongekroonde Karel VII opzocht. Hij zag zich geconfronteerd met een Engels-Bourgondische coalitie die op het punt stond Orléans te veroveren. Jeanne wist hem te overtuigen dat zij de stad kon redden. Ze bewapende zichzelf in Tours, liet haar standaard zegenen in Blois en trok Orléans binnen. Opgezweept door haar geestdrift wisten de Fransen de Engelsen op 7 mei te verdrijven. Sindsdien vieren de bewoners van Orléans op 8 mei feest. Jeanne keerde terug naar Gien om Karel te bewegen zich in Reims te laten kronen. In 1430 werd ze gevangen genomen en aan de Engelsen overgeleverd. Ze werd beschuldigd van hekserij en stierf op negentienjarige leeftijd op de brandstapel.

Portret in gebrandschilderd glas van Karel II

Jeanne d'Arc trekt Orléans binnen door Jean-Jacques Sherrer (1855-1916)

Orléans ⓱

Jeanne d'Arc

Orléans was de hoofdstad van het middeleeuwse Frankrijk en tot de Franse Revolutie een koninklijk hertogdom, waarna het een republikeins bolwerk werd. Zijn historische faam lijkt enigszins tenietgedaan door zijn huidige rol als spoorwegknooppunt, handels- en zakencentrum, vooral omdat de oude wijk tijdens de Tweede Wereldoorlog zwaar beschadigd raakte. In het deel van de oude stad bij de rivier dat is hersteld, valt voor de bezoeker echter nog genoeg te ontdekken. Er zijn bovendien veel mooie tuinen in de 'rozenstad'.

Orléans verkennen

Vieil Orléans is de oude wijk die wordt begrensd door de kathedraal, de Loir en het **Place du Martroi**.
Het plein wordt gedomineerd door een beeld van de heldin van de stad, wier feest op 8 mei een jaarlijks hoogtepunt is.
De sokkel van het beeld, dat in 1855 werd opgericht en is gemaakt door Denis Foyatier, is prachtig bewerkt met taferelen uit haar leven.
Op het plein staan ook twee fraaie classicistische gebouwen, de Kanselarij en de Kamer van Koophandel.
In de smalle straatjes rond de Rue de Bourgogne, een deels autovrije winkelstraat met een groot aantal exotische restaurants, zijn enkele middeleeuwse gebouwen bewaard gebleven.
Leuke en vaak goedkope restaurants vindt u ook bij de **Nouvelles Halles**, de overdekte markt.
De duurste winkelstraat is de Rue Royale, die naar de 18de-eeuwse brug, de Pont George V, voert.

Maison de Jeanne d'Arc

Pl de Gaulle 3. *38529989.*
mei-okt.: di-zo; nov.-april: di-zo alleen 's middags. *1 jan., 28 en 29 april, 1 mei, 25 dec.*

Het Maison de Jeanne d'Arc is een reconstructie van het vakwerkhuis waar de soldaatheilige tien dagen in verbleef, in 1429. Er zijn taferelen uit haar leven, aandenkens, kostuums en vaandels te zien. Een van de audiovisuele diorama's toont de aanval van Jeanne op het door de Engelsen bezet gehouden fort Tourelles.

Het renaissancistische Hôtel Groslot

Hôtel Groslot

Pl de l'Etape. *38792230.*
dag. (behalve za).

Het 16de-eeuwse Hôtel Groslot is een van de mooiste renaissancehuizen van de stad. Het deed tot voor kort dienst als stadhuis. Het uit rode en zwarte bakstenen opgetrokken gebouw was ooit een statig woonhuis met gekrulde trappilaren, kariatiden en een ornamenteel versierd interieur.
Zelfs de koningen van Frankrijk verbleven er. In 1560 overleed de jonge Frans II in het huis nadat hij een bijeenkomst van de Staten-Generaal had bijgewoond met zijn kindbruidje Maria, de latere koningin van Schotland.
Het prachtige beeld van Jeanne d'Arc dat de trappen bewaakt, werd gemaakt door prinses Marie d'Orléans in 1840. Achter het gebouw ligt een klein parkje, dat wordt ingesloten door de gevel van de 15de-eeuwse flamboyant-gotische kapel St-Jacques.

Cathédrale Ste-Croix

Pl Ste-Croix. *38778750.* *dag.*

Met de bouw van de kathedraal werd begonnen in de 13de eeuw. Het oorspronkelijke gebouw werd volledig verwoest door de hugenoten in de 16de eeuw, en daarna weer herbouwd in een pseudo-gotische stijl tussen de 17de en de 19de eeuw. Achter de rijk geornamenteerde gevel ligt het reusachtige schip, verlicht door een roosvenster dat is opgedragen aan de 'Zonnekoning', Lodewijk XIV. De Jeanne d'Arc-kapel bevat het knielende beeld van kardinaal Touchet, die zich had ingezet voor haar heiligverklaring. Gebrandschilderde ramen stellen het martelaarschap van de heldin voor. In de crypte zijn kerkelijke gouden en geëmailleerde schatten te zien, en een meesterlijk geschilderde *Christus die het Kruis draagt*, door de Spaanse schilder Francisco de Zurbarán (1598-1664).

Het schip van de Cathédrale Ste-Croix

Het vredige Parc Floral in Orléans-la-Source

Musée des Beaux-Arts

Pl Ste-Croix. ☎ *38792155.*
di-zo. *1 jan., 1 en 8 mei, 1 nov., 25 dec.*

De uitstekende verzameling Europese schilderkunst van de 14de tot het begin van de 20ste eeuw omvat onder meer een zelfportret van Jean-Baptiste-Siméon Chardin (1699-1779) en *St-Thomas* door de jonge Diego Velázquez (1599-1660). Op de tweede verdieping is een charmante verzameling geëmailleerde beeldjes te zien, die een contrast vormt met de rijke 19de-eeuwse schilderkunst.

Musée Historique et Archéologique

Pl de l'Abbé Desnoyers ☎ *38792560.*
mei-juni: di-zo alleen 's middags; juli-aug.: di-zo; sept.-april: wo, za en zo alleen 's middags.

Dit museum is gevestigd in het Hôtel Cabu. Tot de topstukken van het museum horen de Keltische beeldjes die in 1861 in Neuvy-en-Sullias zijn ontdekt, waaronder een bronzen paard uit de 2de eeuw n.C. *(blz. 49).* Het museum heeft voorts Jeanne d'Arc-memorabilia en een verzameling artefacten vanaf de Middeleeuwen.

Tips voor de toerist

Wegenkaart E2. *100.000.* *Ave de Paris.* *Rue Marcel Proust.* *Pl Albert I er. (38240505).* *di-zo.* *Fête Jeanne d'Arc: 7 en 8 mei.*

Omgeving: De voorsteden van Orléans zijn heel geschikt om bij te komen van een dagje sightseeën in het centrum van de stad.
In Olivet bijvoorbeeld kunt u varen op de Loiret; de omgeving van de rivier biedt fraaie wandelmogelijkheden.
De Loiret, een zijrivier van de Loire, loopt ondergronds vanaf St-Benoît-sur-Loire *(blz. 140)* en komt boven de grond in het grote **Parc Floral** bij Orléans-la-Source. Het 100 ha grote natuurreservaat is vanaf april één bloemenzee. Naast het park liggen het 17de-eeuwse Château de la Source en de gebouwen van de Universiteit van Orléans.

Parc Floral

Orléans-la-Source. ☎ *38493000.*
april-half nov.: dag.: half nov.-maart: alleen 's middags.

Centrum van Orléans

Cathédrale Ste-Croix ④
Hôtel Groslot ②
Maison de Jeanne d'Arc ①
Musée des Beaux-Arts ③

Symbolen

P Parkeerplaats
Kerk

0 meter 250

De romaanse gevel van de abdijkerk St-Benoît

St-Benoît-sur-Loire ⓲

Wegenkaart F3. *2000.*
Rue Orléanaise 44 (38357900).

Dit rustige plaatsje kan bogen op een van de mooiste romaanse abdijkerken van Frankrijk, gebouwd tussen 1067 en 1108. Misschien wel het fraaiste aspect van de verder sobere gevel is het portaal van de klokketoren, vermoedelijk gebouwd door Abbot Gauzlin, zoon van de Capetinger koning Hugo. De kapitelen van de 50 gouden zuiltjes zijn versierd met dierfiguren en kobolds.

In de kerk scheiden zwaar gebouwde pilaren het gotische schip met het kruisgewelf van de zijbeuken. Het romaanse koor heeft blinde galerijen en een mozaïekvloer afkomstig uit Rome. Op de muur van het noordelijke dwarsbeuk kunt u het basreliëf van een Viking zien, de wangen doorboord om zijn heidense geest te verdrijven.

In de crypte bevindt zich een kist met daarin de relieken van de H. Benedictus, de 6de-eeuwse vader van het westerse kloosterleven. Ze werden in 672 weggenomen uit Monte Casino in Italië, het klooster van Benedictus. In de 11de eeuw, toen met de huidige kerk werd begonnen, was de benedictijnenorde rijk en St-Benoît-sur-Loire beroemd om zijn geleerdheid en zijn gestolen relieken. U kunt de sfeer van St-Benoît het beste proeven door de avondvespers of de uitvoeringen van de gregoriaanse gezangen bij te wonen.

De 9de-eeuwse kerk **St-Germigny-des-Prés** ligt 5 km van St-Benoît-sur-Loire via de D60. De kleine koepel van de oostelijke apsis bevat een bijzonder aardig mozaïek van engelen die zich over de Ark des Verbonds buigen. De compositie bestaat uit 130.000 gekleurde glazen steentjes, die in de 6de eeuw werden verzameld.

Gien ⓳

Wegenkaart F3. *16.500.*
Pl Jean-Jaurès (38672528).
wo, za.

Gien wordt beschouwd als een van de mooiste plaatsen van de Loire. Na te zijn verwoest in de Tweede Wereldoorlog werd het stadje met veel zorg weer gerestaureerd. De huizen liggen tegen een heuvel die wordt bekroond door een château. Deze werd gebouwd voor Anna van Frankrijk, die aan het eind van de 15de eeuw als regentes optrad voor haar broer Karel VIII.

Alleen de spitse toren van de **Église Ste-Jeanne d'Arc**, naast het château, overleefde de verwoestingen van de oorlog, maar in de jaren vijftig werd hij vervangen door een opmerkelijke kerk. De buitenmuur is opgetrokken uit bakstenen afkomstig uit de beroemde keramiekovens van Gien. Hun warme kleur gaat goed samen met de rode en zwarte bakstenen van het château. In de kerk hangt een warme gloed door het gebrandschilderd glas van Max Ingrand en de kenmerkende faience van de streek. In de fabriek, die in 1821 werd gesticht *(blz. 221)*, is een porselein- en keramiekmuseum.

Gebrandschilderd glas van Max Ingrand

Het **château** van Anna van Frankrijk, gebouwd tussen 1484 en 1500 op de plek van een van de oudste kastelen van de Loire, bood een goed heenkomen voor de jonge Lodewijk XIV en de koningin-moeder tijdens de Fronde, de burgeroorlog (1648-1653). De grote zalen en galerijen bieden nu onderdak aan een schitterend jachtmuseum. De verzameling omvat wapens, kostuums en een overzicht van diverse jachttechnieken. In de indrukwekkende entreehal van het château hangt een schilderij van Sint-Hubertus, de schutspatroon van de ja-

Het château en de 16de-eeuwse brug van Gien gezien vanaf de Loire

gers. Het stelt zijn bekering voor door het visioen van een hert dat een kruis tussen zijn gewei draagt. Een Italiaanse kruisboog en een kruithoorn versierd met beelden van de mythische Diana en Actaeon zijn schitterende voorbeelden van 17de-eeuws snijwerk. Voorts is er werk van de 20ste-eeuwse beeldhouwer Florentin Brigaud, de Vlaamse etser Stradanus en François Desportes.

Château et Musée International de la Chasse
38676969. *dag.*
1 jan. en 25 dec.

Met een plezierboot het brug-kanaal van Briare over

Briare-le-Canal 20

Wegenkaart F3. *6000.*
Pl Charles-de-Gaulle (38312451).
vr.

Dit kleine plaatsje met zijn aantrekkelijke haventje is de achtergrond van een meesterlijk staaltje van bouwkunst: het langste brug-kanaal van Europa *(blz. 56-57)*. Het steenwerk en de gietijzeren krullen werden ontworpen door Gustave Eiffel (1832-1923). De brug overspant de Loire en verbindt het kanaal Briare-Loing met het Canal Latéral. Deze waterwegen vloeien op hun buurt weer samen met de Seine en de Rhône. Men kan de 662 m lange brug, die er met zijn sierlijke lantaarns uitziet als een Parijse boulevard, te voet of met een *bateau-mouche* oversteken.

De vredige meertjes van de Sologne zijn ideaal om te vissen

De Sologne 21

Wegenkaart E3. *Romorantin-Lanthenay.* *Maison des Etangs, St Viâtre (54889320).*

De Loire tussen Gien en Blois vormt de noordgrens van de Sologne, een uitgestrekt gebied dat bestaat uit vlak heideland, moerassen en bossen. De streek is bezaaid met *étangs*, meren die vol zitten met vis, waarop veel trek- en watervogels afkomen. De bossen zijn ook in trek bij jagers. Dat was al zo in de Renaissance, toen vorsten hier hun grote jachtsloten lieten bouwen. Een groot deel van het land is in particuliere handen, maar er zijn openbare paden.
Romorantin-Lanthenay is de 'hoofdstad' van de Sologne. Met zijn 17de-19de-eeuwse gebouwen en middeleeuwse wijk is het een prettige plaats. Hier is ook het **Musée de Sologne**, met een expositie over de economie en het dierenleven in het gebied.

St-Viâtre, net ten noorden van Romorantin-Lanthenay, is een centrum voor vogelaars op de *étangs* van Brosses, Grande Corbois, Favelle, Marcilly en Marguilliärs. Het **Maison des Étangs** in St-Viâtre geeft uitleg over de ornithologie van dit merengebied.
Voor het observeren van wild zijn er vier plekken in het park van Chambord *(blz. 134-135)*. Men kan hier vaak herten zien – en, in de paartijd (herfst), horen. Een ander groot natuurreservaat dat toegankelijk is voor het publiek is het **Domain du Ciran**, 25 km ten zuiden van Orléans, bij Ménestreau-en-Villette.

Musée de Sologne
54953366. *wo-ma (april-okt.: zo en feestdagen alleen 's middags).*
1 jan., 1 mei, 25 dec.

Maison des Étangs
54889320. *half sept.-juni: op afspraak; 1 juli-15 sept.: dag.*

Domaine du Ciran
Ménestreau-en-Villette. *La Ferté-St-Aubin, dan taxi.* *Ménestreau-en-Villette (38769093).*

Karakteristiek vakwerkhuis in de Sologne

BERRY

Berry ligt in het hart van Frankrijk, ten zuiden van Parijs en even ten noorden van het Massif Central. Het gevarieerde landschap bestaat uit graanvelden, weiden en wijngaarden, oude bossen, glooiende heuvels en meren, vredige dorpjes en elegante landhuizen. De streek ligt grotendeels buiten de toeristische routes en biedt bezoekers de gelegenheid kennis te maken met het landelijke hart van Frankrijk.

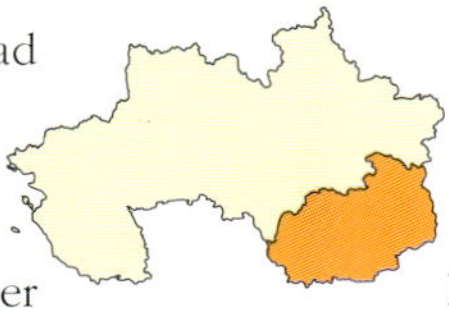

Bourges, de belangrijkste stad van Berry, was een van de hoofdsteden van Aquitanië in de Gallo-Romeinse tijd. Het beleefde een opbloei in de 14de eeuw onder het bewind van hertog Jan van Berry. Deze oorlogszuchtige mecenas liet een prachtig paleis (nu verwoest) in de stad bouwen en verzamelde schilderijen, wandtapijten, juwelen en verluchte handschriften.

Toen Karel VII tussen 1420 en 1430 om de Franse Kroon vocht *(blz. 52-53)*, diende Bourges als uitvalsbasis. Na afloop stelde zijn schatmeester Jacques Coeur alles in het werk om het koninkrijk financieel veilig te stellen. Wat betreft het aantal bezoekers wedijvert het Palais Jacques-Coeur in Bourges met de prachtige kathedraal van de stad.

Berry is ideaal voor buitensportliefhebbers; u kunt hier wandelen in de bossen, vissen of vogels kijken in La Brenne en zeilen en kanoën op de rivieren en meren. Enkele literaire hoogtepunten met betrekking tot de streek zijn de romans van George Sand *(blz. 22)* en Alain-Fourniers ontroerende verhaal *Le grand Meaulnes*, over zijn jeugd in de Sologne in het noorden en in het glooiende landschap in het zuiden.

Tot de culinaire attracties van Berry behoren gerechten met wild uit de streek en wilde paddestoelen. Het befaamde wijndistrict Sancerre in het noordoosten *(blz. 155)* staat ook bekend om zijn uitstekende geitekazen, zoals de beroemde Crottin de Chavignol.

Het dorpje Argenton-sur-Creuse

◁ **De wijngaarden van Sancerre**

Berry verkennen

Bourges leent zich bij uitstek om het hart van Frankrijk te verkennen. Van hier is het slechts een korte rit naar de rand van de Sologne *(blz. 141)* in het noorden of La Brenne in het zuidoosten. Beide streken zijn rijk aan wild. Ten zuiden van Bourges ligt de Champagne Berrichonne, een enorm landbouwgebied waar tarwe, gerst en olierijke gewassen als koolzaad en zonnebloemen worden verbouwd. De Loire, die door de wijngaarden van Sancerrois stroomt, vormt de oude grens tussen Berry en Bourgondië.

Het Palais Jacques-Coeur in Bourges

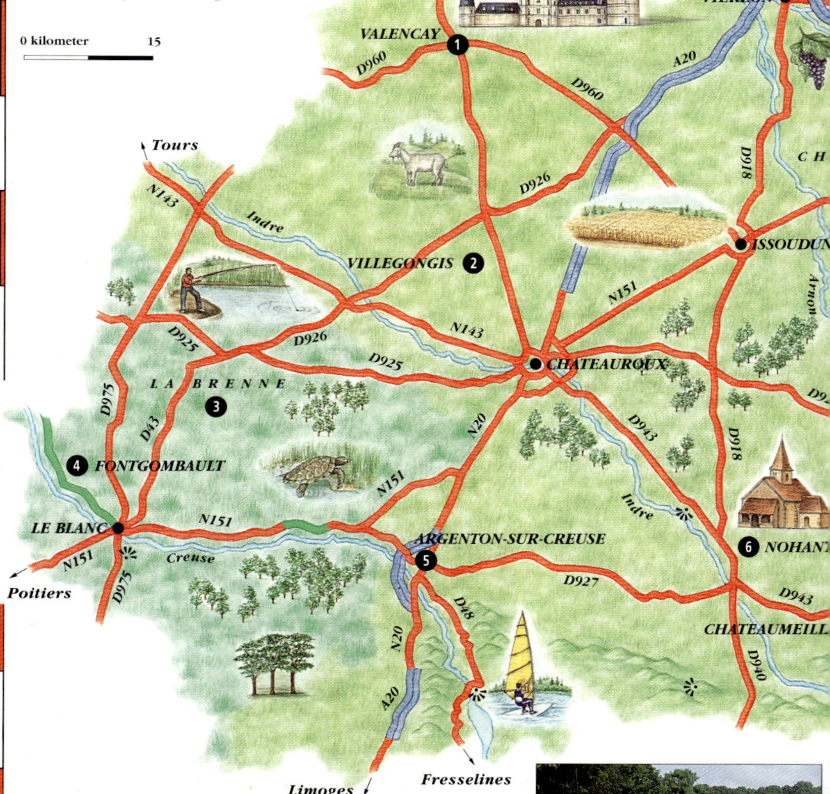

Bereikbaarheid

De A71 leidt van Parijs naar Vierzon, Bourges en St-Amand-Montrond en vormt een uitstekende manier om van noord naar zuid te reizen. De TGV stopt niet in de streek, maar Corail-treinen brengen u in ruim twee uur van Gare d'Austerlitz in Parijs naar Bourges (niet direct) of Châteauroux. Er zijn ook diensten tussen Bourges en Tours. Het openbaar vervoer naar de meer geïsoleerde plaatsen is beperkt en een auto is erg handig, vooral voor een tochtje door de wijngebieden van Sancerre of de natuurgebieden van La Brenne.

Het karakteristieke, lieflijke rivierlandschap van Berry

BEZIENSWAARDIGHEDEN

Ainay-le-Vieil 9
Argenton-sur-Creuse 5
Aubigny-sur-Nère 15
Bourges blz. 150-153 12
La Brenne 3
Châteaumeillant 7
Culan 8
Fontgombault 4
Meillant 11
Nohant 6
Noirlac 10
Sancerre 13
Valençay 1
La Verrerie 14
Villegongis 2

Rondrit

Wijn- en kaasrondrit 16

SYMBOLEN

- Snelweg
- Hoofdweg
- Secundaire weg
- Toeristische route
- Rivier
- Uitkijkpunt

Sancerre, gelegen op een heuvel en omringd door wijngaarden

Château de Valençay met een van de dieren die op het landgoed leven

Château de Valençay ❶

Wegenkaart E4. *Valençay.* *54001066, 54001574.* **Château & Musée de l'auto** en **park** *april-okt.: dag.; nov.-maart: za, zo en schoolvakanties.* *beperkt.*

Van de lommerrijke oprijlaan biedt het Château de Valençay een fraai aanzicht. Na de eerste steen in 1510 liet de voltooiing meer dan 300 jaar op zich wachten. De renaissancistische en classicistische elementen zijn echter fraai gecombineerd. In 1803 kwam het château in handen van Bonapartes minister van Buitenlandse Zaken Charles-Maurice de Talleyrand-Périgord, die hier in 1838 stierf.
De vertrekken in Valençay zijn rijk gemeubileerd, vooral in empirestijl. U vindt er veel met Talleyrand verbonden *objets d'art*. Op het landgoed leven pauwen, zwanen, herten, lama's en kangoeroes. Het **Musée de l'Auto** biedt een mooie verzameling antieke auto's.

Château de Villegongis ❷

Wegenkaart E4. *Châteauroux, dan taxi.* *54366051.* *april-sept.: 's middags op afspraak.*

Het elegante en omgrachte Château de Villegongis werd waarschijnlijk gebouwd door Pierre Nepveu, een van de meestermetselaars van Chambord *(blz. 132-135)*. Het château is sinds de 15de eeuw in bezit gebleven van dezelfde familie en in de loop der tijd nauwelijks veranderd. Het vormt een van de puurste voorbeelden van de Franse renaissancestijl.
Opvallend zijn de rijk bewerkte schoorstenen, die duiden op een relatie met Chambord, en de cilindervormige torens aan weerszijden van het hoofdgebouw.
Het interieur is fraai gemeubileerd met enkele mooie stukken uit de 17de en 18de eeuw.

La Brenne ❸

Wegenkaart E4. *Mézières-en-Brenne, Le Blanc.* *Maison du Parc, Rosnay (54281213).*

Het Parc Naturel Régional de la Brenne (165.000 ha) staat bekend als het *Pays des mille étangs* (land van duizend meren). Het is een prachtige streek met meren en beboste heuvels en vormt een paradijs voor natuurliefhebbers. Naar schatting leven hier 250 van de 450 bekende Europese vogelsoorten.
Enkele reservaten staan open voor publiek, zoals het **Réserve Naturelle de Chérine**, een goede plek om Europese zoetwaterschildpaden te bekijken, en het **Parc Animalier de la Haute-Touche**, toevluchtsoord voor bedreigde hertesoorten. In de plaats Mézières-en-Brenne ligt het **Maison de la Pisciculture**, waar u aquaria met lokale vissoorten kunt bewonderen.
In het noordwesten van La Brenne ligt **Azay-le-Ferron**, een grotendeels in renaissancestijl gebouwd château met geometrische tuin en rijk gemeubileerde vertrekken.

Réserve Naturelle de Chérine
St-Michel-en-Brenne. *54381224.* **Observatiepost** *dag.* *1 jan., 25 dec.* *vogelexcursies: april-juni: di, do, za 14.00-18.00 uur; juli-aug.: di 18.00-20.00 uur, za, zo 20.00-22.00 uur.*

Parc Animalier de la Haute-Touche
Obterre. *54392082.* *Pasen-okt.: dag.*

Maison de la Pisciculture
Mézières-en-Brenne. *54381299.* *wo-ma alleen 's middags* *1 jan., 1 mei, 25 dec.* *alleen begane grond.*

Château d'Azay-le-Ferron
Azay-le-Ferron. *54392006.* *bel voor informatie over de openingstijden.*

Een van de vele idyllische meren in La Brenne

Abbaye de Notre-Dame de Fontgombault ❹

Wegenkaart E4. *54371203, 54373098.* *dag.* *mis: dag. 10.00 uur; vespers: ma-za 18.00 uur; zo 17.00 uur.*

De prachtige benedictijner **Abbaye de Notre-Dame de Fontgombault** dateert uit 1091 en is beroemd om haar gregoriaanse gezangen. In 1741 werd het klooster verlaten toen het aantal monniken niet meer bedroeg dan vijf. In de 19de eeuw volgde een restauratie en nu wonen er monniken uit Solesmes *(blz. 162).*
De kerk met vijf straalsgewijs gebouwde kapellen bezit een rijk versierd portaal, bewerkte kapitelen en een beroemd 12de-eeuws beeld, dat bekend staat als de Notre-Dame du Bien-Mourir en troost zou bieden aan stervenden. Nog steeds klinken tijdens de diensten gregoriaanse gezangen, vooral 's ochtends. De monniken maken aardewerk, dat in de naast de kerk gelegen expositieruimte kan worden gekocht.

De kapellen van de Abbaye de Notre-Dame de Fontgombault

In Argenton-sur-Creuse hangen de oude huizen boven de rivier

Argenton-sur-Creuse ❺

Wegenkaart E4. *5200.* *Pl de la République (54240530).* *za.* *Internationaal folklorefestival Murcuria, om het jaar (juli).*

Argenton-sur-Creuse is een aardig plaatsje langs de rivier, die zich door diepe kloven van Fresselines naar Argenton kronkelt. Straatjes met pittoreske huizen leiden naar de kapel van Notre-Dame-des-Bancs, gedomineerd door het 6 m hoge vergulde Mariabeeld. Hier en op de Vieux Pont, een middeleeuwse brug, hebt u een prachtig uitzicht.
In de 19de eeuw werd de stad een belangrijk centrum van de textielindustrie. De betekenis hiervan wordt belicht in het informatieve **Musée de la Chemiserie et de l'Élégance Masculine**.

Musée de la Chemiserie et de l'Élégance Masculine
Argenton-sur-Creuse. *54243469.* *half febr.-dec.: di-zo.*

Château de Nohant ❻

Wegenkaart E4. *54310604.* *Châteauroux.* *dag.* *1 jan., 1 mei, 1 en 11 nov. en 25 dec.* *Fêtes romantiques de Nohant (juni); Chopin chez George Sand (juli).* *54482264.*

George Sand was de *nom de plume* van de beroemde schrijfster barones Aurore Dudevant (1804-1876). Zij groeide grotendeels op in dit charmante huis naast een romaans kerkje. Tijdens haar veelbewogen en onconventionele leven keerde ze hier regelmatig terug om te genieten van de rust en schoonheid van haar geliefde Berry.
Veel van George Sands romans, waaronder *La mare au diable* en *La petite Fadette*, zijn gesitueerd in deze streek *(blz. 22).* Sands bewonderaars kunnen een blik werpen op het boudoir waar ze voor het eerst schreef, het podium waar zij en haar gasten optraden, de door haar zoon Maurice gemaakte poppen, de slaapkamer van haar minnaar de componist Frédéric Chopin en de kamer waar ze stierf in 1876.

Monet in Fresselines

In 1889 reisde de impressionistische schilder Claude Monet naar het hoog boven de Creuse gelegen dorp Fresselines. Hij vond een plekje met een schitterend uitzicht op de rivier, werd gegrepen door wat hij zag en maakte een serie doeken, waarop het tafereel werd afgebeeld onder verschillende lichtvallen. In februari dwong het slechte weer hem te stoppen en op de lente te wachten. Later ontdekte hij dat het jonge groen het uitzicht had veranderd, waarna hij de eigenaar van een eik die op vijf van zijn werken stond afgebeeld, moest betalen om de boom van zijn bladeren te ontdoen.

***Het dal van de Petite Creuse* door Claude Monet**

Châteaumeillant ❼

Wegenkaart F4. *2000.* *St Amand-Montrond.* *juni-sept.: Rue de la Victoire (48613989).* *vr.*

Blikvanger van dit plaatsje is de tussen 1125 en 1150 gebouwde romaanse **Église St-Genès**, met zijn elegante roze en grijze westgevel. Het interieur is uitzonderlijk ruim, niet alleen vanwege de grote hoogte, maar ook door het brede koor met zes apsiskapellen en zijportalen. Deze worden gescheiden door sierlijke dubbele nissen, waardoor een kruisgangeffect ontstaat.

Châteaumeillant was ooit een belangrijk Gallo-Romeins centrum en bezit een museum met Romeinse kunst. Het **Musée Émile-Chenon** exposeert ook middeleeuwse vondsten uit de omgeving.

Musée Émile-Chenon
Rue de la Victoire. *48613989.* *juni-sept.: alleen op afspraak.*

Château de Culan ❽

Wegenkaart F4. *48566418.* *april-okt.: dag.*

Dit middeleeuwse fort dateert uit de 13de en 14de eeuw en ligt strategisch boven een steile rotswand aan de Arnon. De drie imposante, kegelvormige torens hebben houten daken, die goed bewaard zijn gebleven. Binnen getuigen de gemeubileerde kamers van de lange geschiedenis van het kasteel.

De binnenplaats van het Château d'Ainay-le-Vieil

Tot de beroemde bezoekers behoren de admiraal van Culan, een strijdmakker van Jeanne d'Arc (die het kasteel ook aandeed in 1430), en de schrijfsters George Sand *(blz. 22)* en Madame de Sévigné. In de 17de eeuw werd het fort belegerd tijdens de Fronde-opstand.

Van het terras kunt u genieten van een prachtig uitzicht op het dal van de Arnon en de onlangs opnieuw beplante tuinen.

Château d'Ainay-le-Vieil ❾

Wegenkaart F4. *St-Amand-Montrond, dan taxi.* *48635003.* *febr. en maart: wo-ma, alleen 's middags; april-nov.: dag.*

Van de buitenkant ziet Ainay-le-Vieil eruit als een stoer fort, met zijn imposante muren en negen robuuste torens met smalle schietgaten. Het omgrachte, achthoekige kasteel, toegankelijk via een enorme poort uit de 13de eeuw, blijkt binnen echter een sierlijk renaissance-château, ontworpen voor een elegante levensstijl. De rijk versierde gevel is verluchtigd met zonnige loggia's.

Het kasteel ging regelmatig in andere handen over. In de 15de eeuw behoorde het korte tijd toe aan Jacques Coeur *(blz. 151)*, de schatmeester van Karel VII. In 1467 werd het kasteel gekocht door de heren van Bigny, wier nakomelingen hier nog altijd wonen.

De Grand Salon werd omstreeks 1500 versierd ter ere van een bezoek door Lodewijk XII en Anna van Bretagne. Bezienswaardig zijn het beschilderde plafond, een monumentale haard (een van de fraaiste van het Loiredal) en portretten van Jean-Baptiste Colbert, de eerste minister van Lodewijk XIV, en andere familieleden. Bovendien vindt u er een barnstenen hanger die behoorde aan koningin Marie-Antoinette, en verschillende *objets de vertu*, cadeaus van Napoleon aan generaal Auguste Colbert.

De kleine renaissancekapel bezit prachtige muurschilderingen uit de late 16de eeuw; deze werden ontdekt onder de 19de-eeuwse versiering. De gebrandschilderde ramen zijn van de hand van een kunstenaar die ook werkte aan de Cathédrale St-Étienne in Bourges *(blz. 152-153)*.

In het park bevindt zich een heerlijk geurende rozentuin. Sommige van de soorten die hier groeien, dateren uit de 15de eeuw.

Château de Culan ligt hoog boven de Arnon

Abbaye de Noirlac ⓾

Wegenkaart F4. *St-Amand-Montrond, dan taxi.* *48620101.* *maart-sept.: dag.; okt.-febr.: wo-ma.* *1 jan. en 25 dec.* *L'Eté de Noirlac (aug.).*

De cisterciënzer Abbaye de Noirlac uit 1136 is een mooi voorbeeld van middeleeuwse kloosterarchitectuur. De soberheid van de cisterciënzer orde vindt u terug in de rechte lijnen van de deels 12de-eeuwse kerk en de eenvoud van de moderne gebrandschilderde ramen.
De kapittelzaal, waar de monniken hun diensten hielden, en de *cellier* werden eveneens gebouwd in deze sobere, maar elegante stijl.
De kruisgang, met zijn sierlijke bogen en bewerkte kapitelen, dateert uit de 13de en 14de eeuw, een wat minder strenge periode.
Bij **Bruère-Allichamps**, 4 km ten noordwesten van de abdij, markeert een Gallo-Romeinse mijlpaal het, naar verluidt, exacte centrum van Frankrijk.

De strakke lijnen van de Abbaye de Noirlac

Château de Meillant ⓫

Wegenkaart F4. *St-Amand-Montrond, dan taxi.* *48633058, 48633205.* *febr.-half dec.: dag.* *alleen begane grond.*

De weelderig ingerichte vertrekken en bewerkte plafonds van dit goed bewaarde château in Berry, sluiten goed aan op de overdadig versierde gevel aan de binnenplaats. Het château werd in 1510 door Italiaanse ambachtslieden gebouwd voor Charles d'Amboise en vormt een fraaie combinatie van architectuur uit de late Gotiek en vroege Renaissance. De achthoekige Tour de Lion (leeuwentoren) met drie verdiepingen domineert. De eenvoudiger westgevel, weerspiegeld in een gracht, dateert uit de vroege 14de eeuw.
Tot de andere bezienswaardigheden behoren de sierlijke kapel van het château en het omringende landgoed waar pauwen rondscharrelen. Op het terrein bevindt zich **La Mini'stoire**, een aardig miniatuurpark over architectuur.

Een ondeugend houtsnijwerkje in Meillant

La Mini'stoire
febr.-half dec.: dag.

De cisterciënzer abdij

De regels van de cisterciënzer orde waren gebaseerd op soberheid en eenvoud. In de abdijen leefden twee gescheiden gemeenschappen. De niet aan heilige geloften gebonden lekebroeders waren verantwoordelijk voor het reilen en zeilen van de abdij. Zij verzorgden de voorraden, bewerkten het land, maalden het graan en verwelkomden de gasten. De echte, of koormonniken hadden als enigen toegang tot de kruisgang, midden in het complex. Zij mochten de abdij niet verlaten zonder toestemming van de abt.
De dag van een monnik speelde zich af tussen 2.00 en 19.00 uur en werd onderbroken door godsdienstoefeningen als bidden, biechten, mediteren en naar de mis gaan. De strikte zwijgplicht werd alleen opgeheven tijdens het voorlezen van de Bijbel of de reglementen van de orde.

Een cisterciënzer monnik bewerkt het land

Bourges ⓬

Het hart van het moderne Bourges bestaat uit een netwerk van oude straten rond een prachtige kathedraal. Ondanks een brand in 1487 groeide de voormalige Romeinse stad Avaricum in de Middeleeuwen uit tot een belangrijk religieus en artistiek centrum; eind 19de eeuw was het een welvarende industriestad. Tegenwoordig heerst in Bourges een rustige sfeer, die goed aansluit bij de fraaie, in oude monumenten gevestigde musea. De stad komt in de lente tot leven tijdens de *Printemps de Bourges*, een rockfestival dat veel jeugdig publiek trekt.

Het 16de-eeuwse *Concert Champêtre* in het Hôtel Lallemant

Hôtel des Échevins en Musée Estève

Rue Edouard Branly 13. ☎ *48247538.*
◯ *ma, wo-za; zo alleen 's middags.*
● *1 jan., 1 mei, 1 nov., 11 nov. en 25 dec.* ♿

Het Hôtel des Échevins (het huis van de schepenen) valt op door zijn rijk bewerkte, achthoekige toren en dateert uit 1489. Het diende als zetel van de stadsraad, die Bourges meer dan drie eeuwen bestuurde. In 1886 werd het gebouw tot monument verklaard. De renovatie ging van start in 1985, waarna het in 1987 de deuren opende als Musée Estève. U vindt er werken van de kunstenaar Maurice Estève, die werd geboren in Culan *(blz. 148)*. De collectie is grotendeels opgebouwd rond de krachtige, fel gekleurde doeken van Estève en wordt aangevuld met tijdelijke exposities van zijn aquarellen, collages en tekeningen. De tentoonstelling is in chronologische volgorde gerangschikt op drie verdiepingen, die verbonden zijn door een wenteltrap. De moderne werken komen verrassend goed tot hun recht in de ruime gotische vertrekken.

***Samsâra* door Maurice Estève (1977)**

Hôtel Lallemant & Musée des Arts Décoratifs

Rue Bourbonnoux 6. ☎ *48578117.*
◯ *di-za; zo alleen 's middags* ● *1 jan., 1 mei, 1 nov., 11 nov. en 25 dec..*

Dit renaissancehuis werd gebouwd voor een rijke, Duitse koopmansfamilie en huisvest nu het museum voor decoratieve kunst. U vindt hier een door de Lallemants gebruikte kapel, cassettenplafonds met alchemistische symbolen en een elegante, gerestaureerde binnenplaats. Daarnaast is er een collectie wandtapijten, klokken, keramiek, glas, schilderijen en meubilair, waaronder een prachtig, met ebbenhout ingelegd kabinet uit de 17de eeuw. In een ander deel vindt u een speelgoedcollectie, daterend van de 17de eeuw tot heden.

Musée du Berry

Rue des Arènes 4-6. ☎ *48704192.*
◯ *ma, wo-za; zo alleen 's middags.*
● *1 jan., 1 mei, 1 nov., 11 nov. en 25 dec.* ♿ *alleen begane grond.*

Het Musée du Berry in het renaissancistische Hôtel Cujas concentreert zich op de plaatselijke geschiedenis. Tot de collectie behoort een uitgebreide tentoonstelling Gallo-Romeinse kunst. Daarnaast zijn er enkele prachtige gotische beelden te bewonderen. Bijzonder fraai zijn de wenende figuren van Jean de Cambrai, aan de voet van het graf van hertog Jan van Berry. Het bovengedeelte is te zien in de crypte van de Cathédrale St-Étienne *(blz. 152-153)*. Op de bovenste verdieping van het museum vindt u kunst, nijverheid en gebruiksvoorwerpen die afkomstig zijn van het platteland van Berry.

Het plafond met engelen van Jehan Fouquet in het Palais Jacques-Cœur

Jacques Cœur

Jacques Cœur (ca. 1400-1456) uit Bourges was een van de rijkste mannen van middeleeuws Frankrijk. Met zijn koopvaardijvloot voer hij naar de oostkust van de Middellandse Zee en bracht luxegoederen uit het Verre Oosten met zich mee. Karel VII benoemde hem tot hoofd van de Parijse Munt en vervolgens tot koninklijk schatmeester. In 1451 werd hij ten onrechte in verband gebracht met de dood van de maîtresse van de koning, Agnès Sorel. Hij werd gearresteerd, gemarteld en gevangen gezet, maar wist te ontsnappen naar Rome. Hij trok met de pauselijke vloot ten strijde tegen de Turken en stierf op het Griekse eiland Chios.

De koopman Jacques Cœur

Tips voor de toerist

Wegenkaart F4. *76.000.* *Pl Général Leclerc.* *Rue Doulet.* *Rue Victor Hugo 21 (48230260).* *do-zo.* *Printemps de Bourges (april); Été à Bourges (straatfestival, half juni-aug.).*

Palais Jacques-Cœur

Rue Jacques-Cœur. *48240687.* *dag.* *feestdagen.*

Dit rijk versierde paleis, gebouwd op de restanten van de Gallo-Romeinse muren van de stad, behoort tot de fraaiste seculiere gotische gebouwen in Europa. Het werd tegen hoge kosten gebouwd tussen 1443 en 1451 voor Jacques Cœur, een van de fascinerendste mannen in middeleeuws Frankrijk.

Het paleis bezit een aantal kenmerken die typerend zijn voor hun tijd. De vertrekken worden verbonden door gangen en lopen niet in elkaar over, zoals daarvoor gebruikelijk was. Een wasruimte toont het belang dat aan hygiëne werd gehecht. Boven de deur van ieder vertrek prijkt een voorstelling met daarop een afbeelding van de functie.

Het paleis biedt een schat aan interessante details, van *trompe l'oeil*-voorstellingen aan de gevel, tot de mysterieuze, mogelijk alchemistische symbolen die overal opduiken.

De haard in de zuidgalerij van het Palais Jacques-Cœur

Harten vormen een regelmatig terugkerend motief – de eigenaar voerde namelijk harten *(cœurs)* in zijn wapen. Ook bezienswaardig zijn de grote binnenplaats, het prachtige hout in de galerijen en het fraaie plafond in de kapel, beschilderd door Jean Fouquet uit Tours *(blz. 23)*.

Centrum van Bourges

Cathédrale St-Étienne ⑤
Hôtel des Échevins (Musée Estève) ③
Hôtel Lallemant (Musée des Arts Décoratifs) ④
Musée du Berry ①
Palais Jacques-Cœur ②

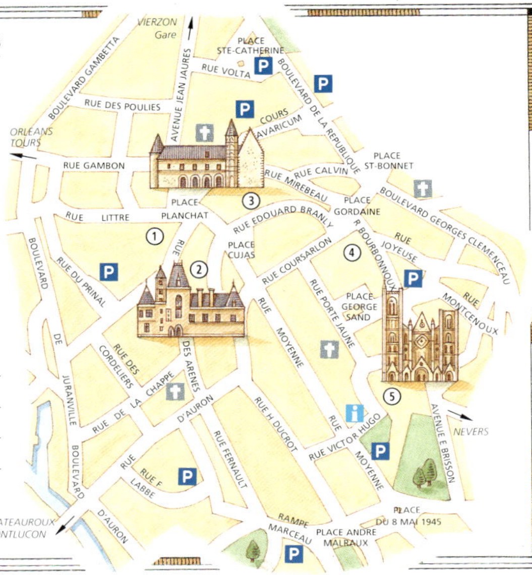

Symbolen

- Parkeren
- Toeristenbureau
- Kerk, kathedraal

0 meter 350

Bourges: Cathédrale St-Étienne

Gebrandschilderd glas

De St-Étienne, een van de fraaiste gotische kathedralen in Frankrijk, werd gebouwd tussen 1195 en 1260. De onbekende architect ontwierp de kathedraal zonder dwarsbeuken. Gecombineerd met de ongewone hoogte en breedte, leidde dit tot meer licht dan gebruikelijk in gotische kathedralen. Dit effect wordt prachtig versterkt door de kleurschakering van de middeleeuwse gebrandschilderde ramen. Ook ongebruikelijk zijn het asymmetrische westfront; de dubbele rij luchtbogen, die piramidevormig oprijzen, en de 'crypte', ontworpen omdat het terrein aan de oostkant 6 m lager ligt.

Het grootse interieur
Het interieur is 124 m lang en 37 m hoog.

★ Astrologische klok
Deze fascinerende klok dateert uit omstreeks 1420 en werd ontworpen door kanunnik en wiskundige Jean Fusoris.

De Tour Sourde (dove toren), zo genoemd omdat hij geen klok heeft.

Ingang

De Grand Housteau is een enorm roosvenster, geschonken door de bekende mecenas hertog Jan van Berry.

De vijf portalen van het westfront worden omlijst door reliëfs. De poorten variëren in grootte en vorm. Ze dragen bij aan de asymmetrie van de gevel.

Laatste Oordeel

Het timpaan aan het hoofdportaal van de westgevel toont de aartsengel Michaël die zielen weegt. Zij die tekortschieten worden naar de hel gesleept, terwijl de gekozenen zich rond Abraham scharen. De jeugdige, naakte doden verheffen zich uit hun graf.

***Het Laatste Oordeel* in een portaal van de Cathédrale St-Étienne**

★ Gebrandschilderde ramen
Het gebrandschilderde glas in het koor werd betaald door lokale gilden. Onder elk raam staan de leden afgebeeld tijdens hun werkzaamheden.

De Chapelle Jacques-Cœur heeft een schitterend raam met de Annunciatie.

De crypte of lagere kerk werd gebouwd in de vroegere Gallo-Romeinse gracht.

Het romaanse portaal aan de zuidzijde van de kathedraal is versierd met een *Tronende Christus* en de 12 apostelen.

Tips voor de toerist

Pl Étienne Dolet. ☎ *48657289.* ◯ *dag. 8.00-19.30 uur.* ● *feestdagen.* *april-okt.* ✝ *ma 18.30 uur; di-vr 9.00 uur; za 18.30 uur; zo 8.30 uur (zomer), 11.00 uur.* **Crypte** ◯ *ma-za 9.00-12.00 en 14.00-18.00 (17.00) uur.*

Biddende figuren
In de crypte staan beelden van de hertog en hertogin van Berry. Tijdens de Revolutie werden de beelden onthoofd; de huidige hoofden zijn kopieën.

★ St-Sépulcre
Deze aangrijpende beeldengroep van de Graflegging van Christus *werd in 1540 in de crypte geplaatst.*

Sterattracties

- ★ Astrologische klok
- ★ Gebrandschilderde ramen
- ★ St-Sépulcre

Jean, duc de Berry
Het marmeren beeld van hertog Jan van Berry maakte ooit deel uit van de tombe. Zijn voeten rusten op een beer.

Een wijngaard in Sancerre

Sancerre ⓭

Wegenkaart F3. 2100. Cosne-sur-Loire 48540821. za Foire aux crottins (geitekaasfestival, begin mei); Foire aux vins (wijnfestival, Pinksteren); Foire aux vins de France (Franse-wijnfestival, eind aug.).

Sancerre ligt op een heuvel, een ongewoon gezicht in het verder vlakke landschap van het Loiredal. In de smalle straatjes staan interessante 15de- en 16de-eeuwse huizen. Van het middeleeuwse kasteel resteert alleen de **Tour des Fiefs**. Van de top van deze toren hebt u een prachtig uitzicht op de Loire. De stad en de omgeving zijn beroemd om hun droge witte wijnen.

Het **Château de Boucard**, gelegen in een landelijke omgeving 10 km ten westen van Sancerre, is van middeleeuwse origine, maar bezit een elegante binnenplaats uit de Renaissance.

Tour des Fiefs
Pasen-okt.: za, zo en feestdagen alleen 's middags.

Château de Boucard
Le Noyer. 48587281.
Pasen-okt.: vr-wo.
zo 's ochtends.

Château de la Verrerie ⓮

Wegenkaart F3. *Gien, dan taxi.* 48580691. *Pasen-okt.: dag.* *zie* ***accommodatie****, blz. 205.*

Dit fraaie château uit de vroege Renaissance ligt aan de rand van het Forêt d'Ivoy. Het land was een gift van Karel VII aan de Schot sir John Stewart of Darnley als dank voor het verslaan van de Engelsen in de slag van Baugé in 1421. Johns zoon, Béraud Stewart, begon enkele decennia later aan de bouw van het château. Het werd voltooid door Bérauds neef, Robert.

La Verrerie verviel aan de Franse Kroon in 1670. Drie jaar later gaf Lodewijk XIV het château aan Louise de Kéroualle. Zij woonde hier tot haar dood in 1734 (op 85-jarige leeftijd).

La Verrerie bezit een schitterende renaissancistische galerij met 16de-eeuwse fresco's. In de kapel vindt u eveneens fraaie fresco's uit dezelfde periode. In de 19de-eeuwse vleugel staan vier prachtige albasten beeldjes van het graf van de hertog van Berry *(blz. 152-153).*

Albasten beeldjes in de 19de-eeuwse vleugel van Château de la Verrerie

Aubigny-sur-Nère ⓯

Wegenkaart F3. *6000.* *Hôtel de Ville (48815000). Mei-okt.: Rue des Dames (48584020).* *za.* *Fête Franco-Écossaise (half juli).*

Het mooie Aubigny met zijn vakwerkhuizen is trots op zijn band met de Schotse Stewarts. De stad werd in 1423, samen met het nabije La Verrerie, door Karel VII aan sir John Stewart of Darnley gegeven. De Stewarts herbouwden Aubigny in renaissancestijl na een grote brand in 1512, en richten daarnaast een nieuw château op. Lodewijk XIV schonk het hertogdom Aubigny in 1673 aan Louise de Kéroualle. Hoewel ze het grootste deel van haar leven doorbracht in La Verrerie, liet Louise een grote tuin aanleggen bij het Château d'Aubigny. De Aubusson-wandtapijten, een gift van de koning, zijn te zien in het château, dat twee musea huisvest. Het ongewone **Musée de la Vieille Alliance Franco-Écossaise** is gewijd aan de oude banden van de stad met Schotland: in de 18de eeuw vestigden zich hier jacobitische vluchtelingen. De 13de-eeuwse **Église St-Martin**, gebouwd in een gotische tussenfase, werd grotendeels herbouwd door de Stewarts. U vindt hier een mooie houten Piëta en een ontroerende 16de-eeuwse Graflegging. Berry bezit een reputatie op het gebied van toverij, waarvan akte in het levendige **Musée de la Sorcellerie** in Concressault, 10 km ten oosten van Aubigny. Wassenbeelden brengen hier de geschiedenis van de magie tot leven en tonen het wrede lot van degenen die tijdens de Inquisitie werden beschuldigd van hekserij.

Musée de la Vieille Alliance Franco-Écossaise en Musée Marguerite-Audoux
Château d'Aubigny. *48815007.*
Pasen-okt.: dag.; nov.-Pasen: za, zo en feestdagen. *alleen Musée de la Vieille Alliance.*

Musée de la Sorcellerie
La Jonchère, Concressault.
48738611. *Pasen-okt.: dag.*

Het Maison de François I, een van de vele oude huizen in Aubigny-sur-Nère

Wijn- en kaasrondrit ⓰

De Sancerrois in het oosten van Berry staat bekend om zijn wijn en geitekaas. Fijnproevers kunnen in Sancerre de gerenommeerde wijnhuizen bezoeken en een keuze maken uit frisse en geurige witte wijnen, gemaakt van de sauvignon-druif, elegante rode wijnen en rosés, van de pinot noir.

Sancerre-wijn

De diverse variëteiten combineren prachtig met de pittige geitekaasjes, Crottins de Chavignol genaamd. Deze landelijke route leidt door glooiende wijngaarden en velden met grazende geiten. U wordt langs de proeflokalen van grote producenten gevoerd, en ook langs enkele streekmusea.

Verdigny ⑤
Het Musée de la Vigne et du Vin toont de geschiedenis van het wijnmaken in de Sancerrois. U vindt hier onder meer een antieke houten wijnpers.

Geitekaas-etiket

Chavignol ④
Dit pittoreske stadje geeft zijn naam aan de kleine kaasjes. Het Musée de la Cure toont traditionele kaasmaaktechnieken en boerenkostuums.

Sancerre ①
In de enorme kelders van de Caves de la Mignonne kunnen bezoekers diverse soorten Sancerre proeven en verdere informatie krijgen.

Vinon ②
Bij de Elevage Caprin des Garennes kunt u Crottins de Chavignol proeven en demonstraties bijwonen.

Bué ③
Veel wijnhandelaren, waaronder Cordier, Reverdy en Roger, zijn gevestigd in en rond deze belangrijke *commune viticole*.

Voor de automobilist

***Lengte rondrit**: 30 km.*
***Stoppen onderweg**: Automobilisten zullen weinig moeite hebben om een aardig plaatsje te vinden om wijn en kaas te proeven. La Tour en La Tasse d'Argent in Sancerre worden aanbevolen* (blz. 218).

Symbolen

Rondrit

Andere wegen

0 kilometer 1

TEN NOORDEN VAN DE LOIRE

De vredige streken Mayenne en Sarthe lijken ver verwijderd van het drukke kastelenland in het centrale Loiredal. De regio ten noorden van de Loire bestaat uit enkele districten zonder een echt gezamenlijk verleden en heeft een ander karakter dan de voormalige koninklijke domeinen in het zuiden. De rivieren, heuvels, bossen en vlakten bieden volop mogelijkheden om te vissen, varen of wandelen.

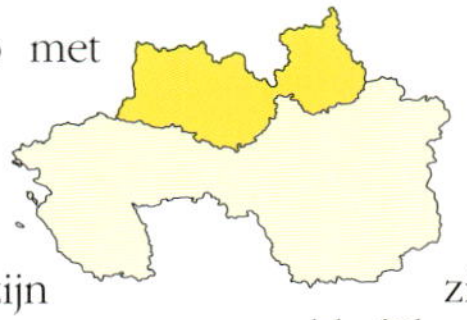

Door een fraai landschap met bos en weiden varen binnenschepen over de Sarthe naar Sablé-sur-Sarthe bij de Abbaye de Solesmes, beroemd om zijn prachtige gregoriaanse gezangen.
Het wat ruigere landschap van het dal van de Mayenne ten zuiden van Laval, met steile rotsen en dorpjes op beboste heuvels, vormt een aangename onderbreking van het kastelenbezoek. De door sluizen onderbroken rivier mondt uit in de Maine, die weer in de Loire stroomt. Hetzelfde geldt voor de Loir (Le Loir, niet te verwarren met La Loire).
Het dal van de Loir is bijzonder mooi. De trage rivier stroomt door vredige dorpjes. U kunt er heerlijk ontspannen en genieten van het platteland. Het dal biedt enkele fraaie panorama's, zoals van het château bij Le Lude (tevens *son et lumière*-show) en van het château van Châteaudun, dat ooit aan de graven van Blois toebehoorde. Le Mans, wereldberoemd vanwege zijn autorace, bezit een aantrekkelijke oude stad, Le Vieux Mans. Ten oosten van de stad voert een vriendelijk landschap naar de beboste heuvels van de Perche en dan naar de enorme akkers op de vlakte van de Beauce, die wordt gedomineerd door de imposante kathedraal van Chartres. In twee lieflijke châteaus, Anet en Maintenon, woonden koninklijke maîtresses: Diane de Poitiers *(blz. 55)*, maîtresse van Hendrik II, trok zich terug op Anet, terwijl Madame de Maintenon de minnares was van Lodewijk XIV. Net als de kathedraal van Chartres liggen deze gebouwen op de rand van het Île de France, de streek rond Parijs, waardoor ze veel dagjesmensen trekken.

Een klompenmakerij in het centrum voor houtbewerking in Jupilles in het Forêt de Bercé

◁ De rivier de Sarthe bij het dorp St-Céneri-le-Gérei

Het noorden van de Loire verkennen

De streek ten noorden van de Loire bestaat uit de *départements* Mayenne, Sarthe en Eure-et-Loire en grenst aan Bretagne, Normandië en het Île de France. U vindt er een combinatie van de kenmerken van deze regio's en die van het centrale Loiredal. In het noorden hebben de heuvels van de Alpes Mancelles meer gemeen met het landschap van Normandië dan met de glooiende heuvels meer zuidwaarts. De rivieren die de streek doorsnijden – Loir, Sarthe en Mayenne – zijn kleiner en kalmer dan de machtige Loire, maar toch erg schilderachtig. De grootste steden van de streek, Chartres, Le Mans en Laval, zijn zeer bezienswaardig.

Een van de kronkelige klinkerstraatjes in Chartres

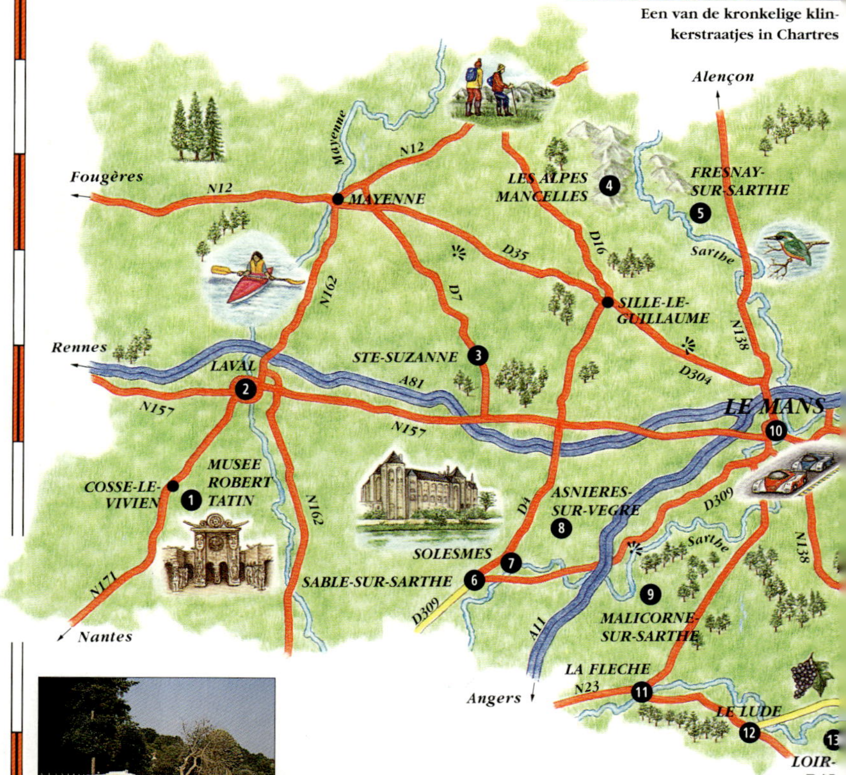

De rivier de Sarthe, stroomopwaarts van Sablé

BEREIKBAARHEID

Chartres en Le Mans zijn van Parijs beide bereikbaar via de A11 *(L'Océane)*, die doorgaat naar Angers. De A81 doorkruist de streek van Le Mans tot Laval. Van Parijs rijden regelmatig treinen. De TGV rijdt in 55 minuten naar Le Mans; de Corail-trein naar Chartres doet er een uur over. De treinreis tussen Chartres en Le Mans duurt een uur. Busdiensten verbinden de grote steden, maar rijden minder regelmatig tijdens schoolvakanties.
Een boottochtje is een goede manier om het platteland te ontdekken.

SYMBOLEN

- Snelweg
- Hoofdweg
- Secundaire weg
- Toeristische route
- Rivier
- Uitkijkpunt

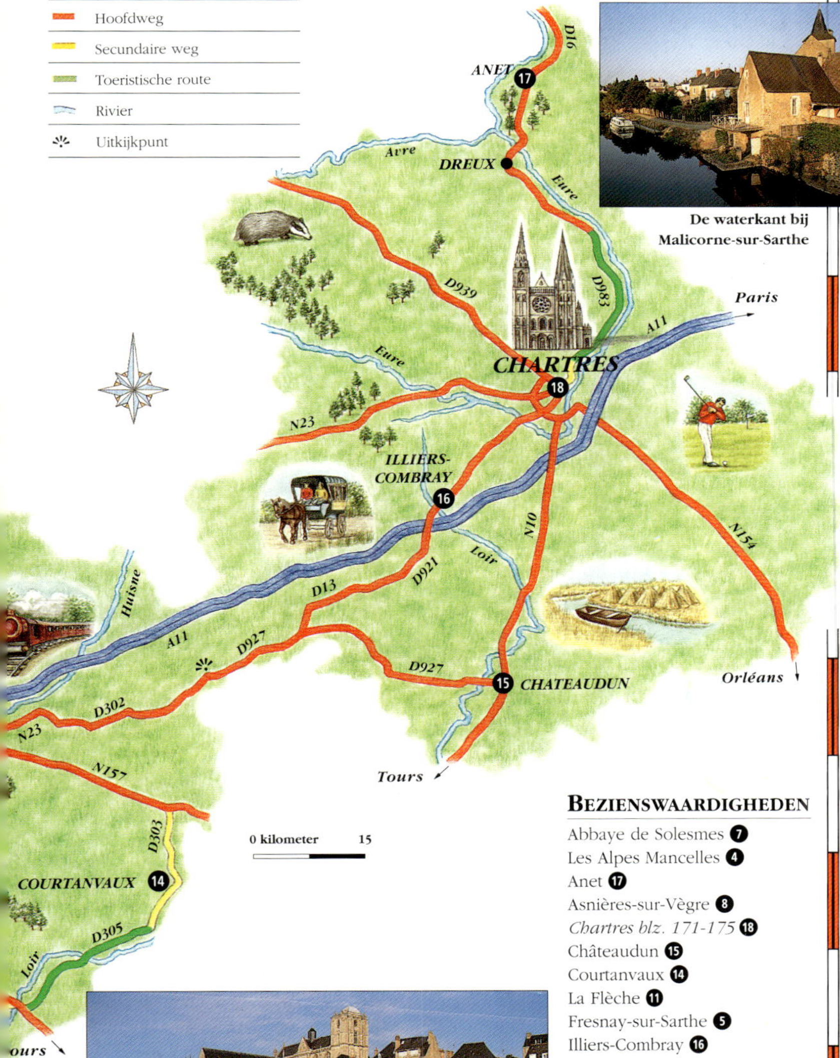

De waterkant bij Malicorne-sur-Sarthe

Panorama van de rivier op de oude stad van Le Mans

BEZIENSWAARDIGHEDEN

Musée Robert Tatin ❶

Wegenkaart B2. La Frénouse. *Laval. Cossé-le-Vivien. 43988089. april-sept.: di 's middags-ma; okt.-maart: wo-za, zo 's middags. jan. alleen binnenplaats en begane grond.*

De veelzijdige kunstenaar Robert Tatin (1902-1983) liet een buitengewoon museum na, gevestigd in het dorpje La Frénouse, bij Cossé-le-Vivien. Het museum is toegankelijk via de Allée des Géants (Avenue der giganten): aan weerszijden van de weg staan enorme, betonnen afbeeldingen van personen door wie Tatin werd gefascineerd, onder wie Pablo Picasso, Toulouse-Lautrec, Jeanne d'Arc en de Gallische strijder Vercingetorix. Een beeld van een draak met reusachtige kaken houdt de wacht.

Tatins beeld van Picasso in het Musée Robert Tatin

In het museum vindt u ongeveer 400 werken van Tatin: schilderijen, beelden, fresco's, mozaïeken, keramiek en kabinetten. Hij werd geïnspireerd door de megalithische monumenten van Bretagne en de kleding van de Bretons, maar ook door de Azteken – hij woonde en reisde vijf jaar lang in Zuid-Amerika.

Laval ❷

Wegenkaart C2. *54.000.* *Allée du Vieux St-Louis 1 (43494646). di, za.*

Laval ligt aan beide kanten van de rivier de Mayenne, die wordt overbrugd door de gotische Vieux Pont (Oude Brug). Ernaast, in het hart van de oude stad op de westoever, ligt het **Vieux Château**. Dit imposante kasteel dateert uit de vroege 11de eeuw – de streek stond destijds onder bewind van Foulques Nerra, graaf van Anjou – en maakte deel uit van een verdedigingsring tegen Bretonse en Normandische invasies. Hoewel er in de loop der tijd veel is verbouwd, is de originele middeleeuwse donjon bewaard gebleven. Op de met bloemen opgevrolijkte binnenplaats vindt u een fraaie renaissancistische gevel. Er is bovendien een terras dat uitzicht biedt op de rivier.

Het château bezit een collectie instrumenten van Ambroise Paré (1510-ca. 1592), de in Laval geboren 'vader van de moderne chirurgie'. Het is echter het meest befaamd om zijn **Musée d'Art Naïf** (Museum voor Naïeve Kunst), dat deels is gewijd aan het werk van de uit Laval afkomstige schilder Henri Rousseau *(blz. 23)*. Deze stond bekend als *Le Douanier*, een pseudoniem dat verwijst naar de periode waarin hij, als jong kunstenaar in Parijs, bij de douane werkte. Zijn atelier in Parijs, compleet met piano, is nauwkeurig gereconstrueerd. Hoewel het museum slechts twee schilderijen van Rousseau bezit, biedt de collectie toch veel fraais, zoals een knalrood schilderij van de oceaanstomer *Normandie* door Jules Lefranc (1887-1972).

In de oude stad van Laval vindt u enkele fraaie huizen en de **Cathédrale de la Ste-Trinité** met zijn Aubussonwandtapijten. Laval bezit bovendien een van de weinige overgebleven Franse *bateaux-lavoirs*, drijvende wasserijen, die halverwege de 19de eeuw voor het eerst verschenen in het westelijke Loiredal. Het **Bateau-Lavoir St-Julien** is nu een museum.

Château en Musée du Vieux Château
Pl de la Trémoille. *43533989. di-zo. feestdagen. alleen begane grond.*

Bateau-Lavoir St-Julien
Quai Paul-Boudet. *43533989. juli-aug.: di-zo, alleen 's middags. feestdagen.*

***Le Lancement du Normandie* van Jules Lefranc in het Musée d'Art Naïf**

Ste-Suzanne ❸

Wegenkaart C2. *950.* *Evron, dan taxi.* *Rue de la Cité 13 (43014360).*

Dit op een heuvel gelegen dorp wordt omringd door vestingwerken die in de 10de eeuw als verdediging dienden tegen plunderende Normandiërs – men wist weerstand te bieden aan Willem de Veroveraar, wiens vroegere kampement te zien is op 3 km buiten het dorp. Hoewel een groot deel van het kasteel in de 15de eeuw door de Engelsen werd verwoest, is een donjon uit de 10de eeuw bewaard gebleven.

Het huidige **Château des Fouquet de la Varenne**, gebouwd van witte tufsteen en grijze leisteen, dateert uit de vroege 17de eeuw.

Het dorp bezit een klein museum, het **Musée de l'Auditoire**, dat de geschiedenis van de streek behandelt. U vindt er reconstructies van belangrijke gebeurtenissen.

Château des Fouquet de la Varenne
Promenade de la Poterne.
43014077. *half april-half juni en half sept.-begin nov.: dag., alleen 's middags; half juni-half sept.: dag; half nov.-half april: groepen op afspraak.*

Musée de l'Auditoire
Grande Rue 7. *43014265, 43014216.*
april-half sept.: dag. alleen 's middags; half sept.-maart: groepen op afspraak.

Les Alpes Mancelles ❹

Wegenkaart C2. *Alençon.* *Fresnay-sur-Sarthe.* *Av du Dr Riant 19, Fresnay-sur-Sarthe (43332804).*

Deze streek met beboste heuvels en groene weiden, tussen Fresnay-sur-Sarthe en Alençon, wordt 'Alpen van Le Mans' genoemd. Misschien een beetje overdreven, maar het landschap heeft inderdaad iets alpiens, met zijn door klo-

De op een heuvel gelegen romaanse kerk in St-Céneri-le-Gérei

ven kronkelende riviertjes, grazende schapen, fruitbomen en met heide bedekte hellingen. De mooiste plaatsjes zijn **St-Céneri-le-Gérei** (romaanse kerk met 12de- en 14de-eeuwse fresco's) en **St-Léonard-des-Bois**, ook met een romaanse kerk.

Kerkdeur in St-Léonard-des-Bois

Op het platteland en langs de rivier zijn prachtige wandelingen te maken en het gebied leent zich goed om te kanoën en te vissen *(blz. 224-227).*

Fresnay-sur-Sarthe ❺

Wegenkaart C2. *2500.* *Alençon, Sillé-le-Guillaume, La Hutte.* *Av du Dr Riant 19 (43332804).* *za.*

Hoewel zich in de buitenwijken veel industrie bevindt, heerst in de rest van Fresnay nog steeds een middeleeuwse sfeer. De stad werd oorspronkelijk omringd door drie muren en nog steeds zijn de restanten hiervan zichtbaar vanaf de rivier. Het kasteel, strategisch gelegen op een rots boven de Sarthe, werd belegerd door Willem de Veroveraar in 1073. Gedurende de Honderdjarige Oorlog *(blz. 52-53)* was dit het laatste fort in de streek dat zich overgaf aan de Engelsen. De restanten van het kasteel bevinden zich nu te midden van ruim bemeten parken.

Van de 16de tot de 19de eeuw was Fresnay-sur-Sarthe een belangrijk textielcentrum. Het belang van deze industrie voor de regio wordt getoond in het interessante **Musée des Coiffes** (hoofddekselmuseum), dat is gevestigd in de restanten van het kasteel.

De stad kent een traditie wat betreft het steunen van lokale ambachtslieden; het werk van sommigen is te zien in het **Maison du Tourisme et de l'Artisanat**.

De **Église Notre-Dame**, met zowel romaanse als gotische elementen, ligt aan het eind van de Avenue du Dr Riant en heeft een ongewone toren met een achthoekige basis en een mooi bewerkte, oude eikehouten deur.

Musée des Coiffes
Pl de Bassum. *43972220.*
Pasen-juni en sept.: zo en feestdagen; juli-aug.: dag.

Maison du Tourisme et de l'Artisanat
Pl de Bassum. *43337598.* *jan., maart-april, nov.: za, zo en feestdagen 's middags; juni-sept. en dec.: dag.*

De Sarthe bij Fresnay-sur-Sarthe

Sablé-sur-Sarthe 6

Wegenkaart C2. *14.000.* *Pl Raphaël-Elizé (43950060).* *ma, vr.* *Festival et académie de danses et musiques anciennes (aug.).*

Sablé is een aangenaam, doch enigszins industrieel stadje, dat een geschikte basis vormt voor tochtjes over de Sarthe. De stad leent zich goed voor een verkenning te voet. Er staan enkele verrassend moderne sculpturen in deze traditionele omgeving: op het geplaveide Place Raphaël Elizé in het centrum van de stad vindt u een eigentijdse sculptuur van de lokale beeldhouwer Louis Derbré, getiteld *Hymne à l'amour*. Rond het plein liggen verschillende hoopjes 'kanonskogels' opgestapeld, een opvallend modern project naar een 18de-eeuwse gewoonte.
In Sablé vindt u aardige winkels in het voetgangersgebied Rue de l'Île en op het plein, waar het Maison du Sablé de beroemde koekjes verkoopt, die hun naam danken aan de stad. Het melancholieke château van de stad, gebouwd in de vroege 18de eeuw door een neef van Jean Baptiste Colbert, de eerste minister van Lodewijk XIV, huisvest nu ateliers voor restaurateurs van oude boeken en manuscripten van de Bibliothèque Nationale. Hoewel het château niet kan worden bezocht, is het aangename park eromheen geopend voor publiek.
Aan de Route de Solesmes, tegenover het openluchtzwembad, ligt de Jardin Public, waar u uitzicht hebt op de Abbaye de Solesmes.

***De Graflegging van Christus*, deel van de gebeeldhouwde 'heiligen van Solesmes' in de kerk van de Abbaye de Solesmes**

Abbaye de Solesmes 7

Wegenkaart C2. *Sablé-sur-Sarthe, dan taxi.* *43950308.* **Abdijkerk** *dag.* *ma-za: 9.45 uur; zo 10.00 uur.*

De diensten in de benedictijner Abbaye de St-Pierre, deel van de Abbaye de Solesmes, trekken bezoekers uit de verre omtrek vanwege de gregoriaanse gezangen van de monniken. Al meer dan een eeuw probeert de abdij deze oude gebedsvorm levend te houden. Boeken en opnamen van de monniken worden verkocht in de winkel bij de ingang naar de abdij, behalve tijdens de kerkdiensten.
De abdij werd oorspronkelijk gesticht als priorij in 1010 en aan het eind van de 19de eeuw ingrijpend verbouwd in een nogal strenge, kasteelachtige stijl. Het interieur van de **abdijkerk** is van een eenvoudige schoonheid. Het schip en het transept zijn beide romaans, terwijl het 19de-eeuwse koor de middeleeuwse stijl imiteert.
Aan weerszijden van het transept staan beeldengroepen uit de 15de en 16de eeuw; deze staan bekend als de 'heiligen van Solesmes'. In de kapel links van het hoogaltaar bevindt zich *De Graflegging van Christus*, met de treurende Maria Magdalena in gebed verzonken aan Christus' voeten. Bij de *Maria-Hemelvaart*, te zien in de kapel rechts, illustreren de onderste fragmenten de dood en graflegging van Maria, terwijl de bovenste fragmenten haar Tenhemelopneming en Hemelse Kroning weergeven.
De kleine **parochiekerk**, naast de ingang van de abdij heeft moderne, gebrandschilderde ramen.

De imposante Abbaye de Solesmes, weerspiegeld in de Sarthe

Asnières-sur-Vègre ❽

Wegenkaart C2. *340.* *Sablé-sur-Sarthe, dan taxi.* *Sablé-sur-Sarthe (43950060).*

Dit fraaie dorp met oude huizen, watermolens en een gewelfde brug uit de 12de eeuw is grotendeels gebouwd van geel-roze steen. In het kerkje vindt u 12de- en 15de-eeuwse muurschilderingen, die in warme oker- en terracottatinten het leven in de Middeleeuwen tonen en verdoemden afbeelden, die door enorme, kwijlende honden naar de hel worden geleid. De 13de-eeuwse **Cour d'Asnières** is een imposant gotisch monument, gebouwd als vergadercentrum voor kanunniken van de Cathédrale St-Julien in Le Mans.

Vlakbij, aan de oude weg van Le Mans naar Sablé-sur-Sarthe, ligt **Juigné**. Het château werd gebouwd in de vroege 17de eeuw. Hoewel particulier bezit, zijn het park en de terrassen met uitzicht op de rivier opengesteld voor publiek. U kunt een boot huren in het haventje van Juigné, waar u een mooi uitzicht hebt op de hoog op een rots gelegen kerk.

Detail van de fresco's in de kerk van Asnières

Cour d'Asnières
Manoir de la Cour. *43924047.*
Pasen-juni en sept.: zo, alleen 's middags; juli-aug.: di-zo, alleen 's middags.

Malicorne-sur-Sarthe ❾

Wegenkaart C3. *1700.*
Noyen-sur-Sarthe, La Suze-sur-Sarthe. *Pl Bertrand Duguesclin (43947445).* *vr.* *Fête de la pôterie (eind sept.).*

Dit dorp aan de Sarthe is trots op zijn faience (bewerkt porselein), dat hier al 250 jaar wordt gemaakt. Jean Loiseau, een pottenbakker uit Nevers, begon ermee 1747. Bij de **Faïenceries Artistiques du Bourg-Joly** kunnen bezoekers het aardewerk, bekend als *Faïence de Malicorne*, en kopieën van traditionele Franse vormen en patronen kopen. De **Faïenceries d'Art de Malicorne** (pottenbakkerij) net buiten het dorp, bezit eveneens een winkel en een klein museum.

Het haventje van Malicorne, fraai gelegen tussen oude watermolens, is een geliefde plek voor watersporters; u kunt hier zowel een rondvaart maken als een motorbootje huren. Bovendien vindt u hier het aardige 18de-eeuwse **Château de Malicorne** en een romaanse kerk.

Faïenceries Artistiques du Bourg-Joly
Rue Carnot 16. *43948010.*
Werkplaats *ma-vr.*
Winkel *ma-za en zo, alleen 's middags.*

Faïenceries d'Art de Malicorne
Rue Bernard Palissy 18.
43948118.
Werkplaats *Pasen-sept.: di-za.*
Winkel *Pasen-ma-za.*

Château de Malicorne
43948465. *juli-aug.: wo-za en zo, alleen 's middags.*

De gewelfde brug uit de 12de eeuw in Asnières-sur-Vègre

Het haventje van Malicorne, omgeven door oude watermolens

Onder de loep: Le Mans ⑩

Detail van een huis in de Rue des Chanoines

De heuvelachtige, pittoreske oude stad (Le Vieux Mans) kan alleen te voet worden verkend. In de smalle straten vindt u 15de- en 16de-eeuwse vakwerkhuizen, met hier en daar een herenhuis uit de Renaissance. Sommige gebouwen dienden als tijdelijke residenties voor Franse vorsten, hoewel het naar de echtgenoot van Richard Leeuwenhart genoemde Bérengère of Berengaria, pas tweeënhalve eeuw na haar dood werd gebouwd. De wijk wordt in het noordwesten begrensd door oude Romeinse muren langs de rivier de Sarthe.

Maison d'Adam et Ève
De versierselen op dit doktershuis tonen het belang van de astrologie in de 16de-eeuwse geneeskunst.

Hôtel d'Argouges
Lodewijk XI schijnt in 1467 in dit 15de-eeuwse herenhuis te hebben verbleven.

De Romeinse muren behoren tot de best bewaarde van Europa.

0 meter 50

Hôtel Aubert de Clairaulnay
De zonnewijzer aan de muur van dit herenhuis uit de late 16de eeuw werd in 1789 geplaatst door Claude Chappe, de uitvinder van de semafoor.

Symbool

– – – Aanbevolen route

Le Grabatoire is een 16de-eeuws herenhuis, gebouwd op de plaats van een hospitaal voor zieke kanunniken.

Het Maison de la Reine Bérengère huisvest een museum voor lokale geschiedenis.

Tips voor de toerist

Wegenkaart C2. *146.000.*
Bd de la Gare.
Av du Général Leclerc.
Rue de l'Etoile (43281722).
wo, vr, zo.
Europa Jazz Festival (april).

Menhir
Volgens de traditie mogen bezoekers een wens doen wanneer ze hun vingers plaatsen in een van de holten van de menhir. Deze prehistorische steen steunt tegen het westfront van de kathedraal.

★ Cathédrale St-Julien
De prachtige kathedraal, beroemd om zijn intrigerende luchtbogen, combineert romaanse en gotische elementen.

★ Maison des Deux Amis
Het dankt zijn naam aan de afbeelding van twee vrienden, die een wapen torsen.

★ Rue des Chanoines
Tussen de historische gebouwen in deze aardige straat ligt de 12de-eeuwse priorij van St-Martin op nr. 11.

Sterattracties

- ★ Rue des Chanoines
- ★ Maison des Deux Amis
- ★ Cathédrale St-Julien

Le Mans verkennen

Hoewel de stad het bekendst is om zijn slopende 24-uursrace, biedt Le Mans vele andere attracties, waaronder de prachtige Cathédrale St-Julien. De geschiedenis gaat terug tot de Romeinse tijd. De muren rond de oude stad, ooit het Romeinse Vindunum, dateren uit de late 3de en vroege 4de eeuw. De oorspronkelijke lengte bedroeg 1300 m. Van de elf bewaard gebleven torens staan er tien langs de rivier. De robuuste muren zijn versierd met geometrische patronen, verkregen door het combineren van rijen baksteen met ruw gesteente in verschillende kleuren. Buiten de stadsmuren heeft Le Mans zich ontwikkeld tot een bruisende, moderne stad met verschillende interessante musea en een aantal fraaie kerken.

Cathédrale St-Julien

Pl St Michel.

43282898. *dag.*

Het beste zicht op de imposante luchtbogen van de Cathédrale St-Julien – die uniek zijn wat betreft hun complexiteit – hebt u van het Place des Jacobins.

De kathedraal is een mengelmoes van stijlen: het 12de-eeuwse schip is grotendeels romaans en de dwarsbeuken werden een eeuw later gebouwd dan het puur gotische, 13de-eeuwse koor, een van de langste in Frankrijk. Tegen de pilaren van het koor en over de koorstallen hangt een collectie prachtige 16de-eeuwse wandtapijten. Het zicht daarop vanaf de ingang via het romaanse zuidportaal is verbluffend. De regen van kleuren keert terug in de middeleeuwse gebrandschilderde ramen.

Musée de la Reine Bérengère

Rue de la Reine Bérengère.

43473851. *april-okt.: dag; nov.-maart: di-zo.* *feestdagen.*

alleen begane grond.

Dit museum is gevestigd in drie fraaie vakwerkhuizen in de oude stad; in de houten gevels zijn levendige figuren gekerfd. Tot de collectie behoort faience en aardewerk uit diverse perioden, met interessante werken uit Malicorne *(blz. 163)*, en meubilair uit de streek. Op de tweede verdieping tonen 19de-eeuwse schilderijen van lokale kunstenaars hoe relatief weinig de stad Le Mans in de loop der tijd is veranderd. Bijzondere aandacht verdient het doek van Jean Sorieul, *De strijd om Le Mans op 13 december 1793*.

***De kapelaansmaaltijd* (1786) in het Musée de la Reine Bérengère**

Een 16de-eeuws wandtapijt in de Cathédrale St-Julien

De Plantagenet-brandschildering (1150) in het Musée de Tessé

Musée de Tessé

Av de Paderborn 2. *43473851.*

juni-half sept.: dag.; half sept.-mei: di-zo. *feestdagen.*

behalve zo en feestdagen.

Het voormalige bisschoppelijk paleis, met zijn goed onderhouden tuin, werd in 1927 omgebouwd tot kunstmuseum van Le Mans. De schilderijententoonsteling op de begane grond is gewijd aan de late Middeleeuwen tot de 19de eeuw, terwijl de afdeling Archeologie zich vooral richt op Egyptische en Grieks-Romeinse kunst. Het beroemdste stuk is de fraaie Plantagenet-brandschildering, een middeleeuws geëmailleerd paneel met Geoffroy V, bekend als Le Bel (de Schone). Geoffroy's zoon, koning Hendrik II van Engeland, werd in Le Mans geboren in 1133.

Musée de l'Automobile de la Sarthe

Circuit des 24-Heures.

43727224. *dag.*

Bij het beroemde circuit van Le Mans ligt dit museum, met een enorme collectie antieke en moderne racewagens en motoren. U vindt hier enkele fraaie ontwerpen van Amédée Bollée, een fabrikant wiens eerste model dateert uit 1873. Enkele decennia voor de eerste 24-uursrace maakte de familie Bollée de stad al beroemd door zijn autoontwerpen *(blz. 57)*.

La Flèche ⓫

Wegenkaart C3. *16.500.*
Blvd Montréal (43940253).
wo, za en zo.
Festival des affranchis (tweede weekeinde van juli).

De trots van La Flèche is de **Prytanée Militaire**, de Franse militaire academie. Het gebouw werd in 1604 door Hendrik IV gesticht als jezuïetencollege en kreeg zijn huidige functie in 1808 van Napoleon.

Een monumentale, barokke poort, de Porte d'Honneur, vormt de toegang tot de academie en leidt naar de Cour d'Austerlitz, de eerste van drie binnenplaatsen. De Chapelle St-Louis ligt op de middelste. Het interieur is rijk gedecoreerd en de urnen met de as van de harten van Hendrik IV en Maria de'Médici worden tentoongesteld.

De tuinen van het château zijn opengesteld voor publiek. Aan de overzijde van de rivier ligt Port Luneau: hier vertrokken Jérôme le Royer de la Dauversière en zijn metgezellen, de stichters van Montréal, naar de Nieuwe Wereld. Vlakbij, op het bruisende Place Henry IV, vindt u tal van cafés.

Midden in de stad wordt het 15de-eeuwse **Château des Carmes**, het voormalige stadhuis (nu galerie), weerspiegeld in de Loir.

Prytanée Militaire

Rue du Collège. *43940396.*
juli-aug.: dag.; sept.-juni: groepen op afspraak.

Place Henry IV in La Flèche met het beeld van de koning in het midden

Le Lude ⓬

Wegenkaart C3. *4500.*
Pl F-de-Nicolay (43946220).
do. *Foire du raillon (sept.); Foire du printemps (april).*

Het oudste deel van deze marktstad is het gebied dat het **Château du Lude** omringd. De huizen in de smalle straatjes dateren uit de 15de tot 17de eeuw.

Hoewel de plek al meer dan 1000 jaar een vesting vormt, dateert het huidige château uit de 15de eeuw.

Het vierkante ontwerp en de vier hoektorens veranderden van functie toen het kasteel later verbouwd werd tot landhuis.

Het interieur is prachtig gemeubileerd, vooral in 19de-eeuwse stijl. Toch zijn er ook 17de- en 18de-eeuwse stukken, waaronder wandtapijten van Franse en Vlaamse origine. Het oratorium is versierd met 16de-eeuwse fresco's: taferelen uit het Oude Testament. De geometrische tuinen van het château bestaan uit twee niveaus. Gedurende het seizoen worden ze tot leven gebracht in een opmerkelijk vuurwerkspektakel *(blz. 42-43)*.

Château du Lude

43946009. **Château** *april-sept.: dag., alleen 's middags;* **Park** *dag.* *begane grond.*

De imposante torens van het Château du Lude

Les 24 Heures du Mans

De naam Le Mans is over de hele wereld bekend door de beroemde 24-uursrace. Sinds het begin op 26 mei 1923 heeft het evenement iedere maand juni enorme menigten getrokken, zowel uit Frankrijk als elders – meer dan 250.000 toeschouwers en 1800 journalisten bekijken de race tegenwoordig. Het circuit ligt ten zuiden van de stad en is 13,6 km lang, met inbegrip van stukken normale rijweg. De coureurs zijn nu in staat meer dan 5000 km te overbruggen binnen de tijdlimiet. Op het parcours ligt de Hunaudières-baan waar Wilbur Wright in 1908 de eerste vlucht per vliegtuig in Frankrijk uitvoerde.

Een van de eerste races in Le Mans

Rondrit door het Loirdal ⓭

Tussen Poncé-sur-le-Loir en La Flèche stroomt de Loir door een vredig en ongerept landschap met pittoreske dorpen. Een rustige rondrit duurt twee dagen en stelt u in de gelegenheid enkele van de talloze wandelingen langs de rivier en door de bossen te maken. Sportievelingen kunnen hier zeilen, paardrijden, vissen en fietsen, terwijl kunstliefhebbers op zoek kunnen gaan naar kerken met vaak prachtig gekleurde romaanse fresco's. Wijnliefhebbers zullen geïnteresseerd zijn in het proeven van wijnen uit de streek, geschonken in lokaal geblazen glas – het Loirdal heeft tevens een reputatie op het gebied van kunstnijverheid.

De oevers van de kalme Loir zijn ideaal om te vissen en wandelen

La Flèche ①
De stad van de Prytanée Militaire (militaire academie, *blz. 167*). La Flèche is een charmante plaats met een prachtig uitzicht op de Loir.

Ingang van de Prytanée Militaire

Vaas ④
De Moulon de Rotrou, aan de rand van dit aardige dorp, is een werkende korenmolen en bakkerijmuseum. De Église St-Georges in Vaas bezit fraaie 17de-eeuwse schilderijen.

Zoo de la Flèche ②
Deze dierentuin ligt even buiten de stad en is met bijna 900 bewoners een van de grootste in Frankrijk.

Voor de automobilist

***Lengte rondrit**: 103 km.*
***Stoppen onderweg**: De bossen en oevers langs de Loir zijn ideaal om te picknicken; de winkels in de streek bieden de heerlijkste lekkernijen. Het wordt dubbel zo leuk wanneer u voor uw uitstapje lokale produkten inkoopt op een markt, zoals die in Le Lude. Mocht u liever in een restaurant eten, dan heeft La Fesse d'Ange in La Flèche lokale gerechten op het menu staan* (blz. 218).
Voor overnachtingen wordt Le Relais Cicéro in La Flèche aanbevolen (blz. 206).

Le Lude ③
Deze marktstad is vooral bekend vanwege het château *(blz. 167)*. Het vormt het decor voor een spectaculaire *son et lumière*-show *(blz. 42-43)*.

De toegang tot Château du Lude

Imposante eiken in het Futaie des Clos

Forêt de Bercé ⑤

Dit uitgestrekte bos is beroemd om zijn oude eiken. Sommige in het Futaie des Clos zijn meer dan 40 m hoog en 350 jaar oud. In Jupilles kunt u zien hoe traditionele klompen *(sabots)* worden gemaakt. De Fontaine de la Coudre, 4 km ten westen van het dorp, is een natuurlijke bron.

Het château en de geometrische tuinen bij Poncé-sur-le-Loir

Lhomme ⑥

Lhomme is beroemd om zijn meedogenloze, droge witte Jasnières-wijnen en bezit een klein wijnmuseum naast het stadhuis.

Poncé-sur-le-Loir ⑦

Het renaissancistische château bezit een opmerkelijk bewerkt trappenhuis, dat lijkt op dat van Azay-le-Rideau *(blz. 96-97).*

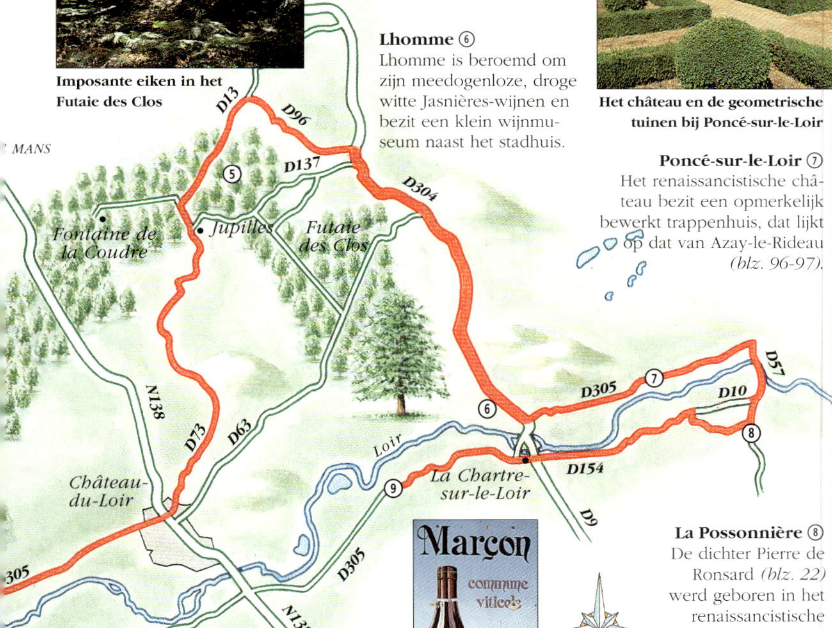

La Possonnière ⑧

De dichter Pierre de Ronsard *(blz. 22)* werd geboren in het renaissancistische landhuis.

Marçon ⑨

In dit stadje kunnen de wijnen van Coteaux-du-Loir en Jasnières worden geproefd. Bovendien vindt u hier een kunstmatig meer, waar u onder andere kunt windsurfen.

Een bord van een wijngaard in Marçon

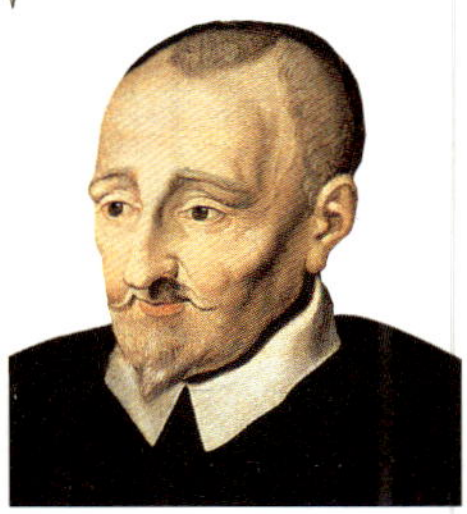

Portret van Pierre de Ronsard

Rijen vaten in een wijnkelder in Marçon

SYMBOLEN

Aanbevolen route

Andere wegen

0 kilometer 5

Het Château de Courtanvaux met zijn hoge muren

Château de Courtanvaux ⓮

Wegenkaart D3. *43353443.* *bel voor het maken van een afspraak.*

Naar dit grote, particuliere château uit de Gotiek en Renaissance moet u enigszins zoeken; de aanrijdroute door industrieel gebied is bovendien niet erg fraai. Toch biedt het château een romantische aanblik, zoals het oprijst aan het eind van een oprijlaan. De hoge muren en de imposante poort gaan vergezeld van torens en langs de gracht bewegen wilgen zich sierlijk in de wind.

Van de 15de eeuw tot 1978, toen de renaissancistische poort officieel tot monument werd verklaard, is het château nooit verkocht – het eigendom ging over door huwelijk en vererfing. Het château is niet ingericht, maar de geometrische tuinen, met een kleine gotische kapel, en 63 ha parkland, met bossen en een vijver, staan open voor publiek.

Châteaudun ⓯

Wegenkaart E2. *15.300.* *Rue de Luynes 1 (37452246).* *do en za.* *Fête de la Rosière (kroning van de rozenkoningin, juli).*

De stad wordt gedomineerd door zijn streng uitziende **château** en ligt aan de Loir, waar de vlakte van Beauce grenst aan het district Perche. Châteaudun was ooit in handen van de aristocratische dichter Charles d'Orléans *(blz. 22)*, die het vervolgens overdroeg aan zijn halfbroer Jean Dunois, bekend als de Bastaard van Orléans en een van de loyale strijdmakkers van Jeanne d'Arc *(blz.137)*. Het was Jean die in 1460 de eerste steen legde voor de zuidelijke vleugel van het château en de prachtige flamboyant-gotische kapel. De andere vleugel in renaissancestijl werd een halve eeuw later gebouwd.

Beide vleugels zijn behangen met fraaie 16de- en 17de-eeuwse wandtapijten. Bezoekers kunnen een kijkje nemen in de woonvertrekken, de keukens en de gevangenis, of een wandeling rond het château maken.

In de oude stad van Châteaudun vindt u een aantal pittoreske gebouwen, maar ook interessante kerken: de romaanse **Église de la Madeleine**, in fasen gebouwd en inmiddels gerestaureerd na de verwoesting in 1940, en de **St-Valérien**, met zijn grote vierkante klokketoren. De **Église St-Jean-de-la-Chaine**, aan de oever van de Loir, is ook romaans.

Château

37940290. *dag.* *1 jan., 1 mei, 1 nov., 11 nov., 25 dec.*

Illiers-Combray ⓰

Wegenkaart E2. *3400.* *Rue Henri Germond 5 (37242179).* *vr.* *Journée des Aubépines (Proustdag, mei).*

De marktplaatsje Illiers heeft 'Combray' aan zijn naam toegevoegd, ter ere van Marcel Prousts magnifieke roman *À la recherche du temps perdu*, waarin het wordt beschreven als Combray *(blz. 23)*. Als kind bracht Proust vele gelukkige zomervakanties in de stad door, wandelend langs de oevers van de Loir, die hij later als de 'Vivonne' in zijn werk beschreef. Bewonderaars kunnen op zoek gaan naar in de roman beschreven plaatsen of een bezoek brengen aan **La Maison de Tante Léonie**, het huis dat ooit werd bewoond door Prousts oom Jules Amiot. Het is nu een klein en aangrijpend museum met informatie over het leven van de beroemde schrijver, compleet met de keuken waar de 'Françoise' uit de roman (in werkelijkheid Ernestine) de scepter zwaaide.

***À la recherche du temps perdu* van Proust**

La Maison de Tante Léonie

Rue du Dr Proust 4. *37243097.* *di-zo 's middags.* *1 en 11 nov., half dec.-half jan.*

Een blik op het kasteel van Châteaudun van de overzijde van de Loir

De poort van Château d'Anet met beelden van honden en een hert

Château d'Anet 17

Wegenkaart E1. *Dreux, dan taxi.* *37419007.* *febr.-maart en nov.: za en zo 's middags; april-okt.: wo-ma 's middags.* *dec. en 7 jan.*

Toen Diane de Poitiers, de maîtresse van Hendrik II, na de plotselinge dood van de koning in 1559 werd verbannen uit Chenonceau, trok ze zich terug op Anet, dat ze had geërfd van haar echtgenoot. Ze bleef hier tot haar dood in 1566. Het werd voor haar verbouwd door Philibert de l'Orme, die ook de brug over de Cher bij Chenonceau ontwierp *(blz. 106-107)*. Het château werd na de Revolutie verkocht; de nieuwe eigenaar sloopte de centrale vertrekken en de rechtervleugel in 1804. U kunt nog steeds de prachtige toegangspoort bewonderen (het bronzen reliëf van een liggende Diane door Benvenuto Cellini is een kopie). Ook de kapel met bas-reliëfs door de renaissancistische beeldhouwer Jean Goujon (ca. 1510-1568) en de rijk gemeubileerde westvleugel zijn bezienswaardig. Naast het château staat het mausoleum waar Diane de Poitiers is begraven.

Chartres 18

Wegenkaart E2. *42.000.* *Pl de la Cathédrale (37215000).* *za.* *Festival d'Orgue (orgelmuziek; juli-aug.).*

Chartres wordt omgeven door de korenvelden van de vlakte van Beauce en was jarenlang een belangrijke marktplaats. Bezoekers die de prachtige gotische kathedraal komen bekijken *(blz. 172-173)*, moeten de pittoreske oude straatjes van de stad niet laten schieten. Vooral de Rue Chantault, de Rue des Ecuyers, de Rue aux Herbes en, aan de overzijde van de Eure, de Rue de la Tannerie (genoemd naar de looierijen die ooit langs de rivier stonden).

Het **Musée des Beaux-Arts** ligt ten noorden van de kathedraal. Het bezit enkele fraai geëmailleerde schilden uit de Renaissance, een indrukwekkend portret van Erasmus op latere leeftijd door Hans Holbein en veel 17de- en 18de-eeuwse schilderijen, vooral van Franse en Vlaamse origine. Bovendien is er een aardige collectie 17de- en 18de-eeuwse klavecimbels en spinetten.

Prachtig gebrandschilderd glas vindt u niet alleen in de kathedraal: de gotische **Église St-Pierre** naast de rivier bezit fraaie 14de-eeuwse ramen;

Vakwerkhuizen in de Rue Chantault in Chartres

die in de **St-Aignan** dateren uit de 17de eeuw.

Het **Centre International du Vitrail**, een internationaal centrum voor gebrandschilderd glas, is gevestigd op de verbouwde vliering van de Cellier de Loëns, die oorspronkelijk deel uitmaakte van de kapittelzaal van de kathedraal. U vindt hier tijdelijke exposities van oud en nieuw gebrandschilderd glas, naast twee informatieve permanente exposities, waar de gebruikte technieken nader worden verklaard.

Musée des Beaux-Arts
Cloître Notre-Dame 29. *37364139.* *wo-za en zo 's middags-ma.* *1 jan, 1 mei, 8 mei, 1 nov., 25 dec.*

Centre International du Vitrail
Rue du Cardinal Pie 5. *37216572.* *dag.* *1 jan., 25 dec.*

Conservatoire de l'Agriculture
Rue de la République 1. *37361130.* *di-zo.* *1 jan., 1 mei, 1 nov en 25 dec.*

In de voetsporen van Proust

Een bezoek aan Illiers-Combray is niet compleet zonder het nalopen van de plaatsen die Proust vroeger in zijn vakanties bezocht. Wanneer hij logeerde bij zijn oom en tante Amiot, maakte hij met de familie wandelingen, die in *À la recherche du temps perdu*, *Du côté de chez Swann* en *Le côté de chez Guermantes* worden genoemd.

De eerste voert u naar het dorp Méréglise, over de Loire en door een park, dat ooit het *Pré Catelan* van oom Jules was en in de roman verschijnt als *Tansonville*. De Guermantes-wandeling bestrijkt enkele kilometers naar St-Eman en volgt de rivier naar zijn bron, nu weinig romantisch omsloten door een washuis in het dorp. De wandelingen zijn gemarkeerd; gidsen zijn verkrijgbaar bij het toeristenbureau.

Tansonville in Illiers-Combray

Chartres: de kathedraal Notre-Dame

Deel van het Vendôme-venster

Volgens de kunsthistoricus Émile Male is Chartres 'een manifest van de geest van de Middeleeuwen'. In 1020 werd begonnen met de bouw van de romaanse kathedraal, maar al in 1194 werd hij door brand vernietigd. Slechts de zuidtoren, westgevel en crypte bleven over. In de kathedraal zelf was de Sluier van Maria de enige schat die ongeschonden bleef. Een eensgezind enthousiasme onder boeren en edelen leidde tot een wederopbouw van de kerk in slechts 25 jaar. Chartres bleef tijdens de Godsdienstoorlogen en de Franse Revolutie gespaard. Het resultaat is een 'uit steen gehouwen bijbel'.

Langwerpige beelden
Deze beelden op het koninklijk portaal stellen figuren uit het Oude Testament voor.

STERATTRACTIES

- ★ **Koninklijk portaal**
- ★ **Zuidportaal**
- ★ **Gebrandschilderde ramen**

Gotisch schip
Het schip, dat even breed is als de romaanse crypte eronder, is op zijn hoogste punt 37 m.

★ Koninklijk portaal
Het middelste timpaan van het koninklijk portaal (1145-1155) beeldt Christus op zijn troon uit.

De hoogste van de twee spitsen dateert uit het begin van de 16de eeuw. De flamboyant-gotische stijl contrasteert scherp met de andere, die romaans is.

De onderste helft van de westgevel is een overblijfsel van een romaanse kerk uit de 11de eeuw.

Labyrint

HET LABYRINT

Het 13de-eeuwse labyrint in de vloer van het schip is kenmerkend voor middeleeuwse kathedralen. Als boetedoening volgden pelgrims het gecompliceerde spoor op hun knieën. De 262 m lange weg over de elf stroken van onderbroken ringen werd in ongeveer een uur overbrugd.

TIPS VOOR DE TOERIST

Pl de la Cathédrale. *37215633.* *april-sept.: dag. 7.30-19.30 uur (okt.-maart: tot 19.00 uur).* *ma-za: 11.45, 9.00 uur (di en vr 18.00 uur); zo: 9.30, 11.00, 18.00 uur.*

Gewelf
Een netwerk van ribben ondersteunt het gewelf.

Kapel van St-Piat
In deze tussen 1324 en 1353 gebouwde kapel ligt de kerkschat, waaronder de Sluier van Maria en het breekbare 13de-eeuwse koorhek, dat in 1763 werd weggehaald.

★ Gebrandschilderd glas
De glas-in-loodramen beslaan bij elkaar meer dan 3000 m².

★ Zuidportaal
Het zuidportaal (1179-1209) verbeeldt leerstellingen uit het Nieuwe Testament.

De crypte
Deze crypte, de grootste in Frankrijk, dateert grotendeels uit de 11de eeuw. Hij bestaat uit twee evenwijdige galerijen, een reeks kapellen en de 9de-eeuwse grafkelder van St-Lubin.

Het glas-in-lood van Chartres

De ramen, die tussen 1210 en 1240 door de gilden werden geschonken, zijn wereldberoemd. Ze illustreren bijbelse verhalen en het dagelijks leven in de 13de eeuw. Tijdens beide wereldoorlogen werden de vensters voor alle zekerheid uit de sponningen gehaald en weggeborgen. Een aantal vensters zijn in de jaren zeventig gerestaureerd en van nieuw lood voorzien, maar het opknapwerk is nog lang niet klaar.

Glas-in-lood boven de apsis

Verlossingsvenster
Het Lijden van Christus *en zijn dood aan het kruis (ca. 1210).*

★ Boom van Jesse
Dit 12de-eeuwse venster beeldt de stamboom van Christus af. De boom begint onderaan bij Jesse (Isaï) en leidt naar Christus, bovenaan op zijn troon.

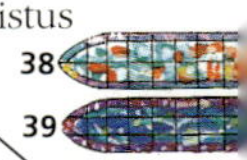

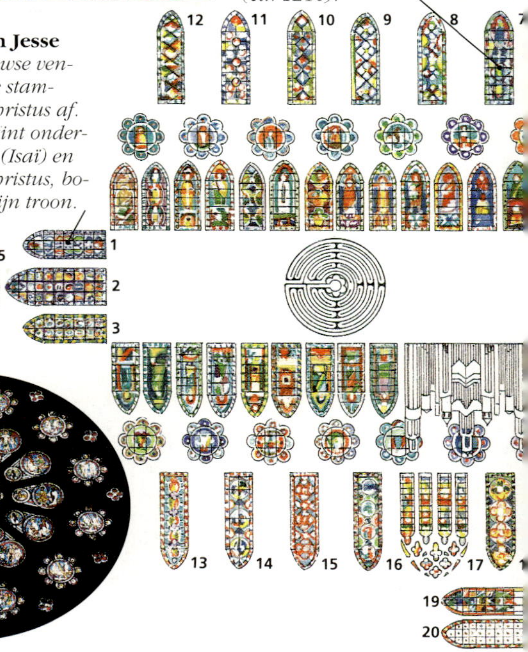

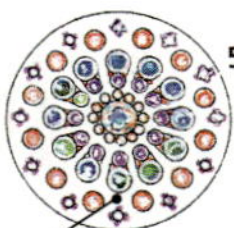

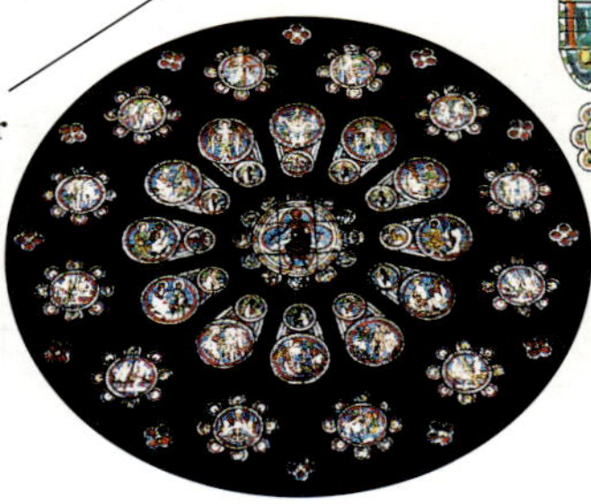

★ Westelijk roosvenster
Dit venster (1215), met Christus in het midden, beeldt het Laatste Oordeel *af.*

Verklaring

1 Boom van Jesse
2 Incarnatie
3 Het Lijden en de Opstanding
4 Noordelijk venster
5 Westelijk venster
6 Zuidelijk venster
7 Verlossingsvenster
8 St.-Nicolaas
9 Jozef
10 St.-Eustatius
11 St-Lubin
12 Noach
13 Johannes de Evangelist
14 Maria Magdelena
15 Goede Samaritaan, Adam en Eva
16 Maria-Hemelvaart
17 Vendôme-kapelvensters
18 Wonderen van Maria
19 St.-Apollinaris
20 Modern venster
21 St-Fulbert
22 St.-Antonius en St.-Paulus
23 Blauwe Maagd
24 Leven van Maria
25 Dierenriem
26 St.-Maarten
27 St.-Thomas à Becket
28 St.-Margaretha en St.-Catharina
29 St.-Nicolaas
30 St-Remy
31 Jacobus de Meerdere
32 Karel de Grote
33 St.-Theodorus en St.-Vincentius
34 St.-Stefanus
35 St-Cheron
36 St.-Thomas
37 Vredesvenster
38 Modern venster
39 Verloren Zoon
40 Ezechiël en David
41 Aäron
42 Maria met Kind
43 Jesaja en Mozes
44 Daniël en Jeremia

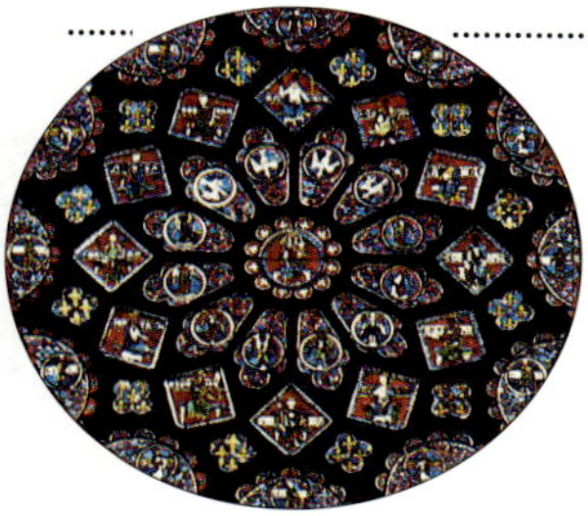

Noordelijk roosvenster
De Verheerlijking van Maria, *omgeven door de koningen van Judea en de profeten (ca. 1230).*

HOE LEEST U DE ROOSVENSTERS

Elk venster is verdeeld in panelen, die van links naar rechts en van beneden naar boven worden gelezen. Het aantal figuren heeft een betekenis: drie staat voor de Kerk, vierkanten symboliseren de stoffelijke wereld of de vier elementen en cirkels het eeuwige leven.

Bovenste panelen van de Incarnatie

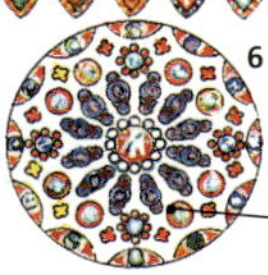

Zuidelijk venster
De Openbaring, *met een* Tronende Christus *(ca. 1225).*

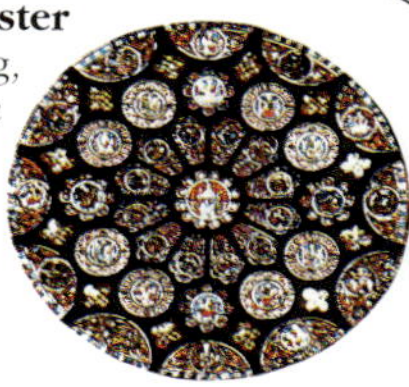

★ Venster van de Blauwe Maagd
Taferelen van De bruiloft in Kana *beelden Christus af die water in wijn verandert.*

STERVENSTERS

- ★ **Westelijk venster**
- ★ **Boom van Jesse**
- ★ **Venster dan de Blauwe Maagd**

LOIRE-ATLANTIQUE EN DE VENDÉE

Deze regio strekt zich uit van Guerande in het noorden tot de Marais Poitevin in het zuiden en loopt van de Vallée des Rois, het land van de châteaus, naar zee. Grauwe kalksteen gaat over in donker graniet en van de heuvelige, beboste gebieden in het oosten leiden vlakten naar moerasland en vogelrijke riviermondingen.

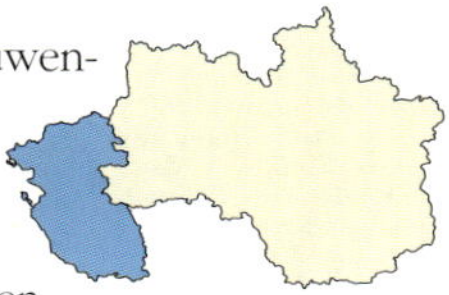

De mensen hebben hier eeuwenlang geleefd van wat het land en de zee opbrachten. Tot voor kort waren de gemeenschappen geïsoleerd, conservatief, religieus en vooral onafhankelijk. Hun loyaliteit vormde de aanleiding tot de Vendée-opstand *(blz. 187)*, die aan het eind van de 18de eeuw de nieuwe Franse Republiek bedreigde en eindigde in de verwoesting van de hele regio ten zuiden van de Loire. Tot het eind van de 18de eeuw maakten Nantes, de hoofdstad van de Loire-Atlantique, en de omliggende streek deel uit van Bretagne, een van de laatste Franse hertogdommen die door de Kroon werden veroverd.

Nantes zelf beleefde gouden tijden dank zij zijn maritieme handel en groeide in de 18de en 19de eeuw uit tot de zevende stad van Frankrijk. Met zijn fraaie musea en elegante 18de-eeuwse *quartiers* blijft het ook nu een fascinerende en aangename stad.

De kust en de eilanden van de Loire-Atlantique in het noorden en de Vendée – zoals de streek in het zuiden bekend staat – trekken tegenwoordig duizenden zomergasten. Veel bezoekers zijn afkomstig uit Frankrijk zelf; de rest van de wereld heeft de schoonheid van de rotsachtige landtong van Le Croisic en het fraaie strand tussen La Baule tot Les Sables d'Olonne nog maar nauwelijks ontdekt. In het zuiden zorgen de droge zomers en warme winters voor een bijna mediterrane sfeer op het Île de Noirmoutier, met zijn wit gekalkte huizen en Romeinse dakpannen.

De Marais Poitevin, in het zuiden van de Vendée, is een van de fascinerendste natuurgebieden van Frankrijk. Dit land is de loop der eeuwen veroverd op de rivieren en de zee door middel van dijken, kanalen en dammen.

Een verzamelaar van oesters in de Baai van Aiguillon

◁ **Romeinse kapitelen in het schip van de Collégiale St-Aubin in Guérande**

De Loire-Atlantique en de Vendée verkennen

De machtige Loire stroomt in zee bij St.-Nazaire, in het westen van het *département* Loire-Atlantique. In het noordwesten ligt het schiereiland Guérandaise, waar u op de lange zandstranden uitzicht hebt op de imposante, rotsachtige kust van de Atlantische Oceaan. De fraaiste Atlantische stranden strekken zich uit langs de kust van de Vendée, van het Île de Noirmoutier tot de Marais Poitevin. De Marais Poitevin, 80.000 ha moerasland, bestaat uit een netwerk van kanalen. In het oosten slingeren de wegen zich door de steden en over de heuvels van de Vendée, met prachtige panorama's op het omliggende gebied.

Een inham bij L'Aubraie aan de Atlantische kust

BEREIKBAARHEID

Nantes, met zijn luchthaven en belangrijke station, is het verkeersknooppunt van de regio. Met de TGV rijdt u in twee uur van Parijs naar Nantes; sommige treinen gaan verder naar Le Croisic, een uurtje verderop. De snelste autoroute naar Nantes is de snelweg *L'Océane* (A11) via Le Mans en Anger. Hoewel de N137 de meest directe route naar de Marais Poitevin vormt, is de kustroute, waar u langs de weg aan het strand kunt stoppen, veruit het fraaist. Landinwaarts, in de richting van de heuvels van de Vendée, vindt u de schilderachtige D960, D752 en D755 rond Pouzages.

Een kanaal in La Grande Brière

Bezienswaardigheden

Clisson 12
Fontenay-le-Comte 8
Goulaine 13
Île de Noirmoutier 2
Île d'Yeu 3
Luçon 7
Marais Poitevin *(blz. 182-185)* 5
Nantes *(blz.190-193)* 14
Pouzauges 10
Puy-du-Fou 11
Schiereiland Guérandaise 1
La Roche-sur-Yon 6
Les Sables d'Olonne 4
Vouvant 9

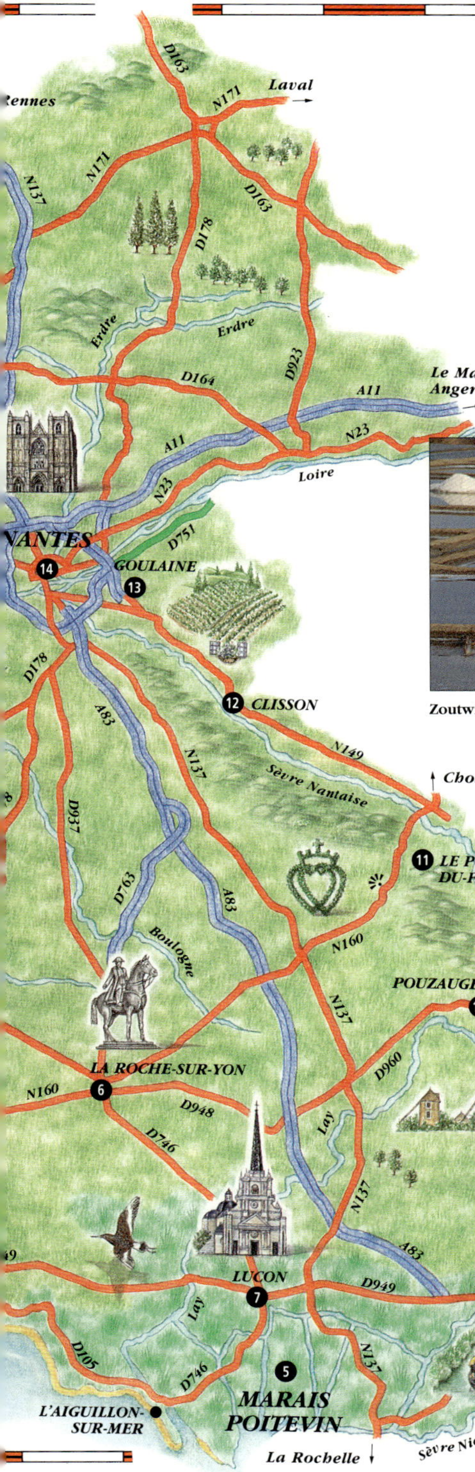

Zoutwinning op de traditionele manier bij Guérande

Symbolen

- Snelweg
- Hoofdweg
- Secundaire weg
- Toeristische route
- Rivier
- Uitkijkpunt

Schiereiland Guérandaise ❶

Wegenkaart A3. *Le Croisic, La Baule.* *Le Croisic, La Baule, Brière, Guérande.* *Le Croisic (40230070), La Baule (40243444), Guérande (40249671).*

La Baule, een fameuze badplaats aan het eind van de 19de eeuw, bezit een mooi, 8 km lang zandstrand en wordt gedomineerd door appartementencomplexen.
In de naaldbossen achter de moderne gebouwen vindt u prachtige, excentrieke villa's van rond de eeuwwisseling.
Le Croisic, aan de Atlantische kust in het westen, is wat ongerepter. Achter de levendige haven ligt een kilometers lange landtong met kleine stranden. Het **Océarium** bij de haven is een van de grootste particuliere aquaria van Frankrijk.
De middeleeuwse, ommuurde stad Guérande deed goede zaken met zijn *fleur de sel* – Bretons zout voor fijnproevers. Het wordt 'geoogst' op uitgestrekte moerasvlakten van hier naar Le Croisic. Tentoonstellingen en een video in het **Musée des Marais Salants** in Batz-sur-Mer geven een prima indruk van de moeite die men zich getroost om een hoge kwaliteit te garanderen. Guérande werd beschermd door zijn borstwering met vier prachtige, 15de-eeuwse poorten. De hoofdpoort St-Michel huisvest een streekmuseum.
In het centrum van de stad bevindt zich de **Collégiale St-Aubin**, een kerk uit de 12de eeuw die later werd gerenoveerd. Hier vindt u gebrandschilderd glas uit de 14de tot 16de eeuw en Romeinse kapitelen met taferelen uit het leven van de martelaren, de mythologie, de kunsten en het vermaak.
Op 10 km ten oosten van Guérande ligt **La Grande Brière**, een regionaal park van 40.000 ha moerasland. Bij het toeristenbureau in een oude klompenmakerij in La Chapelle-des-Marais kunt u zich aanmelden voor een begeleide tocht per platbodem, te voet, per fiets of te paard. In Kerhinet, een dorp met gerestaureerde 18de-eeuwse huisjes, vindt u informatie over het leven in de streek.

Een traditioneel huis met strodak in La Grande Brière

Océarium
Av de St-Goustan, Le Croisic.
40230244. *dag.*

Musée des Marais Salants
Batz-sur-Mer. *40238279.*
juni-sept. en schoolvakanties: dag.; okt.-mei: za en zo, alleen 's middags en schoolvakanties.
alleen begane grond.

La Grande Brière
Wegenkaart A3. *La Baule, Le Croisic, Pontchâteau, St Nazaire.* *La Chapelle-des-Marais. (40668501).*

De Porte St-Michel, een van de toegangspoorten tot Guérande

Île de Noirmoutier ❷

Wegenkaart A4. *Noirmoutier-en-l'Île.* *Noirmoutier-en-l'Île (51398071).*

De witgekalkte strandhuizen in Midi-stijl op het lange, vlakke eiland met vruchtbare polders verlenen Noirmoutier een uniek karakter. Avonturiers kunnen het eiland bereiken via een hobbelige weg van bijna 5 km lang, die bij eb slechts drie uur boven het water uitsteekt. Veel schelpenzoekers parkeren hun auto's in de modder, maar degenen die spotten met het getij moeten zich soms in veiligheid brengen op de plateaus *(balises)* langs de weg. De tijdstippen voor een oversteek vindt u langs de weg bij Beauvoir-sur-Mer. Er is ook een tolbrug bij Fromentine.
Het milde klimaat, de visindustrie en de zoutmoerassen vormden de basis voor de welvaart van het eiland. Zomergasten bezoeken de uitgestrekte duinen, de fraaie stranden in het noordoosten en het aardige plaatsje Noirmoutier-en-l'Île.
Het 12de-eeuwse **Château de Noirmoutier** heeft een drooggliggende gracht. U kunt er terecht voor informatie over de lokale geschiedenis

en ziet er onder meer de met kogels doorzeefde stoel waarin de hertog van Elbée werd geëxecuteerd tijdens de Vendée-opstand *(blz. 187)*. Daarnaast vindt u er een **aquarium** en het **Musée de la Construction Navale**, met exposities over de scheepsbouw en de zoutwinning. Het **Parc Océanîle**, een waterpark uit 1994, biedt onder meer waterglijbanen, golfslagbaden, watervallen en bubbelbaden.

Château de Noirmoutier
Pl d'Armes. *51391042.* *half febr.-half juni en half sept.-nov.: wo-ma; half juni-half sept.: dag.*

Aquarium-Sealand
Rue de l'Ecluse. *51390811.* *dag.*

Musée de la Construction Navale
Rue de l'Ecluse. *51392400.* *half jan.-juni: di-zo; juli-aug.: dag.; sept.-half nov.: di-zo.*

Parc Océanîle
Site des Oudinières, route de Noirmoutier. *51359135.* *half juni-half sept.: dag. (buiten); half febr.-half okt.: dag. (binnen).*

De wrakbaars, een van de vissen in het aquarium van Noirmoutier

Île d'Yeu ❸

Wegenkaart A4. *van Fromentine naar Port-Joinville.* *Port-Joinville (51583258).*

Dit kleine, zonovergoten eiland trekt zomergasten die van wandelen of fietsen houden. Bij de oude vissershaven van Port-de-la-Meule vindt u een ruïne van een 11de-eeuws **kasteel** en de **Pierre Tremblante**, een gigantische neolithische steen die, naar verluidt, beweegt wanneer op het juiste plekje wordt gedrukt.

Het vissersplaatsje La Chaume, vlak bij Les Sables d'Olonne

Les Sables d'Olonne ❹

Wegenkaart A4. *16.000.* *Blvd Roosevelt (51320328).* *di-zo.*

De populariteit van het fraaie strand heeft ertoe bijgedragen dat de elegantste promenade in West-Frankrijk behouden is gebleven. Achter de 18de-eeuwse boulevard leiden heuvelige straatjes naar een gezellige haven. Het vissersplaatsje La Chaume aan de overzijde bezit een chique jachthaven.
De markt, die iedere ochtend plaatsvindt in Les Halles bij de kerk van **Notre-Dame-de-Bon-Port**, en de branding vormen de grote attracties in Les Sables. Tussen Les Halles en de Rue de la Patrie ligt het smalste straatje van Frankrijk, de Rue de L'Enfer, dat aan het begin van de Rue de la Patrie slechts 53 cm breed is.
Fraaie beelden van Les Sables in de jaren twintig door Albert Marquet kunt u zien in het **Musée de l'Abbaye Ste-Croix**. Het museum werd in de 17de eeuw gebouwd als convent en bezit een collectie moderne kunst.

Musée de l'Abbaye Ste-Croix
Rue de Verdun. *51320116.* *half juni-sept.: di-zo; okt.-half juni: di-zo alleen 's middags.* *feestdagen.* *behalve zo.*

De mooiste Atlantische stranden

In Les Sables d'Olonne vond in 1987 het Europese surfkampioenschap en in 1988 het wereldkampioenschap plaats. Gezinnen kunnen terecht op de Grande Plage. Surfers kunnen genieten van hogere golven bij Le Tanchet (Le Château d'Olonne) en L'Aubraie (La Chaume). Andere goede surfstranden zijn Sauveterre en Les Granges (Olonne-sur-Mer) en in het noorden La Sauzaie bij Brétignolles-sur-Mer. Fraaie boulevards, mooie zandstranden en goede faciliteiten vindt u ook bij La Baule (Grande Plage) en St-Jean-de-Monts (Les Demoiselles).

Het brede zandstrand van L'Aubraie bij La Chaume

Marais Poitevin ❺

IJsvogel

Het uitgestrekte park van de Marais Poitevin, aan de zuidkant van de Vendée, beslaat 80.000 ha. In de Romeinse tijd stond het grotendeels onder water. De eeuwenlange dijkenbouw heeft het landbouwgebied van de westelijke Marais Desséché (droog moeras) opgeleverd. Het wordt door een ingewikkeld netwerk van kanalen beschermd tegen overstromingen. Het betoverende watermozaïek van de Marais Mouillé (nat moeras), ook bekend als de Venise Verte, ligt meer naar het oosten. Hier kunt u varen over de stille, jade-kleurige waterwegen, onder een baldakijn van wilgen, elzen, essen en populieren.

Wit Charolais-vee
Deze koeien, beroemd om hun vlees, worden vaak per boot getransporteerd.

Het Réserve Naturelle Michel Brosselin is een fraai natuurreservaat (200 ha).

Platbodem
Dit bootje uit de Marais Mouillé heeft een brede steven en een beitelvormige spiegel. Men roeit of boomt ermee door de kanalen.

Mosselkwekerijen
Aan de kust bij L'Aiguillon-sur-Mer worden mosselen gekweekt. Het zaad wordt aan touwen tussen palen in zee gehangen en overgeleverd aan het getij.

STERATTRACTIES

- ★ **Église St-Nicolas, Maillezais**
- ★ **Coulon**
- ★ **Arçais**

SYMBOLEN

- Modderige vlakten
- Marais Desséché
- Marais Mouillé
- Uitkijkpunt
- Wandelroute
- Paardrijden
- Toeristenbureau
- Vaarroute
- Fietsverhuur

★ Église St-Nicolas, Maillezais

De 12de-eeuwse Église St-Nicolas ligt in de plaats Maillezais, in het hart van de Marais Poitevin. De kerk heeft een romaanse façade en een ruim interieur. Links van het koor staat een prachtig beeld van Maria met Kind *uit de 14de eeuw. De stad bezit bovendien een interessante ruïne van een abdij uit de 10de eeuw.*

TIPS VOOR DE TOERIST

Wegenkaart B5. *Niort.* *Maillezais (51872301); Coulon (49359929). Goede punten om boten af te meren: Coulon, Maillezais, Arçais, Sansais, La Garette, St-Hilaire-la-Palud, Damvix. Toeristentrein: Coulon (49350229). Faciliteiten voor wandeltochten, verhuur van fietsen, caravans en paarden.*

Le Poiré-sur-Velluire is een klein dorp, waar jaarlijks eind april de opening van het collectief begrazingsrecht wordt gevierd.

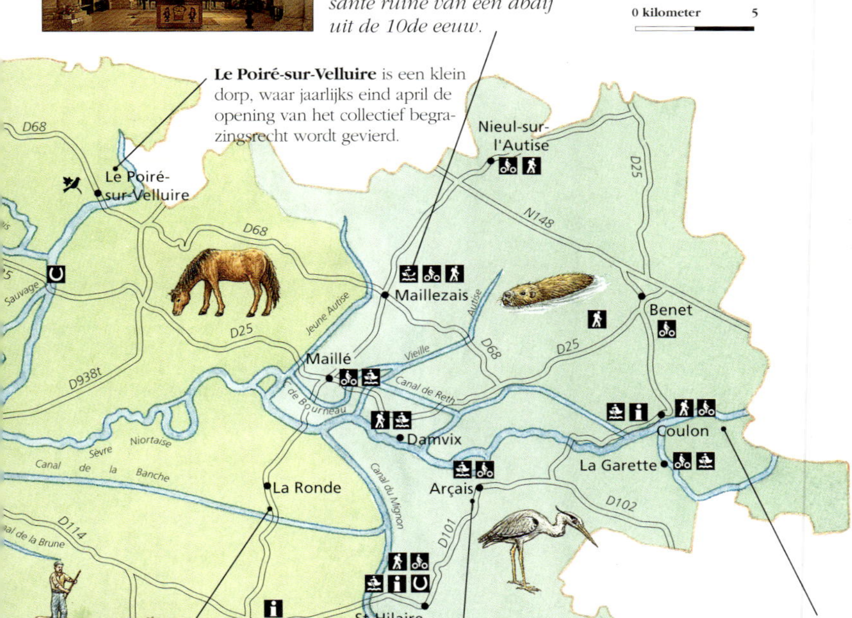

La Maison du Parc in La Ronde geeft informatie over de complexe waterhuishouding van de Marais Poitevin.

★ Arçais

Dit dorp in de Venise Verte heeft een klein, stijlvol haventje en een 19de-eeuws château.

★ Coulon

Coulon is het grootste dorp in de Marais Poitevin. De haven ligt altijd vol ranke platbodems, die karakteristiek zijn voor deze streek.

De Marais Poitevin verkennen

Reclame voor een tochtje per *barque*

De eerste dijken, gebouwd om de zee op afstand te houden, veranderden niets aan de jaarlijks terugkerende rivieroverstroming. Vandaar dat in de 12de en 13de eeuw lange kanalen werden gegraven onder toezicht van monniken, die het recht op het moerasland hadden verkregen. De Marais Mouillé (nat moeras) en de Marais Desséché (droog moeras) worden nog altijd gescheiden door een van deze kanalen: het 13de-eeuwse Canal des Cinq Abbés, ten zuiden van Chaillé-les-Marais, was een project van vijf abdijen. De landarbeiders die voor de monniken werkten, werden beloond met een collectief begrazingsrecht. In de 17de eeuw schakelde Hendrik IV Nederlandse waterbouwkundigen in om de kanalen te verbeteren, vandaar de 'Nederlandse Gordel' *(La Ceinture des Hollandais)* ten zuidoosten van Luçon. Tegenwoordig zijn er tal van maatregelen om de waterhuishouding in de streek te controleren.

Oostelijke Marais

De beste manier om deze streek te bekijken is per boot. In diverse plaatsen kunt u terecht voor begeleide tochten; u kunt ook een boot huren in Arçais, Coulon, Damvix, La Garette of Maillezais.

Coulon

Wegenkaart B5. *1900.* *Pl de l'Église (49359929).* *vr, zo.*

Met zijn smalle straatjes van oude, witgekalkte huizen en de imposante 12de-eeuwse kerk vormt Coulon de belangrijkste toegang tot de Marais Mouillé. Op de gerestaureerde kade langs de Sèvre Niortaise is het in de zomer een drukte van belang met mensen die een tochtje gaan maken op de kanalen.

De vissen die onder het kroos verscholen zitten, zijn te zien in het **Aquarium de la Venise Verte**. In het **Maison des Marais Mouillés** krijgt u tekst en uitleg over het leven in de streek en de geschiedenis van de drooglegging.

Aquarium de la Venise Verte
Pl de l'Église 8. *49359031.*
april-okt.: dag.: nov.-half maart: op afspraak.

Maison des Marais Mouillés
Pl de la Coutume. *49358104.*
febr.-juni en sept.-nov.: di-zo; juli-aug.: dag.

Maillezais

Wegenkaart B5. *900.* *Fontenay-le-Comte, dan taxi.* *Rue du Dr-Daroux (51872301).*

Maillezais was een belangrijk eiland in de voormalige Golf van Poitou. De grote ruïne van de **Abbaye St-Pierre**, ge-

Fauna van de Marais Poitevin

De Marais Poitevin bestaat uit verdronken land, hakhout, polderland en rivierdelta's. Het gebied bezit een rijke fauna en vormt een paradijs voor vogelliefhebbers, met 130 soorten standvogels en meer dan 120 soorten trekvogels. Bovendien vindt u hier 44 soorten zoogdieren, 22 slangesoorten, 32 vissoorten en honderden insektesoorten. De iepen, elzen, wilgen en meidoorns bieden reigers plaats om te nestelen. Roofvogels als de torenvalk en de buizerd zijn hier het hele jaar door te vinden, terwijl de zwarte wouw, de boomvalk en de wespendief hier in de lente en in de zomer verblijven. 's Nachts gaan rans- en bosuilen in de moerassen op jacht naar kleine knaagdieren. Erg interessant zijn de overtrekkende watervogels. Ze zijn te zien op de enorme, moerasachtige vlakten van de Marais Mouillé, de drogere stukken van de Marais Desséché en de uitgestrekte modderige vlakten van de Baai van Aiguillon, waar de rivier de Sèvre Niortaise in zee stroomt. Tot de vogels die hier in de herfst en in de winter verblijven, behoren de tureluur, de grutto en de regenwulp, en zeldzame soorten als het porseleinhoen. De Marais Desséché vormt tevens een ideale overwinteringsplaats voor kikkers, padden en ringslangen en de ruige vegetatie langs de brede kanalen biedt plaats aan twee zeldzame soorten karekieten: de kleine karekiet en de snor. De zeldzame grauwe kiekendief jaagt op muizen in de ontgonnen landbouwgebieden.

De torenvalk, een van de roofvogels in de Marais

Kleine karekiet

De ruïne van de 10-de eeuwse Abbaye St-Pierre bij Maillezais

sticht in de 10de eeuw, biedt een imposante aanblik. Het klooster werd grotendeels verwoest door protestantse legers in 1587. De kerk bezit versierde kapitelen in de 11de-eeuwse narthex, de noordelijke muur van het schip en het transept.
De refter is behouden gebleven, net als de keuken, die tegenwoordig dienst doet als museum. In een van de cellen zocht Rabelais wel eens de afzondering. Rechts van de ingang ziet u een klein château, in 1872 gebouwd op de ruïne van het bisschoppelijk paleis.

Abbaye St-Pierre
51007011. dag. beperkt.

Chaillé-les-Marais
Wegenkaart B5. *1200.*
Luçon (51563652). do.
Dit dorpje vormde een centrum voor de drooglegging, die leidde tot de donkergekleurde akkers in de Marais Desséché. De technieken worden toegelicht in het **Maison du Petit Poitou**. In dit museum, een van de zes in de streek die de aspecten van de Marais Poitevin belichten, kunt u bovendien kennis maken met de zeldzame ruwharige ezel uit Poitou.

Langharige Poitou-ezel

Maison du Petit Poitou
51567730. half maart-mei, half sept.-half nov.: za en zo 's middags; juni-half sept.: dag.; half nov.-half maart: op afspraak.

Westelijke Marais
Veel van de vroege ontwateringswerken in de *marais* stonden onder toezicht van de monniken van **St-Michel-en-l'Herm**. De benedictijnenabdij op dit voormalige eiland werd oorspronkelijk gesticht in 682, maar sindsdien meermalen verwoest en herbouwd. De kapittelzaal en refter uit de 17de eeuw zijn de belangrijkste overblijfselen. Aan de monding van de Lay liggen de oude vissersplaats **L'Aiguillon-sur-Mer** en de Pointe d'Aiguillon, met zijn door Nederlanders gebouwde dijk uit de 19de eeuw. Hier hebt u een prachtig uitzicht op het Île de Ré en La Rochelle.
De teelt van mosselen en oesters is een belangrijke industrie, niet alleen langs dit deel van de kust, maar ook in de mondingen van de westelijke *marais*. De mosselen groeien op een woud van mosselbanken, die bij eb te zien zijn, en aan touwen aan vlotten in de Baai van Aiguillon.

Leefomgeving

De kanalen in de Marais Mouillé vormen een ideale leefomgeving voor otters, terwijl de bomen volop nestelgelegenheid bieden aan de purperreiger. Trekvogels als de zomertaling, en weidevogels als de kievit, gedijen uitstekend in de Marais Desséché.

Zomertaling (mannetje)

Otter

Een nestelende purperreiger

Een overwinterende kievit in de Marais Poitevin

Beeld van Napoleon op het plein in La Roche-sur-Yon

La Roche-sur-Yon ❻

Wegenkaart B4. *49.000.* *Rue Georges Clemenceau (51474849).* *di, do, za.* *Café de l'été (half juni-aug.).*

In 1804 werd La-Roche-sur-Yon aan de vergetelheid ontrukt door Napoleon, die het tot bestuurlijk en militair centrum van de rebellerende Vendée maakte.

De stad, met zijn rechthoekige plattegrond, werd gebouwd rond een groot exercitieplein, dat tegenwoordig **Place Napoléon** wordt genoemd. In het midden staat een ruiterstandbeeld van de keizer. Bij de schouwburg op het Place du Théatre is speels een fontein van platgeslagen olievaten geplaatst, wellicht ter relativering van de keizerlijke pretenties. De 19de-eeuwse **Église St-Louis** is de grootste kerk in de streek.

De gerestaureerde huizen van het oude dorp staan rond het Place de la Vieille-Horloge. In een van deze huizen, **La Maison des Métiers**, vindt u een permanente expositie met lokale producten, waaronder weefsels, leder- en aardewerk.

La Maison des Métiers
Pl de la Vieille-Horloge.
51625133. *di-za.*

Luçon ❼

Wegenkaart B4. *10.000.* *Square Edouard Herriot (51563652).* *wo en za.*

Luçon, ooit een haven in het moeras, werd door zijn meest beroemde inwoner kardinaal Richelieu *(blz. 56)* beschreven als het modderigste bisdom in Frankrijk. Hij arriveerde er als 23-jarige bisschop in 1608 en besloot eerst de stad, en vervolgens het koninkrijk te reorganiseren. Richelieu's standbeeld staat op het plein ten zuiden van de **Cathédrale Notre-Dame**.

De kathedraal heeft een imposant gotisch schip met renaissancistische zijkapellen. U vindt er een kansel en twee doeken geschilderd door Richelieu's begaafde opvolger Pierre Nivelle, een naturalistisch schilder. De prachtige kruisgang dateert uit de 16de eeuw.

Beschilderde kansel in de kathedraal van Luçon

Fontenay-le-Comte ❽

Wegenkaart C4. *15.000.* *Niort* *Pl de la Bascule (51694499).* *za.* *Les histoires d'été (juli-aug.).*

Fontenay, aan de oever van de rivier de Vendée, was tot de Franse Revolutie de trotse hoofdstad van Bas-Poitou. Napoleon degradeerde het ten gunste van een meer centraal gelegen bestuurlijk centrum, La Roche-sur-Yon, waar hij gemakkelijk de Vendée kon controleren.

Hoewel het kasteel en de vestingwerken in 1621 tijdens de godsdiensttwisten werden vernietigd, bleef het renaissancistische stadsdeel grotendeels gespaard. Eromheen is een welvarende stad ontstaan.

De **Église Notre-Dame**, met zijn indrukwekkende torenspits, vormt een goed vertrekpunt voor een wandeling door de oude straten, die van het Place Viète naar beneden leiden. Het gebouw op Rue du Pont-aux-Chèvres nr. 9 was ooit het paleis van de bisschoppen van Maillezais. Veel prominente personen uit de Renaissance, onder wie de dichter Nicolas Rapin en François Rabelais *(blz. 100)*, woonden in de Rue Guillemet, de Rue des Jacobins en het door een zuilengang omringde Place Belliard. Rabelais nam later de *soirées* op de hak, die hij hier bijwoonde in zijn vijf jaar als tegendraadse jonge priester in het franciscanenklooster (1519-1524).

Fontenays motto 'een bron van scherpe geesten' is gegraveerd in de **Quatre-Tias**-fontein in de Rue de la Fontaine, die werd gebouwd in de 16de eeuw en verfraaid in 1899 door Octave de Rochebrune, een lokale kunstenaar en intellectueel. De collectie van het **Musée Vendéen** loopt uiteen van Gallo-Romeinse archeologie tot een prachtig schaalmodel van Fontenay tijdens de Renaissance. Verschillende 19de-eeuwse portretten tonen het lijden van de Vendée na het oproer in 1793. Daarnaast is er informatie over het leven in de *bocage*, de beboste streek die aan de stad grenst.

Het **Château de Terre-Neuve** aan de Rue de Jarnigande was ooit een landhuis, maar is aan

Het hoge gotische schip van de Cathédrale Notre-Dame in Luçon

De middeleeuwse muren van Vouvant worden weerspiegeld in de rivier de Mère

het begin van de 17de eeuw verfraaid voor dichter en proost Nicolas Rapin. Tweehonderd jaar later voegde Octave de Rochebrune decoraties toe.

In het château vindt u prachtige plafonds en twee fraaie haarden, naast een collectie schone kunst, meubilair, panelen en een deur uit de koninklijke studeerkamer van het Château de Chambord.

Musée Vendéen
Pl du 137e Régiment d'Infanterie. *51693131. half juni-half sept.: di-vr, za en zo 's middags; half sept.-half juni: wo-zo, alleen 's middags.*

Château de Terre-Neuve
Rue de Jarnigande. *51699941, 51691775. mei: dag. alleen 's middags; juni-sept.: dag.; okt.-april: groepen op afspraak.*

Vouvant 9

Wegenkaart B4. *900.*
Fontenay-le-Comte. Luçon.
Pl du Bail (51008680). 2de do van de maand (behalve juli-aug.).
Fête folklorique (2de zo in aug.).

De romaanse **Église Notre-Dame** in het middeleeuwse Vouvant heeft een fraai dubbelportaal, waar beelden neerkijken op een boog, versierd met een bestiarium. Op het timpaan worstelt Simson met een leeuw, terwijl Delila nadert met haar beruchte schaar. Vouvant is een goed vertrekpunt voor tochtjes door het druk bezochte bos van Mervant-Vouvant met zijn wandelroutes, meertjes om te varen, grotten en folklore rond de slangenfee Mélusine: ze leidde een leven als een vrouw, maar eenmaal per week veranderde haar onderste helft in een slangestaart. De **Tour Mélusine** biedt prachtige panorama's op de Mèr.

Het dubbelportaal van de Église Notre-Dame in Vouvant

Portret van Cathelineau (1824) door Anne-Louis Girodet-Trioson

De Vendée-opstand

De Revolutie verhield zich slecht met de conservatieve, royalistische bevolking van de Vendée. De belastingen werden verhoogd en de katholieke priesters vervolgd, terwijl Lodewijk XVI in januari 1793 werd geëxecuteerd. Vervolgens trachtte men de bevolking in te zetten in het Republikeinse leger. Dit leidde op 11 maart tot een slachting van Republikeinse sympathisanten in het dorp Machecoul tijdens een boerenopstand. Boerenleiders als de voerman Cathelineau en de jachtopziener Stofflet namen het voortouw. Ze werden gesteund door edelen, onder wie Charette, Bonchamps en La Rochejaquelain. Met gebruik van guerrilla-tactieken bezetten de Grand Royal en het katholieke leger (Witten) bijna de hele Vendée, Saumur en Angers in juni 1793. Ze wonnen verschillende malen van de Republikeinse legers (Blauwen), maar verloren bij Cholet op 17 oktober. Bijna 90.000 Witten vluchtten en hoopten tevergeefs op versterking. De Blauwen plunderden de Vendée in 1794 en decimeerden de bevolking. Meer dan 250.000 inwoners van de Vendée vonden de dood.

Detail van het fries in de kerk van Pouzauges

Pouzauges ⑩

Wegenkaart C4. 5500. *La Roche.* *Rue Georges Clemenceau (51918246).* *1ste en 3de do.*

Van het 12de-eeuwse kasteel resteert alleen nog de ruïne. In de 15de eeuw behoorde het toe aan Gilles de Rais, die het tot maarschalk van Frankrijk zou brengen, maar later werd beschuldigd van ontvoering en moord. Nog steeds wordt hij geassocieerd met het verhaal van Blauwbaard.

De kleine **Église Notre-Dame du Vieux-Pouzauges**, met zijn in 1948 ontdekte 13de-eeuwse fresco's, vormt een van de schatten van de Vendée. In zachte kleuren tonen de fresco's fraaie taferelen uit het leven van Maria en haar familie. Een kort audio-visueel programma geeft tekst en uitleg bij de schilderingen. Links, op 4 m boven de grond, illustreert een eveneens in 1948 ontdekt fries met bestiarium de maanden van het jaar.

Château du Puy-du-Fou ⑪

Wegenkaart B4. *Écomusée, Les Epesses 30.* *51576060.* *febr.-dec.: di-zo.*

Op 2 km van het dorp Les Epesses ligt het uit baksteen en graniet opgetrokken renaissancistische château van Puy-du-Fou. Het werd gedeeltelijk verwoest tijdens de Vendée-opstand en huisvest nu een museum en een themapark. Daarnaast vormt het een decor voor een spannende *son et lumière*-show *(blz. 58-59).*

In het **Écomusée de la Vendée** wordt de Vendée-opstand uitgelegd met een verlicht model, dia's, schilderijen en portretten. Prehistorische, Gallo-Romeinse en middeleeuwse voorwerpen illustreren de geschiedenis, het karakter en de architectuur van de streek.

Het themapark **La Grand Parcours** biedt volop vermaak. U vindt er twee gereconstrueerde dorpjes, een middeleeuws en een uit de 18de eeuw, met gekostumeerde 'dorpelingen'. Tot de andere attracties behoren het bos en de meren, een waterorgel, een wolvenhol, jongleurs en een steekspel. Erg bijzonder zijn de roofvogeldemonstraties, waarbij valken, arenden en gieren over de hoofden van de toeschouwers scheren.

Cinéscénie
51641111/08366885.
juni-half sept.: vr, za. Begin spektakel: juni en juli 22.30 uur; aug.-begin sept. 22.00 uur (een uur eerder aanwezig zijn); reserveren.
Écomusée de la Vendée
febr.-dec.: di-zo.
Le Grand Parcours
mei: zo, feestdagen; juni-half sept.: dag. *half sept.-april.*

Château de Clisson, een ruïne van een feodale burcht

Clisson ⑫

Wegenkaart B4. 5500. *Pl du Minage (40540295).* *di, wo en vr.* *Festival de musique (juli).*

Clisson ligt op twee heuvels aan de Sèvre Nantaise en staat bekend om zijn Italiaansachtige schoonheid. In 1794, na het neerslaan van de Vendée-opstand, werd de stad grotendeels verwoest door Republikeinse troepen. Twee welvarende broers, Pierre en François Cacault, namen de wederopbouw voor hun rekening en schakelden de beeldhouwer Frédéric Lemot in. Lemots landgoed is nu het **Parc de la Garenne Lemot**, dat voortborduurt op de stijl van het antieke Rome met zuilen en tomben, waaronder die van Lemot zelf, de Temple de l'Amitié.

In de ruïne van het robuuste 12de-eeuwse **Château de Clisson**, een belangrijk fort van de hertogen van Bre-

'Dorpelingen' aan het werk in het Grand Parcours in Puy-du-Fou

tagne, wordt u geïnformeerd over de geschiedenis van de krijgskunst. Bezoekers kunnen een kijkje nemen in de kerkers en bij een put met een akelig verhaal; tijdens de wraakzuchtige nadagen van de Vendée-opstand werden 18 mensen door Republikeinse troepen vermoord en in de put geworpen.
Naast het château bevindt zich een fraaie, overdekte markt uit de Renaissance, die de verwoesting overleefde omdat hij diende als barak voor de Republikeinen.

Parc de la Garenne Lemot en Maison du Jardinier
40547585. april-sept.; dag.; okt.-maart: di-zo. **Park**: *dag.*
beperkt

Château de Clisson
Pl du Minage. 40540222.
wo-ma. 25 dec.

De toegangspoort met machicoulis van het Château de Goulaine

Château de Goulaine 13

Wegenkaart B3. *Nantes, dan taxi. Bas Goulaine 40549142.*
Pasen-half juni: za, zo en feestdagen 's middags; half juni-half sept.: wo-ma 's middags; half sept.-okt.: za, zo en feestdagen 's middags.
alleen vlinderpark.

Dit is het meest westelijke van alle Loire-châteaus, even ten zuidoosten van Nantes. Hoewel de familie hier al duizend jaar wijn maakt, is het gebouw 15de- en de vleugels 17de-eeuws. Uit de 14de eeuw is een toren met machicoulis bewaard gebleven. Aan weerszijden van het hoofdgebouw rijzen sierlijke torens op: op een ervan staat een beeld van de dappere Yolande de Goulaine, die gedreigd zou hebben zichzelf neer te steken om haar soldaten aan te sporen tegen de Engelsen. Het château overleefde de Revolutie doordat de familie het verkocht aan een Nederlander; 70 jaar later kocht ze het weer terug. De huidige markies, Robert de Goulaine, heeft het château gerestaureerd en een vlinderpark met vele exotische soorten geopend. Vlinders sieren ook het etiket van een van zijn *sur lie* Muscadets. De kleurige haard in de *grand salon* is exemplarisch voor de rijke decoratie van het château.

Cinéscénie

De show van Puy-du-Fou wordt groots aangepakt, met 800 artiesten en 12.000 bezoekers. Met gebruik van alle mogelijke multimedia-technieken krijgt u in de openlucht een indruk van de geschiedenis van de Vendée. Laserlicht, muziek, waterkanonnen en vuurwerk zijn op elkaar afgesteld door de computer.
Met de ruïne en het meer als decor vormen honderden, uit de omgeving afkomstige, acteurs *tableaux vivants*, waar men danst, treurt of vecht. Het spektakel wordt gecompleteerd door paarden, fonteinen en vuurwerk, terwijl de klokken beieren en het château in 'vlammen' opgaat.
Hoewel het schouwspel eigenlijk voor zich spreekt, zijn op de enorme tribune vertalingen verkrijgbaar in het Engels, Duits, Italiaans en Japans. Warme kleren en vooraf reserveren worden aanbevolen.

Een vuurspuwer in de Cinéscénie in Puy-du-Fou

Nantes ⓮

De oude havenstad Nantes was 600 jaar lang de hertogelijke hoofdstad van Bretagne, maar maakt nu deel uit van het Pays de la Loire. Veel van de fraaie huizen uit de 18de en 19de eeuw werden gebouwd met de winsten uit de maritieme handel, die vooral bestond uit slaven, suiker, katoen en scheepsbenodigdheden. De haven is uitgebreid naar St-Nazaire, waar een moderne brug, de langste van Frankrijk, de rivier overspant *(blz. 34)*. Dit industriegebied trekt handel aan en brengt nieuw leven in de regio. Nantes zelf blijft een krachtige, moderne stad met interessante musea, veel ruimte en chique restaurants, cafés en winkels.

Het neoclassicistische theater op het Place Graslin

Nantes verkennen
De meest modieuze buurt is het **Quartier Graslin**. Het hart van deze tussen 1780 en 1900 gebouwde wijk is het Place Graslin; hier staat het neoclassicistische theater met zijn monumentale trap. De architect, Mathurin Crucy, ontwierp het Place Graslin als een rechthoek met rondom acht straten in een stervorm. De gevel van het theater bezit acht Corinthische zuilen en beelden van acht muzen, die neerkijken op het plein. De muur erachter is gemaakt van glas, waardoor de foyer overdag wordt verlicht.
De elegante architectuur komt terug op de nabije Cours Cambronne, een avenue voor voetgangers met fraaie huizen uit de vroege 19de eeuw, en in het Place Royale met zijn schitterende fontein als eerbetoon aan de oceaan- en riviergeesten.
Op het **Île Feydeau**, het voormalige eiland waar Jules Verne *(blz. 193)* werd geboren, leidde de 18de-eeuwse welvaart tot prachtige neoclassicistische façaden langs straten zoals de Allée Turenne, de Allée Duguay-Trouin en vooral de Rue Kervégan, waar op nr. 30 de 18de-eeuwse architect Pierre Rousseau woonde. Smeedijzeren balkons worden ondersteund door overdadige sculpturen.
Even ten noorden van het Île Feydeau liggen het Place du Commerce en de oude Bourse (beurs), een elegant 18de-eeuws gebouw dat nu als toeristenbureau fungeert.

De eetzaal van La Cigale, de Art Nouveau-brasserie in Nantes

La Cigale
Pl Graslin 4. *51849494.*
dag. Zie ***restaurants*** *blz. 219.*
Tegenover het theater, als een duizelingwekkend contrast, ligt het beroemde brasserie-restaurant La Cigale, geopend op 1 april 1895. Het werd in het *fin-de-siècle* opgericht en beheerd door Émile Libaudière. Het pand is volgepropt met Art Nouveau-motieven, waaronder de cicade waaraan het etablissement zijn naam dankt. De diepblauwe kleuren van de Italiaanse betegeling, het smeedijzer, de schuine ramen en deuren, de beelden en beschilderde panelen en plafonds maken dit restaurant tot een favoriete ontmoetingsplek voor kunstminnaars en lekkerbekken.

Passage Pommeraye
dag.
De Rue Crébillon, ten oosten van het Place Graslin, is de elegantste winkelstraat in Nantes. Hij is verbonden met de Rue de la Fosse via een opmerkelijke zuilengang, de Passage Pommeraye, genoemd

Het interieur van de elegante Passage Pommeraye

naar de jurist die de bouw financierde. De bourgeoisie moet overdonderd zijn geweest bij de aanblik van de 66 winkels.
De drie galerijen liggen op verschillende niveaus, verbonden door een fraai houten trappenhuis met beelden en lampen. De decoratie is vrij overdadig. Ontroerende kinderbeelden kijken neer op de galerijen, die zijn verrijkt met borstbeelden, bas-reliëfs en andere details in steen en metaal. Het geheel wordt overdekt door het oorspronkelijke glazen dak.

Musée Dobrée

Rue Voltaire 18. *40710350.*
di-zo. *feestdagen.*
behalve zo.

Thomas Dobrée (1810-1895), zoon van een rijke reder en fabrikant, besteedde een groot deel van zijn leven aan het opbouwen van deze collectie van schilderijen, tekeningen, beelden, tapijten, meubels, porselein, wapens, religieuze kunst, postzegels, boeken, brieven en manuscripten. Het museum dat hij ervoor bouwde, is gebaseerd op een gotisch-renaissancistisch ontwerp van de architect Eugène-Emmanuel Viollet-le-Duc. Een van de relikwieën springt eruit – het gouden kistje met een kroon, dat het hart bevat van Anna van Bretagne. Ze wilde worden begraven in het graf van haar ouders in de kathedraal van Nantes *(blz. 55)*. Een andere schat is een 15de-eeuws albasten altaarstuk uit Nottingham in Engeland.
In de Manoir de la Touche is een expositie te zien over de Vendée-opstand, met onder meer het dodenmasker van François de Charette, een royalist uit de Vendée. Hij werd in maart 1796 geëxecuteerd in Nantes. Een aangrenzend modern museum toont een archeologische collectie met Egyptische, Griekse en Gallo-Romeinse kunstvoorwerpen.

Deel van het bewerkte albasten altaarstuk in het Musée Dobrée

Tips voor de toerist

Wegenkaart B3. *500.000.*
12 km Nantes-Atlantique.
Bd Stalingrad.
Allée Baco.
Pl du Commerce (40206000).
di-zo.
Printemps des arts (barokmuziek, mei-juni); Festival d'été (muziek, juni); Les rendez-vous de l'erdre (jazz, aug.); Festival des trois continents (film, nov.).

Het centrum van Nantes

Cathédrale St-Pierre et St-Paul ④
Château des Ducs de Bretagne ⑤
Jardin des Plantes ⑦
Musée des Beaux-Arts ⑥
Musée Dobrée ①
Place Graslin ②
Tour de Bretagne ③

Symbolen

Spoorwegstation
Busstation
Parkeren
Toeristenbureau
Kerk

Rond het Château

De Tour de Bretagne, de wolkenkrabber uit 1976, vormt de scheiding tussen het Place de Commerce en het Place Graslin in het westen en het oudere district rond het château en de kathedraal in het oosten. Vanaf het gebouw hebt u een schitterend uitzicht. De toegang (gratis) bevindt zich aan de Cours des Cinquante Otages, die door het centrum slingert op de plaats waar het Erdre-kanaal ooit stroomde. Aan het begin van de drukke avenue, op het Place du Pont Morand, staat een monument voor de 50 gijzelaars naar wie het plein is vernoemd. Na hun executie door de nazi's in 1941, als vergelding voor de moord op de militaire commandant van de stad, keerden vele Nantais zich tegen de Vichy-regering.

Voorgevel van de Cathédrale St-Pierre et St-Paul

Château des Ducs de Bretagne

Pl Marc Elder 4. *40415656.*
juli-aug.: dag.; sept.-juni: wo-ma.
feestdagen.

Het omgrachte château bezit een sterke hoofdwal en ronde bastions in de stijl van het Château d'Angers *(blz. 74-75)*. Het was de geboorteplaats van Anna van Bretagne, die op 11-jarige leeftijd hertogin werd en in 1491 op 14-jarige leeftijd werd uitgehuwelijkt aan Karel VIII van Frankrijk. Karel stierf in Amboise in 1498, waarna Anna in de kapel van het château trouwde met zijn opvolger, Lodewijk XII.

De invloed van Anna is goed te zien aan de slaapkamervensters en de loggia's van de **Grand Logis** rechts van de ingang, een sierlijke vermenging van flamboyant-gotische en renaissancestijlen, gebouwd door haar vader, hertog Frans II, op de plaats van het château waar Anna ter wereld kwam.

Meer naar het westen ligt een kleiner koninklijk verblijf. Hier, in het katholieke bastion van Bretagne, tekende Hendrik IV in 1598 het Edict van Nantes, dat alle protestanten toestemming gaf hun godsdienst te belijden. Een expositie in het château geeft informatie over de Bretonse cultuur en de maritieme geschiedenis van Nantes.

Cathédrale St-Pierre et St-Paul

Place St-Pierre. *dag.*

Nantes bezit de meest geplaagde kathedraal aan de Loire. Het verhaal van de turbulente bouwgeschiedenis wordt verteld in de crypte. Op 28 januari 1972 veroorzaakte een lucifer van een bouwvakker een explosie, waardoor het dak werd weggeblazen. Na de hierop volgende brand werd een restauratie op touw gezet, die inmiddels is voltooid. De kathedraal is ongewoon licht en harmonieus. Interessant in dit flamboyant-gotische bouwwerk is de schitterende marmeren tombe van Frans II, de vader van Anna van Bretagne, en zijn twee vrouwen. Het kunstwerk is gesitueerd in het zuidelijke transept en gemaakt door Michel Colombe *(blz.116-117)* tussen 1500 en 1507. Het is een van de vroegste voorbeelden van de renaissancestijl in Frankrijk.

Musée des Beaux-Arts

Rue Georges Clemenceau 10.
40416565. *wo-ma.*
feestdagen. *behalve zo.*

De grandeur van dit museum en zijn collectie is een goede graadmeter voor de welvaart van Nantes in de 19de eeuw. De galerijen beslaan twee verdiepingen en omringen een enorme patio met zuilen, waarvan de strakke vormgeving een passende entourage vormt voor eigentijdse werken. Het museum is vooral bekend vanwege zijn grote collectie schilderijen van de 15de tot de

De graanwanners **(1854) van Gustav Courbet in het Musée des Beaux-Arts**

De Jardin des Plantes, de prachtige botanische tuin in Nantes

20ste eeuw, die enkele belangrijke stromingen vertegenwoordigen.
Tot de Italiaanse werken uit de 14de eeuw behoort een *Madonna met heiligen* (ca. 1340) door Bernardo Daddi. Deze is afkomstig uit de collectie van de gebroeders Cacault, die Clisson restaureerden *(blz. 189)*. Hetzelfde geldt voor een elegant altaarstuk door Perugino, *De heiligen Sebastiaan en Antonius* (ca. 1475). Nederlandse en Vlaamse landschappen en stillevens worden afgewisseld door een karakteristiek doek van Rubens, *De zege van Judas Maccabaeus* (1635). De meester van het licht, Georges de la Tour, is vertegenwoordigd met enige van zijn beste werken; *De lierspeler*, *De droom van Jozef* en *De verloochening van Petrus*, alle uit de eerste helft van de 17de eeuw.
Ook interessant zijn de afdelingen 19de- en 20ste-eeuwse kunst, te beginnen met een weelderig portret door Jean-Auguste-Dominique Ingres, *Madame de Senonnes* (1814). U vindt er getalenteerde lokale schilders, onder wie James Tissot uit Nantes en Paul Baudry uit La Roche-sur-Yon, maar ook belangrijke vernieuwers als Eugène Delacroix, Gustave Courbet, Claude Monet en Vasili Kandinsky. Het mooiste doek in het museum is wellicht het beroemde tafereel *De graanwanners* (1854) van Courbet.

Musée Jules Verne

Rue de l'Hermitage 3. *40697252.*
wo-za en ma.
feestdagen.
De uitgebreide tentoonstelling over het leven, het werk en de wereld van Jules Verne (1828-1905) begint met een gemeubileerde kamer uit het huis in Amiens, waar hij zijn meeste werken schreef. In het museum vindt u vele herinneringen, schitterend gebonden boeken, strips, kaarten, toverlantaarns en modellen.

Jardin des Plantes

Bd Stalingrad. *dag.*
Deze uitgestrekte botanische tuin van 7 ha ontstond uit een 18de-eeuwse collectie medicinale en exotische planten. De eerste stekken werden meegenomen door terugkerende schepen nadat een koninklijke verordening de kapiteins verplichtte, exotische planten en zaden mee terug te nemen van hun reizen.
Halverwege de 19de eeuw wijzigde de beheerder, dr. Ecorchard, de tuinen na een inspirerend bezoek aan Kew Gardens in Londen. Hij introduceerde de Engelse landschapsstijl met vijvers en kronkelpaadjes, en ontwierp een aangenaam park. Bezoekers kunnen hier onder meer de oudste magnolia van Europa en een prachtige collectie camelia's bewonderen.

De wereld van Jules Verne

Net achter de Pont Anne de Bretagne ligt een in onbruik geraakte kade, die in 1839 vol boten lag. Hier glipte de 11-jarige Jules Verne aan boord van een schip om de wereld te zien. Hij kwam tot Paimboeuf, een kort reisje stroomafwaarts, waar zijn vader hem opving. Later, toen hij rechten studeerde, publiceerde Verne toneelstukken en libretto's. Zijn sciencefiction-romans, waaronder *Naar het middelpunt der aarde (1864)*, *Twintigduizend mijlen onder zee (1870)* en *De reis om de wereld in tachtig dagen (1873)*, werden enorm populair; hij behoort tot de meest gelezen en vertaalde auteurs ter wereld.

Buste van Jules Verne (1906) door Albert Roze

LE DUKE Ellington
LE DUKE Ellington

TIPS VOOR DE REIZIGER

Accommodatie

De hotels in het Loiredal zijn even charmant als hun fraaie omgeving. U vindt hier vooral familiehotels, met gerieflijke, vaak wat ouderwetse kamers en met een restaurant waar de plaatselijke bevolking ook graag een hapje komt eten. Daarnaast kan de streek bogen op een aantal gerenommeerde hotels van *Relais et Châteaux*. Dit zijn herenhuizen en landhuizen die men heeft omgebouwd tot luxehotels met stijlvolle kamers en een uitstekende keuken. Ook diverse particuliere châteaus en landhuizen *(blz. 200-201)* bieden onderdak aan toeristen. In ons hoteloverzicht *(blz. 202-207)* kunt u de gegevens lezen van alle soorten accommodatie in iedere prijsklasse. *Gîtes*, de bekende Franse vakantiehuisjes, zijn ook in het Loiredal rijk vertegenwoordigd. Wie van plan is zelf te koken, kan op de plaatselijke markten een ruim assortiment aan heerlijke verse ingrediënten krijgen.

Hotelportier

Het stadshotel

In de meeste steden langs oever van de Loire treft u ten minste één gerenommeerd *grand hôtel* aan. Deze grote hotels beschikken in de regel over een royale receptie en ruime gastenverblijven. Vaak heeft men een aantal van de oorspronkelijk grote kamers verkleind en een badkamer ingebouwd. De kamers kunnen sterk in kwaliteit variëren en het is daarom raadzaam te vragen of u de kamer die u krijgt aangeboden eerst mag bekijken, voordat u hem boekt. Vraag een kamer die niet aan een hoofdstraat of een druk plein ligt (de meeste hotels in de stad beschikken ook over een aantal rustige kamers met uitzicht op een binnenplaats). In het restaurant kunt u eerder de klassieke Franse keuken dan regionale gerechten verwachten.

Het château-hotel

Verscheidene châteaus en landhuizen in het Loiredal zijn omgebouwd tot dure hotels. Ze staan vaak in een prachtige omgeving en kunnen bogen op een uitstekend restaurant. De panden variëren van renaissancistische landhuizen tot grote 19de-eeuwse gebouwen met torens. Vaak maken ze deel uit van de organisatie **Relais et Châteaux**, die ieder jaar een brochure uitgeeft. De kamers zijn ruim en stijlvol. Sommige château-hotels bieden tevens bescheidener accommodatie in bijgebouwen of bungalows op het landgoed, zodat u de mogelijkheid hebt de sfeer te proeven van *la vie de château* en de keuken eer aan te doen, zonder al te diep in de buidel te hoeven tasten. Wilt u liever een kamer in het hoofdgebouw, geef dit dan op als u reserveert; van tevoren boeken is noodzakelijk.

Het stijlvolle hotel Domaine des Hauts-de-Loire in Onzain *(blz. 205)*

Het klassieke familiehotel

Overal in het Loiredal treft u deze typisch Franse familiebedrijfjes aan. Vaak zijn de bar en het restaurant een trefpunt voor stamgasten; vooral 's zondags bij de lunch is het er druk in landelijke streken. Er heerst een vriendelijke sfeer en het personeel is behulpzaam en kan u aan informatie helpen over bezienswaardigheden en winkels. Deze hotels beschikken meestal over een klein aantal kamers, die vaak vrij ruim zijn en prettig ingericht met antiek. Het sanitair laat soms wat te wensen over, hoewel veel hotels hun badkamers hebben gemoderniseerd. Familiehotels op het platteland hebben zelden eenpersoonskamers, maar in de steden zijn ze meer gebruikelijk.

De statige trap van het Hôtel de l'Univers in Tours ***(blz. 203)***

Logis de France geeft ieder jaar een gids uit met ruim 4000 adressen van deze familiebedrijfjes in Frankrijk. *Logis*-hotels kunnen bogen op een uitstekend restaurant, gewoonlijk gespecialiseerd in de regionale keuken. Maar weinig van deze hotels staan in de stad. De meeste zijn niet meer dan een herberg langs de weg, maar wie van de geijkte toeristische route afwijkt, ontdekt ook veel omgebouwde boerderijen en goedkope hotelletjes. Veel familiehotels zijn 's middags gesloten en hebben liever niet dat er dan bezoekers verschijnen. De hotelgasten krijgen een sleutel zodat ze wel naar binnen kunnen. Het restaurant is ten minste één keer in de week gesloten.

Het logo van Logis de France

De moderne hotelketens

Moderne hotelketens zijn in Frankrijk steeds rijker vertegenwoordigd. De hotels staan vaak aan de rand van de stad of vlak aan de snelweg. De eenvoudige eensters-motels van **Formule 1** zijn het voordeligst. Hotelketens met twee sterren zijn **Ibis/Arcade**, **Campanile**, **Climat de France** en **Interhôtel**. Ze worden veel bezocht door Franse gezinnen met een bescheiden budget. **Novotel** en **Mercure/Altéa** (drie sterren) bieden meer comfort maar missen de regionale charme.

Al deze hotels beschikken ook over gezinskamers. De meeste hotels hebben een goed restaurant.

Hotel-restaurants

Enkele bekende, dure restaurants in het Loiredal bieden ook accommodatie. Vaak doen hun kamers niet onder voor het chique restaurant. Sommige van deze etablissementen beschikken echter over een paar eenvoudige kamertjes; als u zich tegoed hebt gedaan aan een prijzige maaltijd, hebt u hier de mogelijkheid om op uw onderdak te besparen. In landelijke streken kan het praktisch zijn om de nacht in het hotel-restaurant door te brengen en niet terug te keren naar een afgelegen hotel. Adressen van hotel-restaurants vindt u op blz. 214-219.

Maaltijden en voorzieningen

Omdat in het Loiredal de meeste toeristen rondtrekken, bieden weinig hotels onderdak op basis van vol pension. Wie echter langer dan drie dagen op hetzelfde adres blijft, kan soms wel op basis van *pension* (vol pension) of *demi-pension* (half pension) logeren. In sommige hotels betekent dit laatste ontbijt en lunch (in plaats van ontbijt en diner), wat niet altijd praktisch is als u bezienswaardigheden wilt bezoeken. Bovendien zijn de maaltijden voor gasten die op basis van vol pension verblijven vaak minder interessant dan de menu's tegen vaste prijzen. Controleer of het ontbijt bij de kamerprijs is inbegrepen. Is dit niet zo, dan ontbijt u wellicht liever in een café. Familiehotels beschikken gewoonlijk over kamers met tweepersoonsbedden, maar in stadshotels en hotels uit de moderne ketens staan doorgaans lits-jumeaux. Een douche is vaak goedkoper dan een bad. Het goedkoopst is *un cabinet de toilette*.

Hotelclassificaties en prijzen

Franse hotels worden beoordeeld met één tot vier sterren; daarnaast is er een extra luxe viersterrenklasse. Deze sterren zeggen meer iets over de voorzieningen die in een hotel aanwezig zijn zoals telefoons, televisies en eigen badkamers, dan over de kwaliteit van de bediening. Enkele zeer bescheiden hotels hebben geen ster. Hoe meer sterren het hotel heeft, hoe hoger de tarieven liggen. Voor een goedkope tweepersoonskamer zonder ontbijt betaalt u FF 140 per nacht, maar in château-hotels moet u rekenen op prijzen vanaf FF 1000. Controleer of de plaatselijke belasting *(taxe de séjour)* al bij de prijs is inbegrepen; de bediening is dat in ieder geval wel. Het kamermeisje krijgt gewoonlijk een kleine fooi.

Le Manoir du Colombier in Châteauroux ***(blz. 206)***

Het Domaine des Hautes Roches bij Rochecorbon ***(blz. 203)***

Boeken

Wilt u in juli en augustus naar een druk toeristenoord, boek uw hotel dan tijdig. Als u telefonisch reserveert (dit kan bij sommige hotels uitsluitend in het Frans), moet u soms per fax een bevestiging sturen en uw creditcardnummer doorgeven. Schriftelijk reserveren kan doorgaans ook in het Engels. Plaatselijke toeristenbureaus beschikken over adreslijsten van hotels en kunnen een kamer voor u boeken.

Logies en ontbijt

Chambres d'hôte, het Franse *bed and breakfast*, vindt u in alle soorten en maten, van eenvoudige kamers boven een hooizolder tot een stijlvolle kamer in een landhuis. Plaatselijke toeristenbureaus houden lijsten bij van gezinnen die gasten in huis nemen. Op sommige adressen kunt u ook het diner gebruiken als u dit van tevoren opgeeft. Veel van deze kamers staan geregistreerd bij **Gîtes de France**, die ze ook inspecteert. Let in landelijke streken op de groen-gele borden. Voorts kunt u terecht bij **Bed and Breakfast 1 Connection**, die adressen heeft op het platteland en in de stad. Deze adressen zijn te reserveren bij een centraal kantoor, na betaling van een bescheiden jaarcontributie.

Appartementen

De bekendste organisatie op het gebied van accommodatie met eigen kookgelegenheid is **Gîtes de France** (voorheen *Gîtes Ruraux*). Deze organisatie biedt voornamelijk landelijke accommodatie, variërend van eenvoudige huisjes tot een complete vleugel van een château. Reserveren is noodzakelijk. U kunt de *gîtes* boeken uit de landelijke brochure (verkrijgbaar bij Gîtes de France in Nederland) of rechtstreeks. Ook kunt u brochures over de afzonderlijke departementen krijgen. Verwacht geen luxe van de *gîtes* in de lagere prijsklassen; ze zijn alleen uitgerust met het allernoodzakelijkste.

Adressen

Hotels

Campanile
☎ *033-4556566 (Nederland) België heeft geen centraal telefoonnummer voor buitenlandse reserveringen.*
☎ *64624646 (Frankrijk).*

Climat de France
☎ *01-64460123 (Frankrijk).*

Interhôtel
☎ *01-42064646 (Frankrijk).*

Formule 1
Voor brochure:
☎ *01-60782990 (Frankrijk).*

Ibis/Novotel, Mercure/Sofitel
☎ *020-6443951 (Nederland).*
☎ *0800-19511 (België).*
☎ *60772727 (Frankrijk).*

Relais et Châteaux
☎ *45729000 (Parijs)*

Logis de France
Av d'Italie 83, 75013 Parijs.
☎ *01-45847000.*

Logies met ontbijt

Bed and Breakfast 1 Connection
Rue Campagne Première 7
75014 Parijs.
☎ FAX *01-40476920.*

Appartementen

Gîtes de France – Nederland
Postbus 159
6850 AD Huissen.
☎ *026-3253383.*

Gîtes de France/ Cléconfort
Rue A-Fresnel 38, 37171
Chambray-les-Tours.
☎ *47483713.*
FAX *47481339.*

Kamperen

Castels et Camping Caravaning
BP301, 560038 Vannes.
☎ *97425583.*
FAX *97475072.*

Campingcarnet in Nederland en België

ANWB
☎ *070-3141420.*

TCB
☎ *02-2332211.*

Jeugdherbergen

CROUS (Centre Régional des Oeuvres Universitaires)
Av G-Bernanos 39,
75231 Parijs.
☎ *01-40513600.*

FUAJ (Fédération Unie des Auberges de Jeunesse)
Rue Pajol 27, 75018 Parijs.
☎ *01-44898727.*

NJHC (Nederlandse Jeugdherbergcentrale)
Professor Tulpstraat 2,
1018 GX Amsterdam.
☎ *020-5513155.*

VJC (Vlaamse Jeugdherbergcentrale)
Van Stralenstraat 40,
2060 Antwerpen.
☎ *03-2327218.*

Gehandicapten

Association des Paralysés de France
Bd August Blanqui 17,
75013 Parijs.
☎ *01-40786900.*

CNFLRH
Rue Tolbiac 236,
75013 Parijs.
☎ *01-53806666.*

Frans Verkeersbureau

België
Guldenvlieslaan 21,
1060 Brussel.
☎ *02-5130762.*

Nederland
Prinsengracht 670,
1017 KX Amsterdam.
☎ *020-6203141.*

Kamperen

Kamperen is een goedkope en prettige manier om het Loiredal te leren kennen. Informatie over kampeerplaatsen is te krijgen bij de toeristenbureaus van de departementen. Op sommige campings kunt u alleen terecht met een speciaal kampeercarnet, in Nederland verkrijgbaar bij de ANWB en in België bij de TCB. Franse campings worden aangeduid met één tot vier sterren. Ook eenstercampings zijn voorzien van toiletten en openbare telefoons, en beschikken over stromend water (zij het soms alleen koud).

Gîtes de France geeft een gids *(Camping à la ferme)* uit met eenvoudige kampeerplaatsen 'bij de boer'. *Camping sauvage* (wild kamperen) is alleen mogelijk in overleg met de grondeigenaar. Op het landgoed van châteaus en landhuizen die zijn aangesloten bij **Castels et Camping Caravaning**, zijn luxe kampeerplaatsen aangelegd.

Jeugdherbergen

Een jeugdherberg is een voordelige vorm van onderdak voor wie alleen reist, maar twee personen die samen een kamer delen, zijn in goedkope hotels vaak niet veel duurder uit. Als u bij een jeugdherberg wilt logeren, moet u in het bezit zijn van een lidmaatschapskaart van de jeugdherbergcentrale in eigen land. U kunt bij Franse jeugdherbergen ook een *Ajiste*-kaart kopen. Op blz. 198 vindt u het adres van de **Fédération Unie des Auberges de Jeunesse**.

CROUS kan u gegevens verschaffen over studentenkamers die te huur zijn gedurende de zomermaanden.

De gids *Gîtes d'étape* van **Gîtes de France** bespreekt accommodatie in boerderijen bij wandel-, fiets- en paardrijroutes.

Logo van Gîtes de France

Gehandicapten

Het **CNFLRH** (Comité National Français de Liaison pour la Réadaptation des Handicapés) verstrekt informatie over hotels, jeugdherbergen en appartementen die toegankelijk zijn voor gehandicapten.

In de gids *Gîtes accessibles à tous* vindt u een overzicht van officieel geregistreerde *gîtes* die geschikt zijn voor mensen met een handicap. De **Association des Paralysés de France** geeft ook een boekje uit over voor rolstoelgebruikers goed toegankelijke accommodatie.

Verdere informatie

Het Frans Verkeersbureau verstrekt informatie over hotelketens, reserveerbureaus en reisorganisaties. Ook kunt u hier brochures krijgen over hotels van **Logis de France**, **Bed and Breakfast 1 Connection** en andere gelegenheden voor logies en ontbijt, **Gîtes de France** en tal van andere vormen van accommodatie. Het **Comité Régional du Tourisme** levert een overzicht van hotels, jeugdherbergen, campings en appartementen met eigen kookgelegenheid. Het regionale **Loisirs Accueil**-centrum en het **Comité Départemental du Tourisme** zijn ook handige bronnen van informatie. In het Loiredal kunnen de plaatselijke toeristenbureaus *(blz. 231)* u een overzicht geven van accommodatie. Ook over de mogelijkheden tot kamperen kunnen bovenstaande instanties informatie verschaffen.

Camping in een bos in het Loiredal

Symbolen

De hotels op blz. 202-207 zijn gerangschikt naar streek en prijs. De symbolen geven de voorzieningen van het hotel aan.

- kamers met bad/douche
- 24 uur roomservice
- tv op de kamers
- kamers met uitzicht
- airconditioning
- zwembad of strand
- kinderfaciliteiten
- toegankelijk voor rolstoelen
- lift
- parkeren bij het hotel
- tuin of terras
- restaurant
- ★ speciaal aanbevolen
- geaccepteerde creditcards:

AE American Express
MC Mastercard/Eurocard
DC Diners Club
V Visa

Prijsklassen voor een standaard tweepersoonskamer (niet per persoon) met bad of douche per nacht, inclusief belasting en bediening, maar zonder ontbijt.

Ⓕ minder dan FF 200
ⒻⒻ FF 200-400
ⒻⒻⒻ FF 400-600
ⒻⒻⒻⒻ FF 600-1000
ⒻⒻⒻⒻⒻ meer dan FF 1000.

Logeren in een château

De gelegenheden op deze bladzijden vormen een selectie uit ons overzicht op blz. 202-207. Stuk voor stuk bieden ze u de unieke gelegenheid om de sfeer te proeven van het leven in een particulier château. U overnacht tussen historische muren, vaak met al het comfort van een modern hotel. U wordt hartelijk ontvangen en men zal alles in het werk stellen om u het gevoel te geven dat u te gast bent bij een bevriende familie (die hier soms al generaties woont). Soms wordt er ook een feestelijk diner voor u aangericht, als u dit vooraf reserveert en betaalt.

Château de Blanville
Dit château in de buurt van Chartres wordt omgeven door schitterend aangelegde tuinen en is al meer dan 250 jaar eigendom van dezelfde familie. Het hotel is inmiddels echter gesloten.

Château des Briottières
Dit 18de-eeuwse, fraai ingerichte château ligt in een prachtige omgeving en wordt al zes generaties lang bewoond door dezelfde familie. Met zwembad. (Blz. 202.)

Château de la Millière
Fraai 19de-eeuws château vlak bij Les Sables d'Olonne met uitgestrekt landgoed en zwembad in de openlucht. (Blz. 207.)

Château des Réaux
Mooi 15de-eeuws château met rood-wit metselwerk. Gastvrije eigenaars en prettige kamers. (Blz. 202.)

Het landschap rond het Château du Plessis-Beauregard, in de streek vlak bij Orléans, is een oase van landelijke rust.

Château de la Verrerie
Het 'château van de Stewarts' (blz. 154), *schitterend weerspiegeld in een meer en omgeven door een dicht bos. Ruime, comfortabele kamers en aangenaam restaurant.* (Blz. 205.)

Château du Plessis-Beauregard
De kamers zijn licht en smaakvol ingericht in dit sfeervolle château met torens. (Blz. 204.)

Château de Jallanges
Een energiek echtpaar heeft dit renaissancegebouw met fraaie tuin en kapel omgetoverd in een gastvrij en charmant onderkomen. (Blz. 204.)

Château de la Bourdaisière
In dit fraai gemoderniseerde château, het geboortehuis van Gabrielle d'Estrées, wordt u vorstelijk ontvangen (door een van de prinsen de Broglie). (Blz. 203.)

Château de la Commanderie
Dit 12de-eeuwse landhuis was ooit de commanderij van de tempeliers en is al vier generaties het eigendom van dezelfde familie. In de 19de eeuw werd er een château bijgebouwd. (Blz. 206.)

ANJOU

ANGERS

Hôtel Continental

Wegenkaart C3. Rue Louis de Romain 12, 49000. *41869494.* FAX *41869660.* **Kamers:** *25.* TV *AE, DC, V.* ⒻⒻ

Dit in felle Kandinsky-kleuren geschilderde hotel staat in een stille zijstraat, op slechts een paar minuten afstand van de beste winkels. Rustige kamers en mooie balkons. U kunt vlakbij parkeren op het Place du Ralliement.

Hôtel du Mail

Wegenkaart C3. Rue des Ursules 8, 49000. *41250525.* FAX *41869120.* ***Kamers:*** *27.* TV P *AE, MC, DC, V.* ⒻⒻ

Dit hotel dateert uit 1643 en maakte oorspronkelijk deel uit van een klooster. Ondanks de centrale ligging zult u geen last hebben van lawaai en kunt u er goed parkeren. Het ontbijtbuffet is bij de prijs inbegrepen.

BRIOLLAY

Château de Noirieux

Wegenkaart C3. Rte du Moulin 26, 49125. *41425005.* FAX *41379100.* **Kamers:** *19.* TV P *AE, MC, DC, V.* ⒻⒻⒻⒻ

Dit hotel omvat een 15de-eeuws château, een herenhuis en een kapel. Fraai uitzicht over het Loire- en het Sarthedal. De inrichting van de kamers loopt uiteen van 17de- tot 20ste-eeuws. Het restaurant serveert nieuwe versies van klassieke schotels en een heerlijk zevengangenmenu.

CHÂTEAUNEUF-SUR-SARTHE

Château des Briottières

Wegenkaart C3. Champigné 49330. *41420002.* FAX *41420155.* **Kamers:** *14.* P ★ *AE, MC, DC, V.* ⒻⒻⒻⒻ

Dit 18de-eeuwse château-hotel ligt halverwege tussen Angers en de Abbaye de Solesmes. Het wordt omgeven door een uitgestrekt landgoed waar u kunt fietsen, vissen en zwemmen. Geniet van een diner bij kaarslicht (reserveren noodzakelijk).

FONTEVRAUD-L'ABBAYE

Hôtellerie Prieuré St-Lazare

Wegenkaart C3. Abbaye de Fontevraud, 49590. *41517316.* FAX *41517550.* **Kamers:** *52.* TV P *AE, MC, V.* ⒻⒻⒻ

Dit hotel is ondergebracht in de voormalige priorij St-Lazare, in het abdijcomplex *(blz. 86-87).* Men heeft het hotel gemoderniseerd en het is nu van alle gemakken voorzien. De kamers vindt u in de 19de-eeuwse vleugel en het restaurant in de *salle capitulaire.*

GENNES

Hôtel le Prieuré

Wegenkaart C3. Chênehutte-les-Tuffeaux, 49350. *41679014.* FAX *41679224.* **Kamers:** *35.* TV P *AE, MC, DC, V.* ⒻⒻⒻⒻ

Dit renaissancistische landhuis maakt deel uit van *Relais et Châteaux.* De kamers zijn ingericht in Lodewijk-XIII-stijl; sommige kijken uit op de Loire. Het hotel wordt omgeven door een 15 ha groot park met een zwembad en tennisbanen. Bij mooi weer kunt u op het terras eten.

MONTREUIL-BELLAY

Splendid Hôtel

Wegenkaart C4. Rue Docteur-Gaudrez 139, 49260. *41531000.* FAX *41524517.* **Kamers:** *60.* TV P *MC, V.* ⒻⒻ

Dit hotel is gevestigd in een gerenoveerd huis in het centrum van de stad; 22 kamers zijn ondergebracht in een 17de-eeuws bijgebouw, Le Relais du Bellay. Het restaurant serveert uitstekende regionale gerechten.

SAUMUR

Hôtel St-Pierre

Wegenkaart C3. Rue Hte St-Pierre 8, 49400. *41503300.* FAX *41503868.* **Kamers:** *14.* TV P *AE, DC, MC, V.* ⒻⒻⒻⒻ

Dit stijlvolle hotel ligt in een rustig klein straatje vlak bij het Place St-Pierre, hoewel u af en toe de organist kunt horen oefenen in de nabijgelegen kerk. Smaakvol gerenoveerde kamers. Twee salons, waarvan één met een 17de-eeuwse open haard.

TOURAINE

AMBOISE

Le Lion d'Or

Wegenkaart D3. Quai Charles-Guinot 17, 37400. *47570023.* FAX *47232249.* **Kamers:** *20.* P *MC, V.* ⒻⒻ

Dit traditionele, typisch Franse hotel is schitterend gelegen aan de Loire. Gastvrij adres met comfortabele kamers en een gerieflijk restaurant.

AZAY-LE-RIDEAU

Hôtel de Biencourt

Wegenkaart D3. Rue Balzac 7, 37190. *47452075.* FAX *47459173* **Kamers:** *17.* *MC, V.* ⒻⒻ

Het 18de-eeuwse herenhuis waarin dit kleine hotel is gevestigd, staat vlakbij een bijzonder fraai château. De rustige kamers zijn smaakvol ingericht en sommige kijken uit over een tuin. Er zijn diverse restaurants in de buurt.

Le Grand Monarque

Wegenkaart D3. Pl de la République 3, 37190. *47454008.* FAX *47454625.* **Kamers:** *26.* P *AE, MC, DC, V.* ⒻⒻⒻ

Dit hotel wordt al generaties lang door dezelfde familie beheerd. Comfortabele, fraai gemeubileerde kamers en vriendelijk personeel. 's Zomers kunt u in de schaduwrijke tuin genieten van de regionale keuken.

BOURGUEIL

Château des Réaux

Wegenkaart C3. Le Port Boulet, 37140. *47951440.* FAX *47951834.* **Kamers:** *17.* P ★ *AE, MC, DC, V.* ⒻⒻⒻ

Dit château in renaissancestijl wordt al meer dan een eeuw bewoond door de familie Goupil de Brouillé. Aangename kamers en suites, waarvan er vier in een huisje in de tuin zijn ondergebracht. *Table d'hôte*-maaltijden verkrijgbaar.

Chenonceaux

Hôtel du Bon Laboureur et du Château

Wegenkaart D3. Rue du Docteur-Bretonneau 6, 37150. *47239002.* FAX *47238201.* **Kamers:** *33.* TV P *AE, MC, DC, V.* ⒻⒻⒻ

Hoewel dit familiebedrijf, niet ver van het château, veel weg heeft van een gezellige herberg, beschikt het over luxueuze voorzieningen, waaronder een zwembad met een cocktailbar en een restaurant.

Chinon

La Boule d'Or

Wegenkaart D3. Quai Jeanne-d'Arc 66, 37500. *47930313.* FAX *47932425.* **Kamers:** *15.* *AE, MC, DC, V.* ⒻⒻ

Dit hotel aan de Vienne was vroeger een pleisterplaats voor mensen die per koets reisden. Fraai ingerichte kamers, sommige kijken uit op de tuin. Bij mooi weer kunt u op het terras eten.

Château de Marçay

Wegenkaart D3. Marçay, 37500. *47930347.* FAX *47934533.* **Kamers:** *34.* P ★ *AE, MC, DC, V.* ⒻⒻⒻⒻⒻ

Dit middeleeuwse château met torens, 9 km ten zuiden van Chinon, is opgetrokken uit witte tufsteen. U vindt er tennisbanen, een zwembad en zelfs een landingsplaats voor helikopters. Het restaurant en de uitstekende wijnkelder zijn vermaard.

Langeais

Hôtel l'Hosten

Wegenkaart D3. Rue Gambetta 2, 37130. *47968212.* FAX *47965672.* **Kamers:** *11.* TV P *AE, MC, DC, V.* ⒻⒻⒻ

Dit traditionele hotel vlak bij het kasteel is al tientallen jaren het eigendom van dezelfde familie. Enkele kamers kijken uit op het fraaie terras. Het restaurant trakteert u op de klassieke keuken.

Loches

Le George Sand

Wegenkaart D4. Rue Quintefol 39, 37600. *47593974.* FAX *47915575.* **Kamers:** *20.* TV *MC, V.* ⒻⒻⒻ

Deze *Logis de France*-gelegenheid is gevestigd in een oude herberg onder de muren van het château. Sommige kamers zijn bereikbaar via een stenen trap van een middeleeuwse uitkijktoren. Het restaurant serveert regionale gerechten.

Luynes

Domaine de Beauvois

Wegenkaart D3. Le Pont Clouet, 37230. *47555011.* FAX *47555962.* **Kamers:** *38.* TV P ★ *AE, MC, DC, JCB.* ⒻⒻⒻⒻⒻ

Een 15de- en 16de-eeuws landhuis met een onoverdekt zwembad en tennisbanen. Dit stijlvolle *Relais et Château*-hotel ligt 4 km ten noordwesten van Luynes.

Montbazon

Château d'Artigny

Wegenkaart D3. Rte de Monts, 37250. *47343030.* FAX *47343039.* **Kamers:** *55.* TV P ★ *AE, MC, DC, V.* ⒻⒻⒻⒻⒻ

Parfumier François Cory heeft dit château gebouwd tussen 1912 en 1928. Nu is het een luxueus hotel van *Relais et Châteaux* met tennisbanen en een zwembad. 's Winters muzikale weekeinden.

Montlouis-sur-Loire

Château de la Bourdaisière

Wegenkaart D3. Rue de la Bourdaisière 25, 37270. *47451631.* FAX *47450911.* **Kamers:** *12.* P ★ *MC, V.* ⒻⒻⒻⒻ

In 1565 werd in dit château Gabrielle d'Estrées, de maîtresse van Hendrik IV, geboren. Nu is het een luxehotel met een zwembad en tennisbanen. U kunt hier ook paardrijden.

Tours

Central Hôtel

Wegenkaart D3. Rue Berthelot 21, 37000. *47054644.* FAX *47661026.* **Kamers:** *41.* TV P *AE, MC, DC, V, JCB.* ⒻⒻ

Dit plezierige, centraal gelegen hotel beschikt over comfortabele kamers en een kleine tuin. U kunt hier gemakkelijk parkeren.

Hôtel Colbert

Wegenkaart D3. Rue Colbert 78, 37000. *47666156.* FAX *47660155.* **Kamers:** *18.* 24 TV *AE, MC, DC, V.* ⒻⒻ

Hoewel dit vriendelijke hotel is gerenoveerd, is de klassieke stijl behouden gebleven. Vlakbij vindt u diverse goede restaurants. 's Zomers wordt het ontbijt in de kleine tuin geserveerd.

Domaine des Hautes Roches

Wegenkaart D3. Quai de la Loire 86, Rochecorbon, 37210. *47528888.* FAX *47528130.* **Kamers:** *15.* TV P ★ *AE, MC, V.* ⒻⒻⒻⒻⒻ

Dit unieke hotel is gevestigd in een 18de-eeuws huis. Een aantal van de comfortabele kamers is uitgehakt in de rotswand van tufsteen. Op slechts 5 km afstand van Tours.

Hôtel de l'Univers

Wegenkaart D3. Bd Heurteloup 5, 37000. *47053712.* FAX *47615180.* **Kamers:** *85.* 24 TV P *AE, MC, DC, V.* ⒻⒻⒻⒻ

Zeer luxueus, onlangs gerenoveerd *grand hotel*. De *trompe l'oeil*-schilderingen in de hal stellen beroemdheden voor die hier in het verleden hebben gelogeerd, onder wie Winston Churchill en Sarah Bernhardt. Smaakvolle kamers met airconditioning.

Veigné

Le Moulin Fleuri

Wegenkaart D3. Rte de Ripault, 37250. *47260112.* FAX *47340471.* **Kamers:** *12.* P *AE, V.* ⒻⒻ

Een oude watermolen aan de Indre is omgebouwd tot dit stijlvolle hotel. Eenvoudige, ruime kamers. Het prettige restaurant ligt aan de rivier.

Villandry

Le Cheval Rouge

Wegenkaart D3. Rue Principale 9, 37510. *47500207.* FAX *47500877.* **Kamers:** *20.* P *MC, V.* ⒻⒻ

Dit hotel ligt vlak bij de tuinen van het Château de Villandry. Mooie, moderne kamers. Een handige uitvalsbasis voor een bezoek aan Azay-le-Rideau, Langeais en Ussé.

Zie voor een verklaring van de symbolen *blz. 199*

VOUVRAY

Château de Jallanges

Wegenkaart D3. Vernou-sur-Brenne, 37210. *47520171.* FAX *47521118.* **Kamers:** *6.* P ★ *AE, MC, V.* ⒻⒻⒻⒻ

De kamers van dit 15de-eeuwse château kijken uit over een vredig park waar de gasten kunnen paardrijden of een tocht kunnen maken per rijtuig of luchtballon. U kunt ook een wandeling maken in de renaissancetuin voordat u het diner gebruikt.

YZEURES-SUR-CREUSE

Hôtel de la Promenade

Wegenkaart D4. Pl du 11 Novembre 1, 37290. *47945521.* FAX *47944612.* **Kamers:** *17.* TV P *MC, V.* ⒻⒻ

Deze voormalige herberg voor mensen die per koets reisden, ligt vlak bij de archeologische vindplaatsen van Le Grand-Pressigny en Preuilly-sur-Claise. Ook het natuurreservaat van La Brenne is vanhier gemakkelijk bereikbaar. Gezellige kamers.

BLÉSOIS EN ORLÉANAIS

BEAUGENCY

La Sologne

Wegenkaart E3. Pl St-Firmin 6, 45190. *38445027.* FAX *38449019.* **Kamers:** *16.* TV *MC, V.* ⒻⒻ

De fraaie kamers van dit aardige, uit natuursteen opgetrokken hotelletje in de oude stad zijn klein, maar wel van alle gemakken voorzien. Het ontbijt wordt in de tuin geserveerd. Reserveren is aan te bevelen.

BLOIS

Hôtel Anne de Bretagne

Wegenkaart E3. Av Jean-Laigret 31, 41000. *54780538.* FAX *4743779.* **Kamers:** *29.* TV P *AE, MC, DC, V.* ⒻⒻ

Deze bescheiden herberg van *Logis de France* is zowel bij buitenlandse toeristen als bij de Fransen populair om zijn prettige kamers en vriendelijke sfeer. Het hotel ligt aan een klein plein, vlak bij het château maar ver weg van de zomerse drukte. Geen restaurant.

Le Médicis

Wegenkaart E3. Allée François-1er 2, 41000. *54439404.* FAX *54420405.* **Kamers:** *12.* TV P *AE, MC, DC, V.* ⒻⒻⒻ

Dit mooie 19de-eeuwse gebouw staat vlak bij het station en op slechts 15 minuten lopen van het château. De fraaie kamers met airconditioning zijn smaakvol ingericht in uiteenlopende stijlen. Het restaurant is zeer in trek dank zij de goede klassieke keuken en de ruime keuze.

CHAMBORD

Le Grand St-Michel

Wegenkaart E3. Le Village, 41250. *54203131.* FAX *54203640.* **Kamers:** *38.* TV P *MC, V.* ⒻⒻⒻ

In dit traditionele hotel tegenover het majestueuze château komt u geheel tot rust. Sommige kamers bieden een spectaculair uitzicht op het château. Als u zin hebt, kunt u in de namiddag een balletje slaan op de tennisbanen van het hotel, voordat u plaats neemt op het populaire terras van het restaurant.

CHÂTEAUNEUF-SUR-LOIRE

Château du Plessis-Beauregard

Wegenkaart E2. Vitry-aux-Loges, 45530. *38594724.* FAX *38594748.* **Kamers:** *3.* P ★ ⒻⒻⒻ

Dit bakstenen, met torentjes versierde château ligt in het Forêt d'Orléans, 6 km van Châteauneuf-sur-Loire. Lichte, ruime kamers en zwembad. U kunt hier ook dineren als u dit geruime tijd van tevoren opgeeft.

CHEVERNY

Château de Breuil

Wegenkaart E3. Rte de Fougère-sur-Brièvre, 41700. *54442020.* FAX *54443040.* **Kamers:** *18.* TV P *AE, MC, V.* ⒻⒻⒻⒻ

Alle kamers, suites en gastenverblijven van dit statige 18de-eeuwse château zijn ingericht met antiek. Een 15de-eeuwse toren die de tand des tijds heeft doorstaan, is omgebouwd tot een bijzondere kamer en salon. Het hotel beschikt over een luxueus restaurant.

COUR-CHEVERNY

Le St-Hubert

Wegenkaart E3. Rue Nationale, 41700. *54799660.* FAX *54792117.* **Kamers:** *20.* P *MC, V.* ⒻⒻ

Dit familiehotel, genoemd naar de beschermheilige van de jacht, wordt tijdens het jachtseizoen altijd zeer druk bezocht. 's Zomers kunt u er vissen. De kamers zijn modern ingericht. In het restaurant zijn ook kindermenu's verkrijgbaar.

GIEN

Le Rivage

Wegenkaart F3. Quai de Nice 1, 45500. *38377900.* FAX *38381021.* **Kamers:** *19.* TV P ★ *AE, MC, DC, V.* ⒻⒻ

Alle kamers van dit stijlvolle hotel zijn ingericht met antiek. Sommige kijken uit over de tuin en de rivier. Het van airconditioning voorziene restaurant weet de klassieke keuken en de *nouvelle cuisine* smaakvol te combineren.

MONTRICHARD

La Tête Noire

Wegenkaart D3. Rue de Tours 24. *54320555.* FAX *54327837.* **Kamers:** *36.* P *MC, V.* ⒻⒻ

Traditioneel, betrouwbaar hotel met prettige kamers. Er zijn extra kamers in het bijgebouw. De tuin van het hotel ligt aan de Cher.

NOUAN-LE-FUZELIER

Moulin de Villiers

Wegenkaart E3. Rte de Chaon, 41600. *54887227.* FAX *54887887.* **Kamers:** *19.* TV P *MC, V.* ⒻⒻ

Deze omgebouwde molen staat in een bosrijke omgeving. U bevindt zich hier echt in de Sologne. Het nabijgelegen meer is zowel bij sportvissers als bij vogelaars in trek. De kamers zijn eenvoudig maar stijlvol ingericht. Met een goed restaurant.

Olivet

Les Quatre-Saisons

Wegenkaart E2. Rue de la Reine-Blanche 351, 45160. ☎ *38661430.* FAX *38667859.* **Kamers:** *7.* TV P *AE, MC, V.* ⒻⒻ

De lichte kamers van dit gerieflijke hotel zijn verfraaid met antiek. Het prettige restaurant en verscheidene van de kamers kijken uit op de Loiret.

Onzain

Domaine des Hauts-de-Loire

Wegenkaart D3. Rte d'Herbault, 41150. ☎ *54207257.* FAX *54207732.* **Kamers:** *35.* TV P ★ *AE, MC, DC, V.* ⒻⒻⒻⒻ

Zie ook **Restaurants**, *blz. 216.*

Dit voormalige jachthuis is nu een stijlvol *Relais et Châteaux*-hotel. De gasten kunnen hier tennissen, paardrijden en zelfs een tocht per luchtballon of helikopter maken. Het restaurant heeft twee Michelinsterren.

Orléans

Hôtel Jackotel

Wegenkaart E2. Cloître St-Aignan 18, 45000. ☎ *38544848.* FAX *38771759.* **Kamers:** *42.* TV P *AE, MC, DC, V.* ⒻⒻ

Dit eenvoudige hotel is gevestigd in een voormalig klooster en ligt vlak bij de Rue de Boulogne met zijn vele restaurants. De kamers op de hoeken kijken uit op de kathedraal en over de leien daken van de stad.

Romorantin-Lanthenay

Grand Hôtel du Lion d'Or

Wegenkaart E3. Rue Georges-Clemenceau 69, 41200. ☎ *54941515.* FAX *54882487.* **Kamers:** *16.* TV P ★ *AE, MC, DC, V.* ⒻⒻⒻⒻ

Dit herenhuis doet al sinds 1774 dienst als hotel. Fraaie kamers en uitstekend restaurant. De binnenplaats is aangelegd als een middeleeuwse kruidentuin. Aangesloten bij *Relais et Châteaux.*

Salbris

Le Parc

Wegenkaart E3. Av d'Orléans 8, 41300. ☎ *54971853.* FAX *54972434.* **Kamers:** *27.* P *AE, MC, DC, V.* ⒻⒻ

Dit hotel in het hart van de Sologne wordt omgeven door een park. Er staan altijd bloemen op de stijlvolle kamers (sommige met terras). Goed restaurant met een grote open haard.

Vendôme

Hôtel Vendôme

Wegenkaart D3. Faubourg Chartran 15, 41100. ☎ *54770288.* FAX *54739071.* **Kamers:** *35.* TV P *AE, MC, V.* ⒻⒻ

Prettig hotel vlak bij het oude centrum. De kamers zijn smaakvol ingericht, evenals het restaurant. Op de plaats waar nu het hotel staat, stond vroeger een middeleeuwse *auberge* voor pelgrims die op weg waren naar Santiago de Compostela.

Berry

Argent-sur-Sauldre

Relais de la Poste

Wegenkaart F3. Rue Nationale 3, 18410. ☎ *48736025.* FAX *48733062.* **Kamers:** *10.* TV P *AE, MC, V.* ⒻⒻ

De kale balken en gebloemde stoffen geven deze herberg een gezellige ambiance. In het jachtseizoen kunt u zich te goed doen aan wildbraad en wilde paddestoelen.

Argenton-sur-Creuse

Le Manoir de Boisvillers

Wegenkaart E4. Rue du Moulin-de-Bord 11, 36200. ☎ *54241388.* FAX *54242783.* **Kamers:** *14.* TV P *AE, MC, V.* ⒻⒻ

Dit vredige 18de-eeuwse landhuis zult u niet zo snel verwachten in het centrum van de stad. U betreedt de tuin (met onoverdekt zwembad) via een fraai smeedijzeren hek. De kamers zijn ruim en gerieflijk.

Aubigny-sur-Nère

Auberge de la Fontaine

Wegenkaart F3. Av du Général Leclerc 2, 18700. ☎ *48583441.* FAX *48583680.* **Kamers:** *16.* TV P *AE, MC, DC, V.* ⒻⒻ.

Van dit vriendelijke moderne hotel is het een korte wandeling naar het château en de musea. De kamers aan de voorkant kijken uit op een fraai park; die aan de achterzijde bieden uitzicht op de tuin. In het restaurant zijn kindermenu's verkrijgbaar.

Château de la Verrerie

Wegenkaart F3. Oizon, 18700. ☎ *48580691.* FAX *48815160.* **Kamers:** *12.* P ★ *AE, MC, V.* ⒻⒻⒻⒻⒻ

Dit château uit de vroege Renaissance wordt romantisch weerspiegeld in een meer. La Verrerie is het eigendom van de graaf en gravin de Vogüé, die alles in het werk stellen om uw verblijf zo prettig mogelijk te maken. Ruime, prachtig ingerichte kamers. U kunt op uw kamer dineren of een maaltijd gebruiken in het gezellige restaurant.

Le Blanc

Domaine de l'Étape

Wegenkaart D4. Rte de Bélâbre, 36300. ☎ *54371802.* FAX *54377559.* **Kamers:** *35.* TV P *AE, MC, DC, V.* ⒻⒻ

Dit hotel met zijn uitgestrekte tuinen is een ideale uitvalsbasis voor een vakantie in de open lucht. De moderne voorzieningen en antieke inrichting zijn op een fraaie manier met elkaar gecombineerd. Bij het hotel ligt een meer waar u kunt vissen en kanoën. Ook een rit per pony behoort tot de mogelijkheden. Niet ver van de natuurreservaten van La Brenne.

Bourges

Hôtel d'Angleterre

Wegenkaart F4. Pl des Quatre Piliers 1, 18000. ☎ *48246851.* FAX *48652141.* **Kamers:** *31.* 24 TV P *AE, MC, DC, V.* ⒻⒻⒻ

Dit gerenommeerde hotel ligt in het hart van Bourges, vlak bij het Palais Jacques-Coeur. Hoewel het hotel is gemoderniseerd, bezit het nog altijd zijn ouderwetse, hoffelijke ambiance.

Zie voor een verklaring van de symbolen *blz. 199*

Hôtel de Bourbon

Wegenkaart F4. Bd de la République, 18000. *48707000.* FAX *48702122.* **Kamers:** *59.* *AE, MC, DC, V.* ⒻⒻⒻⒻ *Zie ook* **Restaurants**, *blz. 217*

Dit hotel is gevestigd in een gerenoveerde abdij. Moderne, rustige kamers en stijlvolle gastenverblijven. Het restaurant is ondergebracht in de voormalige kapel.

BRINON-SUR-SAULDRE

La Solognote

Wegenkaart F3. Le Village, 18410. *48585029.* FAX *48585600.* **Kamers:** *13.* ★ *MC, V.* ⒻⒻ

Deze sfeervolle *Logis de France*-herberg is ingericht met veel antiek. De kamers bieden uitzicht op een rustige tuin. Het hotel beschikt over een uitstekend restaurant en is vooral in het jachtseizoen erg populair.

CHÂTEAUROUX

Le Manoir du Colombier

Wegenkaart E4. Rue du Châtellerault 232, 36000. *54293001.* FAX *54277090.* **Kamers:** *11.* *AE, MC, DC, V.* ⒻⒻ

Laat-18de-eeuws herenhuis. De Indre stroomt dwars door het park dat het hotel omgeeft. Enkele kamers, die hedendaags in stijl zijn, kijken uit op de rivier. Het prettige restaurant serveert lokale specialiteiten.

LA CHÂTRE

Château de la Vallée Bleue

Wegenkaart E4. Rte de Verneuil, 36400. *54310191.* FAX *54310448.* **Kamers:** *15.* *MC, V.* ⒻⒻⒻ

Dit fraaie 19de-eeuwse château was ooit het woonhuis van de dokter van George Sand, die de gewoonte had naar Nohant te lopen om zijn beroemde patiënte te bezoeken. Nu is er een hotel gevestigd met een zwembad en een oefenterrein voor golfers. Binnen een straal van 18 km van het hotel vindt u twee goede golfbanen: een bij Pouligny-Notre-Dame en een bij Issoudun.

ST-AMAND-MONTROND

Hôtel de la Poste

Wegenkaart F4. Rue du Docteur-Vallet 9, 18200. *48962714.* FAX *48969774.* **Kamers:** *20.* *AE, MC, V.* ⒻⒻ

Dit vriendelijke hotel dateert uit 1584 en was oorspronkelijk een herberg voor pelgrims. Het hotel is een gezellige uitvalsbasis voor wie een bezoek wil brengen aan de Abbaye de Noirlac en de châteaus van Ainay-le Vieil, Culan en Meillant. Er is een populair restaurant.

Château de la Commanderie

Wegenkaart F4. Farges-Allichamps, 18200. *48610419.* FAX *48610184.* **Kamers:** *7.* ★ *AE, MC, V.* ⒻⒻⒻⒻⒻ

Dit fraaie 12de-eeuwse herenhuis, dat vroeger deel uitmaakte van de commanderij van de tempeliers, is al sinds de 17de eeuw het eigendom van dezelfde familie. De graaf en gravin de Jouffroy-Gonsans bieden zowel hier als in een 19de-eeuws château stijlvolle accommodatie. Diners bij kaarslicht.

SANCERRE

Hôtel Panoramic

Wegenkaart F3. Rempart des Augustins, 18300. *48542244.* FAX *48543955.* **Kamers:** *57.* *AE, MC, V.* ⒻⒻ

Veel kamers van dit moderne hotel kijken uit over de befaamde wijngaarden van de Sancerre. Het hotel beschikt over een parkeerplaats (wat erg handig is in dit stadje met zijn nauwe kronkelweggetjes), een tuin, een zwembad en een restaurant.

VALENÇAY

Hôtel d'Espagne

Wegenkaart: E4. Rue du Château 9, 36600. *54000002.* FAX *54001263.* **Kamers:** *16.* ★ *AE, MC, DC, V.* ⒻⒻⒻ

Deze sierlijke *Relais et Châteaux*-gelegenheid wordt al sinds 1875 beheerd door dezelfde familie. Het hotel staat bekend om zijn hoffelijke bediening, comfortabele kamers en klassieke gerechten. Fraaie tuin.

TEN NOORDEN VAN DE LOIRE

CHARTRES

Hôtel de la Poste

Wegenkaart E2. Rue Général Koëneg 3, 28000. *37210427.* FAX *37364217.* **Kamers:** *57.* *AE, MC, DC, V.* ⒻⒻ

Gastvrij hotel, vlak bij de kathedraal. Eén kamer is verfraaid met Bretons antiek, de andere zijn ingericht in een hedendaagse stijl.

Le Grand Monarque

Wegenkaart E2. Pl des Epars 22, 28000. *37210072.* FAX *37363418.* **Kamers:** *54.* *AE, MC, DC, V.* ⒻⒻⒻⒻ *Zie ook* **Restaurants**, *blz. 218.*

Dit hotel dateert uit de 18de eeuw en was oorspronkelijk een herberg voor mensen die per koets reisden. Het Grand Monarque is nu gemoderniseerd en beschikt over gerieflijke kamers en een verfijnd restaurant.

LA FLÈCHE

Le Relais Cicéro

Wegenkaart C3. Bd d'Alger 18, 72200. *43941414.* FAX *43459896.* **Kamers:** *21.* *AE, MC,.V.* ⒻⒻⒻ

In dit tamelijk voorname 17de-eeuwse herenhuis nabij de Prytanée Militaire is een rustig hotel gevestigd met stijlvolle kamers.

FRESNAY-SUR-SARTHE

Hôtel Ronsin

Wegenkaart C2. Av Charles-de-Gaulle 5, 72130. *43972010.* FAX *43335047.* **Kamers:** *12.* *AE, MC, DC, V.* ⒻⒻ

Een traditioneel Frans hotel met eenvoudige maar goed ingerichte kamers. Het restaurant biedt een ruime keuze.

LAVAL

Gerbe de Blé

Wegenkaart B2. Rue Victor-Boissel 83, 53000. *43531410.* FAX *43490284.* **Kamers:** *8.* *AE, MC, V.* ⒻⒻⒻ

Dit vriendelijke pension ligt aan het oude marktplein, niet ver van de Mayenne. Er is een uitstekend en gezellig, in boerenstijl ingericht restaurant.

LE MANS

Hôtel Chantecler

Wegenkaart C2. Rue de la Pelouse 50, 72000. *43144000.* FAX *43771628.* **Kamers:** *35.* 24 TV P *AE, MC, V.* ⒻⒻ

Dit moderne hotel, vlak bij de oude binnenstad, beschikt over gerieflijke kamers en een prettige bar en lounge.

MONHOUDOU

Château de Monhoudou

Wegenkaart C2. Monhoudou, 72260. *43974005.* FAX *43331158.* **Kamers:** *4.* P ⒻⒻⒻ

De familie De Monhoudou voert nog altijd de scepter over dit heerlijke 18de-eeuwse château, dat omgeven wordt door een 20 ha groot park. Gasten kunnen naar hartelust ronddwalen in de schitterend aangelegde tuinen, te midden van paarden, schapen, zwanen en pauwen. De eigenaars gebruiken samen met de gasten het diner, in de met kaarsen verlichte bibliotheek.

ST-LÉONARD-DES-BOIS

Touring Hôtel

Wegenkaart C2. Le Village, 72590. *43314444.* FAX *43314449.* **Kamers:** *35.* TV P *AE, MC, DC, V.* ⒻⒻⒻ

Dit moderne hotel is een prettige uitvalsbasis voor een verkenningstocht in de Alpes Mancelles. De kamers kijken uit op een heuvel of op de tuin. Het hotel beschikt over een goed restaurant en een overdekt zwembad.

SOLESMES

Grand Hôtel de Solesmes

Wegenkaart C2. Pl Dom-Guéranger 16, 72300. *43954510.* FAX *43952226.* **Kamers:** *34.* TV P *AE, MC, DC, V.* ⒻⒻⒻ *Zie ook* **Restaurants**, *blz. 219.*

Dit hotel staat 5 km van Sablé, tegenover de abdij. Grote kamers, een fitnesscentrum, een kunstgalerij en een uitstekend restaurant.

LOIRE-ATLANTIQUE EN DE VENDÉE

ÎLE D'YEU

Flux Hôtel

Wegenkaart A4. Rue Pierre-Henry 27, Port-Joinville, 85350. *51583625.* FAX *51594457.* **Kamers:** *16.* TV P *MC, V.* ⒻⒻ *Zie ook* **Restaurants**, *blz. 219.*

Boek een kamer in het bijgebouw van dit moderne hotel, als u graag een balkon wilt. Als u uw zelf gevangen vis mee terugneemt naar het hotel, zal de kok deze voor het diner serveren.

NANTES

Hôtel de la Duchesse Anne

Wegenkaart B3. Pl de la Duchesse Anne 3-4, 44000. *51867878.* FAX *40746020.* **Kamers:** *70.* TV P *AE, MC, V.* ⒻⒻ

Dit hotel, gevestigd in een 19de-eeuws pand, beschikt over gerenoveerde kamers en minder moderne tegen een lagere prijs. Enkele van de oudere kamers kijken uit op de kathedraal en het château.

Hôtel La Pérouse

Wegenkaart B3. Allée Duquesne 3, 44000. *40897500.* FAX *40897600.* **Kamers:** *46.* TV P *AE, MC, DC, V.* ⒻⒻⒻ

Dit in minimalistische stijl opgetrokken hotel heeft diverse architectuurprijzen gewonnen. Centraal gelegen aan de Cours des Cinquantes Otages, maar toch rustig. Gratis parkeren bij de Tour de Bretagne.

NOIRMOUTIER-EN-L'ISLE

Hôtel du Général d'Elbée

Wegenkaart A4. Pl du Château, 85330. *51391029.* FAX *51390823.* Okt.-maart. **Kamers:** *28.* *AE, MC, DC, V.* ⒻⒻⒻⒻ

Dit hotel is genoemd naar de generaal uit de Vendée die op het plein is gestorven. Historisch gebouw aan het kanaal met ommuurde tuin en zwembad.

LA ROCHE-SUR-YON

Logis de la Couperie

Wegenkaart B4. D80, La Roche-sur-Yon, 85000. *51372119.* FAX *51477108.* **Kamers:** *7.* TV P *AE, MC, V.* ⒻⒻ

Een hertogelijke residentie van de 14de eeuw tot 1789. La Couperie staat in een fraai park met een meer, vijf minuten rijden van het centrum. De kamers zijn ingericht met antiek. De belangrikste salon wordt verwarmd door een houtvuur.

LES SABLES D'OLONNE

Les Roches Noires

Wegenkaart A4. Promenade Georges-Clemenceau 12, 85100. *51320171.* FAX *51216100.* **Kamers:** *37.* TV *AE, MC, DC, V.* ⒻⒻ

Voor een hotel aan het strand is dit een redelijk voordelig adres. Het is echter wel een stevige wandeling naar het stadscentrum. Sommige kamers kijken uit op de zee.

Château de la Millière

Wegenkaart A4. St-Mathurin, 85100. *51361308.* FAX *51227329.* **Kamers:** *5.* P ★ *MC, V.* ⒻⒻⒻ

Dit 19de-eeuwse château ligt 8 km van de stad en wordt omgeven door een 18 ha groot park. U kunt hier heerlijk wandelen, maar liefhebbers van vissen en zwemmen komen ook aan hun trekken. Als u in het château wilt dineren moet u dit 's ochtends opgeven.

ST-LYPHARD

Auberge de Kerhinet

Wegenkaart A3. Kerhinet, 44410. *40619146.* FAX *40619757.* **Kamers:** *7..* P *AE, MC, DC, V.* ⒻⒻ *Zie ook* **Restaurants**, *blz. 219.*

Mooie *auberge* in de zoutmoerassen van La Grande Brière *(blz. 180)*, opgetrokken uit crèmekleurig natuursteen en met rieten dak. Eenvoudig ingericht in een rustieke stijl. Aan de muren hangen fraaie oude foto's. Het restaurant is gespecialiseerd in plaatselijke visgerechten.

Restaurants en cafés

In het Loiredal is de belangstelling voor de gastronomie bijzonder groot, zelfs naar Franse maatstaven. De belangrijkste maaltijd van de dag is de lunch; zelfs in grotere steden als Tours, Orléans en Nantes heeft het meeste kantoorpersoneel een lunchpauze van twee uur. In restaurants wordt de lunch vanaf een uur of twaalf geserveerd. Na 13.00 uur kunt u meestal geen maaltijd meer bestellen, hoewel cafés en brasserieën in de stad er soepeler tijden op na houden. Het diner wordt geserveerd vanaf een uur of acht (in de belangrijke toeristische streken soms vroeger). De laatste bestelling wordt soms al om 21.00 uur opgenomen, vooral in landelijke gebieden. De restaurants op blz. 214-219 zijn geselecteerd om hun prima keuken en ambiance. Alle prijsklassen zijn vertegenwoordigd.

Bord van een café in Berry

Een terras in het historische centrum van Richelieu

Soorten restaurants

In landelijke streken en kleine steden vindt u de prettigste restaurants hoofdzakelijk in hotels. Vooral in hotels van **Logis de France** wordt grote aandacht besteed aan goede regionale gerechten tegen een redelijke prijs. In grotere steden treft u een keur aan eetgelegenheden aan, variërend van eenvoudige pizzeria's en crêperies tot chique restaurants. Cafés zijn handig voor een hapje tussendoor, een kop koffie of een aperitief, terwijl u in brasserieën een snelle maaltijd kunt gebruiken. Anders dan de restaurants serveren brasserieën en cafés een beperkt aantal schotels buiten de lunch en het diner om. Voorts treft u in de Loire steeds meer restaurants aan die gespecialiseerd zijn in de buitenlandse keuken (met name Vietnamees en Noord-afrikaans).

Vegetarisch eten

Vegetariërs komen in Frankrijk maar matig aan hun trekken. U slaagt het beste bij een Vietnamees restaurant of een pizzeria, hoewel u in sommige universiteitssteden ook wel eens vegetarische restaurants aantreft. Sommige grote cafés of brasserieën in grote steden serveren een paar vegetarische gerechten. Meestal zijn er ook omeletten en andere eiergerechten verkrijgbaar. U kunt ook vragen of de kok een salade zonder vis of vlees wil toebereiden. Bij restaurants is het raadzaam vooraf te informeren of men een vegetarische schotel kan klaarmaken. Eet u wel vis, dan hebt u niets te vrezen: de restaurants in het Loiredal serveren uitstekende visschotels, en de meeste cafés en brasserieën hebben ten minste één visgerecht op het menu staan.

De menukaart

De meeste restaurants in het Loiredal serveren ten minste één *menu* (menu tegen een vaste prijs). U hebt meestal keuze uit een reeks *menus* met als hoogtepunt een duur *menu gastronomique* (voor 'lekkerbekken'). Bij het *menu régional* of *menu du terroir* kunt u genieten van regionale specialiteiten. De minder dure spijskaarten bevatten meestal voorgerechten als plaatselijke *charcuterie* (varkensvleesspecialiteiten), salade of *crudités* (rauwkost), maar bij een *menu gastronomique* hebt u keuze uit ingewikkelder schotels. Groente wordt doorgaans apart geserveerd.
Kaas eet u als een aparte gang tussen het hoofdgerecht en het dessert.
Veel restaurants, met name op het platteland, bezitten geen

Een karakteristiek terras in het Loiredal

carte waarvan u individuele schotels kunt bestellen. Indien u er wel *à la carte* kunt eten, bent u bijna altijd duurder uit dan wanneer u een vast menu neemt, aangezien het niet mogelijk is om het voorgerecht over te slaan en alleen het hoofdgerecht te bestellen (het dessert overslaan kan meestal wel).
Cafés en brasserieën serveren een *plat du jour* (menu van de dag), vaak met een regionaal karakter, naast geijkte Franse gerechten als biefstuk of vis met gebakken aardappels, gecompleteerd met salades of groenten.

Auberge du Moulin de Chaméron in Bannegon in Berry *(blz. 217)*

Reserveren

Bij restaurants in de buurt van de bekende châteaus is het altijd raadzaam om vooraf een tafel te bespreken, vooral in het hoogseizoen (Pasen tot september). Bij plaatselijke restaurants waar ook de lokale bevolking eet, kunt u zelden telefonisch reserveren. Zorg daarom dat u tijdig komt. Restaurants in landelijke streken zijn vaak één dag in de week gesloten en ook op zondagavond.

Kleding

De Fransen besteden veel zorg aan hun kleding. In de meeste restaurants – met uitzondering van enkele zeer chique en dure gelegenheden – is formele kleding echter niet vereist en hoeven mannen geen stropdas te dragen. Zorg wel dat u er netjes uitziet.

De rustieke Auberge de la Petite Fadette in Nohant *(blz. 217)*

Hoeveel moet u betalen

Het is moeilijk om restaurants aan de hand van hun prijzen te kwalificeren aangezien de meeste zowel goedkope als dure gerechten serveren. Voor een goedkoop menu betaalt u op sommige adressen slechts FF 65 en een uitgebreid menu kan u soms wel op FF 500 komen te staan, maar in de meeste restaurants kunt u voor FF 150 tot FF 200 een behoorlijke maaltijd krijgen.
De bediening is gewoonlijk bij de prijs inbegrepen (12,5 tot 15 procent) maar een fooi van een paar franc is gebruikelijk. In de duurdere restaurants krijgt het garderobepersoneel ongeveer FF 5 en de toiletjuffrouw zo'n FF 2.
Visa is de meest gebruikte creditcard. Informeer vooraf of u met andere kaarten of een cheque kunt betalen.

Kinderen en huisdieren

U kunt in het Loiredal gerust uw kroost meenemen naar een restaurant. Het wordt echter niet op prijs gesteld als ze tijdens de maaltijd gaan rondwandelen. Kinderstoelen zijn zelden aanwezig. In sommige restaurants zijn kindermenu's verkrijgbaar *(repas d'enfant)*. Gehoorzame honden worden in de meeste restaurants toegelaten.

Gehandicapten

Weinig restaurants beschikken over speciale voorzieningen voor rolstoelgebruikers. Het is raadzaam bij het bespreken van een tafel te vermelden dat u extra ruimte nodig hebt voor een *fauteuil roulant*.
Op blz. 198 vindt u adressen van organisaties voor gehandicapte vakantiegangers.

Roken

Franse restaurants dienen te beschikken over aparte ruimten voor rokers of niet-rokers. Dit laatste stelt echter vaak niet meer voor dan één of twee tafeltjes in een nis waar een 'niet-roken'-bordje aan de muur hangt. Cafés zijn doorgaans zeer rokerig.

Symbolen

Verklaring van de symbolen op blz. 214-219.

- openingstijden
- vaste menu's
- kindermenu's
- vegetarische schotels
- terras
- toegankelijk voor rolstoelen
- avondkleding vereist
- ruimte voor niet-rokers
- goede wijnkaart
- ★ speciaal aanbevolen
- creditcards:

AE American Express
MC Mastercard
DC Diners Club
V Visa

Prijsklassen per persoon voor drie gangen, inclusief een halve fles huiswijn, couvertkosten, belasting en bediening.

Ⓕ minder dan FF 150
ⒻⒻ FF 150-250
ⒻⒻⒻ FF 250-350
ⒻⒻⒻⒻ FF 350-500
ⒻⒻⒻⒻⒻ meer dan FF 500.

Wat eet u in het Loiredal

Verse aardbeien

De keuken van het Loiredal wordt gekenmerkt door eenvoudige, met zorg klaargemaakte gerechten. Wat dacht u van verse elft, snoekbaars, snoek of zalm, bekroond met een verfijnde *beurre blanc-* of zuringsaus, of heerlijke schotels met garnalen en oesters? Het milde klimaat en de vruchtbare grond zorgen dat men hier al vroeg in het jaar met smaak van het fruit en de groenten kan genieten. De zandgronden langs de Loire zijn ideaal voor de aspergeteelt en in het najaar hangen de bomen vol appels en peren. Wild uit de bossen van Berry wordt geserveerd met wilde paddestoelen of champignons *(champignons de Paris)* die in de tufsteengrotten nabij Saumur worden geteeld.

Rillon de Tours, *flinke, knapperige stukjes varkensvlees, langzaam gebakken in hun eigen vet, vindt u in elke* charcuterie *in Touraine.*

Noisettes de porc au pruneaux, *een specialiteit uit Tours, is een varkenslende gesmoord in Vouvray-wijn en geserveerd met pruimen geweekt in Vouvray-wijn en een saus van rode-bessengelei en room.*

Caneton de Nantes aux navets, *geroosterde jonge eend uit Nantes, gewoonlijk geserveerd met jonge rapen.*

Rillettes du Mans, *een traditionele eerste gang, is bereid van stukjes varkensvlees, of soms van gans of konijn.*

Poulet en barbouille, *een specialiteit uit de streek rond Berry, is gemaakt van een flinke kip, gesmoord met wortels en uien in cognac en wijn en geserveerd in een saus van het bloed van de kip.*

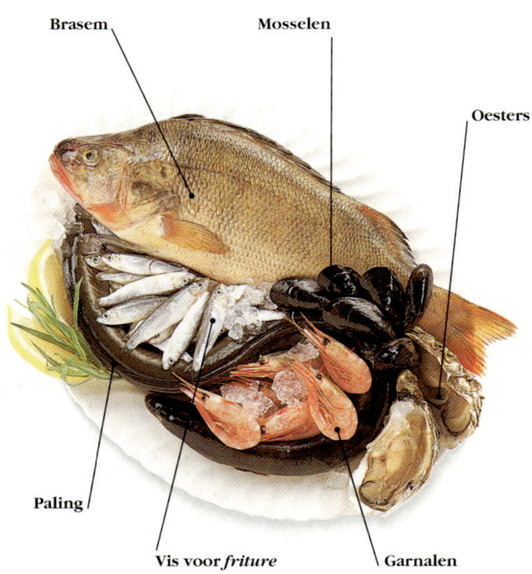

VIS, SCHELP- EN SCHAALDIEREN
Overal in het Loiredal kunt u genieten van zeebanket. De vis wordt op eenvoudige wijze klaargemaakt en geserveerd met een saus die de smaak goed laat uitkomen.

Alose à l'oseille *is gegrillde elft, een ronde vis die iets weg heeft van een haring, geserveerd met een romige zuringsaus.*

Chapon de Mans à la broche, *aan het spit gegrillde haan uit Le Mans.*

Friture de la Loire *(vaak geserveerd in restaurants bij de rivier) bestaat uit een verzameling kort gefrituurde zoetwatervisjes, geserveerd met een schijfje citroen.*

Sandre au beurre blanc *is snoekbaars bekroond met de specialiteit uit de Loire: saus van gesmolten boter, op smaak gebracht met sjalotjes en wijnazijn.*

Matelote d'anguilles, *stukjes paling gestoofd in rode wijn (Chinon) met champignons en kleine uitjes.*

Pithiviers *is een amandelcake met bladerdeeg, genoemd naar een stad vlak bij Orléans.*

Crémets d'Anjou *is een heerlijk dessert, gemaakt van slagroom en eiwit.*

Tarte Tatin, *het beroemdste dessert uit de Loire, is een appeltaart met gebrande suiker, uitgevonden door de gezusters Tatin in hun herberg in de Sologne.*

Valençay

Crottins de Chavignol

Sainte-Maure de Touraine

Selles-sur-Cher

Poirat *een specialiteit uit Berry, is een perentaart op smaak gebracht met drank en vaak geserveerd met een glas rosé.*

KAAS

De beste kazen uit het Loiredal zijn gemaakt van geitemelk: de ronde Crottins de Chavignol uit Sancerre, Sainte-Maure de Touraine met een strootje door het midden en vaak bekleed met as *(cendré)*, en Valençay, de afgeknotte piramide. Olivet is gemaakt van koemelk en lijkt veel op Camembert.

Wat drinkt u in het Loiredal

Het Loiredal is een wijnstreek *(blz. 30-31)*, dus vanzelfsprekend wordt er in de cafés veelvuldig *un petit coup de rouge* of *un petit coup de blanc* (een klein glas rode of witte wijn) genuttigd. De lichte rosés, zoals Rosé d'Anjou of Rosé de Touraine, worden 's middags gedronken bij een plak cake maar ook als aperitief. In november serveren de cafés en bars *bernache*, het groenachtige, gegiste sap dat achterblijft nadat de druiven zijn geperst voor het wijnmaken. U kunt in de cafés ook andere alcoholische dranken krijgen, zoals *eau de vie*, gemaakt van plaatselijk fruit, en bier. Koffie, thee en vruchtesap zijn eveneens verkrijgbaar.

Ober in een Franse bar

Witte Sancerre

Rode Bourgueil

Mousserende wijn

Wijn

Net als elders in Frankrijk wordt in het Loiredal doorgaans wijn gedronken bij de maaltijd. Plaatselijke wijn wordt gewoonlijk geserveerd in een karaf. Door een *demi* (0,5 l) of *quart* (0,25 l) te bestellen kunt u voordelig de regionale wijnen proberen voordat u beslist welke u mee naar huis neemt *(blz. 30-31)*. Volgens de Franse wet zijn de wijnen van het land ingedeeld in vier klassen, oplopend in kwaliteit: *Vin de Table, Vin de Pays, Vin Délimité de Qualité Supérieure* (VDQS) en *Appellation d'Origine Contrôlée* (AOC). De gemengde *Vin de Table*-wijnen komt u zelden in goede restaurants tegen. Bestel bij twijfel huiswijn *(la réserve)*. Weinig restaurants riskeren hun reputatie met een slechte huiswijn; ze bieden dan ook meestal waar voor uw geld.

Aperitieven en digestieven

Een glas plaatselijk geproduceerde mousserende wijn is een uitstekend aperitief maar smaakt ook heerlijk bij het dessert. Licht mousserende Vouvray *pétillant* is erg populair en in Anjou, meer naar het westen, drinkt men Saumur-*champenoise*, gemaakt volgens de *méthode champenoise*. Een andere interessante mousserende wijn uit de streek is Crémant de Loire.

Het etiket

Zelfs het eenvoudigste etiket geeft informatie over de smaak en de kwaliteit van de wijn. De naam van de wijn en de maker staan erop, het jaar en of de wijn uit een duidelijk afgebakend gebied komt *(appellation contrôlée* of VDQS) of dat het een gewonere *vin de pays* of *vin de table* is. Er kan ook een regionale honorering op staan. De vorm en kleur van de fles zijn eveneens indicaties. De meeste goede wijn zit in een groene fles, omdat dit de drank tegen het licht beschermt. De versiering van het etiket zegt niets over de kwaliteit van de wijn.

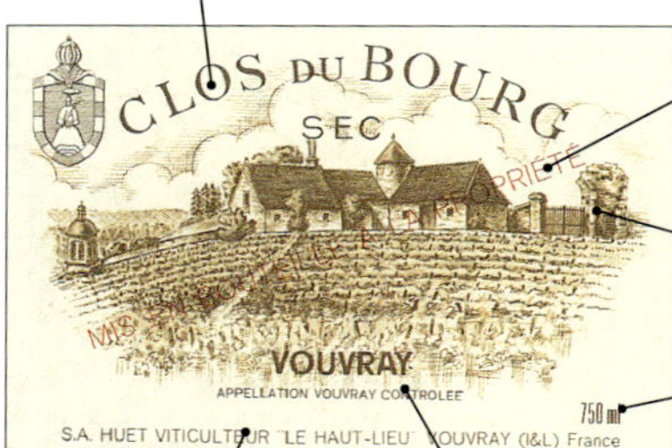

Het landgoed of de wijnmaker

Gebotteld op het landgoed, dus geen mengeling afkomstig van een handelaar of coöperatie

Plaatjes kunnen kloppen of als versiering dienen

Inhoud van de fles

Adres van het wijnhuis

De *appellation contrôlée* van de wijn

Een *kir* (witte wijn met zwartebessenlikeur) is een populair Bourgondisch aperitief. Een voortreffelijke variatie hierop is een combinatie van mousserende wijn met frambozen- of perziklikeur, dat vaak wordt geserveerd als huisaperitief. In cafés en restaurants kunt u ook de gebruikelijke Franse aperitieven krijgen naast internationale soorten jenever, sherry, port en whisky.
Na het eten is een glaasje vruchtenbrandenwijn van frambozen, peren of pruimen *(eau de vie de framboise, de poire, de prune)* heerlijk. Andere traditionele Franse *digestifs* zijn cognac en calvados.

BIER

De Fransen drinken in het café voornamelijk bier van het vat – vraag om een *demi*. Ook is er bier in fles verkrijgbaar, zowel Franse (die aanzienlijk goedkoper zijn) als geïmporteerde merken.

***Café crème*, vaak geserveerd bij het ontbijt met een verse croissant**

KOFFIE EN THEE

Cafés, nog altijd het middelpunt van het dagelijkse leven in Frankrijk, serveren een goede sterke *exprès* (een klein kopje zwarte koffie). Koffie met warme melk is verkrijgbaar in twee maten: klein *(petit crème)* en groot *(grand crème)*.
De thee die in cafés wordt geserveerd, wordt doorgaans gezet met een theezakje (met een schijfje citroen wordt het *un thé citron*). Theesalons in steden gebruiken echter in de regel geen zakjes. In veel cafés kunt u ook exotische soorten cafeïnevrije vruchtenthee krijgen. In restaurants wordt aan het einde van het diner vaak lindebloesem- *(tilleul)*, pepermunt- *(menthe)* of kamillethee *(camomille)* gedronken.

ANDERE DRANKEN

Kinderen zijn dol op de grote glazen *menthe à l'eau* (groene, pepermuntachtige siroop met water) en *grenadine* (een rode vruchtensiroop), maar volwassenen zullen dit snel te zoet vinden. Als u ze vermengt met bijvoorbeeld Vittel-mineraalwater krijgt u *Vittel menthe* of *Vittel grenadine*. *Vittel citron amer* (met niet-mousserende bitter lemon) is verfrissender dan *Vittel citron* (met citroensiroop).
De beste dorstlesser – maar ook duurder – is *citron pressé*: vers uitgeperst citroensap, geserveerd met een karaf water en suiker. U kunt de ingrediënten zelf mengen naar uw smaak. *Orange pressé* is uitgeperst sinaasappelsap. Flessen vruchtesap zijn ook overal verkrijgbaar. Kraanwater kunt u gerust drinken, maar veel mensen prefereren mineraalwater *(eau minérale)*. U hebt keuze uit mousserend *(gazeuse)* en niet-mousserend *(non-gazeuse)*.

Gelambrizeerde hotelbar in Touraine

Plaatselijk appelsap

WAAR KUNT U DRINKEN

Cafés zijn van oudsher dè gelegenheden om even binnen te wippen voor een kop koffie of een glas bier, om vrienden te treffen of om de wereld aan je voorbij te zien trekken. In stadscentra vindt u op iedere hoek een druk café en bij mooi weer puilen veel pleinen uit van de terrasjes.
Het traditionele café met zijn lange toog waartegen de stamgasten geleund staan, maakt – althans in de steden – echter geleidelijk aan plaats voor uitgebreidere etablissementen.
Bars en *bars à vin* (ouderwetse wijnbars) worden vooral bezocht door verstokte drinkers en nachtbrakers, hoewel hotelbars vaak een chiquer publiek trekken. In grotere steden schenken veel wijnbars in nieuwe stijl (meestal met een ultramodern interieur) wijn per glas bij lichte maaltijden, borden *charcuterie* of kaas met knapperig brood. Traditionele *salons de thé*, die koffie, thee en warme chocola serveren, hebben een voornamelijk vrouwelijke clientèle. U kunt er ook *pâtisseries* en bonbons kopen. De moderne *salons de thé* serveren lichte lunches en minder verfijnde zoetwaren, gebak en taarten aan een jong, gemêleerd publiek.

Even uitblazen in een stijlvol café in Orléans

ANJOU

ANGERS

La Salamandre

Wegenkaart C3. Bd Maréchal-Foch 1. *41889955.* *ma-za 12.00-13.30 uur, 19.30-21.30 uur.* AE, MC, V. ⒻⒻ

Dit restaurant in het Hôtel d'Anjou is ingericht in renaissancestijl. De eenvoudige gerechten gaan tegen redelijke prijzen en de wijnkaart is heel goed. Probeer eens de ravioli gevuld met kreeft, de biefstuk, de vissoep en de kaas.

Le Toussaint

Wegenkaart C3. Pl Kennedy 7. *41874620.* *di-zo 12.00-14.00 uur, di-za 19.30-21.30 uur.* AE, MC, V. ⒻⒻ

Op de bovenverdieping van dit restaurant hebt u een fraai uitzicht op het château; de eetzaal beneden is minder formeel en heel gezellig. Geniet van de regionale gerechten met een vleug *nouvelle cuisine* en van de Anjou-wijnen. Reserveren is noodzakelijk.

CHOLET

La Touchetière

Wegenkaart B4. Bd du Docteur-Roux 41. *41625503.* *zo-vr 12.00-14.15, 19.15-22.30 uu; ma-za 19.15-10.30.* AE, MC, V. ⒻⒻ

Deze oude boerderij is omgebouwd tot een restaurant waar de nadruk ligt op visschotels. Alles is heerlijk vers. Als u hier op zondag wilt lunchen, moet u van tevoren reserveren.

FONTEVRAUD L'ABBAYE

La Licorne

Wegenkaart C3. Allée Ste-Catherine. *41517249.* *di-zo 12.15-13.30 uur, di-za 19.15-21.00 uur ('s zomers dag.).* AE, MC, DC, V. ⒻⒻ

Dit aangename restaurant is gevestigd in een 18de-eeuws pand vlakbij de St-Michel, de kerk die gebouwd is door Hendrik II van Engeland. Verfijnde keuken. Probeer eens het goedkope lunchmenu (niet verkrijgbaar op zondag). Reserveren aanbevolen.

GENNES

L'Aubergade

Wegenkaart C3. Av des Cadets 7. *41518107.* *wo-za en ma ('s zomers wo-ma) 12.00-13.30 uur; do-za en ma ('s zomers do-ma) 19.30-21.00 uur.* MC, V. ⒻⒻ

In dit uitstekende restaurant ligt de nadruk op regionale gerechten. De wijnen uit Touraine en Anjou vormen een perfecte begeleiding van de maaltijden hier.

LE LION-D'ANGERS

La Table du Meunier

Wegenkaart C3. Le Moulin, Chenillé-Changé. *41951098 of 41951083. 10 98.* *do-ma 12.00-14.00, do-zo ('s zomers dag.) 18.30-21.30 uur.* MC, V. ⒻⒻ

In deze oude molen, 10 km van Le Lion-d'Angers, werd vroeger de walnootolie gemaakt die de Franse boerenkeuken zijn specifieke smaak geeft. Het menu is traditioneel met verfijnde accenten. Specialiteiten zijn *terrine d'anguilles maison* (terrine van paling) en *crème d'oignons gratinée* (een soort uiensoufflé).

MONTSOREAU

Diane de Méridor

Wegenkaart C3. Quai Philippe de Commynes 12. *41517018.* *wo-ma 12.00-15.00, 19.00-21.30 uur.* MC, V. ⒻⒻ

Dit rustieke restaurant biedt een fraai uitzicht op de Loire en het Château Montsoreau. Bij de gerechten ligt de nadruk op zoetwatervis, waaronder *sandre* (snoekbaars) en *brochet* (snoek).

LES ROSIERS-SUR-LOIRE

Auberge Jeanne de Laval

Wegenkaart C3. Rue Nationale 54. *41518017.* *di-zo 12.00-14.00 uur, di-zo ('s zomers dag.) 19.30-21.30 uur.* MC, V. ⒻⒻ

Dit door een familie gerund restaurant serveert vooral klassieke gerechten, maar ook enkele interessante nieuwe schotels, waaronder eigengemaakte terrines. Reserveren aanbevolen.

ST-GEORGES-SUR-LOIRE

Relais d'Anjou

Wegenkaart B3. Rue Nationale 29. *41391338.* *di-zo 12.00-14.00 uur, w0-za 19.30-21.00 uur.* AE, MC, V. ⒻⒻ

Dit restaurant vlak bij het Château de Serrant serveert uitstekende gerechten, gebaseerd op de klassieke Franse keuken. Veel sauzen worden bereid met Anjou-wijn.

SAUMUR

Les Caves de Marson

Wegenkaart C3. Rou-Marson. *41505005.* *half juni-half sept.: di-zo 12.30 uur, di-za 20.30 uur; half sept.-half juni: zo 12.30 uur, vr-za 20.00 uur.* MC, V. ⒻⒻ

Reserveren is hier noodzakelijk. Bij het driegangenmenu krijgt u verse broodjes belegd met specialiteiten als geitenkaas en *rillettes* (*blz. 210*), en het geheel wordt afgerond met vruchtengebak.

Les Chandelles

Wegenkaart C3. Rue St-Nicolas 71. *41672040.* *april-okt.: dag. 12.00-14.00, 19.30-22.00 uur; nov.-maart: do 's middags-di.* AE, MC, DC, V. ⒻⒻ

Dit restaurant was vroeger een winkel en dat is nog altijd goed te zien. Diverse gerechten zijn toebereid met Saumur-wijn, zoals *anguille de Loire au vin rouge* (paling uit de Loire met rode-wijnsaus).

Les Ménestrels

Wegenkaart C3. Rue Raspail 11. *41677110.* *dag. 12.15-13.30 uur, ma-za ('s zomers dag.) 19.30-21.30 uur.* AE, MC, DC, V. ⒻⒻⒻ

Dit restaurant (deel van het Hôtel Anne d'Anjou) serveert klassieke gerechten met een regionaal tintje.

TOURAINE

AMBOISE

Le Choiseul

Wegenkaart D3. Quai Charles-Guinot 36. *47304545.* *dag. 12.00-14.00, 19.00-21.00 uur.* ★ AE, MC, DC, V, JCB. ⒻⒻⒻ

In dit stijlvolle restaurant aan de Loire ligt de nadruk op visgerechten met sauzen op basis van regionale wijnen. Rond de avond af met een wandeling naar de 'graanschuren van Caesar', grotten uitgehakt in de rotsen van tufsteen.

Le Manoir St-Thomas

Wegenkaart D3. Pl Richelieu. *47572252.* *di-zo 12.00-14.00, 19.00-21.30 uur.* AE, MC, DC, V. ⒻⒻⒻ

Het barokke interieur, de prima kok en de sensationele wijn maken dit restaurant onweerstaanbaar. Karakteristiek is de *canard laqué médiéval* (geroosterde eend met kaneel en gember): traditionele keuken maar met een modern tintje.

Azay-le-Rideau

L'Aigle d'Or

Wegenkaart C3. Rue Adelaïde-Riché 10. *47452458.* *juli-sept.: do-di 12.00-14.00, 19.30-21.00 uur; okt.-juni: do-di 12.00-14.00 uur, ma, do-za 19.30-21.00 uur.* ★ MC, V. ⒻⒻⒻ

Dit voortreffelijke restaurant vlak bij het château serveert plaatselijke specialiteiten als snoekbaars *(sandre)* en konijn met wijnsaus. Zeer smakelijke lunches.

Bléré

Le Cheval Blanc

Wegenkaart D3. Pl C Bidault. *47303014.* *juli en aug.: 12.00-14.00, 19.30-21.15 uur (sept.-juni: di-za).* *jan.* ★ AE, MC, DC, V. ⒻⒻⒻ

Dit is een van de beste restaurants van Tourraine. In 1995 sleepte de chef-eigenaar zijn eerste Michelinster in de wacht. Een karakteristieke specialiteit is de overheerlijke *escalope de sandre* (snoekbaars), geserveerd met krab en *beurre blanc*-saus. De prijzen zijn heel redelijk voor de kwaliteit. Prettige sfeer.

Chenonceaux

Au Gâteau Breton

Wegenkaart D3. Rue du Docteur-Bretonneau 16. *47239014.* *dag. 12.00-14.30 uur, do-ma 19.00-22:00 uur.* MC, V. Ⓕ

Prettig restaurant, niet ver van het château. De keuken is traditioneel Frans. Uitstekende gerechten, 's zomers in de tuin geserveerd.

Chinon

Hostellerie Gargantua

Wegenkaart D3. Rue Voltaire 73. *47930471.* *dag. ('s winters vr-di) 12.00-14.00 uur, dag. ('s winters do-di) 19.30-22.00 uur* MC, V. ⒻⒻ

Populair restaurant in middeleeuwse stijl, gevestigd in een 15de-eeuws herenhuis in de oude stad. In het weekeinde draagt het personeel middeleeuwse kledij. De porties zijn even royaal als Gargantua, Rabelais' grote held, zou hebben gewild.

Au Plaisir Gourmand

Wegenkaart C3. Rue Parmentier 2. *47932048.* *di-zo 12.00-13.30 uur, di-za 19.30-21.15 uur.* ★ AE, MC, V. ⒻⒻⒻ

Dit voortreffelijke restaurant is gevestigd in een 17de-eeuws pand, opgetrokken uit wit tufsteen. De regionale schotels zullen u zeker warm doen lopen voor de culinaire heerlijkheden van Touraine. Formidabele, hoofdzakelijk regionale wijnen. Wie 's zomers in de tuin wil eten, moet vooraf een tafel bespreken.

Cormery

L'Auberge du Mail

Wegenkaart D3. Pl du Mail 2. *47434032.* *zo-vr ('s zomers dag.) 12.00-13.45, za-wo ('s zomers dag. 19.30-21.15 uur.* MC, V. Ⓕ

Dit aangename restaurant is gelegen in een rustig dorp in het Idredal, dat beroemd is om zijn koek *(blz. 222)*. Eerlijke keuken, vriendelijke sfeer. De menu's zijn naar componisten genoemd. Het restaurant ligt halverwege tussen Tours en Loches.

Le Petit-Pressigny

La Promenade

Wegenkaart D4. Le Village. *47949352.* *wo-zo 12.30-14.00 uur, di-za 19.30-21.30 uur.* ★ MC, V. ⒻⒻ

Ooit een bescheiden pension, nu een uitstekend restaurant. Eigenaar Jacques Dallais was vroeger leerling van de fameuze Parijse chefkok Joël Robuchon. Houdt u van zoet, probeer dan beslist de *feuilleté de cacao au chocolat épicé* (bladerdeeg met chocolade), geserveerd met vanille-ijs.

Saché

Auberge du XIIe Siècle

Wegenkaart D3. Rue Principale. *47268877.* *do-di 12.00-14.00 uur, do-ma 19.30-21.00 uur.* AE, MC, V. ⒻⒻ

Deze pittoreske, met vakwerk verfraaide herberg staat tegenover het landhuis waar Balzac enkele van zijn populairste romans heeft geschreven *(blz. 103)*. U hebt keuze uit een groot restaurant met oude balkenplafonds en een imposante open haard, en een kleinere zaal waar de sfeer iets gemoedelijker is. Vaste menu's, lokale specialiteiten, zoals de smakelijke *géline*-kip.

Tours

Le Charolais

Wegenkaart D3. Rue Colbert 123. *47208020.* *di-za 12.00-14.00 uur, ma-za 19.30-22.00 uur.* AE. MC, V. ⒻⒻ

Dit gezellige *restaurant à vin* (wijnrestaurant) dat ook bekend staat als *Chez Jean-Michel*, is geliefd bij de plaatselijke bevolking. Jean-Michel, voorheen een eersteklas sommelier, is verantwoordelijk voor de traditionele gerechten die de uitstekende wijnen (ook per glas geschonken) vergezellen.

La Ruche

Wegenkaart D3. Rue Colbert 105. *47666983.* *di-zo 12.00-14.00 uur, di-za 19.30-21.30 uur.* MC, V. ⒻⒻ

Het echtpaar dat in dit kleine restaurant aan de Rue Colbert de scepter zwaait, verstaat zijn vak uitstekend. De trouwe kring van lokale bezoekers waardeert de bereiding en presentatie van de hoofdzakelijk regionale gerechten. Zeer redelijke prijzen.

Jean Bardet

Wegenkaart D3. Rue Groison 57. *47414111.* *di-zo 12.00-14.00 uur, dag. (okt.-maart: di-za) 19.00-22.00 uur .* ★ AE, MC, DC, V. ⒻⒻⒻⒻ

Jean Bardet, een van de beste koks van Frankrijk, heeft samen met zijn vrouw Sophie een 19de-eeuws herenhuis omgetoverd in een licht, ruim restaurant en een stijlvol hotel. Nadat u zich te goed hebt gedaan aan de uitgelezen gerechten van verfijnde ingrediënten, kunt u een wandeling maken in de omgeving en de kruiden- en groentetuinen van het restaurant bewonderen.

Zie voor een verklaring van de symbolen *blz. 209*

Villandry

Domaine de la Giraudière

Wegenkaart D3. Rte de Druye. *47500860.* *half maart-half dec. 12.00-15.00 uur, dag. 19.30-21.30 uur.* Ⓕ

Op deze boerderij bent u van harte welkom voor een lunch met paté, quiche en omelet. De meeste ingrediënten zijn afkomstig van de boerderij of uit de omgeving.

Vouvray

Au Virage Gastronomique

Wegenkaart D3. Av Brûlé 25. *47527002.* FAX *47526472.* *dag. 12.00-14.30; do-di 19.00-22.00 uur.* *AE, MC, V.* ⒻⒻⒻ

Nadat u de Vouvray-wijnen hebt geproefd en Hardouin hebt bezocht voor de beste *charcuterie* van de streek, zal een maaltijd in dit typisch Franse provinciaalse restaurant zeker smaken. Royale porties en hoffelijke bediening.

Blésois en Orléanais

Les Bézards

Auberge des Templiers

Wegenkaart F3. Boismorand. *38318001.* *dag. 12.00-13.45, 19.30-21.45 uur.* *AE, MC, DC, V.* ⒻⒻⒻⒻⒻ

Deze voormalige herberg is nu een hotel-restaurant van *Relais et Châteaux*. De keuken is een mengeling van klassiek en modern; wild uit de Sologne in het seizoen. Bij mooi weer wordt het eten in de tuin geserveerd.

Blois

Au Rendez-Vous des Pêcheurs

Wegenkaart E3. Rue du Foix 27. *54746748.* *di-za 12.00-14.00, ma-za 19.30-22.00 uur.* *MC, V.* ⒻⒻ

Deze levendige bistro was vroeger een café annex kruidenierszaak. Uitstekende gerechten. Reserveren.

Bracieux

Bernard Robin

Wegenkaart E3. Av de Chambord 1. *54464122.* *do-di 12.00-14.00 uur, do-ma 19.30-21.00 uur.* *AE, MC, V.* ⒻⒻⒻⒻ

In dit restaurant tussen Chambord en Cheverny schotelt een van de beste koks van Frankrijk, Bernard Robin, zijn gasten uitgelezen regionale gerechten voor. Wild is de specialiteit, zoals *lièvre à la Royale* (haas met *foie gras*-saus). Reserveren is noodzakelijk.

Chaumont-sur-Tharonne

La Croix Blanche

Wegenkaart E3. Pl de l'Église. *54885512.* *dag. 12.00-14.00, 19.30-21.30 uur.* *AE, MC, DC, V.* ⒻⒻⒻ

Deze voormalige abdij is al sedert de 15de eeuw een herberg. Sinds 1779 wordt hij geheel door vrouwen gerund. Op weg naar het restaurant loopt u eerst door de keuken. De gerechten vormen een mengeling van karakteristieke schotels uit de Sologne en specialiteiten uit het zuidwesten.

Combreux

L'Auberge de Combreux

Wegenkaart F2. Rue du Gâtinais 34. *38468989.* *dag. 12.15-14.00, 19.15-21.30 uur.* *MC, V.* ⒻⒻ

Charmante, met antiek ingerichte herberg in het Forêt d'Orléans. Het eten is traditioneel met de nadruk op de eerlijke *cuisine bourgeoise*. 's Zomers worden de gerechten op het terras geserveerd.

Gien

Côté Jardin

Wegenkaart F3. Rte de Bourges 14. *38382467.* *di-vr en zo. 12.00-13.45, di-zo 19.30-21.30 uur.* *MC, DC, V.* ⒻⒻ

De naam van dit restaurant ('aan de kant van de tuin') ligt voor de hand, want dit prettige eethuisje aan de rivier tegenover het château geeft u het gevoel dat u buiten eet. Er wordt gekookt met seizoensproducten.

Montoire-sur-le-Loir

Le Cheval Rouge

Wegenkaart D3. Pl Foch. *54850705.* *di-do 12.00-14.00 uur, do-ma 19.30-22.00 uur.* *AE, MC, V.* ⒻⒻ

Dit restaurant, vlak bij Trôo en Lavardin, steekt de klassieke keuken in een licht, hedendaags jasje, zodat u niet te vet eet. Er zijn vijftien eenvoudige kamers.

Olivet

Le Rivage

Wegenkaart E2. Rue de la Reine-Blanche 635. *38660293.* *dag. ('s winters zo-vr) 12.00-14.00 uur, dag. ('s winters ma-za) 19.15-21.30 uur.* *AE, MC, DC, V.* ⒻⒻⒻ

Als u 's zomers in dit hotel-restaurant wilt dineren, kies dan een tafeltje op het terras bij de Loiret. Maar ook als u 's winters in het ruime restaurant geniet van een van de beste keukens in de omgeving, hebt u het gevoel dat u vlak aan de water zit.

Onzain

Domaine des Hauts-de-Loire

Wegenkaart D3. Rte Mesland. *54207257.* *wo-zo 12.00-14.00 uur, di-zo (juli-aug.: dag.) 19.30-21.00 uur.* *AE, MC, DC, V.* ⒻⒻⒻⒻ *Zie ook* **Accommodatie**, *blz. 203.*

Het restaurant van dit *Relais et Châteaux*-hotel heeft twee Michelinsterren met heerlijkheden als *Filet de boeuf poché au vin de Montlouis* (gepocheerde runderfilet in witte Montlouiswijn).

Orléans

Les Antiquaires

Wegenkaart E2. Rue au Lin 2-4. *38535235.* *ma-za 12.00-13.30, 19.30-22.00 uur.* *AE, MC, DC, V.* ⒻⒻⒻ

Dit restaurant is populair om zijn inventieve gerechten. In het jachtseizoen staat er wild uit de Sologne op het menu, zoals de specialiteit: *noisettes de biche au sauce poivrade* (gemarineerde hertenfilet met peper-knoflooksaus).

La Chancellerie

Wegenkaart E2. Pl Martroi 27. *38535754. ma-za 12.00-15.00, 19.30-1.00 uur. AE, MC, V.* ⒻⒻ

Deze brasserie annex wijnbar is gevestigd in een 18de-eeuws pand aan een druk plein vlak bij de kathedraal. Avontuurlijke schotels en uitgelezen wijn. In het seizoen zijn vooral de *faisan aux champignons* (fazant met champignons) en de *lièvre aux airelles* (haas met bosbessen) gewild.

ROMORANTIN-LANTHENAY

Lion d'Or

Wegenkaart E3. Rue du Clemenceau 69. *54941515. dag. 12.00-13.30 uur, wo-zo 19.30-21.00 uur. half febr.-maart AE, MC, DC, V.* ⒻⒻⒻⒻⒻ

Dit renaissancehuis biedt nu onderdak aan een restaurant. Specialiteiten zijn ragout van witte asperges met *morilles* en geroosterde kalfsniertjes met jeneverbessen en mierikswortel.

SOUVIGNY-EN-SOLOGNE

La Perdrix Rouge

Wegenkaart E3. Rue du Gâtinais 22. *54884105.* FAX *54880556. wo-zo 12.00-14.00, 19.30-21.30 uur. AE, MC, V.* ⒻⒻ

Dit karakteristieke Sologne-restaurant wordt vooral in het jachtseizoen druk bezocht om zijn uitstekende wild, waaronder patrijs, waaraan La Perdrix Rouge haar naam dankt. Maar ook de rest van het jaar kunt u hier goed eten.

BERRY

ARGENTON-SUR-CREUSE

Moulin des Eaux-Vives

Wegenkaart E4. Tendu. *54241225. wo-ma 12.00-13.30 uur, wo-zo (half april-aug.: dag.) 19.30-21.30 uur. AE, MC, V.* ⒻⒻ

Voormalige watermolen, 8 km ten noorden van Argenton-sur-Creuse. De menukaart wisselt per seizoen. Heerlijk zijn de *côtes de sanglier au vinaigre de framboises* (wild zwijn met frambozen-azijnsaus) en *coupe de vignes* (sorbet met druiven). De gerechten zijn niet duur, de wijn echter wel.

AUBIGNY-SUR-NÈRE

Le Bien-Aller

Wegenkaart F3. Les Naudins. *48580392. do-di 12.00-14.00 uur, do-ma 19.00-24.00 uur. AE, MC, V.* ⒻⒻ

Dit restaurant ligt slechts 1 km van Château de la Verrerie. Op de menukaart staan originele gerechten als *crème brûlée au thym* (een crème caramel met verse tijm).

BANNEGON

Auberge du Moulin de Chaméron

Wegenkaart F4. Le Village. *48618380. wo-ma 12.15-13.45, 19.30-21.00 uur. half nov.-febr. AE, MC, V.* ⒻⒻ

Deze pittoreske 18de-eeuwse watermolen is omgebouwd tot een gastvrij hotel-restaurant. In het restaurant, compleet met oude balkenplafonds en mooie open haard, kunt u genieten van heerlijke, voornamelijk regionale gerechten.

BOURGES

Le d'Antan Sancerrois

Wegenkaart F4. Rue Bourbonnoux 50. *48659626. dag. 12.00-14.00, 19.00-22.30 uur. AE, MC, V.* ⒻⒻ

Dit druk bezochte restaurant is gevestigd in een middeleeuws gebouw. De stevige gerechten worden met finesse bereid en de wijnkaart is voortreffelijk.

Le Jardin Gourmand

Wegenkaart F4. Av Ernest Renan 15 bis. *48213591. di-zo 12.00-14.00, di-za 19.30-21.30 uur. AE, MC, DC, V.* ⒻⒻ

Stijlvol gourmetrestaurant met als specialiteiten vis, schelp- en schaaldieren, lam en gevogelte; in het jachtseizoen ook wild.

Abbaye St-Ambroix

Wegenkaart F4. Bd de la République. *48708000. zo-vr. 12.00-14.00, dag. 19.30-22.00 uur. AE, MC, DC, V.* ⒻⒻⒻ
Zie ook **Accommodatie**, *blz. 205.*

Dit restaurant van Hôtel de Bourbon is gevestigd in de voormalige kapel van de abdij. Verfijnde keuken. Alle desserts worden op bestelling gemaakt.

BRINON-SUR-SAULDRE

La Solognote

Wegenkaart F3. Le Village. *48585029. do-ma 12.00-14.30 uur, wo-ma 19.00-21.30 uur. MC, V.* ⒻⒻ

Dit traditionele restaurant met eiken balken en open haard biedt uitstekend menu op basis van lokale producten, waaronder wild in het seizoen. Prima keus uit Sancerre- en Menetou Salon-wijnen als begeleiding van de visgerechten.

BRUÈRE-ALLICHAMPS

Auberge de l'Abbaye de Noirlac

Wegenkaart F4. Le Village. *48962258. do-di 12.00-14.30, 19.00-21.30 uur. half jan-maart MC, V.* ⒻⒻ

Dit restaurant ligt te midden van weilanden, op slechts een paar minuten lopen van de prachtige Abbaye de Noirlac. Rustiek interieur en goede keuken. Er zijn ook kleine gerechten voor wie haast heeft.

CHÂTEAUMEILLANT

Le Piet-à-Terre

Wegenkaart F4. Rue du Château. *48614174. di-zo 12.00-13.30, di-za ('s zomers dag.) 19.30-21.00 uur. MC, V.* ⒻⒻ

Dit degelijke restaurant serveert interessante gerechten. Dè specialiteit is *poulette braisée farcie*, gesmoorde jonge kip met *foie gras*. Vooral het doordeweekse lunchmenu geeft waar voor uw geld.

NOHANT

Auberge de la Petite Fadette

Wegenkaart E4. Le Village. *54310148. dag. 12.00-14.30, 19.00-21.30 uur. MC, V.* ⒻⒻ

Dit hotel-restaurant dankt zijn naam aan een van de romans van George Sand. De *poulet en barbouille (blz. 210)* is niet te versmaden.

St-Amand-Montrond

La Croix d'Or

Wegenkaart F4. Rue du 14 juillet 28. *48960941. dag. ('s winters za-do) 12.00-14.30, 19.00-21.30 uur.* AE, MC, V. ⒻⒻ

Rundvlees uit Charolais, vergezeld van een goede fles Sancerre, is dè specialiteit van La Croix d'Or. Ruime eetzaal met gewelfd plafond en een woud van planten.

Sancerre

La Tour

Wegenkaart F3. Pl de la Halle 31. *48540081. dag. 12.30-14.00, 19.30-22.00 uur.* AE, MC, V. ⒻⒻⒻ

Dit restaurant heeft twee eetzalen. De zaal beneden heeft een balkenplafond en een behaaglijke open haard, de bovenverdieping is moderner. *Sandre* (snoekbaars) met saus van rode Sancerre is een van de vele specialiteiten.

Vierzon

Le Prieuré

Wegenkaart E3. Rte de St-Laurent 2, Vignoux-sur-Barangeon. *48515880. do-di 12.00-14.00 uur, do-ma 19.30-21.00 uur.* AE, MC, V. ⒻⒻ

Een karakteristiek voorbeeld van de inventieve gerechten in deze voormalige priorij is *pigeon du Berry à la truffe* (duif met truffels). Als dessert is de *terrine de crêpes*, een taart van pannenkoekjes met sinaasappelsaus, een aanrader.

Ten noorden van de Loire

Arnage

Auberge des Matfeux

Wegenkaart C2. Av Nationale 289. *43211071. di-zo 12.00-14.00 uur, di-za 19.30-21.00 uur.* AE. MC, DC, V. ⒻⒻ

Deze oude herberg, 9 km ten zuiden van Le Mans, serveert lichte gerechten, bereid van de groenten en kruiden die in de tuin worden verbouwd. Restaurant met serre.

Chartres

Le Buisson Ardent

Wegenkaart E2. Rue au Lait 10. *37340466. dag. 12.00-14.00 uur, ma-za 19.30-21.30 uur.* MC, V. ⒻⒻ

In dit populaire restaurant, vlak bij de kathedraal, kunt u een goede, snelle lunch gebruiken, maar uitgebreid dineren kan hier ook. Klassieke keuken voor een schappelijke prijs. Ook kindermenu's.

Le Grand Monarque

Wegenkaart E2. Pl des Epars 22. *37210072. dag. 12.00-14.30 uur, 19.30-22.00 uur.* AE, MC, DC, V. ⒻⒻⒻ *Zie ook* **Accommodatie,** *blz. 206.*

Het restaurant van dit hotel serveert klassieke Franse gerechten, maar ook lokale heerlijkheden als *pâté de Chartres* (eendeleverpâté met *foie gras*). De wijnkelder bevat een van de grootste keuzen aan Loire-wijnen van Frankrijk.

Châteaudun

L'Arnaudière

Wegenkaart E2. Rue St-Lubin 4. *37459898. di-zo 12.00-15.00 uur, di-za 18.30-22.00 uur.* AE, V. ⒻⒻ

Restaurant gevestigd in een renaissancehuis in de oude stad. 's Zomers kunt u in de tuin eten. Smakelijke gerechten en voordelige menu's tegen vaste prijzen.

La Flèche

La Fesse d'Ange

Wegenkaart C3. Pl du 8 mai 1945. *43947360. di-zo 12.00-13.30 uur, di-za 19.15-21.30 uur (aug. gesloten).* MC, V. ⒻⒻ

Dit restaurant is vooral bij de plaatselijke bevolking erg in trek. De menukaart wisselt per seizoen. Het beroemde vette gevogelte (kip of eend) uit Loué staat regelmatig op het menu.

Laval

Bistro de Paris

Wegenkaart B2. Rue du Val-de-Mayenne 67. *43569829. ma-za 12.00-13.45, 19.15-21.30 uur.* ★ V. ⒻⒻⒻ

Bistro aan de Mayenne, en niet ver van het château. Smakelijke gerechten die – gezien hun uitstekende kwaliteit – verbazend voordelig zijn. De wijn is ook betaalbaar. Reserveren.

Malicorne-sur-Sarthe

La Petite Auberge

Wegenkaart C3. Au Pont. *43948052. juni-juli: dag. 12.00-14.00, 19.00-21.00 uur; okt.-mei: di-zo 12.00-14.00, vr-za 19.00-21.00 uur.* MC, V. ⒻⒻ

Klein restaurant bij de jachthaven, niet ver van de beroemde faiencewerkplaatsen. Een prima plek om te gaan lunchen tijdens een tocht door het Sarthe-dal.

Le Mans

Le Grenier à Sel

Wegenkaart C2. Pl de l'Éperon 26. *43232630. di-zo 12.00-14.00 uur, di-za 19.00-22.00 uur.* AE, MC, V. ⒻⒻ

Dit restaurant is gevestigd in een schilderachtig gebouw waar vroeger de opbrengsten van de zoutaccijns werden opgeslagen. Specialiteit van het huis: visschotels met verfijnde sauzen.

La Vie en Rose

Wegenkaart C2. Grande Rue 55. *43232737. ma-za 11.30-14.00, 19.00-22.00 uur ('s zomers 23.00 uur).* AE, MC, DC, V. ⒻⒻ

Dit gebouw huisvestte vroeger het oudste theater van Le Mans. Nu is er een *nouvelle cuisine*-restaurant gevestigd. Prachtig gepresenteerde visschotels, met name de *feuilleté de la mer Vie en Rose.*

St-Denis-d'Anjou

Auberge du Roi-René

Wegenkaart C3. Grande-Rue 4. *43705230. dag. 12.00-14.30, 20.00-22.00 uur.* AE, MC, DC, V. ⒻⒻ

De eetzaal is gelegen in een middeleeuws gebouw. De keuken is licht en bij sommige gerechten, zoals de *nougat de foie de canard aux figues* (terrine van eendelever met vijgen), zijn zoet en hartig op een subtiele wijze met elkaar gecombineerd.

SOLESMES

Grand Hôtel de Solesmes

Wegenkaart C2. Pl Dom-Guéranger 16. *43954510.* *dag. 12.00-14.00 uur, 19.30-21.30 uur.* AE, MC, DC, V. ⒻⒻ *Zie ook* **Accommodatie**, *blz. 207.*

Dit hotel beschikt over een prima restaurant dat uitkijkt op een tuin. Traditionele keuken met het accent op lokale visspecialiteiten, zoals *sandre à la mousse d'oseille* (snoekbaars met zuringmousse).

LOIRE-ATLANTIQUE EN DE VENDÉE

ARÇAIS

L'Auberge de la Venise Verte

Wegenkaart B4. Route de Damvix. *49353715.* *do-di 12.00-14.00 uur, vr-zo 19.30-22.00 uur.* MC, V. ⒻⒻ

Tijdens een tocht langs of over de kanalen van de Marais Poitevin is dit een goedkoop en gezellig restaurant om even te stoppen voor de lunch. De nadruk ligt op lokale vis en paling.

CLISSON

Bonne Auberge

Wegenkaart B4. Rue Olivier de Clisson 1. *40540190.* *wo-zo 12.00-13.30, di-za 20.00-22.00 uur.* ★ AE, MC, V. ⒻⒻ

Producten uit de omgeving worden gebruikt voor de inventieve gerechten. Probeer de Vendée-eend met vijgen of de gepocheerde vis met specerijen, maar laat wel ruimte over voor een overheerlijk dessert.

FONTENAY-LE-COMTE

Auberge de la Rivière

Wegenkaart B4. Velluire. *51523215.* *di-zo 12.00-14.00, di-za ('s zomers dag.) 20.00-21.30 uur* MC, V. ⒻⒻ

Deze *auberge* ligt aan de noordkant van de Marais Poitevin, 11 km ten zuidwesten van Fontenay-le-Comte. Geniet van het landelijke comfort en de smakelijke gerechten. Vooral de visschotels en langoustines zijn erg goed.

ÎLE D'YEU

La Marée

Wegenkaart A4. Rue Pierre-Henry 27, Port-Joinville. *51584133.* *ma-zo 12.00-14.00 uur, ma-za 19.00-21.00 uur.* V. ⒻⒻ *Zie ook* **Accommodatie**, *blz. 207.*

Het restaurant van het Flux Hôtel is gespecialiseerd in visschotels. Neem als dessert eens *tartilaise* (pruimentaart uit Île d'Yeu).

MAILLEZAIS

Le Collibert

Wegenkaart B5. Rue Principale. *51872507.* *di-zo 12.00-14.30 uur, di-za 19.30-22.30 uur (Pasen-half sept. dag.).* AE, MC, DC, V. ⒻⒻ

Dit restaurant in de Marais Poitevin, vlak bij La Venise Verte, staat hoog aangeschreven om zijn regionale buffet en lokale specialiteiten.

MORTAGNE-SUR-SÈVRE

Hôtel de France

Wegenkaart B4. Pl du Docteur Pichat. *51650337.* *zo-vr 12.15-14.00 uur, 19.30-21.00 uur.* AE, MC, DC, V. Ⓕ

In deze 400 jaar oude voormalige herberg voor reizigers per koets kunt u uitstekend eten. U vindt hier twee restaurants: het klassieke La Taverne en het iets goedkopere La Petite Auberge. U kunt hier ook overnachten.

NANTES

La Taverne de Maître Kanter

Wegenkaart B3. Pl Royale 1. *40485528.* *dag. 12.00-2.00 uur.* AE, MC, DC, V. Ⓕ

Deze Elzasser taveerne valt op door zijn heerlijke *choucroute* (zuurkool), koude vlees en bier. U kunt hier tot 2.00 uur 's nachts eten.

La Cigale

Wegenkaart B3. Pl Graslin 4. *51849494.* *dag. 7.30-1.00 uur.* V. ⒻⒻ

Niet alleen het belle epoque-interieur *(blz. 190)* van deze brasserie is heel mooi, ook de keuken is buitengewoon. Onder meer een ruim aanbod van verse vis, schelp- en schaaldieren.

Manoir de la Comète

Wegenkaart D3. Av Libération 21, St Sébastien-sur-Loire. *40341593.* *ma-vr 12.00-14.30 uur, ma-za 19.30-22.00 uur.* AE, MC, V. ⒻⒻⒻ

Net buiten het centrum van Nantes biedt dit restaurant een verfijnde Franse keuken in een vriendelijke sfeer. De enthousiaste kok creëert fantasierijke gerechten met lokale ingrediënten, zoals eend met jonge spinazie en een saus van Chinon-wijn.

OULMES

L'Escargot Vendéen

Wegenkaart B5. Rue Georges Clemenceau 29. *51524900.* *dag. 12.00-13.00 uur, wo-ma 18.30-22.00 uur.* MC, V. ⒻⒻ

Stijlvol restaurant in een gerestaureerd oud gebouw. Geniet hier van heerlijke plaatselijke gerechten als *mojettes du marais* (witte bonen met lokale ham), *escargots* (slakken) met rode wijn en spek, paling en kikkerbilletjes.

LES SABLES D'OLONNE

Beau Rivage

Wegenkaart A4. Promenade Georges Clemenceau 40. *51320301.* *di-zo 12.30-14.30 uur, ma-za 19.30-21.00 uur (juni-sept.: dag.).* AE, MC, DC, V. ⒻⒻⒻ

Dit fraaie restaurant aan de strandboulevard is gespecialiseerd in vis. Mogelijk verhuist Beau Rivage naar een ander adres, dus bel eerst.

ST-LYPHARD

Auberge de Kerhinet

Wegenkaart A3. Kerhinet. *40619146.* *do-di 12.00-15.00 uur, do-ma 19.30-23.00 uur (juli-aug.: dag.).* AE, MC, DC, V. ⒻⒻ *Zie ook* **Accommodatie**, *blz. 207.*

Hotel-restaurant verfraaid met oude foto's en landbouwwerktuigen. Typisch plaatselijke visspecialiteiten als *anguilles au rocquefort*, (paling met rocquefort).

Zie voor een verklaring van de symbolen *blz. 209*

WINKELEN

Winkelen in het Loiredal is altijd een genoegen, zeker als u op zoek bent naar regionale specialiteiten. Maar ook de andere typisch Franse produkten zijn hier volop verkrijgbaar – modeaccessoires, kleding, keukengerei, porselein, kristal en vooral etenswaren. U vindt speciaalzaken te kust en te keur en de ruim gesorteerde markten zijn een waar paradijs voor liefhebbers van lokale produkten en culinaire specialiteiten. In dit hoofdstuk leest u alles over winkelen in het Loiredal. Op blz. 222-223 ziet u enkele van de beste regionale delicatessen, wijnen en andere produkten die in deze streek te koop zijn.

Parfum te koop

Bonbons uitgestald in La Livre Tournois, een *confiserie* in Tours

OPENINGSTIJDEN

Kleine levensmiddelenwinkels in het Loiredal gaan 's ochtends al vroeg open – rond 7.30 of 8.00 uur. Ze sluiten om ongeveer 12.30 uur voor de lunch. 's Middags zijn ze geopend van 15.30 of 16.00 uur tot 19.00 of 20.00 uur. Andere kleine winkels zijn op maandag open van 14.00 tot 18.30 of 19.00 uur en van dinsdag tot en met zaterdag van 9.00 tot 12.00 en van 14.00 tot 18.30 of 19.00 uur. Kleine supermarkten hebben doorgaans een lange lunchpauze, maar warenhuizen en grote supermarkten blijven tussen de middag open. Eind juni en in januari wordt de uitverkoop gehouden.
Niet-overdekte levensmiddelenmarkten worden één, twee of drie ochtenden in de week gehouden (meestal op zondag). Grote overdekte markten *(les halles)* zijn gewoonlijk geopend van dinsdag tot zaterdag en hanteren dezelfde openingstijden als de kleine levensmiddelenwinkels. In deze gids staan bij iedere stad die we hebben beschreven de marktdagen vermeld.

SPECIAALZAKEN

Hoewel de supermarkten als paddestoelen uit de grond schieten, doen de kleine speciaalzaken het nog altijd heel goed in Frankrijk. Veel levensmiddelenwinkels zijn gespecialiseerd in één bepaald soort etenswaar. *Boulangeries* verkopen vers brood en in een gecombineerde *boulangerie-pâtisserie* kunt u ook verleidelijke cakes en heerlijk gebak krijgen. *Traiteurs* verkopen kant-en-klare etenswaren en *épiceries* kruidenierswaren. *Crémeries* zijn gespecialiseerd in zuivelprodukten, *fromageries* verkopen alleen kaas en bij *charcuteries* kunt u terecht voor gekookte en gezouten vleeswaren en koude schotels.
Eersteklas kruidenierswaren haalt u bij een *épicerie fine*, tevens een uitstekend adres voor wie op zoek is naar leuke souvenirs, zoals mosterd of azijn in mooie potten of flessen.
Een *alimentation général* is een algemene levensmiddelenwinkel, vaak met zelfbediening. In sommige kleine dorpjes is dit de enige winkel. Voor vers brood is men hier aangewezen op deze zaak of op het plaatselijke café.
Schoonmaakmiddelen koopt u bij een *droguerie*, ijzerwaren bij een *quincaillerie*, boeken bij een *librairie* en voor kantoor- en schrijfbehoeften moet u bij een *papeterie* zijn.
Voorts zijn er diverse speciaalzaken waar één bepaald produkt wordt verkocht, zoals paraplu's, wandelstokken of postzegels, of waar u allerlei artikelen op een specifiek terrein kunt krijgen, zoals legerspullen of natuurhistorische boeken. De meeste eigenaars hebben bijzonder veel verstand van hun vakgebied en vinden het leuk hun kennis met u te delen als u interesse toont. Antiekzaken *(magasins d'antiquités)* zijn meestal erg duur. U bent goedkoper uit bij een *brocante* of ga op zoek naar koopjes op de plaatselijke vlooienmarkt.

Bord van een *charcuterie*

WIJN PROEVEN EN KOPEN

Het Loiredal is vermaard om zijn wijnen en de streek is bezaaid met wijnproducenten. Borden langs de kant van de weg met het opschrift *dégustation* nodigen u uit voor een 'proeverij' op de wijngaard. Bedenk wel dat de plaatselijke *vigneron* verwacht dat u na het proeven van enkele glazen ten minste een paar flessen koopt. In Saumur kunt u echter een tocht langs de *chais* (de eigen kelders van de verbouwers) maken, waarbij u maar heel weinig hoeft te kopen. U kunt het beste de *Maisons du Vin* bezoeken, die u in de meeste belangrijke plaatsen aantreft. U kunt hier vaak gratis proeven en handige en interessante literatuur en informatie krijgen.

Hypermarkten en winkelketens

Grote supermarkten en de nog grotere hypermarkten *(hypermarchés)* zijn gewoonlijk te vinden in de buitenwijken van steden. Ze maken vaak deel uit van een *centre commercial* (winkelcomplex) waar u in de regel ook boetiekjes, een doe-het-zelfwinkel en een tankstation kunt aantreffen. Veel van deze grote zaken behoren tot winkelketens als *Auchan*, *Carrefour* of *Continent*. Het ouderwetse *grand magasin* (warenhuis) dat u vindt

Een bloemenverkoopster op de markt in Luynes

in de grotere plaatsen, is over het algemeen omgebouwd tot een serie boetiekjes of overgenomen en gemoderniseerd door een dure landelijke winkelketen als *Nouvelles Galleries* of *Printemps*. Deze chique zaken verkopen het allerbeste op het gebied van kleding, accessoires en parfum. Als u op zoek bent naar voordelige schrijfwaren, lingerie en cosmetica, moet u bij de populaire warenhuizen *Monoprix* en

Groente in overvloed op het Place St-Pierre in Saumur

Prisunic zijn. De meeste beschikken over een levensmiddelenafdeling met redelijke prijzen.

Markten

De levensmiddelenmarkten in het Loiredal moet u beslist bezoeken. Hier worden grote hoeveelheden overheerlijke produkten aangeboden als verse groenten, *charcuterie*-specialiteiten, geitekaas, gevogelte en wild. De meeste van deze waren zijn plaatselijk verbouwd, vaak door de marktkoopman zelf op zijn eigen stukje grond. Produkten die uit de streek afkomstig zijn, worden aangeduid met *pays*. Let vooral op bijzondere specialiteiten, zoals de vreemd gevormde pompoenen die in de herfst verschijnen, wilde paddestoelen en smakelijke honing. Honingkraampjes verkopen vaak ook snoep en zeep, gemaakt van honing. Stalletjes met kruiden en specerijen zijn ook heel interessant; u kunt er een schat aan ideeën opdoen voor originele geschenken. Op sommige markten staan ook kraampjes waar kleding, schoenen en lederwaren worden verkocht. Kijk ook eens uit naar plaatselijke kunstnijverheid.

In veel plaatsen worden regelmatig vlooienmarkten *(marchés aux puces)* gehouden, vooral 's zomers in kleine steden en dorpjes in landelijke streken.

De markt in Amboise verkoopt heerlijke geitekaas

Adressen

Plaatselijke specialiteiten

Angers
Pâtisserie La Petite Marquise
Rue des Lices 22.
☎ *41874301.*
Quernons d'Ardoise en snoep.

Bourges
Epicerie en Berry
Ilot Victor Hugo.
Rue Moyenne 41.
☎ *48700238.*
Honing uit Berry en forestines.

Guérande
La Maison du Sel
Pradel.
☎ *40620125.*
Zeekraal en zout uit Guérande.

Nantes
La Friande
Rue Paul Bellamy 12.
☎ *40201468.*
Buiscuits nantaises.

Orléans
La Chocolaterie Royale
Rue Royale 51.
☎ *38539343.*

Tours
La Livre Tournois
Rue Nationale 6.
☎ *47054200.*
Pruneaux fourrés en chocolade

Kunstnijverheid

Gien
Faïencerie de Gien
Pl de la Victoire 78.
☎ *38670005.*
Porselein.

Malicorne
Faïenceries Artistiques du Bourg-Joly
Rue Carnot 16.
☎ *43948010.*

Poncé-sur-le-Loir
Centre d'Artisanat d'Art
☎ *43444531.*
Werkplaats en winkel.

Villaines-les-Rochers
Coopératieve de Vannerie de Villaines
Rue de la Cheneillère 1.
☎ *47454303.*
Vlechtwerk.

Wat koopt u in het Loiredal

De karakteristieke etenswaren uit het Loiredal strelen niet alleen de tong, maar zijn ook een lust voor het oog. De delicatessenwinkels en markten van dit paradijs voor fijnproevers trekken veel bezoekers met hun heerlijke geuren en prachtige uitstallingen. De lokale producenten zijn met recht trots op hun waren en verpakken ze vol zorg in mooie kisten of aardewerken potten. Behalve de etenswaren zijn ook het porselein uit Gien en de stof en kant uit de Touraine met recht beroemd.

Een schitterend verpakt doosje snoepjes

ZOETWAREN

Zoetwaren en koek zijn ideale geschenken om mee naar huis te nemen, vooral omdat ze zo fraai verpakt zijn. De streek is vermaard om zijn enorme assortiment zoetwaren, die te koop zijn bij theesalons en gespecialiseerde banketbakkers. Veel steden zijn beroemd om hun eigen specialiteiten.

Forestines uit Bourges

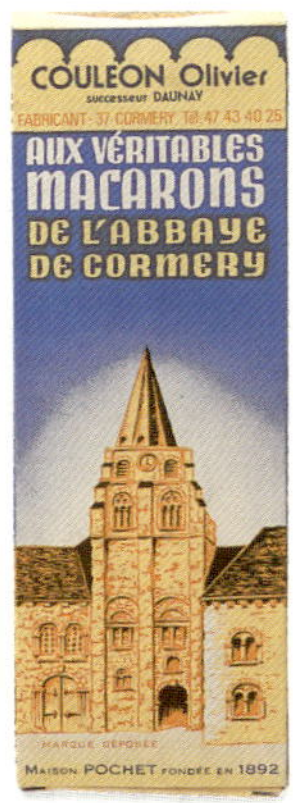

Bitterkoekjes uit Cormery

***Pruneaux fourrés*, pruimen gevuld met marsepein**

Chocolaatjes die op leien dakpannen lijken

Snoepjes met vruchtensmaak

SOUVENIRS

De winkels van de châteaus en musea verkopen een uitgebreid scala aan fraaie souvenirs. Buiten de gebruikelijke boekjes en posters vindt u er vaak ook geschenken met een historisch tintje, zoals replica's van oude speelkaarten of tapijten. Een fles wijn die u op een wijngaard hebt gekocht, is ook een bijzonder souvenir.

Speelkaarten met historische figuren

Wijn uit Chenonceau

ETENSWAREN UIT DE LOIRE

Tijdens uw vakantie in het Loiredal zult u versteld staan van de overvloed aan heerlijke delicatessen. De meeste zijn uitstekend verpakt zodat u ze gemakkelijk mee naar huis kunt nemen. Vlak bij de wildrijke bossen van Berry kunt u potten en blikken met pâtés en terrines krijgen. Geitekaas wordt in allerlei vormen gegoten en de stevige variëteiten kunt u probleemloos in uw koffer vervoeren. Andere regionale specialiteiten zijn heidehoning uit Berry en wijnazijn uit Orléans.

Confiture de vin, jam gemaakt van wijn

Chocolade van Poulain, gemaakt in Blois

Zeekraal

Crémant de Loire, mousserende wijn

Geitekaas

Cotignac, kweeperen-jam uit Orléans

Zeezout uit Guérande

PLAATSELIJKE NIJVERHEID

Veel oude ambachten in het Loiredal worden vandaag de dag nog altijd uitgeoefend. Vaak kunt u de ambachtslieden in hun werkplaats bezoeken. Veel steden zijn beroemd om hun kunstnijverheid, zoals Malicorne om zijn faience, Villaines-les-Roches om zijn manden en Gien om zijn porselein.

Aardewerk uit La Borne in Berry

Porseleinen bord uit Gien

Gevlochten mand uit Villaines

Bord uit Gien

ACTIVITEITEN

Tijdens uw reis langs de vorstelijke châteaus in het Loiredal kunt u niet alleen het culturele erfgoed bewonderen, maar ook het weelderige natuurschoon. Het vriendelijke landschap en de fraaie bossen lenen zich bij uitstek voor een verkenningstocht te voet, te paard of per fiets, en het heldere water van de meren en rivieren – en niet te vergeten de kust van de Atlantische Oceaan – trekken veel watersporters. Hier volgt een selectie van de vele activiteiten die de streek te bieden heeft. Neem voor informatie contact op met de departementale *Loisirs-Accueil*-kantoren *(blz. 227)*, of met de plaatselijke toeristenbureaus.

WANDELEN

Het Loiredal staat bekend om zijn vele schilderachtige wandeltochten, de *Randonnées (blz. 26-27)*. Hoewel deze routes duidelijk staan aangegeven, is het toch handig om een *Topo-Guide* (alleen in Frankrijk verkrijgbaar) bij u te steken. Deze gids bevat kaarten, een routebeschrijving, informatie over bezienswaardigheden langs de route die interessant zijn uit architectonisch of landschappelijk oogpunt, een schatting van de duur van de wandeling en adressen van plaatselijke hotels, restaurants, jeugdherbergen en campings. De meeste Topo-Guides kosten zo'n FF 100. Er is ook een Topo-Guide verkrijgbaar over de GR3 tussen Orléans en Guérande. Een compleet overzicht van de wandelroutes in het Loiredal krijgt u bij de **Fédération Française de la Randonnée Pédestre**.
U bent nooit langer dan een dag wandelen verwijderd van een stad of dorp waar u een eet- en slaapgelegenheid kunt vinden, dus u hoeft niet zoveel bagage mee te nemen. Trek wel goede, stevige wandelschoenen aan. Sommige paden kunnen in het voor- en najaar nat en modderig zijn.

FIETSEN

Het landschap van het Loiredal is over het algemeen vlak en leent zich dan ook uitstekend voor fietstochten. Omdat veel châteaus dicht bij elkaar liggen, kunt u er per fiets gemakkelijk verscheidene aandoen in enkele dagen. Voor liefhebbers van mountainbiken is een tocht door de bossen en natuurreservaten over de duidelijk aangegeven paden een must. Fietsen is verboden op autowegen en op grote wegen voorzien van een wit bord met een rode rand en een afbeelding van een fiets. Waar een fietspad ligt, dienen fietsers daarvan gebruik te maken. Fietsen moeten zijn uitgerust met deugdelijke remmen, een bel, een rode reflector achter en gele reflectoren op de pedalen, en na zonsondergang een wit voorlicht en een rood achterlicht. Ook is het raadzaam om een helm te dragen en wat reserve-onderdelen mee te nemen voor het geval u pech krijgt. Hoewel er in de streek veel rijwielzaken zijn gevestigd, is het niet altijd gemakkelijk om aan accessoires voor buitenlandse fietsmerken te komen. Toerfietsen en mountainbikes zijn overal in het Loiredal te huur. Bij de plaatselijke toeristenbureaus ligt een lijst met adressen van fietsverhuurders. Op sommige stations van de SNCF *(blz. 242)* kunt u ook fietsen huren *(Train et Vélo)*. In de meeste treinen mag u uw fiets gratis meenemen, maar op belangrijke trajecten moet u hem laten registreren en een kleine toeslag betalen. Meer informatie leest u in de brochure *Guide du Train et du Vélo*, verkrijgbaar op de stations en bij de SNCF. Verscheidene plaatselijke toeristenbureaus organiseren fietstochten en leveren gedetailleerde routekaarten. Een aantal hotels en campings midden in het Loiredal is aangesloten bij *Vélotel-Vélocamp*. Ze hebben veel faciliteiten voor fietsers, regelen fietsverhuur en fietstochten en maken op verzoek een lunchpakket voor u klaar.
De **Fédération Française de Cyclisme** is de overkoepelende organisatie van meer dan 2800 fietsclubs in Frankrijk. Men kan u van advies dienen, en aan plaatselijke contactadressen en routebeschrijvingen van fietstochten in de streek helpen, als u geruime tijd van tevoren schrijft.

Fietsen is een van de prettigste manieren om het Loiredal te bekijken

Een trektocht per pony in de prachtige Vendée

Paard- en ponyrijden

Liefhebbers van paarden moeten beslist een bezoek brengen aan de École National d'Équitation (nationale rijschool) in Saumur, waar het wereldberoemde Cadre Noir regelmatig hippische demonstraties geeft *(blz. 83)*.

De bossen in het Loiredal met hun talrijke ruiterpaden zijn ideaal voor wie zelf een ritje wil maken. Onderweg kunnen Topo-Guides *(blz. 224)* goed van pas komen.

Ervaren ruiters kunnen bij de vele stallen in de streek paarden huren per uur, of voor een halve of hele dag. Borden met het opschrift *Loueur d'Équidés* geven aan dat paarden worden verhuurd zonder instructeur. Rijdt u liever onder begeleiding, ga dan naar een *École d'Équitation* of een *Centre Équestre* (rijschool).

Bij veel stallen kunt u ook langere trektochten *(randonnées)* maken van een weekeinde tot maximaal een week. Kleine groepen worden op de tocht begeleid door een ervaren gids. U overnacht meestal in eenvoudige hotels of jeugdherbergen.

Het huren van een ouderwetse woonwagen die door een paard wordt voortgetrokken, raakt in de Loire steeds meer in zwang. De reizigers slapen 's nachts in de wagen en vervolgen overdag hun weg in een rustig tempo. U hebt keuze uit twee soorten wagens: de kleinste biedt plaats aan vier volwassenen of aan twee volwassenen en drie kinderen, de grootste is bestemd voor zes tot acht personen. Groepen van maximaal vijftien personen kunnen ook een excursie maken in een grote open wagen, bestuurd door een gids.

Vissen

De rivieren in het Loiredal wemelen van de zoetwatervis, waaronder baars, brasem, elft, harder, karper, rivierdonderpad, snoek, snoekbaars en voorn. In sommige zijrivieren van de Loire zwemt ook forel.

Zoetwatervis

Als u in particuliere wateren wilt vissen, moet u toestemming vragen aan de eigenaar. Voor staatswateren hebt u een visakte nodig, die verkrijgbaar is bij veel hengelsportzaken en toeristenbureaus. Ook moet u kunnen aantonen dat u lid bent van een hengelsportvereninging in uw eigen land.

Hengelaars in Frankrijk moeten visrechten betalen. Als u met wormen vist in rivieren zonder forel, betaalt u het gewone tarief. Bij het spinnen, het vliegvissen en het hengelen met vis als aas in alle rivieren, ook die met forel, komt hier nog een toeslag op. Het is verboden om eerder dan een half uur voor zonsopgang of later dan een half uur na zonsondergang te vissen. Bepaalde vis mag u alleen in specifieke seizoenen vangen en aan de grootte worden limieten gesteld.

De **Conseil Supérieur de la Pêche**, die toezicht houdt op de visserij in Frankrijk, gebruikt de opbrengsten van de visrechten om de omstandigheden te verbeteren. Men geeft ook een gratis brochure, *Pêcher en France*, uit met een toelichting op de voorschriften, een kaart met nuttige gegevens over alle Franse rivieren en informatie over het vissen vanuit boten of onder water.

Vliegvissen in de rustig kabbelende Loir

Golfen

Verspreid over het Loiredal zijn vele mooie, uitnodigende golfbanen aangelegd. Sommige, zoals de Golf du Val de l'Indre, vlak bij Châteauroux in Berry, en La Bretesche in Missillac in de Loire-Atlantique, liggen op het landgoed van een château. In de Loiret geven vier golfbanen rond Orléans samen een golfpas uit waarmee u toegang hebt tot alle vier de banen en de mogelijkheid hebt om in dichtbijgelegen twee- of driesterrenhotels te overnachten. Neem voor meer informatie contact op met het *Loisirs-Accueil*-bureau of het toeristenbureau van de Loiret. Bij het toeristenbureau in Nantes *(blz. 231)* is het boekje verkrijgbaar over de golfbanen in het westen van de Loirestreek, inclusief golfpas: als u op vijf golfbanen in het westen van deze streek speelt, hoeft u voor de zesde niet te betalen. Het boekje geeft ook informatie over uitstekende accommodatie vlak bij de golfbanen.

Boottochten en watersporten

Het Loiredal wordt doorsneden door prachtige rivieren. Veel toeristen kunnen dan ook niet de verleiding weerstaan om een boottocht te maken. Vanuit de *ports de plaisance* (jachthavens) aan de rivieren worden talrijke korte tochten georganiseerd waarbij u doorgaans niet vooraf hoeft te reserveren.

De moerassen van de Marais Poitevin *(blz. 182-185)* zijn het best te bezichtigen tijdens een tocht per *barque* (traditionele platbodem) over het netwerk van kanalen.

U kunt ook een woonboot of motorjacht huren voor een paar dagen of voor één of twee weken. Er worden boten verhuurd in alle soorten en maten, variërend van kanaalboten tot motorjachten. De tarieven gelden voor rondvaarten en zijn inclusief beddegoed, keukengerei en instructie. Soms kunt u ook fietsen of kano's huren, of alleen een heenreis *(simple)* boeken. Ga voor meer informatie naar de toeristenbureaus.

Kajakken op de Mayenne

Als u de rivieren op een avontuurlijker manier wilt verkennen, ga dan eens kanovaren of kajakken. U kunt het beste een tocht met gids maken, georganiseerd door een van de clubs langs de rivier. Hoewel de rivier er misschien ogenschijnlijk rustig uitziet, kunt u te maken krijgen met gevaarlijke onderstromingen en obstakels. Langs veel rivieren zijn centra gevestigd die activiteiten op het water organiseren. Vaak zijn daar ook waterfietsen, kajakken en jachten te huur en soms kunt u er waterskiën. Bij veel watersportcentra langs de Atlantische kust kunt u ook surfplanken huren – Les Sables d'Olonne *(blz. 181)* was in 1988 de locatie van het wereldkampioenschap surfen.

Zwemmers moeten binnen de toegestane zones blijven. Hoewel de zandbanken er uitnodigend uitzien, kunt u te maken krijgen met sterke stromingen en bodemverschuivingen. Meer informatie over veiligheid op het water leest u op blz. 234-234.

Windsurfen bij La-Tranche-sur-Mer aan de Atlantische kust

De Loire vanuit de lucht gezien

Een van de meest luxueuze en bijzondere manieren om het Loiredal te bekijken is vanuit een heteluchtballon *(montgolfière)*. 's Zomers worden er dagelijks ballontochten gemaakt vanuit de steden Nantes, Tours en Amboise, mits het weer het toelaat. **Francc Montgolfière** organiseert excursies waarbij een ballonvaart wordt gecombineerd met een terugtocht per mountainbike, een wijnproeverij of een uitgebreide picknick.

U kunt ook een tochtje maken per helikopter of licht vliegtuigje. Naast de grote luchthavens in Tours en Nantes kent het Loiredal een aantal kleinere vliegvelden. Ga voor informatie naar de toeristenbureaus. Bij veel van deze centra kunt u ook vlieglessen krijgen.

Een ballonvaart over Le Plessis-Bourré in Anjou

Adressen

Services Loisirs-Accueil

Cher
Rue de Séraucourt 5,
18014 Bourges.
☎ *48670018.*

Eure-et-Loir
Rue Docteur Maunoury 10, 28002 Chartres.
☎ *37840100.*

Indre
Rue St-Martin 1,
36003 Châteauroux.
☎ *54073636.*

Indre-et-Loire
Rue Augustin-Fresnel 38,
37171 Chambray-lès-Tours.
☎ *47483727.*

Loire-Atlantique
Comité Départemenale du Tourisme (CDT),
Rue Loire 2,
44204 Nantes.
☎ *40482420.*

Loiret
Rue St-Pierre Lentin 9,
45041 Orléans.
☎ *38703274.*

Maine-et-Loire
Pl Kennedy,
49051 Angers.
☎ *41235111.*

Mayenne
Av Robert Buron 84,
53000 Laval.
☎ *43531818.*

Sarthe
Rue Joinville 40,
72000 Le Mans.
☎ *43402250.*

Vendée
BP 233. Pl Napoléon 8
85006 La Ruche-sur-Yon.
☎ *51478820.*

Wandelen

Fédération Française de la Randonnée Pédestre
Rue Riquet 14,
75019 Parijs.
☎ *01-44899393.*

Fietsen

Fédération Française de Cyclisme
Bâtiment Jean Monnet,
Rue de Rome 5, 93561
Rosny-sous-bois Cedex.
☎ *49356900.*

Paardrijden

Fédération Française d'Equitation
Av d'Iéna 30,
75116 Parijs.
☎ *53674300.*

Vissen

Conseil Supérieure de la Pêche
Av de Malakoff 134,
75016 Parijs.
☎ *01-45022020.*

Golfen

Fédération Française de Golf
Av Victor-Hugo 69,
75016 Parijs.
☎ *01-44176300.*

Zeilen en windsurfen

Fédération Française de Voile
Av Kléber 55,
75016 Parijs.
☎ *01-44058100.*

Kanovaren en kajakken

Ligue Pays de la Loire de Canoë-Kayak (LPLCK)
Av du Lac de Maine 75,
49000 Angers.
☎ *41720704.*

De Loire vanuit de lucht

Fédération Française de Vol Libre
Rue de Suisse 4,
06100 Nice.
☎ *04-93886289.*

Fédération Nationale Aéronautique (FNA)
Av Wagram 155,
75017 Parijs.
☎ *01-44299200.*

France Montgolfières
La Riboulière,
41400 Monthou-sur-Cher.
☎ *54717540.*

La Boite à Pêche
CREPERIE
SALADERIE
PIZZERIA
GLACES
LE SAINT LOUIS
Hôtel de Ville
Place St Louis
MILZO

WEGWIJS IN HET LOIREDAL

PRAKTISCHE INFORMATIE

Net als in de rest van Frankrijk loopt in het Loiredal het hoogseizoen van half juni tot eind augustus. De streek is er uitstekend op voorbereid om in de praktische behoeften van de vele toeristen te voorzien. Het Loiredal biedt volop accommodatie, variërend van zeer exclusieve hotels en particuliere châteaus tot eenvoudige kampeerterreintjes, en u vindt er een keur aan uitgelezen restaurants. De streek kent een overvloed aan bezienswaardigheden van groot historisch, esthetisch of landschappelijk belang, uiteenlopend van de majestueuze châteaus en kathedralen tot de winderige Atlantische stranden en de ongerepte moerassen. Het is dan ook raadzaam om van tevoren een lijstje te maken met plaatsen die u in ieder geval wilt bezoeken. Controleer vooraf of de bewuste adressen niet gesloten zijn wegens vakantie of restauratiewerkzaamheden. Voordat u op reis gaat kunt u informatie inwinnen bij het Frans Verkeersbureau. In Frankrijk kunnen de plaatselijke toeristenbureaus u ook van advies dienen.

Nationale logo voor toeristeninformatie

Toeristenbureau in Fontenay-le-Comte

TOERISTENINFORMATIE

In de meeste grote plaatsen is een *Syndicat d'Initiative* of een *Office de Tourisme* gevestigd. In dit boek staan bij alle plaatsen die worden besproken het adres en telefoonnummer van het toeristenbureau vermeld. In kleinere plaatsen kunt u informatie krijgen bij het gemeentehuis *(hôtel de ville)*. De toeristenbureaus verschaffen gratis kaarten en informatie over accommodatie (soms kunt u er ook een hotel bespreken), regionale recreatie en culturele activiteiten zoals festivals. De belangrijkste kantoren vindt u op blz. 231. Bij het Frans Verkeersbureau in uw eigen land kunt u van tevoren informatie inwinnen over hotels en activiteiten in het Loiredal.

OPENINGSTIJDEN

De meeste winkels en banken zijn van dinsdag tot en met zaterdag geopend van 8.00 of 9.00 uur tot 12.00 uur en van 14.00 of 15.00 uur tot 18.00 uur *(blz. 220-221 en 236-237)*. Deze tijden variëren afhankelijk van de grootte van de plaats. Veel banken en winkels zijn op maandag gesloten en zijn de rest van de week tussen de middag dicht. Grote warenhuizen, supermarkten, toeristenbureaus en enkele bezienswaardigheden blijven de hele dag open. Sommige restaurants zijn één dag in de week dicht *(blz. 208-219)*.

Brochures van bezienswaardigheden

Buiten het hoogseizoen zijn verscheidene trekpleisters gesloten. Ook sommige hotels en restaurants houden enkele maanden van het jaar hun deuren gesloten.

SIGHTSEEING

In Frankrijk gaan veel musea tussen de middag dicht – ze zijn doorgaans geopend van 9.00 tot 12.00 uur en van 14.00 tot 17.30 uur. Meestal zijn ze één dag in de week gesloten: de nationale musea op dinsdag en de gemeentemusea op maandag. Verschillende musea zijn ook de hele maand november gesloten. De openingstijden

Terras van een café in Les Sables d'Olonne

Amusement op een festival in Luçon

variëren per seizoen. Over het algemeen zijn de musea van mei tot september langer open.

De toegangsprijzen van de musea liggen tussen FF 10 en FF 40. Er zijn zelden passen verkrijgbaar die toegang geven tot meer musea of monumenten. Doorgaans moet u voor elke bezienswaardigheid een apart kaartje kopen. Studenten met een geldige internationale studentenkaart (ISIC) *(blz. 233)* of de Franse *carte jeunes* en personen onder de 18 of ouder dan 65 kunnen vaak korting krijgen. De meeste musea zijn op zondag voor iedereen gratis of tegen een korting te bezichtigen. Kerken en kathedralen zijn iedere dag open, maar gaan soms tussen de middag dicht. De toegang is doorgaans gratis, maar voor een bezoek aan kloostergangen, klokketorens, crypten en kapellen wordt soms entreegeld gevraagd.

Toegangsbewijs voor Chenonceau

Logo voor gehandicapten

Gehandicapten

Het Loiredal is over het algemeen goed toegankelijk voor rolstoelgebruikers, hoewel sommige nauwe middeleeuwse straatjes moeilijk begaanbaar zijn voor gehandicapte reizigers. Veel châteaus en musea beschikken over speciale voorzieningen voor bezoekers met een handicap. Het personeel zal u uitleg geven. Het is echter wel raadzaam om vooraf telefonisch te informeren naar de toegankelijkheid. De hotels en restaurants zijn in veel gevallen goed ingesteld op gehandicapten. Informatie is verkrijgbaar bij de gemeentehuizen of regionale toeristenbureaus. Parkeerplaatsen voor gehandicapten in het bezit van een invalidenkaart herkent u aan een speciaal bord. Voor meer informatie over gehandicapten kunt u contact opnemen met de afdeling internationale betrekkingen van het **Comité National pour la Réadaptation des Handicapés**.

Uitgaansinformatie

Er zijn diverse bronnen van informatie over amusement en activiteiten in het Loiredal. Bij toeristenbureaus en in veel hotels en campings zijn tijdschriften en brochures verkrijgbaar die een overzicht van de te verwachten evenementen geven. Dag- en weekbladen koopt u bij kiosken *(maisons de la presse)* en sigarenwinkels *(tabacs)*. Voor allerlei informatie over festivals, sportevenementen en de weersverwachting kunt het beste de plaatselijke kranten opslaan.

Sigarenwinkel

Adressen

Frans Verkeersbureau

Maison de la France Nederland
Prinsengracht 670,
1017 KX Amsterdam.
0900-1122332.
(100 cent per minuut.)

België
Guldenvlieslaan 21,
1060 Brussel.
02-5130762.

Toeristenbureaus in het Loiredal

Angers
Pl Kennedy.
41235111.

Blois
Ave Jean-Laigret 3.
54740649.

Bourges
Rue Victor-Hugo 21.
48230260.

Chartres
Pl de la Cathédrale.
37215000.

Le Mans
Rue de l'Étoile.
43281722.

Nantes
Pl du Commerce.
40206000.

Orléans
Pl Albert 1er.
38240505.

Tours
Rue Bernard Palissy 78-82.
47703737.

Informatie voor gehandicapte reizigers

Comité National pour la Réadaptation des Handicapés
Rue de Tolbiac 236 bis.
Paris 75013.
01-53806666.
FAX *01-53806667.*

Reisdocumenten

Inwoners van Nederland, België en de andere EU-landen moeten voor een bezoek aan Frankrijk in het bezit zijn van een paspoort of een Europese identiteitskaart. Let op de geldigheidsduur van uw reisdocumenten want het is niet toegestaan om op een verlopen paspoort te reizen. Reizigers van buiten de EU kunnen voor vertrek bij het Franse consulaat in hun eigen land informatie inwinnen over het aanvragen van een visum.

Franse parfum, taxfree verkrijgbaar

Belastingvrije goederen

Reizigers van buiten de EU kunnen de omzetbelasting TVA of BTW die ze op Franse goederen betalen, terugkrijgen als ze meer dan FF 2000 besteden in één winkel. Vraag een *détaxe*-kwitantie en voer de goederen binnen zes maanden het land uit. Het *détaxe*-formulier moet aan de douane worden overhandigd als u het land verlaat. Het bedrag wordt dan aan u overgemaakt.
Op levensmiddelen, drank, medicijnen, tabak, auto's en motorfietsen kan men geen belasting terugkrijgen. De belasting op fietsen wordt wel geretourneerd.

Invoerbeperkingen voor taxfree-goederen

Tot 31 juni 1999 mogen reizigers uit de Europese Unie de volgende goederen uit taxfree-winkels in Frankrijk invoeren: 5 l wijn, 2,5 l drank met meer dan 22 procent alcohol of 3 l drank met minder dan 22 procent alcohol, 75 g parfum, 1 kg koffie, 200 g thee en 300 sigaretten.
Bezoekers van buiten de EU mogen 2 l wijn en 1 l drank met meer dan 22 procent alcohol of 2 l drank met minder dan 22 procent alcohol, 50 g parfum, 500 g koffie en 100 g thee en 200 sigaretten invoeren. Personen jonger dan 17 mogen geen belastingvrije tabak of alcohol in- of uitvoeren, zelfs niet als deze bedoeld zijn als geschenk.

Uitvoerbeperkingen voor goederen waarover BTW is betaald

Inwoners van Nederland, België en de andere EU-lidstaten kunnen sinds 1 januari 1993 ongelimiteerd artikelen meenemen van het ene EU-land naar het andere. Voorwaarde is hierbij wel dat in het land waar u de artikelen hebt gekocht al BTW over de waren is betaald en dat ze voor uw eigen gebruik zijn (u mag ze niet doorverkopen). Wel kunnen douanebeambten u vragen aan te tonen dat de goederen voor uw persoonlijk gebruik bestemd zijn, als u de volgende hoeveelheden overschrijdt: 10 l sterke drank, 90 l wijn, 110 l bier en 800 sigaretten.

Vrienden begroeten elkaar met twee of drie kussen

Invoeren van andere goederen

Over het algemeen kunnen persoonlijke bezittingen (auto, fiets) zonder problemen belastingvrij worden ingevoerd, als duidelijk is dat ze voor eigen gebruik zijn en niet worden verkocht.
Meer informatie hierover leest u in de brochure *Bon Voyage* die verkrijgbaar is bij het **Centre des Renseignements des Douanes**. Douanebeamten kunnen u ook van advies dienen, mits de Franse taal voor u geen obstakel vormt.

Een internationale studentenkaart

Informeer voor vertrek bij de douane in uw eigen land naar de regels voor de in- en uitvoer van planten.

Informatie voor studenten

Studenten die in het bezit zijn van een geldige internationale studentenkaart (ISIC-kaart), kunnen profiteren van kortingen van 25 tot 50 procent aan de kassa van musea, theaters, bioscopen en talrijke andere bezienswaardigheden. De belangrijkste universiteiten van deze streek zijn gevestigd in Nantes en Tours. Andere grote universiteiten vindt u in Le Mans, Angers, Laval, Orléans en La Roche-sur-Yon.
Het kantoor van het **Centre Régional d'Information Jeunesse** (CRIJ) in Orléans verstrekt veel nuttige informatie over het studentenleven in het Loiredal en kan u helpen

aan adressen waar jongeren goedkoop kunnen overnachten.

Etiquette

Het is van belang dat u oog hebt voor de Franse omgangsvormen, die in het Loiredal evenzeer moeten worden nageleefd als in de rest van het land.
Wanneer u aan iemand wordt voorgesteld, is het de gewoonte dat u elkaar de hand geeft. Zeg in winkels altijd *bonjour* voordat u de verkoper vertelt wat u nodig hebt, *merci* als u uw wisselgeld krijgt en *au revoir, bonne journée* (tot ziens, een prettige dag verder) wanneer u de winkel verlaat.
Vrienden van verschillende geslachten begroeten elkaar in de regel met twee of drie kussen op de wang.
Overal in het Loiredal, en met name in de kleinere plaatsen, zal men uw pogingen om Frans te spreken en zo belangstelling voor de streek te tonen met geduld en enthousiasme begroeten.
In kleine gemeenschappen zullen veel mensen u op straat met *bonjour* begroeten, zelfs als ze u nog nooit hebben gezien.

Huisdieren

U mag honden en katten meenemen naar Frankrijk mits ze minimaal drie maanden oud zijn en zijn ingeënt tegen hondsdolheid. Zorg dat u voor uw huisdier een geldig certificaat van inenting hebt. Neem wel van tevoren contact op met uw vakantieadres om te informeren of uw hond of kat welkom is.

De tijd in het Loiredal

Er is geen tijdsverschil tussen Frankrijk, Nederland en België. De zomertijd begint en eindigt op dezelfde dag als in Nederland en België.

Elektrische apparaten

De netspanning in Frankrijk is gelijk aan die in Nederland en België, te weten 220 volt. Stekkers zijn net als bij ons voorzien van twee kleine ronde pennen. Stekkers voor zwaardere apparaten zijn uitgerust met twee grotere pennen. Sommige hotels hebben ingebouwde adapters voor scheerapparaten.
De multi-adapters met grote en kleine pennen, die op de meeste luchthavens te koop

Franse stekker met twee pennen

zijn, hebben reizigers uit Nederland en België niet nodig. Gewone adapters zijn te koop bij de meeste warenhuizen.

Religieuze diensten

Het Loiredal is hoofdzakelijk katholiek, maar er zijn in de streek ook veel protestantse kerken te vinden. Met name in de grotere steden treft u ook synagogen (Le Mans, Orléans) en moskeeën (Le Mans, Tours) aan. Hieraan valt de religieuze diversiteit van de moderne Franse samenleving af te lezen.
Denkt u er bij het bezichtigen van katholieke kerken, waarvan de deur meestal open is, aan dat u zich onopvallend gedraagt. Ga niet al te bloot gekleed en stoor de mensen die zijn gekomen om te bidden niet door luid te praten of vlak voor hen langs te lopen. Informeer even of het is toegestaan om met flitslicht te fotograferen.

Adressen

Douane-informatie

Parijs
Centre des Renseignements des Douanes,
Rue de l'Université 23 bis.
01-40246510.

Nantes
Renseignement Douaniers,
Boulevard St-Aignan 9.
40735215.

Studenteninformatie

Orléans
Centre Information de Jeunesse,
Blvd de Verdun 5.
38789178.

Jeugdherbergen

Angers
Centre d'Accueil du Lac de Maine,
Av du Lac de Maine 49.
41223210.

Bourges
Auberge de Jeunesse,
Rue Henri Sellier 22.
48245809.

Le Mans
Auberge de Jeunesse,
Rue Maupertuis 23.
43812755.

Nantes
Résidence Sonacotra Julienne David,
Pl Menetrier 85.
40932830.

Orléans
Auberge de Jeunesse,
Fbg Madeleine 14.
38624575.

Tours
Auberge de Jeunesse,
Av d'Arsonval,
Parc Grandmont.
47251445.

Religieuze gebouwen

Katholiek
La Cathédrale St-Étienne,
Pl de la Cathédrale,
Bourges.
48657289.

La Cathédrale Notre-Dame,
Pl de la Cathédrale,
Chartres.
37215633.

La Cathédrale St-Gatien,
Pl de la Cathédrale,
Tours.
47703736.

La Cathédrale St-Pierre-et-St-Paul,
Pl St-Pierre, Nantes
40203392.

Protestants
Temple Protestant,
Rue du Musée 5-7,
Angers.
41480607.

Église Protestante,
Rue de Cheverus 21,
Laval.
43537490.

Joods
Synagoge
Bd Paixhans 4-6,
Le Mans.

Synagoge,
Rue Robert de Courtenay 14,
Orléans.
38621662.

Islamitisch
Moskee,
Av Rembrandt,
Le Mans.

Grande Mosquée de Tours,
Rue Avizo 18, Tours.
47663803.

Veiligheid en gezondheid

Door de bank genomen is het Loiredal veilig voor toeristen, mits u de normale voorzorgsmaatregelen treft. Ga zorgvuldig met uw eigendommen om en mijd 's avonds afgelegen en onverlichte stedelijke gebieden. In geval van ziekte kunt u bij apotheken terecht voor advies. Bij noodgevallen kunnen consulaten u hulp en advies geven. Bel bij ernstige medische problemen de alarmnummers.

Politieagent **Brandweerman**

Persoonlijke eigendommen

Neem in grote steden nooit opvallende waardevolle spullen mee en steek niet meer contant geld bij u dan u denkt nodig te hebben. Het is het veiligst om grote geldbedragen in de vorm van travellerscheques mee te nemen. Zorg dat u goed bent verzekerd.
In grote steden worden de parkeergarages bewaakt met videocamera's. Dit verkleint de kans op autodiefstal. Bovendien vermijdt u het gevaar dat uw auto wordt weggesleept. Ga in geval van diefstal naar het dichtstbijzijnde politiebureau *(gendarmerie)* met uw paspoort of andere legitimatiebewijzen (en zo nodig uw auto- en verzekeringspapieren). Het opmaken van een procesverbaal *(PV of procès-verbal)* neemt veel tijd in beslag, maar u hebt het nodig als u een verzekeringsclaim wilt indienen. Als uw paspoort is gestolen, moet u naar de politie en het dichtstbijzijnde consulaat gaan.

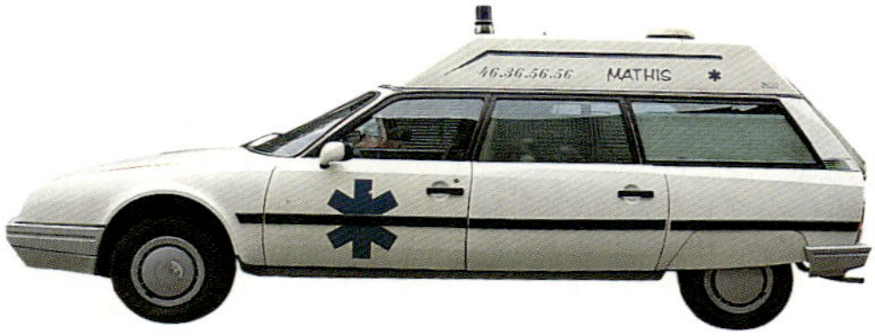

Ambulance

Brandweerwagen

Politiewagen

Veiligheid

In het Loiredal vindt relatief weinig geweldscriminaliteit plaats, hoewel er wel incidenten voorkomen. Als u 's avonds laat alleen op pad gaat, is het – vooral voor vrouwen die alleen reizen – raadzaam om in drukke, goed verlichte buurten te blijven en terughoudend te zijn jegens vreemden. Mocht u betrokken raken bij een ruzie of een auto-ongeluk, vermijd dan een confrontatie. Blijf in netelige situaties kalm en spreek zo mogelijk Frans.

Rechtshulp

Als uw verzekering het dekt, kunt u door Europ Assistance of Mondial Assistance worden bijgestaan bij de procedure rond verzekeringsclaims, bijvoorbeeld na een ongeluk. Mocht uw verzekering hier niet in voorzien, vraag dan advies bij het dichtstbijzijnde consulaat.

Tolk

Hebt u een tolk of vertaler nodig, neem dan telefonisch of via Minitel *(blz. 239)* contact op met de **Société Française des Traducteurs Professionels**.

Stranden en rivieren

De meeste stranden langs de Atlantische kust worden in de zomer bewaakt door *sauveteurs* (strandwachten). Langs de kust vindt u een groot aantal stranden waar het over het algemeen ongevaarlijk is om te zwemmen. Gekleurde vlaggen geven aan of u er veilig kunt zwemmen. Groene vlaggen betekenen dat de zee veilig is voor zwemmers. Oranje vlaggen waarschuwen dat zwemmen gevaarlijk kan zijn. Gewoonlijk wordt slechts een gedeelte van het strand bewaakt. Dit stuk wordt met vlaggen gemarkeerd. Rode vlaggen betekenen dat zwemmen streng verboden is wegens zeer gevaarlijke omstandigheden (hoge golven, bodemverschuivingen en sterke onderstromingen). U ziet ook vaak de blauwe vlaggen die in de hele Europese Unie worden gebruikt als een aanduiding voor schone stranden. De Loire en haar zijrivieren trekken in de zomer ook veel zwemmers. Kijk echter uit voor verraderlijke stromingen en bodemverschuivingen. U kunt het beste alleen gaan zwemmen op de officieel aangewezen plaatsen.

Bij een groene vlag kunt u veilig zwemmen

MEDISCHE ZORG

Zowel ziekenfonds- als particulier verzekerden doen er goed aan om zich aanvullend te verzekeren tegen medische kosten in het buitenland. Ook is het raadzaam een aparte ongevallenverzekering af te sluiten, aangezien deze meestal niet in de aanvullende ziektekostenverzekering is inbegrepen. Neem bij medische noodgevallen telefonisch contact op met de SAMU (ambulance) of bel de *Sapeurs Pompiers* (brandweer), die eerste hulp bieden en een ambulancedienst hebben.
Franse apothekers kunnen bij kleine problemen met de gezondheid een diagnose stellen en een geschikte behandeling aanbevelen.
U herkent apotheken aan een groen kruis op de gevel.

OPENBARE TOILETTEN IN FRANKRIJK

In veel steden treft u moderne automatische toiletten aan waarvoor u moet betalen. Laat kinderen onder de tien jaar deze toiletten niet zonder toezicht gebruiken, omdat de automatische spoeling gevaar kan opleveren. Als u gebruik maakt van toiletten in cafés, restaurants of warenhuizen, zorg dan dat u wat kleingeld bij u hebt voor de toiletjuffrouw. Traditionele *pissoirs*, die nog in sommige landelijke plaatsen zijn te vinden, zijn niet altijd even schoon. Langs de snelwegen treft u om de 20 km rustplaatsen *(aires de repos)* met toiletten aan.

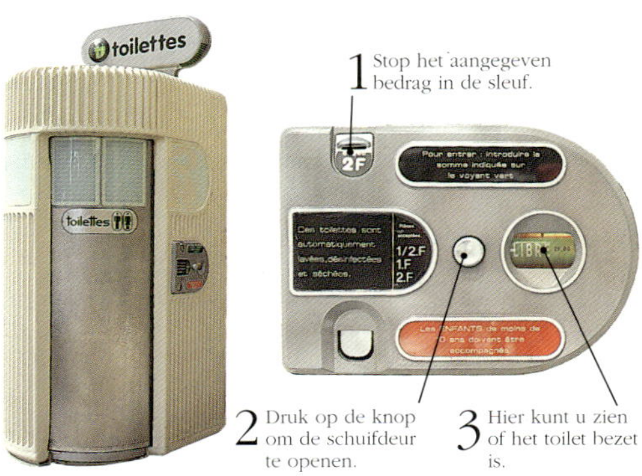

ADRESSEN

ALARMNUMMERS

Ambulance (SAMU)
☎ *15.*

Brandweer (Sapeurs Pompiers)
☎ *18.*

Politie (Gendarmerie)
☎ *17.*

TOLKEN

Société Française des Traducteurs Professionels
☎ *Minitel 3616 SFT.*
Parijs ☎ *01-48784332.*

EERSTE HULP ZIEKENHUIZEN

Angers
Centre Hospitalier,
Rue Larrey 4.
☎ *41353637.*

Bourges
Centre Hospitalier,
Ave François Mitterand 145.
☎ *48484848.*

Le Mans
Centre Hospitalier du Mans,
Ave Rubillard 194.
☎ *43434343.*

Nantes
Centre Hospitalier,
Place Alexis Ricordeau.
☎ *40083333.*

Orléans
Centre Hospitalier Régional,
Ave Hôpital 14.
☎ *38514444.*

Tours
Hôpital Bretonneau,
Boulevard Tonnelle 2.
☎ *47474747.*

AMBASSADES

Nederland
Rue Eblé 5-7,
75007 Parijs.
☎ *01-40623300.*

België
Rue de Tilsitt 9,
75840 Parijs.
☎ *01-44093939.*
Nederlandse en Belgische consulaten vindt men in diverse steden in Frankrijk.

Banken en plaatselijke valuta

Net als in de rest van Frankrijk bieden ook in het Loiredal de banken de gunstigste wisselkoersen. In toeristische gebieden, vooral in de buurt van châteaus, staan veel particuliere wisselkantoren, maar de koersen wisselen er nogal. Controleer hoe hoog de berekende commissie en de kosten zijn, voordat u een transactie sluit. Het is het veiligst om uw geld in de vorm van travellerscheques mee te nemen. U kunt een creditcard gebruiken om geld uit de automaat te halen, maar hiervoor worden soms wel kosten in rekening gebracht.

Openingstijden

In grote steden zijn de banken open van dinsdag tot en met zaterdag van 9.00 tot 12.00 en van 14.00 tot 16.00 uur. Op maandag zijn ze meestal dicht. Valt er een feestdag in het weekeinde, dan zijn ze soms van vrijdag 12.00 uur tot dinsdagochtend gesloten. Banken in kleinere plaatsen zijn vaak korter open.

Banken

U mag ieder geldbedrag meenemen naar Frankrijk, maar als u meer dan FF 50.000 mee terug wilt nemen, dient u dit bij uw aankomst aan te geven. De meeste banken hebben een wisselkantoor *(bureau de change)*. Deze berekent de gunstigste koersen, maar ook commissie. Veel banken beschikken over geldautomaten. Met uw pinpas kunt u geld opnemen bij elke automaat die het logo draagt dat op de pinpas staat. Hetzelfde geldt voor een creditcard (Visa/Carte Bleue of Eurocard/Mastercard) met pincode. De instructies van de automaat worden in het Frans, Engels en Duits gegeven. Als uw creditcard geen pincode heeft, kunt u er bij de bank geld mee opnemen. Op een Visa of Mastercard kunt u dagelijks maximaal FF 2000 opnemen bij iedere bank met het betreffende logo. Bij elke transactie via het loket moet u zich legitimeren.

Toetsenbord voor pincode

Eurocheque-logo

Travellerscheques en creditcards

Travellerscheques zijn verkrijgbaar bij American Express, Thomas Cook of uw eigen bank. Cheques van American Express worden in Frankrijk overal geaccepteerd. Als u ze bij een Amex-kantoor wisselt, wordt er geen provisie berekend.
De meest voorkomende creditcards in Frankrijk zijn Visa/Carte Bleue en Eurocard/Mastercard.
Franse creditcards zijn tegenwoordig 'smart-cards' *(cartes à puce)*. Veel winkels beschikken over een automaat die zowel smart-cards als pasjes met een magneetstrip kunnen lezen. Als uw pasje niet kan worden gelezen, vraag dan de verkoper de pas door de magnetische lezer *(bande magnétique)* te halen. Het is ook mogelijk dat u op een klein toetsenbord uw pincode moet intoetsen en op een groene knop *(validez)* moet drukken.

Girobetaalkaarten en eurocheques

Met girobetaalkaarten kunt u geld opnemen op de meeste postkantoren en met eurocheques bij banken en postkantoren. Eurocheques kunnen worden uitgeschreven in alle Europese valuta. Zowel voor een girobetaalkaart als voor een eurocheque geldt een maximum bedrag van FF 1400.

Adressen

Wisselkantoren

Angers
Office de Tourisme,
Pl Président Kennedy 11.
☎ *41235111.*

Bourges
La Poste Principale,
Rue Mayenne.
☎ *48688282.*

Le Mans
Crédit Lyonnais,
Pl de la République 35.
☎ *43473333.*

Société Générale,
Pl de la République 43.
☎ *43215700.*

Nantes
Le Change Graslin,
Rue Jean-Jacques Rousseau 17.
☎ *40692464.*

Orléans
Banque de France,
Rue de la République 30.
☎ *38777878.*

Crédit Lyonnais,
Pl du Martroi 7.
☎ *38756333.*

Tours
Pl Jean Jaurès 20.
('Change 24/24', automatische wisselautomaat 24 uur per dag)

Société Générale,
Bd Heurteloup 3.
☎ *47052152.*

American Express

Orléans
American Express,
Place Albert 1er
☎ *38536352.*

Verlies creditcards en travellerscheques

Visa/MasterCard/Carte Bleue.
☎ *01-54421212.*

American Express Parijs (kaarten)
☎ *01-47777200.*

American Express (cheques)
☎ *0800-908600.*

MUNTEENHEID

De Franse munteenheid is de franc en wordt aangegeven met de letter F. Ter onderscheiding van de Zwitserse of Belgische frank worden ook wel de letters FF gebruikt. Eén franc is gelijk aan 100 centimes, maar de waarde van een centime is tegenwoordig zo laag dat munten van 1 centime niet meer in omloop zijn. Bij een bedrag geven de cijfers voor de komma het aantal francs aan en de cijfers na de komma de centimes.

Bankbiljetten

Er zijn Franse bankbiljetten van FF 20, FF 50, FF 100, FF 200 en FF 500. Hoe groter het bankbiljet is, des te hoger ook de waarde. Hier staan de nieuwe biljetten van FF 50 en FF 500 afgebeeld, maar de oude blijven de komende tien jaar in omloop.

Biljet van FF 500

Biljet van FF 200

Biljet van FF 100

Biljet van FF 50

Biljet van FF 20

Munten

Er zijn munten (afgebeeld op ware grootte) van 5, 10, 20 en 50 centimes en van FF 1, FF 2, FF 5 en FF 10. De munten van 5, 10 en 20 centimes zijn koperkleurig en die van 50 centimes, FF 1, FF 2 en FF 5 zilverkleurig.

FF 20

FF 10

FF 5

FF 2

FF 1

50 centimes

20 centimes

10 centimes

5 centimes

Communicatiemiddelen

Logo openbare telefoon

De Franse telecommunicatie behoort tot de modernste ter wereld. Het nationale telefoonbedrijf heet France Télécom en de posterijen worden aangeduid met La Poste. Openbare telefoons vindt u overal in het Loiredal. De meeste werken op een telefoonkaart *(télécarte)*, die in winkels te koop is. Postkantoren *(bureaux de poste)* herkent u aan het blauw-gele La Poste-logo. Op sommige bordjes staat nog 'PTT', de oude naam. In de meeste steden zijn buitenlandse kranten te krijgen. Sommige radio- en TV-stations zenden niet-Franstalige programma's uit.

Het gebruik van een kaarttelefoon

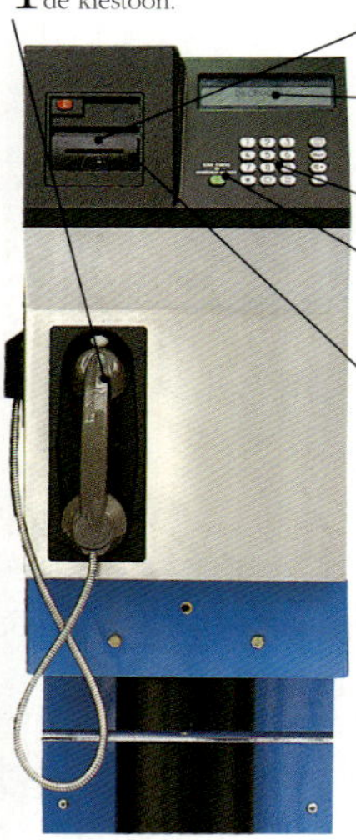

1 Pak de hoorn en wacht op de kiestoon.

2 Steek de *télécarte* met de pijl naar boven in de sleuf.

3 Op het scherm leest u hoeveel eenheden er op de kaart staan en hoe u het nummer moet kiezen.

4 Toets het nummer in en wacht tot u verbinding hebt.

5 Als u nog een gesprek wilt voeren, leg de hoorn dan niet neer, maar druk de groene knop in.

6 Hang na het gesprek de hoorn op de haak. Trek de kaart uit de sleuf.

Franse telefoonkaarten

Telefoneren in Frankrijk

Vrijwel alle openbare telefooncellen in Frankrijk werken op telefoonkaarten *(télécartes)*. Nog maar enkele accepteren munten (FF 1, FF 2, FF 5 en FF 10). Telefoonkaarten van 50 of 120 eenheden worden verkocht in postkantoren, sigarenwinkels en sommige kiosken. Telefoons in cafés werken op munten (minimumtarief FF 2). Met de dienst *pays direct* kunt u via een telefonist(e) naar uw eigen land bellen. Nederland Direct: 190031; België Direct: 190032. U betaalt met uw creditcard of belt collect (PCV). U kunt in sommige gevallen ook zo naar een derde land bellen.

De meeste telefooncellen kunnen ook binnenkomende gesprekken ontvangen. Het telefoonnummer van de cel vindt u boven het telefoontoestel. In hoofdpostkantoren kunt u vanuit telefooncellen *(cabines)* naar het buitenland bellen en na afloop aan het loket afrekenen. Dit is aanzienlijk goedkoper dan bellen vanuit hotels, die vaak flinke toeslagen berekenen. U kunt in het postkantoor ook gebruik maken van de 'elektronische telefoongids' van Minitel *(zie* Hoe gebruikt u Minitel).

In Frankrijk zijn de brievenbussen felgeel

Een brief versturen

Op het postkantoor kunt u postzegels per stuk kopen *(timbres)* of in *carnets* van tien. Postzegels zijn ook te koop bij sigarenwinkels. Voor internationale post worden acht verschillende tariefzones gehanteerd.

De openingstijden van postkantoren lopen uiteen. Over het algemeen zijn ze van maandag tot en met vrijdag open van 9.00 tot 12.00 en van 14.00 tot 17.00 uur. 's Zaterdags zijn ze alleen 's ochtends open. In grotere plaatsen is het postkantoor op werkdagen soms van 8.00 tot 19.00 uur geopend.

Brieven gooit u in de gele brievenbussen, die vaak drie sleuven hebben – een voor de plaats waar u bent, een voor het omliggende *département* (het Loiredal is onderverdeeld in elf departementen, ieder met een eigen postcode) en een voor overige bestemmingen *(autres destinations)*. Postkantoren bieden ook een poste-restante-service tegen een kleine vergoeding. De afzender schrijft op de envelop de naam van de geadresseerde in blokletters, 'Poste-Restante', de postcode en de naam van de plaats waar de brief naartoe moet.

Losse postzegels en een postzegelboekje *(carnet)*

Andere diensten

U kunt op het postkantoor ook telefoonboeken *(annuaires)* raadplegen, postcheques verzilveren en geldwissels *(mandats)* verzenden en ontvangen. Voorts kunt u gebruik maken van de fax en de telex. Een belangrijke informatiebron is de 'elektronische telefoongids' van Minitel, die bezig is om de papieren telefoonboeken snel te verdringen. U kunt hiervan gratis gebruik maken in een groot aantal postkantoren.

Televisie en radio

Het Frans-Duitse kanaal ARTE zendt programma's en films uit van over de hele wereld. Wie moeite heeft met het Frans kan op het Engelstalige Canal+ elke dag om 7.00 uur het Amerikaanse avondnieuws van CBS volgen. In veel hotels kunt u Sky News en CNN ontvangen. Radio Nederland Wereldomroep en Radio Vlaanderen Internationaal zenden dagelijks uit via de korte golf.

Hoe gebruikt u Minitel

Minitel verleent een groot aantal diensten via een beeldscherm en toetsenbord, aangesloten op de telefoonlijn.

Druk op het telefoonsymbool en toets het nummer en de code van Minitel in.

Druk voor telefooninformatie op het telefoonsymbool en toets 11 in.

Als u een pieptoon hoort, drukt u op *Connection/ Fin*. Geef de dienst of het bedrijf van uw keuze aan en de plaats of streek en druk op *Envoy* om te zoeken. Met *Veille* of *Connection/Fin* stopt u.

De kosten staan op het scherm.

De departementen van het Loiredal

Frankrijk telt 96 *départements*. Ieder *département* wordt aangeduid met een tweecijferig getal, dat gelijk is aan de eerste twee cijfers van de postcodes van adressen in dat *département*. Eindigt de postcode op 000, dan ligt het adres in de belangrijkste stad van het *département*.

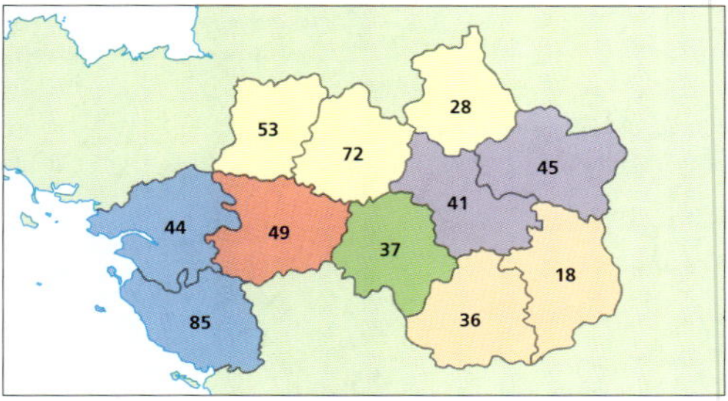

Département	Postcode	Hoofdstad
Cher	18	Bourges
Eure-et-Loir	28	Chartres
Indre	36	Châteauroux
Indre-et-Loire	37	Tours
Loir-et-Cher	41	Blois
Loire-Atlantique	44	Nantes
Loiret	45	Orléans
Maine-et-Loire	49	Angers
Mayenne	53	Laval
Sarthe	72	Le Mans
Vendée	85	La Roche-sur-Yon

Buitenlandse kranten

Nederlandstalige kranten die u op de dag zelf of een dag later in de kiosken kunt kopen, zijn *De Telegraaf, de Volkskrant, De Standaard* en *Het Laatste Nieuws*. Op enkele plaatsen kunt u ook andere Nederlandse en Belgische dagbladen krijgen. Ook veel Engelse, Duitse, Zwitserse, Italiaanse en Spaanse kranten zijn in de zomermaanden verkrijgbaar op de dag zelf.

Enkele kranten verkrijgbaar in het Loiredal

Nuttige telefoonnummers

- Franse telefoonnummers bestaan (inclusief netnummers) uit tien cijfers. Netnummers noordwesten (waartoe ook het Loiredal behoort) 02, Île de France 01, noordoosten 03, zuidoosten 04, zuidwesten 05. Indien u in de streek zelf bent, hoeft u het netnummer niet te draaien.
- Telefoneren naar **Frankrijk**: vanuit Nederland en België 0033. Laat de 0 van het netnummer weg.
- Voor **internationale informatie**: Duitsland 1612, andere Europese landen 1613, de rest van de wereld 1614.
- Kies voor **directe internationale telefoongesprekken** eerst 00.
- De **landnummers** zijn: Nederland: 31, België: 32. Laat de 0 van het netnummer weg.

Reisinformatie

Het Loiredal ligt ongeveer 110 km ten zuiden van Parijs en strekt zich uit als een brede band van Midden-Frankrijk naar de Atlantische kust in het westen. De streek is betrekkelijk goed bereikbaar via de internationale autowegen en treinverbindingen. Nantes beschikt over een internationale luchthaven met vluchten naar veel belangrijke Europese steden. Binnen de streek kunt u zich zeer snel per TGV *(blz. 242)* verplaatsen en per autoslaaptrein reist u in 3 uur en 40 minuten van Parijs naar Nantes. De snelwegen zijn uitstekend, maar in het hoogseizoen wel erg druk.

Richting de luchthaven Nantes

Aankomst per vliegtuig

Veel internationale luchtvaartmaatschappijen verzorgen vluchten naar de luchthaven Nantes-Atlantique. Op de luchthaven vindt u restaurants, bars, kiosken en een cadeauwinkel bij de terminal. Tevens treft u er een bank met een wisselkantoor *(bureau de change)* aan, geopend tijdens de gebruikelijke openingstijden *(zie blz. 236)*, en een informatiebalie waar u een hotel kunt bespreken. Ouders met kleine kinderen kunnen voor het vervoer van hun bagage de hulp inroepen van het luchthavenpersoneel. Het gebouw is goed toegankelijk voor rolstoelgebruikers, en gehandicapten kunnen hulp krijgen bij het in- en uitstappen van het vliegtuig. Een taxirit naar het stadscentrum kost ongeveer FF 120 ('s nachts en op zondagen liggen de tarieven hoger). De bussen vanaf de luchthaven sluiten over het algemeen goed aan op de aankomsttijden van de meeste vluchten. Autoverhuurbedrijven op de luchthaven zijn Avis, Budget, Citer, Eurodollar, Europcar, Eurorent en Hertz.

Luchtvaartmaatschappijen

Vanuit Nederland en België wordt niet rechtstreeks op Nantes gevlogen. U kunt wel naar Parijs vliegen en daar overstappen op een vlucht naar Nantes. De Nederlandse en de Belgische luchtvaartmaatschappijen – **KLM** en **Sabena** – en de Franse – **Air France** – vliegen dagelijks op Parijs. Het Franse **Air Inter** verzorgt iedere dag zes binnenlandse vluchten van Parijs naar Nantes.

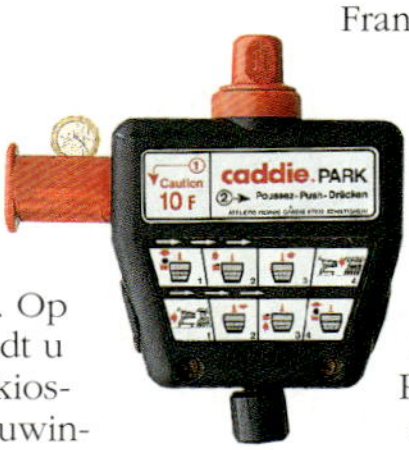

Zo werkt een bagagewagentje

Passagiers die in Parijs overstappen op een aansluitende vlucht, kunnen bij het inchecken vragen of hun bagage kan worden doorgestuurd naar Nantes. U kunt ook naar Parijs vliegen en de rest van de reis per trein afleggen.

Vliegtarieven

Vliegtickets naar Nantes zijn rond Pasen en in het hoogseizoen (juli en augustus) het duurst. Wel kunnen sommige luchtvaartmaatschappijen er een iets ander zomerhoogseizoen op nahouden. Informeer daarom bij de maatschappijen of bij een reisbureau welke tarieven gelden in de periode dat u op reis wilt.

APEX-tarieven kunnen erg voordelig zijn, maar de vlucht moet wel enige tijd van tevoren worden gereserveerd. Deze tickets hebben echter beperkingen en kunnen niet worden veranderd of geannuleerd zonder dat er extra

De hal van luchthaven Nantes-Atlantique

kosten in rekening worden gebracht. Er wordt ook een minimum en maximum gesteld aan de duur van uw verblijf. Kinderen kunnen vaak goedkoper reizen dan volwassen. Sommige vliegtickets zijn voordeliger als u ten minste één zaterdag in het land van uw bestemming verblijft. Door de felle concurrentie tussen de verschillende luchtvaartmaatschappijen wordt er een aantal aantrekkelijke kortingen geboden, zowel op charter- als op lijnvluchten. Ga voor een voordelige aanbieding altijd naar een betrouwbaar reisbureau en betaal niet voordat u uw tickets hebt gezien. Controleer bij de betreffende luchtvaartmaatschappij of uw stoel is gereserveerd en vraag ook een bevestiging van de terugreis.

FLY-DRIVE EN FLY-RAIL AANBIEDINGEN

Air France en de Franse spoorwegen (SNCF) bieden gecombineerde tickets aan voor vliegtuig en trein. U vliegt eerst naar Parijs en vervolgt de reis per trein naar het zuiden. Er worden ook kant-en-klare reizen naar het Loiredal georganiseerd waarbij alles is inbegrepen: de vlucht, een huurauto en de accommodatie.

Een Boeing 737 van de nationale luchtvaartmaatschappij, Air France

VLIEGTIJDEN NAAR NANTES

Als u vanuit Amsterdam of Brussel naar Nantes vliegt moet u in Parijs overstappen. De vlucht Amsterdam-Parijs duurt ruim een uur en de vlucht Brussel-Parijs neemt 55 minuten in beslag. Van Parijs vliegt u in ongeveer 50 minuten naar Nantes.

VEILIGHEID IN DE LUCHT

Zorg dat uw bagage goed is afgesloten en van labels is voorzien. Verlies op de luchthaven uw koffers niet uit het oog. Neem nooit bagage van vreemden onder uw hoede. Het is raadzaam zo min mogelijk elektrische apparaten mee te nemen.

Als u op reis bent met zeer jonge kinderen, breng de luchtvaartmaatschappij hier dan tijdig van op de hoogte zodat u een wiegje kunt reserveren. Als het kind geen aparte stoel krijgt, hebt u een speciale veiligheidsgordel nodig. Zwangere vrouwen kunnen het beste van tevoren bij de luchtvaartmaatschappij controleren of ze mogen vliegen. De meeste luchtvaartmaatschappijen trekken de grens bij een zwangerschap van 36 weken. Vrouwen die tussen de 28 en 36 weken zwanger zijn, moeten meestal een brief van de behandelend arts bij zich hebben met een verklaring dat ze gezond genoeg zijn om te reizen, en ook met de vermoedelijke geboortedatum.

ADRESSEN

LUCHTHAVEN-INFORMATIE

Luchthaven Nantes-Atlantique
☎ 40848000.
Afstand van de luchthaven tot de stad 12 km. Vervoer naar de stad: bus en taxi.

TELEFOONNUMMERS VAN LUCHTVAARTMAATSCHAPPIJEN

Zie blz. 238-239 voor de Franse land- en netnummers. De Franse telefoonnummers zijn tiencijferig. Voor het Loiredal draait u 02 voor het abonneenummer.

Air France

Nederland
Amsterdam
☎ 020-4468860.

België
Brussel
☎ 02-2200800.

Frankrijk
Parijs
☎ 0802-802802.

Air Inter
Parijs
☎ 01-42992100.

British Airways
Frankrijk
☎ 0802-802902.

Delta
Parijs
☎ 01-47689292.

KLM
Amsterdam
☎ 020-4747747.
Parijs
☎ 01-44561818.

Quantas Airways
Parijs ☎ 01-44555200.

Sabena
Brussel
☎ 02-7232323.
Parijs
☎ 01-44941919.

GOEDKOPE REISBUREAUS

Loiredal
Nouvelles Frontières
Angers ☎ 41884141.
Bourges ☎ 48245407.
Le Mans ☎ 43243243
Nantes ☎ 40202461.
Orléans ☎ 38537500.
Tours ☎ 47646450.

Nederland
Frantour
Bisonspoor 4002,
3605 LT Maarssen.
☎ 0346-584800.
FAX 0346-584820.

France Individuelle
Danzigerkade 10,
1013 AP Amsterdam.
☎ 020-6880066.
FAX 020-6869359.

België
Frantour
Cipresstraat 12,
1000 Brussel.
☎ 02-2183300.

Nouvelles Frontières
Maurice Lemonnierlaan 2,
1000 Brussel.
☎ 02-5474444.

Vervoer per trein

Per trein reist u op een snelle en efficiënte manier naar het Loiredal. De Franse Nationale Spoorwegen, de Société Nationale des Chemins de Fer Français (SNCF), beschikken over een uitstekend spoorwegnet en de Franse treinen behoren tot de comfortabelste van Europa. De reis van Parijs naar Nantes of naar Tours neemt zeer weinig tijd in beslag – de TGV *(Train à Grande Vitesse)*, de Franse hogesnelheidstrein, rijdt in slechts 2 uur en 10 minuten naar Nantes en in ongeveer 75 minuten naar Tours.

Kaartjesautomaat

Belangrijkste trajecten

Vanuit Noord-Europa lopen de belangrijkste trajecten naar het Loiredal over Parijs. U komt in deze stad meestal aan op het Gare du Nord. Voor het vervolg van de reis moet u zich verplaatsen naar het Gare Montparnasse vanwaar de TGV Atlantique naar de belangrijkste steden in het Loiredal vertrekt. Corail-exprestreinen naar Nantes vertrekken ook van dit station, terwijl Corail-exprestreinen naar alle andere bestemmingen in het Loiredal vanaf het Gare d'Austerlitz rijden. Vanuit Amsterdam vertrekken dagelijks vijf internationale treinen naar Parijs en vijf treinen waarbij u in Brussel moet overstappen. Vanaf Brussel rijden er dagelijks twaalf internationale treinen naar de Franse hoofdstad.
In het Loiredal is het traject langs de Loire via Nantes, Angers en Orléans erg populair, dus het is verstandig kaartjes voor deze en andere *Grandes Lignes* van tevoren te reserveren.

SNCF-logo

Reserveren in Nederland en België

Bij een groot aantal stations van de Belgische en de Nederlandse Spoorwegen en ook bij **NS Internationaal** (zie blz. 244) kunt u plaatsen reserveren in internationale treinen. U kunt hier ook kaartjes krijgen voor binnenlandse Franse treinen, maar alleen voor belangrijke bestemmingen. Een reservering wijzigen is soms moeilijk.

Reserveren in Frankrijk

De loketten in alle stations in Frankrijk zijn op een centrale computer aangesloten. In de hal van grote stations treft u ook kaartjes- en reserveerautomaten aan (met instructies in het Frans en het Engels). Als u in het bezit bent van een creditcard met een pincode, kunt u via Minitel *(blz. 239)* vertrek- en aankomsttijden en tarieven opvragen en reserveringen maken. Als u met de TGV wilt reizen, bent u verplicht te reserveren. Dit kan uiterlijk vijf minuten voor vertrek. De prijzen van de kaartjes liggen aanzienlijk hoger in drukke perioden. Het internationale reserveringsysteem van de SNCF is via de computer verbonden met de meeste Europese reisbureaus en stations.

Tarieven en reserveringen

Op in Frankrijk gekochte treinkaartjes worden toeslagen geheven die worden bepaald door de *calendrier voyageurs*, een rode, witte en blauwe verdeling van de kalender. De rode periode is het hoogseizoen, blauw heeft betrekking op de goedkoopste tarieven. Veel van de geboden kortingen (tot 60 procent) gelden alleen op 'blauwe dagen'. SNCF geeft passen uit waarmee de houder korting kan krijgen: *carte vermeil* voor 60-plussers, *carte couple* voor partners die op hetzelfde adres wonen, en *carte Kiwi* voor maximaal vier personen die met een kind reizen. Verder zijn er nog Carissimo-tarieven voor personen onder de 26 jaar, Joker-tarieven voor van tevoren besproken kaartjes, en vakantieretours voor reizen langer dan 1000 km. Voor informatie kunt u terecht bij de **SNCF**.
Buiten Frankrijk zijn diverse passen te koop die u in Frankrijk kunt gebruiken. Met Eurodomino-kaarten kunt u binnen één maand drie, vijf of tien dagen reizen. Er zijn ook Interrailkaarten verkrijgbaar waarmee personen

De verkoopbalie in het station van Chartres

onder de 26 jaar één maand onbeperkt in Frankrijk en 25 andere Europese landen kunnen reizen, met uitzondering van het land waar de kaart is gekocht. Informatie vindt u op blz. 244.

Soorten treinen

De snelste treinen in Frankrijk zijn de TGV's. De TGV vertrekt in Parijs van het Gare du Nord. Corail-exprestreinen rijden minder snel en doen onderweg meer stations aan. Als u met de nachttrein reist, moet u de *train auto couchette* nemen en een couchette reserveren in een coupé voor vier of zes personen. Het is raadzaam om goed op uw spullen te letten. U kunt ook een coupé met twee slaapplaatsen en een wasgelegenheid reserveren, maar dan bent u duurder uit. Niet alle treinen beschikken over restauratiewagens, zelfs niet op lange reizen. U kunt op de dienstregeling zien of u onderweg in de trein eten en drinken kunt kopen. In de TGV treft u altijd een bar aan waar u lichte maaltijden kunt krijgen. In de eersteklascoupés kunt u een maaltijd laten brengen. Deze moet u wel van tevoren reserveren. De SNCF biedt u bovendien de mogelijkheid om een auto, fiets en/of hotelkamer te reserveren in de plaats van bestemming.

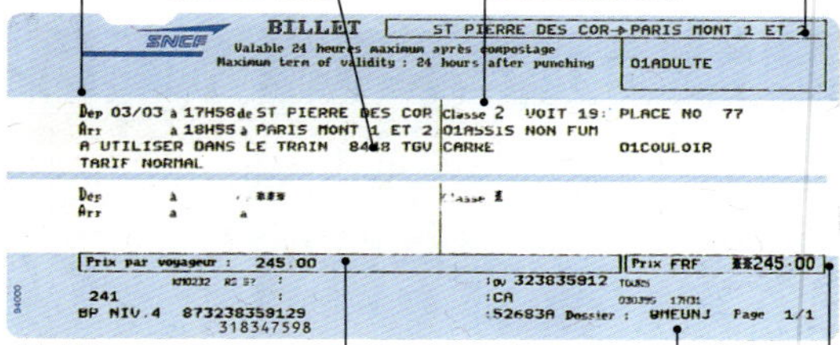

Treinkaartje van de Société Nationale des Chemins de Fer (SNCF)

De TGV

Trains à Grande Vitesse, of hogesnelheidstreinen, kunnen 300 km/u rijden. Door hun snelheid en comfort zijn kaartjes betrekkelijk duur. U moet altijd van tevoren reserveren. Dit kost tussen de FF 40 en FF 140, afhankelijk van uw bestemming en van het tijdstip en de datum waarop u reist.

Symbolen

- Nord
- Atlantique
- Sud-Est

Een hogesnelheidstrein (TGV) op het station in Tours

Dienstregeling en boetes

De Franse dienstregelingen worden twee keer per jaar gewijzigd. Brochures met aankomst- en vertrektijden van de belangrijkste bestemmingen zijn gratis verkrijgbaar op de stations.
In stationshallen en bij de ingang van ieder perron staan oranje stempelautomaten *(compositeurs)*. Kaarten en reserveringen moeten hier worden ingestoken met de bedrukte kant naar boven. De automaat stempelt *(composter)* dan uw kaartje en drukt de tijd en datum aan de achterzijde. U moet uw kaartje afstempelen voordat u het perron betreedt, anders riskeert u een boete.

Autoslaaptrein

De autoslaaptrein *(trains autos)* vervoert 's nachts auto's, motorfietsen en passagiers van Parijs naar verschillende bestemmingen in Frankrijk. Het is een gemakkelijke manier om een lange en in de zomer ook vaak inspannende autorit te vermijden en bespaart bovendien op de toltarieven voor de snelwegen. Van Parijs vertrekt er ongeveer één keer per week een autoslaaptrein naar Nantes, en in de zomermaanden zelfs iedere dag (van het Gare Montparnasse). De reis duurt 3 uur en 40 minuten. Voor informatie en reserveringen kunt u terecht op alle SNCF-stations.

De belangrijkste stations

Nantes beschikt over twee grote stations voor *Grandes Lignes*, Gare Sud en Gare Nord, die binnen loopafstand van elkaar liggen.
Alle TGV's komen aan op het Gare Sud, dat vlak bij het nieuwe Palais des Congrès ligt.
Alle andere treinen rijden naar het Gare Nord.
In Tours komen de meeste treinen aan op het station van St-Pierre-des-Corps, in de buitenwijken. Vanhier brengt een pendeltrein *(navette)* u in tien minuten naar het centrum van de stad.
Een soortgelijke pendeldienst rijdt in Orléans. Hier komen de meeste belangrijke treinen aan op het station Les Aubrais, dat 3 km buiten het stadscentrum ligt.
De vertrektijd die op uw kaartje staat vermeld, geeft aan wanneer de pendeltrein het stadscentrum verlaat, en is dus niet het tijdstip waarop hij uit het station vertrekt.

De gevel van het station in Tours

Adressen

Reserveringen

Nederland

Nederlandse Spoorwegen NS Internationaal
0900-9296 (50 cent/minuut).

Thalys
0900-9296 (50 cent/minuut).

België
02-2032880.

Reserveringen Interrail

Nederland
0900-9296.
(De kaart is tevens verkrijgbaar op alle grote stations in Nederland en België.)

Frankrijk
SNCF (Société Nationale des Chemins de Fer Français)
Algemene informatie en reserveringen
Frankrijk *08-36353535.*

Le Shuttle
Frankrijk *03-21006100.*

Belangrijke stations in het Loiredal

Bourges
08-36353535.

Le Mans
08-36353535.

Nantes
08-36353535.

Orléans
08-36353535.

Tours
08-36353535.

Aankomst per auto

Frankrijk is een paradijs voor automobilisten. U bereikt het Loiredal via een uitstekend netwerk van autowegen. De streek zelf kan bogen op vele prachtige wegen, vooral die langs de rivieroevers zijn mooi. Populaire routes, met name die langs de Atlantische kust en de wegen die de châteaus met elkaar verbinden, zijn in het hoogseizoen vaak erg druk, maar de rest van het jaar kunt u hier rustiger rijden.

WAT NEEMT U MEE

Als u met uw eigen auto reist, zorg dan dat u de groene kaart van uw WA-motorrijtuigverzekering bij u hebt. Zonder de groene kaart bent u in Frankrijk alleen tegenover derden verzekerd, ongeacht of u in uw eigen land all-risk verzekerd bent. Het is verplicht om het kentekenbewijs van uw auto, verzekeringspapieren en een geldig rijbewijs bij u te hebben. Tevens dient u uw paspoort of Europese identiteitskaart mee te nemen. Op de achterkant van uw auto moet vlak bij de kentekenplaat de sticker met de lettercode van uw land zijn geplakt. Ook dient u in het bezit te zijn van een rode gevarendriehoek. Andere accessoires die onderweg van pas kunnen komen, zijn: reservekoplampjes, een verbandtrommel en een brandblusser.

DE REIS NAAR HET LOIREDAL

Wie vanuit Nederland en België de reis naar het Loiredal over de autosnelweg wil afleggen, kan moeilijk Parijs omzeilen. Bij Lille kunt u de A1 *(Autoroute du Nord)* naar Parijs kiezen. Deze weg komt uit op de ringweg rond Parijs *(Boulevard Périphérique)* die op zijn beurt aansluit op de A10 *(L'Aquitaine)* naar Orléans, Blois en Tours en op de A11 *(L'Océane)* naar Chartres, Le Mans, Angers en Nantes. Probeert u Parijs zoveel mogelijk rond het spitsuur te mijden, omdat het verkeer dan vaak helemaal vastzit.

In het hoogseizoen is het een grote drukte op de Franse autowegen. Als u de tijd hebt, is het een goed idee om in plaats van de autowegen de kleinere (en fraaiere) binnenwegen te kiezen. Bovendien bent u in dat geval goedkoper uit, omdat op de meeste Franse autowegen tol wordt geheven *(autoroutes à péage)*, die erg hoog kan zijn.

Ga als het even kan niet reizen in de eerste en laatste weekeinden van juli en augustus, wanneer er duizenden Franse en buitenlandse toeristen op weg gaan naar hun vakantiebestemmingen.

Langs de Franse *autoroutes* vindt u om de 10-20 km picknickplaatsen en *aires de repos*, waar u kunt stoppen om uit te rusten, tankstations (om de 40 km) en praatpalen (om de 2 km). Servicehavens beschikken over winkels, restaurants en allerlei voorzieningen.

TOLWEGEN

Als u een *autoroute* oprijdt, haalt u een kaartje uit de automaat. Hierop staat waar u de weg bent opgereden. U betaalt bij het tolhuisje waar u de weg verlaat. Het bedrag hangt af van de afstand en het soort voertuig.

Tolwegborden
Hierop staan de naam van en de afstand tot het volgende tolstation. De borden zijn meestal blauw-wit; soms staan er tarieven voor auto's, motoren, caravans en vrachtwagens op vermeld.

Bemand tolhuisje
Als u uw kaartje inlevert bij een bemand tolhuisje, krijgt u te horen hoeveel u moet betalen (péage). *Het bedrag verschijnt ook op een scherm. U kunt betalen met munten, bankbiljetten of met een eurocheque in Franse francs. Op verzoek krijgt u een kwitantie.*

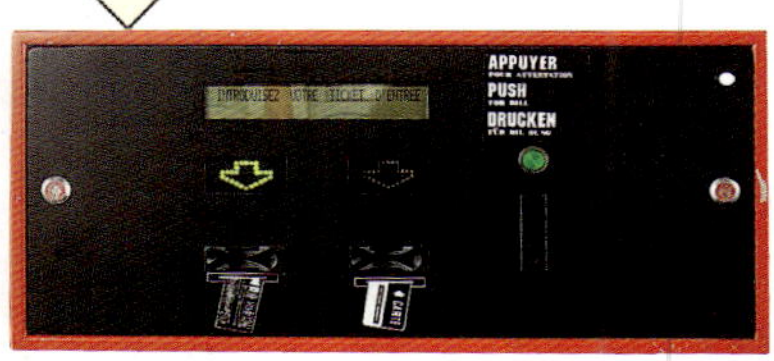

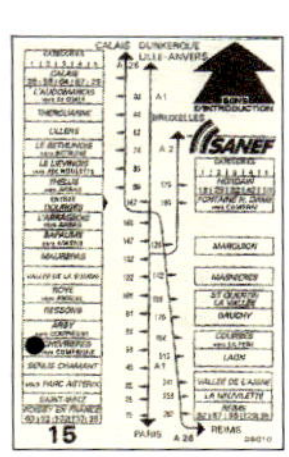

Automaat
Bij het tolhuisje waar u de weg verlaat, steekt u uw kaartje in de automaat. Het bedrag in francs verschijnt op het scherm. U kunt met munten of creditcards betalen. De automaat geeft wisselgeld en soms een kwitantie.

Autoverhuur

Het is de moeite waard om voor uw vertrek bij verschillende autoverhuurbedrijven te informeren naar speciale aanbiedingen.
Een goed en voordelig verhuurbedrijf in Frankrijk is **Rent-A-Car**. Diverse luchtvaarmaatschappijen bieden interessante *fly-drive*-arrangementen aan. De SNCF stelt bij treinreizen desgewenst huurauto's beschikbaar *(Train + Auto)*, waarbij de auto bij grote stations kan worden opgehaald.

Drie van de bekendste autoverhuurders in het Loiredal

Verkeersregels

Tenzij anders aangegeven, hebben alle voertuigen van rechts voorrang *(priorité à droite)*, ook het langzame verkeer. Deze regel geldt echter niet voor rotondes: auto's op een rotonde hebben voorrang op het naderende verkeer.
Zowel op de voor- als de achterbank zijn veiligheidsgordels verplicht. Inhalen op wegen met een doorgetrokken witte streep wordt streng bestraft.
Houd er rekening mee dat boetes voor snelheidsovertredingen en rijden onder invloed vaak ter plekke moeten worden betaald.

Verboden voor alle voertuigen

Eenrichtingsweg

Rotonde heeft voorrang

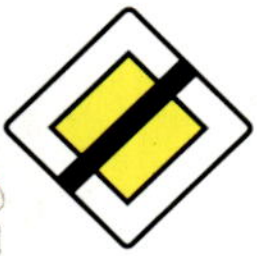

Einde voorrangsweg

Een van de autowegen in het Loiredal

Snelle doorgaande wegen

De drie belangrijke snelwegen van het Loiredal zijn de A11 *(L'Océane)* van Nantes naar Chartres via Angers, de A10 *(L'Aquitaine)* van Tours naar Orléans via Blois en de A71 van Orléans naar Bourges. Bij de afritten van de snelwegen staan politiebureaus.

Landelijke wegen

Bij een tocht door het Loiredal is het een genot om de grote wegen te verlaten en kleine landweggetjes in te slaan. RN- en D-wegen *(route nationale* en *départementale)* vormen een goed alternatief voor de snelwegen.
De bordjes met *bison futé* ('slimme bizon') geven alternatieve routes aan om de grootste drukte te omzeilen. Deze routes zijn vooral handig tijdens de Franse vakantieperioden *(grands départs)*. In de weekeinden halverwege juni en aan het begin en einde van augustus kunt u de grootste drukte verwachten.

Maximumsnelheden

In het Loiredal gelden de volgende maximumsnelheden:
- **snelwegen met tol** 130 km/u, bij neerslag 110 km/u;
- **wegen met gescheiden rijbanen en autowegen waar geen tol wordt geheven** 110 km/u, bij neerslag 100 km/u, binnen de bebouwde kom 50 km/u;
- **andere wegen**: 90 km/u, bij neerslag 80 km/u;
- **binnen de bebouwde kom** 50 km/u;
- **bij mist** 50 km/u.

Kaarten

De beste algemene kaarten van het Loiredal zijn de gele regionale Michelinkaarten (nummer 232 voor het Pays de la Loire en nummer 238 voor Centre Val de Loire) met een schaal van 1:200.000. De kaarten van **IGN** *(Institut Géographique National)* zijn gedetailleerder.
Bij de plaatselijke toeristenbureaus zijn meestal gratis stadsplattegronden verkrijgbaar.
In grote steden kunnen de gedetailleerdere kaarten van Michelin of van **Plan-Guides Blay** van pas komen.

Enkele kaarten van het Loiredal

Benzine

In Frankrijk is benzine *(essence)* betrekkelijk duur, vooral in de tankstations langs de snelwegen. Grote supermarkten en hypermarkten verkopen goedkope benzine. Op een door het Frans Verkeersbureau *(blz. 231)* uitgegeven kaart staan alle goedkopere tankstations aangegeven die binnen een straal van 2 km van de afritten van snelwegen liggen. Veel tanksta-

tions in Frankrijk hebben zelfbediening *(libre service)*. De tank volgooien is in het Frans *faire le plein*.
Bij de meeste tankstations kunt u super *(super)*, normaal *(essence)* en loodvrije benzine *(sans plomb)* krijgen.
Diesel *(gas-oil)*, de goedkoopste brandstof in Frankrijk, is overal verkrijgbaar. Veel tankstations aan de snelweg verkopen ook LPG.

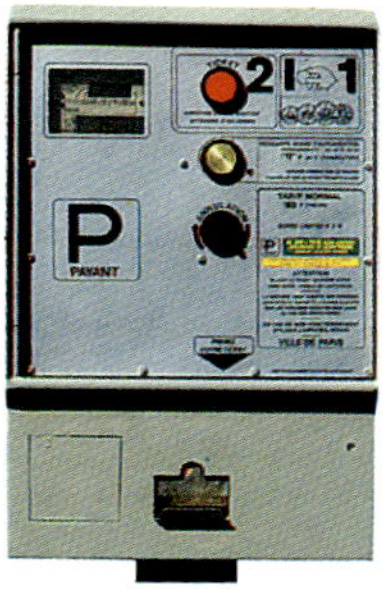

Een *borodateur*, parkeermeter

Parkeren

In grote steden is het parkeren aan strenge regels gebonden. Als u verkeerd geparkeerd staat, wordt uw auto vaak onmiddellijk weggesleept en staat u een boete te wachten van maximaal FF 1000. In de meeste steden in het Loiredal staan parkeermeters *(borodateurs)*. Van 12.00 tot 14.00 uur kunt u vaak gratis parkeren; de automaat voorziet hierin.
De kans is groot dat uw geparkeerde auto door een andere auto wordt klemgezet. De Fransen proberen in zo'n geval al claxonnerend de schuldige op te sporen.

Reizen per bus

Eurolines verzorgt een aantal malen per week busvervoer van Nederland en België naar Tours, Angers en Nantes. De bussen vertrekken in Amsterdam, Den Haag, Rotterdam, Breda, Antwerpen, Brussel en Mons. De rit Amsterdam-Nantes duurt ongeveer 16 uur, en de tocht Brussel-Nantes 13 uur.
De plaatselijke busverbindingen in de streek zijn goed. In de meeste steden kunt u gewoonlijk een bus van het station naar het centrum nemen en op het platteland rijden de busdiensten vrij frequent en op tijd.
Er zijn ook busverbindingen tussen belangrijke toeristische bezienswaardigheden. Particuliere busmaatschappijen organiseren dagtochten naar verscheidene châteaus.
Neem voor meer informatie over de busroutes en dienstregelingen contact op met de plaatselijke gemeentehuizen of toeristenbureaus.

Taxi's

De taxitarieven in het Loiredal verschillen per regio. In de drukke toeristische gebieden liggen de tarieven het hoogst. De meter begint gewoonlijk te tellen bij FF 15 en voor elke kilometer komt er FF 4 bij. Voor bagage wordt een extra bedrag berekend. Taxi's moeten een meter *(compteur)* gebruiken. Het is in het Loiredal niet gebruikelijk om een taxi aan te houden. U moet naar een taxistandplaats gaan of telefonisch een taxi bespreken.

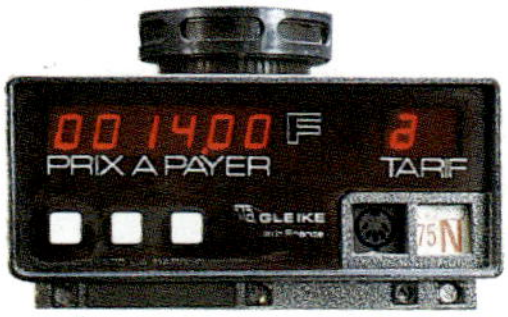

De taximeter geeft een tarief *(prix à payer)* van FF 14 aan

Liften

Liften wordt in Frankrijk oogluikend toegestaan. Langs de snelwegen is het echter verboden om te liften. **Allostop** kan u in contact brengen met chauffeurs binnen en buiten Frankrijk die lifters meenemen. De lifters betalen een aanvangsbedrag (de hoogte is afhankelijk van de lengte van de reis), plus maximaal 20 centimes per kilometer. Dit bedrag is inclusief benzinekosten en tol. De liftcentrale bewaart uit veiligheidsoverwegingen de gegevens van de chauffeurs en de lifters.

Adressen

Autoverhuur

Avis
Nederland ☎ *020-5641641.*
België ☎ *02-7269488.*
Nantes (luchthaven)
☎ *40848101.*
Nantes (centrum) ☎ *40892550.*
Orléans ☎ *38622704.*

Budget
Nederland ☎ *023-5671222.*
België ☎ *02-7215097.*
Frankrijk ☎ *0800-100001.*

Europcar
Nederland ☎ *020-6000531.*
België ☎ *02-3489212.*
Frankrijk ☎ *40290510.*

Hertz
Nederland ☎ *023-5620028.*
België ☎ *02-7264950.*
Frankrijk ☎ *0800-053311.*

Rent-A-Car
Parijs ☎ *01-40563232.*
Orléans ☎ *38779292.*
Nantes ☎ *51252627.*

Verkeersinformatie

Autoroute
☎ *01-47059001.*

ESCOTA
☎ *93493333 (24 uur per dag).*

Kaarten

Espace IGN
Rue la Boétie 107, 75008 Parijs.
☎ *01-43988500.*

Plans-Guides Blay
Librairie Favart, Rue Favart 14, 75002 Parijs.
☎ *01-42968016.*

Liftcentrale

Allostop-Provoya
Parijs ☎ *01-53204242.*

Busmaatschappijen

Eurolines Nederland
Julianaplein 5,
1097 DN Amsterdam.
☎ *020-5608787.*

Eurolines België
Noordstation
1030 Brussel.
☎ *02-2030707.*

Register

D

E

Dankbetuiging

De uitgever is dank verschuldigd aan de volgende personen die hebben bijgedragen aan de totstandkoming van dit boek.

AUTEUR
Jack Tresidder woont en werkt in Frankrijk sinds 1992. Hij is werkzaam geweest als journalist en theaterrecensent voor de krant en heeft verscheidende boeken over kunst, films, fotografie en reizen geschreven en bewerkt.

REDACTIONEEL ADVISEUR
Vivienne Menkes-Ivry.

MEDEWERKERS
Sara Black, Hannah Bolus, Patrick Delaforce, Thierry Guidet, Jane Tresidder.

AANVULLENDE FOTO'S
Clive Streeter.

AANVULLENDE ILLUSTRATIES
Robert Ashby, Graham Bell, Stephen Conlin, Toni Hargreaves, The Maltings Partnership, Lee Peters, Kevin Robinson, Tristan Spaargaren, Ed Stuart, Mike Taylor.

CARTOGRAFIE
Lovell Johns Ltd, Oxford, Verenigd Koninkrijk.

TECHNISCHE CARTOGRAFISCHE ASSISTENTIE
David Murphy.

PROEFLEZER
Sam Merrell.

REGISTERSAMENSTELLING
Brian Amos.

VORMGEVING EN REDACTIONELE ASSISTENTIE
Poppy Body, Sophie Boyack, John Grain, Richard Hansell, Matt Harris, Nancy Jones, Ciaran McIntyre, Emma O'Kelly, Lyn Parry, Zoe Ross, Alison Verity, Ingrid Vienings.

SPECIALE ASSISTENTIE
Mme. Barthez, Château d'Angers; Sylvain Bellenger, Château de Blois; Bertrand Bourdin, France Télécom; Jean-Paul en Caroline Chaslus, Abbaye de Fontevraud; Joël Clavier, Conseil Général du Loiret; Dominique Féquet, Office de Tourisme, Saumur; Gaston Huet, Vouvray; Pascal Humbert, Comité Départemental du Tourisme de l'Anjou; Alain Irlandes en Guylaine Fisher, Atelier Patrimoine, Tours; Sylvie Lacroix en Paul Lichtenberg, Comité Régional du Tourisme, Nantes; André Margotin, Comité Départemental du Tourisme du Cher; Jean Méré, Champigny-sur-Veude, Touraine; Marie-France de Peyronnet, Route Jacques-Coeur, Berry; R. Pinard, L'Ecole des Ponts et Chaussées, Parijs; Père Rocher, Abbaye de Solesmes; Loïc Rousseau, redacteur, Vallée du Loir; Pierre Saboureau, Lochois; M. de Sauveboeuf, Le Plessis-Bourré; Antoine Selosse en Frank Artiges, Comité Départemental du Tourisme de Touraine; Sabine Sévrin, Comité Régional du Tourisme, Orléans; Tissier de Mallerais, Château de Talcy.

TOESTEMMING VOOR FOTOGRAFIE
De uitgever bedankt de volgende instanties voor hun toestemming om te fotograferen: François Bonneau, conservator, Château de Valençay; Nicolas de Brissac, Château de Brissac; Caisse Nationale des Monuments Historiques et des Sites; Conseil Général du Cher; markies en markiezin de Contades, Château de Montgeoffroy; Robert de Goulaine, Château de Goulaine; Jallier, Office de Tourisme, Puy-du-Fou; Château de Montsoreau, Propriété du Département de Maine-et-Loire; Musée Historique et Archéologique de l'Orléanais; Jean-Pierre Ramboz, Sacristain, Cathédrale de Tours; Bernard Voisin, conservator, Château de Chenonceau en alle andere kerken, musea, hotels, restaurants, winkels en bezienswaardigheden, te veel om elk apart te bedanken.

FOTOVERANTWOORDING
b = boven; bl = boven links; bm = boven midden; br = boven rechts; mlb = midden links boven; mb = midden boven; mrb = midden rechts boven; ml = midden links; m = midden; mr = midden rechts; mlo= midden links onder; mol = midden onder links; mo = midden onder; mor = midden onder rechts; mro = midden rechts onder; gol = geheel onder links; go = geheel onder; gom = geheel onder midden; gor = geheel onder rechts;

We hebben onze uiterste best gedaan om alle rechthebbenden te achterhalen. Onze verontschuldigingen voor de gevallen waarin dat niet is gelukt. In een volgende uitgave zullen wij graag de rechthebbende(n) onze dank betuigen.

Kunstwerken staan afgebeeld met toestemming van de volgende houders van auteursrechten: © ADAGP, Parijs en DACS, Londen 1996: 77mrb, 102bl, 150b; © DACS, Londen 1996: 22br, © DACS, Londen 1996: 48mlb; © DACS, Londen en SPADEM, Parijs: 104m

De uitgever is de volgende personen, bedrijven en bibliotheken dankbaar voor hun toestemming om hun foto's af te drukken:
Air France: D Toulorge 241br; Photo AKG, Londen: 48gor, Bibliothèque Nationale Hugo Capet in Laon Frz Buchmal 51mro; *Catharina de' Medici* anoniem 16de eeuw 109bl; Stefan Diller 49gol; Galleria dell' Accademia *De Heilige Lodewijk* Bartolomeo Vivarini 1477 50ml; Louvre, Parijs *Karel VII* Jean Fouquet rond 1450 47bl; Musée Carnavalet, Parijs *George Sand* Auguste Charpentier 1839 22m; National Gallery, Praag *Zelfportret* Henri Rousseau 1890 23b; Samuel H. Kress Collection, National Gallery of Art Washington *Diane de Poitiers* François Clouet rond 1571 108mlb; AllSport: Pascal Rondeau 59mro; Ancient Art and Architecture Collection: 22b, 50gor, 51bl, 54br, 55b; Archives Départementales du Loiret: coll. Daniel 58mlo.

Y. Berrier: 77bl; Bibliothèque Nationale, Dijon: 149b; Bibliothèque Nationale de France, Parijs: 52-53m; Bridgeman Art Library: Bibliothèque Nationale, Parijs 47bm; British Library, Londen 46gor, 52mlo; Glasgow University Library 49gor; Kunsthistorisches Museum, Wenen 54gor; Louvre, Parijs *Frans I* Jean Clouet 44; Musée Condé, Chantilly 6, 46gol, 135b; Prado, Madrid *Het visioen van Sint-Hubertus* (detail) Jan Brueghel en Peter Paul Rubens 135b; Scottish National Potrait Gallery, Edinburgh *Maria Stuart* (paneel) François Clouet rond 1510-1572 (na) 23m; Staatsverzameling, Frankrijk 54gol; Victoria & Albert Museum, Londen 19br, 54bl; Bridgeman Art Library/Giraudon: Château de Versailles 4gor, 47br 56mlb, *Lodewijk XIV als Jupiter overwint de Fronde* anoniem 17de eeuw 134br; Galleria degli

Uffizi, Florence 54mlb; Louvre, Parijs *Hendrik IV ontvangt het portret van Maria de' Medici* Peter Paul Rubens 55bl, 74b; Musée des Antiquités Nationales, St-Germain/Lauros-Giraudon 48mlb; Musée des Beaux-Arts, Nantes *De graanwanners* Gustave Courbet 192b; Musée Condé, Chantilly 23b, 47gom, 47gol, 52bl, 93b, *Gabrielle d'Estrées in bad* Franse School 17de eeuw 96m; Musée d'Orsay, Parijs *Marcel Proust* Jacques-Émile Blanche rond 1891-1892 22bm; Musée de la Venerie, Senlis *Diane de Poitiers als Diana, godin van de jacht* School van Fontainebleau 16de eeuw 55mro; British Museum 54-65; Michael Bussell's Photography: 29bl en gor.

Cahiers Ciba: 77mro; Camera Press: 77br; Cephas: Stuart Boreham 63gol; Hervé Champollion 63mrb, 152br; Mick Rock 27mro; Jean-Loup Charmet, Parijs: 45b, 51b, 57mrb; Château de Chamerolles: 137mol; Château de Montgeoffroy: 71ml; Christie's Images, Londen: 53b; Bruce Coleman: N.G. Blake: 71gom; Denis Green 185mr; Udo Hirsch 185gol; Hans Reinhard 28gor, 184gol; Uwe Walz 71gol, 71gor, 185gor; Gunter Zeisler 184mro; Comité Départemental du Tourisme du Cher: 25mrb; Comité Régional du Tourisme, Nantes: 226b, 226b, J.P. Guyonneau 227bl, J. Lesage 225br; Comité du Tourisme de l'Anjou: 84b, J.P. Guyonneau 84m.

Diatotale: Château de Chenonceau 106b.

Editions Gaud: Château de Villandry Jeune Infante Pantoja de la Cruz 94bl; C Errath: 24gor, 182br, 182mlb; ET Archive: 50gol, 100gor; Mary Evans Picture Library: 9inzet, 22bl, 53ml, 61inzet, 151bl, 195inzet, 229inzet; Explorer: F. Jalain 56ml.

Fédération Nationale de Logis de France: 197m; Fontenay-le-Comte Office de Tourisme: 230ml; Fontevraud Abbey: 41b, 87b; Fontgombault Abbey: Frère Eric Chevreau 147m; SNCF: Jean Marc Fabro 58ml.

Garden/Wildlife Matters: 94br, 95m en gor. Tony Gervis: 41mr, 78bl en gor, 81mb en mrb, 82bl; Giraudon, Parijs: 48br en gol, 49bl, 52ml, 76br en m, 135m; Archives Nationales, Parijs 50bl; Bibliothèque Municipale, Laon 50*ff*51mr; Château de Versailles *Lodewijk XIII – koning van Frankrijk en Navarra* na Vouet 47gor, 56gol; Musée Antoine Lécuyer 134b; Musée Carnavalet, Parijs 30bl, *Madame Dupin de Francueil* 109br; Musée Condé, Chantilly 52gor, 108b; Musée d'Histoire et des Guerres de Vendée, Cholet *Henri de la Rochejaquelein au Combat de Cholet le 17 Octobre 1793* Emile Boutigny 69ml; Musée de Tessé, Le Mans 166br; Musée des Beaux-Arts, Blois 169mro; Musée du Vieux Château, Laval 160b (alle rechten voorbehouden); Telarci 51mlb; Victoria & Albert Museum, Londen 95bl; Gîtes de France: 199mb; La Goélette: 82mr; 106br; J.J. Derennes *De drie gratiën* Charles-André Van Loo 106gor.

Sonia Halliday Photographs: 53bl; Robert Harding Picture Library: 30br; 37gor; Paolo Koba 17gor; Sheila Terry 102b; D. Hodges: 167b; Kit Houghton: 38m; Hulton-Deutsch Collection: 46br, 111bm, 134mlb.

Image Bank: 34mlo; David W. Hamilton 32; Image de Marc 14b, 90m, 103b, 117b; Inventaire Général: Musée du Grand-Pressigny 48mlb, 104m. Jerrican/Berenguier: 11gol.

Frank Lane Picture Agency: R. Wilmshurst 74b; Jason Lowe: 36gol, 114bl, 231mlo.

Mairie de Blois: J.-Philippe Thibaut 42b; Mansell Collection: 30b; T. Mezerette: 26b, 27bl, 34gor; Musées d'Angers: 16b, 51mlo, 57bl, 77mrb; Collection Musée d'Art et d'Histoire de Cholet: 57b, Studio Golder, Cholet *Jacques Cathelineau* Anne-Louis Girodet-Trioson 1824 187b; Musée d'Arts Décoratifs et Musée du Cheval, Château de Saumur: 82mr; Musée des Beaux-Arts de Rennes: Louis Deschamps *Bal à la cour des Valois* 109mor; Musée des Beaux-Arts, Tours: *Vue panoramique de Tours en 1787* Pierre-Antoine Demachy 8-9; P Boyer *Christus in de olijfgaard* Andrea Mantegna 114b; Musée de Blois: 127gor; Musées de Bourges: Musée des Arts Décoratifs, Hôtel Lallemant *Concert champêtre instrumental* Frans-Italiaanse School 150b; Musée Dobrée, Nantes: 55mlo, 191b; Collectie Musée Estève © ADAGP/DACS: Dubout *Samsâra* Maurice Estève olie op doek 150b; Courtesy, Museum of Fine Arts Boston: *Dal van de Petite Creuse* Claude Monet 1889 olie op doek legaat van David P. Kimball ter nagedachtenis aan zijn vrouw, Clara Bertram Kimball (© 1995. Alle rechten voorbehouden) 147gor; Musée Historique d'Orléans: 48mlo; Musées du Mans: 166m; Musée des Marais Salants, Batz-Loire-Atlantique: G. Buron 179mr; Collection du Musée de la Marine de Loire, Châteauneuf-sur-Loire (Loiret): 33gom.

NHPA: Manfred Danegger 185ml; M. Garwod: 79b; B.A. Janes 28bl; Helio & Van Ingen 29gol, 182bl; Andy Rouse 29mr; Robert Thompson 29br; National Motor Museum, Beaulieu: 57mo.

Parc Naturel Régional du Poitevin: 185mrb; John Parker: 1m, 18gom, 24gol, 25bl, 35mro, 36mro, 37mlb en ml, 38gol, 51mrb, 54mlo, 55mrb, 58bl, 63gor, 72bl, 73m, 75gom, 87bm, 95gom, 106mlb, 107mo, 110gol, 111gor, 115m, 116br, 117mr, 121gor, 126ml, 127gol, 128bl, 130bl en gol, 131bm en gom, 132bl, ml, mlo en gor, 133bm, mr, gom en gor, 144br, 170gor, 171gor, 220ml; Photographers' Library: 28mlb; 159b; 199b.

Réunion des Musées Nationaux, Parijs: Château de Versailles *Château de Chambord* P.D. Martin (© Photo RMN) 134mro; Rex Features/Sipa Press: Riclafe 59br, Tall 58gol; Route Historique Jacques Cœur: 16b; David Rowley: 83b.

The Science Museum/Science & Society Picture Library, Londen: 56gor; Science Photo Library/CNES: 11br; Spectrum Colour Library: 137mr; Tony Stone Worldwide: 63bl en br, Charlie Waite 154b.

Telegraph Colour Library: Jean-Paul Nacivet: 24mlb; TRH Pictures: 58br.

Ville d'Amboise: Musée de la Poste 33mo; Roger-Viollet: 52gol, Bibliothèque Nationale 57br, 137br, Musée d'Orléans *Entrée de Jeanne d'Arc à Orléans* Jean-Jacques Sherrer 137gor.

J. Warminski: 79b; C. Watier: 67b, 70b.
Voorste schutblad: speciaal gefotografeerd.
Kaft: speciaal gefotografeerd behalve Bruce Coleman: Uwe Walz voorkant gol.

Algemene uitdrukkingen

In noodgevallen

Help!	**Au secours!**	oo suh**koer**
Stop!	**Arrêtez!**	are-**tee**
Bel een dokter!	**Appelez un médecin!**	ap-**lee** uh med**sè**
Bel een ambulance!	**Appelez une ambulance!**	ap-**lee** uun buu-**ls**
Bel de politie!	**Appelez la police!**	ap-**lee** laa poh-**lies**
Bel de brandweer!	**Appelez les pompiers!**	ap-**lee** lè poh-**pjee**
Waar is de dichtstbijzijnde telefoon?	**Où est le téléphone le plus proche?**	oe è luh teelee**fon** luh pluu **prosj**
Waar is het dichtstbijzijnde ziekenhuis?	**Où est l'hôpital le plus proche?**	oe è l'**opie**tal luh pluu **prosj**

Basiswoorden voor een gesprek

Ja	**Oui**	wie
Nee	**Non**	no
Alstublieft	**S'il vous plaît**	siel voe **plè**
Dank u wel	**Merci**	mèr-**sie**
Pardon	**Excusez-moi**	ekskuu-**zee** mwaa
Hallo	**Bonjour**	bo**zjoer**
Tot ziens	**Au revoir**	oo ruh-**vwaar**
Goedenavond	**Bonsoir**	bo-**swaar**
Ochtend	**Le matin**	ma**tè**
Middag	**L'après-midi**	l'aprè-**miedie**
Avond	**Le soir**	swar
Gisteren	**Hier**	ie**jèr**
Vandaag	**Aujourd'hui**	oo-zjoer-**dwie**
Morgen	**Demain**	duh**mè**
Hier	**Ici**	ie-**sie**
Daar	**Là**	laa
Wat?	**Quel, quelle?**	kèl, kèl
Wanneer?	**Quand?**	kah
Waarom?	**Pourquoi?**	poer-**kwaa**
Waar?	**Où?**	oe

Nuttige uitdrukkingen

Hoe gaat het met u?	**Comment allez-vous?**	kommah tal**lee voe**
Zeer goed, dank u.	**Très bien, merci.**	trè bjè, mèr-**sie**
Prettig met u kennis te maken.	**Enchanté de faire votre connaissance.**	sj-**tee** duh fèr votr kon-ee-**sans**
Tot straks.	**A bientôt.**	aa bjè-**too**
Dat is goed.	**Voilà c'est parfait.**	vwaalaa sè par**fè**
Waar is/zijn...?	**Où est/sont...?**	oe è/s
Hoe ver is het naar...?	**Combien de kilomètres d'ici à...?**	kom-**bjè** duh kielo-**metr** d'ie-**sie** aa
Welke kant uit is het naar...?	**Quelle est la direction pour...?**	kel è laa **die**-rek-**sj** poer
Spreekt u Engels?	**Parlez-vous anglais?**	par-**lee** voe ng-**lè**
Het spijt me.	**Excusez-moi.**	ekskuu-**zee** mwaa
Ik begrijp het niet.	**Je ne comprends pas.**	zjuh nuh kom-**prah** pà
Kunt u langzaam spreken?	**Pouvez-vous parler moins vite s'il vous plaît?**	poe-**vee** voe par-**lee** mwah viet siel voe plè

Nuttige woorden

groot	**grand**	kr
klein	**petit**	puh-**tie**
heet	**chaud**	sjoo
koud	**froid**	frwaa
goed	**bon**	boh
slecht	**mauvais**	moo-**vè**
genoeg	**assez**	as**see**
goed	**bien**	bjè
open	**ouvert**	oe-**vèr**
dicht	**fermé**	fer-**mee**
links	**gauche**	koosj
rechts	**droite**	drwaa
rechtdoor	**tout droit**	toe drwaa
dichtbij	**près**	prè
ver	**loin**	lw
(naar)boven	**en haut**	an **oo**
(naar)beneden	**en bas**	ah **bà**
vroeg	**de bonne heure**	duh bon **eur**
laat	**en retard**	ruh-**taar**
ingang	**l'entrée**	l'-**ahtree**
uitgang	**la sortie**	sor-**tie**
toilet	**les toilettes, les WC**	**twaa**-let, wee-**see**
vrij	**libre**	liebr
gratis	**gratuit**	kraa-**twie**

Telefoneren

Ik wil interlokaal telefoneren.	**Je voudrais faire un interurbain.**	zjuh voe-drè fèr ter-urbè
Ik wil graag een collect call maken.	**Je voudrais faire une communication PCV.**	zjuh voe**drè** fèr uun kommuunikaa-**sjo pee-see-vee**
Ik probeer het later nog eens.	**Je rappelerai plus tard.**	zjuh rapè-**leree** pluu taar
Kan ik een boodschap achterlaten?	**Est-ce que je peux laisser un message?**	es-**kuh** zjuh peu lès-**see** mès**saazj**
Eén ogenblik.	**Ne quittez pas, s'il vous plaît.**	nuh kie-**tee** pà siel voe plè
Kunt u iets harder spreken?	**Pouvez-vous parler un peu plus fort?**	poe-**vee** voe par-**lee** peu pluu for
lokaal gesprek	**la communication locale**	komuunikaa-**sjo** loo-**kal**

Winkelen

Hoeveel kost dit?	**C'est combien s'il vous plaît?**	sè kom-**bjè** siel voe plè
Ik wil graag ...	**je voudrais...**	zjuh voe-**drè**
Hebt u?	**Est-ce que vous avez?**	es-**kuh** voe zaa**vee**

Ik kijk alleen even.	**Je regarde seulement.**	zjuh ruh**kaar** seuhluh**mah**
Accepteert u creditcards?	**Est-ce que vous acceptez les cartes de crédit?**	es-**kuh** voe zaksep-**tee** lè kart duh kree-**die**
Accepteert u travellers-cheques?	**Est-ce que vous acceptez les chèques de voyage?**	es-**kuh** voe zaksep-**tee** lè sjek duh vwaa**jaazj**
Hoe laat gaat u open?	**A quelle heure vous êtes ouvert?**	ah kèl eur voe zèt oe-**vèr**
Hoe laat sluit u?	**A quelle heure vous êtes fermé?**	ah kèl eur voe zèt fèr-**mee**
Deze	**Celui-ci**	suh-lwie-**sie**
Die	**Celui-là**	suh-lwie-**là**
duur	**cher**	sjèr
goedkoop	**pas cher, bon marché**	pà sjèr, boh mar-**sjee**
maat, kleding	**la taille**	tajuh
maat, schoenen	**la pointure**	pw-**tur**
wit	**blanc**	blah
zwart	**noir**	nwaar
rood	**rouge**	roezj
geel	**jaune**	zjoon
groen	**vert**	vèr
blauw	**bleu**	bleu

Soorten winkels

antiekwinkel	**le magasin d'antiquités**	maakaa-**zè** d'tiekie-**tee**
apotheek	**la pharmacie**	farmaa-**sie**
bakker	**la boulangerie**	boelah-**zjurie**
bank	**la banque**	baank
banketbakker	**la pâtisserie**	patie-**srie**
boekhandel	**la librairie**	lie-**brèrie**
cadeauwinkel	**le magasin de cadeaux**	maakaa-**zè** duh kaa**doo**
delicatessenzaak	**la charcuterie**	sjarkuut-**rie**
groenteboer	**le marchand de légumes**	mar-**sjah** duh lee-**kuum**
kaaswinkel	**la fromagerie**	fromaazj-**rie**
kapper	**le coiffeur**	kwaa**feur**
kranten- en tijdschriften-handel	**le magasin de journaux**	maakaa-**zè** duh zjoer-**noo**
kruidenier	**l'alimentation**	alie-mta-**sjoh**
markt	**le marché**	mar-**sjee**
melkhandel	**la crémerie**	kreem-**rie**
postkantoor	**la poste, le bureau de poste, le PTT**	post, buu**roo** duh post, pee-tee-tee
reisbureau	**l'agence de voyages**	l'azjahs duh vwaajaazj
schoenenzaak	**le magasin de chaussures**	maakaa-**zè** duh sjoo-**suur**
slager	**la boucherie**	boe-**sjuhrie**
supermarkt	**le supermarché**	suupèr-**marsjee**
tabakswinkel	**le tabac**	taabà
vishandel	**la poissonnerie**	pwaasson-**rie**
warenhuis	**le grand magasin**	krah maakaa-**zè**

Bezienswaardigheden

abdij	**l'abbaye**	l'abaj
bibliotheek	**la bibliothèque**	bieb**lieoo**-tèk
busstation	**la gare routière**	kaar roe-**tjèr**
herenhuis	**l'hôtel particulier**	l'oo**tel** partikuu-**ljee**
kathedraal	**la cathédrale**	kattee-**dral**
kerk	**l'église**	l'eek**liez**
kunstgalerie	**le galerie d'art**	kaler-**rie** dart
museum	**le musée**	muu-**zee**
spoorwegstation	**la gare (SNCF)**	kaar (ès-èn-see-èf)
stadhuis	**l'hôtel de ville**	l'oo**tèl** duh viel
toeristenbureau VVV-kantoor	**les renseignements touristiques, le syndicat d'initiative**	lè rahseen-**mah** toe-ries-**tiek**, sehndie-kaa d'ienie-sja**tief**
tuin	**le jardin**	zjar-**dè**
op feestdagen gesloten	**fermeture jour férié**	fèrmè-**tuur** zjoer fèr-**jee**

Verblijf in een hotel

Hebt u een kamer vrij?	**Est-ce que vous avez une chambre?**	es-kuh voe-**zavee** uun sjambr
een twee-persoonkamer met een twee-persoonsbed	**la chambre à deux personnes, avec un grand lit**	sjambr aa deu pèr-**son** avek krah lie
een kamer met twee aparte bedden	**la chambre à deux lits**	sjambr aa deu lie
een een-persoonkamer	**la chambre à une personne**	sjambr aa uun pèr-**son**
een kamer met bad, douche	**la chambre avec salle de bains, une douche**	sjambr avek sal duh bè, uun doesj
kruier	**le garçon**	gar-**soh**
sleutel	**la clef**	klee
Ik heb gereserveerd.	**J'ai fait une réservation.**	zjee fè uun reezèrva-**sjoh**

Uit eten

Hebt u een tafel?	**Avez-vous une table libre?**	avee-**voe** uun taabl liebr
Ik wil een tafel reserveren.	**Je voudrais réserver une table.**	zjuh voe-**drè** reezèr-**vee** uun taabl
De rekening alstublieft.	**L'addition s'il vous plaît.**	l'adie-**sjoh** siel voe **plè**
Ik ben vegetariër.	**Je suis végétarien.**	zjuh swie veezjee-**tarjè**
ober	**Madame, Mademoiselle/ Monsieur**	maa-**dam**, maa-demwaa**zèl**/ muh-**sjeu**
menu	**le menu, la carte**	men-**uu**, kart
menu tegen vaste prijs	**le menu à prix fixe**	men-**uu** aa prie fieks
couvertkosten	**le couvert**	koe-**vèr**
wijnkaart	**la carte des vins**	**kart**-dèh vè
glas	**le verre**	vèr
fles	**la bouteille**	boe-**tij**
mes	**le couteau**	koe-**too**
vork	**la fourchette**	foer-**sjèt**

lepel	**la cuillère**	kwie-**jèr**
ontbijt	**le petit déjeuner**	puh-**tie** dee-**zjeu-nee**
lunch	**le déjeuner**	dee-**zjeu-nee**
diner	**le dîner**	die-**nee**
hoofdschotel	**le plat principal**	plaa prèsie-**pal**
voorgerecht	**l'entrée, le hors d'oeuvre**	l'-**tree**, or-deuvr
dagschotel	**le plat du jour**	plaa duu zjoer
wijnbar	**le bar à vin**	bar aa vè
café	**le café**	kaf-**fee**
kortgebakken	**saignant**	**see**-njah
medium	**à point**	ah **pw**ah
doorbakken	**bien cuit**	bjè **kwie**

Het menu

l'agneau	l'an**joo**	lamsvlees
l'ail	l'aj	knoflook
la banane	baa**naan**	banaan
le beurre	beur	boter
la bière,	bjèr	bier
la bière à la pression	bjèr aa laa pres-**sjoh**	getapt bier
le bifteck, le steack	bief-**tèk**, stek	biefstuk
le boeuf	beuf	rundvlees
bouilli	boe-**jie**	gekookt
le café	kaf-**fee**	koffie
le canard	kan**aar**	eend
le chocolat	**sjoko**-laa	chocolade
le citron	sie-**troh**	citroen
le citron pressé	sie-**troh** près-**see**	vers citroensap
les crevettes	kruh-**vèt**	garnalen
les crustacés	**kruus**-ta-**see**	schaal- en schelp dieren
cuit au four	kwiet oo foer	gebakken
le dessert	dès-**sèr**	dessert
l'eau minérale	l'oo **mienee**-ral	mineraalwater
les escargots	lè zès-kar-**koo**	slakken
les frites	friet	friet
le fromage	from-**aazj**	kaas
le fruit frais	frwie frè	vers fruit
les fruits de mer	frwie duh mèr	vis, schaal- en schelpdieren
le gâteau	kaa-**too**	taartje
la glace	klas	ijs
grillé	krie-**jee**	gegrilld
le homard	om**aar**	kreeft
l'huile	l'wiel	olie
le jambon	zjah-**boh**	ham
le lait	lè	melk
les légumes	lee-**kuum**	groenten
la moutarde	moe-**tard**	mosterd
l'oeuf	l'uf	ei
les oignons	lè zon**jok**	uien
les olives	lè zo**lief**	olijven
l'orange	l'orahzj	sinaasappel
l'orange pressée	l'orahzj près-**see**	vers sinaasappelsap
le pain	pè	brood
le petit pain	puh-**tie** pè	broodje
poché	po-**sjee**	gepocheerd
le poisson	pwaa-**soh**	vis
le poivre	pwaavr	peper
la pomme	pom	appel
les pommes de terre	pom-duh **tèr**	aardappels
le potage	poo-**taazj**	soep
le poulet	poe-**lè**	kip
le riz	rie	rijst
rôti	roo-**tie**	geroosterd
la saucisse	soo**sies**	worst
sec	sèk	droog
le sel	sèl	zout
la soupe	soep	soep
le sucre	suukr	suiker
le thé	tee	thee
la viande	vie-**jand**	vlees
le vin blanc	vè **blah**	witte wijn
le vin rouge	vè **roezj**	rode wijn
le vinaigre	vie**nègr**	azijn

Getallen

0	**zéro**	zeh-**roh**
1	**un, une**	uñ, oon
2	**deux**	duh
3	**trois**	trwah
4	**quatre**	katr
5	**cinq**	señk
6	**six**	sees
7	**sept**	set
8	**huit**	wiet
9	**neuf**	nuf
10	**dix**	dies
11	**onze**	oñz
12	**douze**	doez
13	**treize**	trehz
14	**quatorze**	ka**torz**
15	**quinze**	kèñz
16	**seize**	sehz
17	**dix-sept**	dies-**set**
18	**dix-huit**	dies-**weet**
19	**dix-neuf**	dies-**nuf**
20	**vingt**	vèñ
30	**trente**	trahnt
40	**quarante**	kar**ahñt**
50	**cinquante**	señk**ahñt**
60	**soixante**	swas**ahñt**
70	**soixante-dix**	swasahñt-**dies**
80	**quatre-vingts**	katr-**vèñ**
90	**quatre-vingts-dix**	katr-vèñ-**dees**
100	**cent**	sañ
1000	**mille**	miel

Tijd

maandag	**lundi**	luñ-**die**
dinsdag	**mardi**	mar-**die**
woensdag	**mercredi**	mehrkruh-**die**
donderdag	**jeudi**	zjuh-**die**
vrijdag	**vendredi**	voñdruh-**die**
zaterdag	**samedi**	sam-**die**
zondag	**dimanche**	die-**moñsh**

A
B
C
1
2
3
4
5
Wegenkaart van het Loiredal
Caen
N175
N174
N13
Mézidon-Canon
Orne
N158
BASSE-NORMANDIE
D971
Granville
N175
D973
Folligny
Vire
Flers
Argentan
Briouze
N158
Avranches
St-Malo
Dinard
St-Brieuc
N176
N175
N176
Bagnoles-de-l'Orne
Lamballe
Dol-de-Bretagne
Pontorson
N176
N12
N176
Dinan
D175
D177
Parc Naturel Régional Normandie-Maine
Alençon
BRETAGNE
Ille
N137
Fougères
N12
N12
Les Alpes Mancelles
Fresnay-sur-Sarthe
N164
N12
N162
Rennes
Vitré
A81
Ste-Suzanne
TEN NOORDEN
N24
N157
Laval
A81
N24
Cossé-le-Vivien
Mayenne
N162
N137
N171
N166
Canal de Nantes
Sablé-sur-Sarthe
Asnières-sur-Vègre
Juigné-sur-Sarthe
Abbaye de Solesmes
Malicorne-sur-Sarthe
Redon
Segré
Châteaubriant
N23
La Flèche
Château de la Lorie
N162
Le Plessis-Bourré
Sarthe
Le Lude
N165
N171
D923
N23
A11
Parc Naturel Régional de Brière
Pontchâteau
Angers
Montgeoffroy
Le Croisic
Guérande
Savenay
N137
Erdre
Ancenis
A11
Serrant
Loire
N147
Béhuard
Brissac
Gennes
La Baule
St-Nazaire
St-Florent-le-Vieil
Cunault
Nantes
Loire
ANJOU
Saumur
Candes-St-Martin
Montsoreau
Goulaine
D761
N160
Pornic
D751
Sèvre Nantaise
N249
Fontevraud-l'Abbaye
Montreuil-Bellay
Devinière
Ile de Noirmoutier
LOIRE-ATLANTIQUE EN DE VENDÉE
Clisson
Cholet
Thouars
N149
Fromentine
A83
D763
Le Puy-du-Fou
Bressuire
N147
D38
N160
Port-Joinville
Ile d'Yeu
St-Gilles-Croix-de-Vie
La Roche-sur-Yon
Pouzauges
D938
Thouet
N160
Vendée
D38
N149
Parthenay
Les Sables-d'Olonne
Vouvant
D949
A83
Fontenay le Comte
SYMBOLEN
Behandeld gebied in deze gids
Luchthaven
Veerdienst
Spoorwegstation
Spoorweg
Snelweg
Hoofdweg
Secundaire weg
Grens departement
Luçon
N137
Parc Naturel Régional du Marais Poitevin
Maillezais
N148
St-Maixent-l'Ecole
N11
N11
Niort
N10
POITOU-CHARENTES
N11
D948
La Rochelle
Surgères
N150
N137
Ile d'Oléron
A10
Rochefort
St-Jean-d'Angély
Ruffec
N10
0 kilometer 30